『詳説日本史』（日探705）準拠

日本史
探究

詳説 日本史ノート

history notebook

遠藤真治
丹下厚法
編

山川出版社

ま　え　が　き

　日々の生活の中で、私たちはふと自らの過去を振り返り、当時の記憶の箱を開いて、その中から様々な出来事を取り出して、思いを巡らせることがあります。「あの時の選択は、果たして正しかったのだろうか。今の自分へと繋がる分岐点はどこにあったのだろうか」等々、現在の自身の眼から過去と向き合う対話を繰り返しながら、今後の方途を摸索する時間を、誰もが一度は経験したことでしょう。

　　「歴史とは歴史家と事実との間の相互作用の不断の過程であり、
　　　現在と過去との間の尽きることを知らぬ対話なのであります。」

　　　　　　　　　　　　　　　　（E.H. カー著 清水幾太郎訳『歴史とは何か』）

　私たちは、人々がどのような営みを紡ぎながら、現在の社会や文化を築き上げてきたのかを、歴史を通して学ぶことができます。とりわけ「日本史探究」は、私たちが暮らす日本の歴史を、文字や絵画をはじめ多岐にわたる史資料をもとに、時には森の中の草花や虫たちを観察するようなミクロな眼で、ある時には森全体を上空から鳥瞰図のように捉えながら、自らが培ってきた知見をフル動員させて検証し、考察していく試みともいえるでしょう。

　この『詳説日本史ノート』は、「日本史探究」を学習する皆さんが、自ら教科書を活用しながら基本的事項を身に付けるとともに、史(資)料に触れたり、ポイントを整理しながら、できる限り体系的・系統的に理解・整理できるようにとの意図から、編集したものです。また、歴史を多様な視点で考察するきっかけとなるよう、随所に「探究コーナー」を設けました。

　このノートを通して皆さんの「過去との対話」が弾み、よりいっそう歴史への興味・関心が深まる一助となれば、望外の喜びです。

　　　　　　　　　　　　　　　　　　　　　　　　　　　　　　編　者

『詳説日本史ノート』の使い方

① このノートは山川出版社の日本史探究の教科書『詳説日本史』(日探705)に準拠しています。章・節・項は教科書の構成に合わせ、項には教科書のページ数を示しています。

② 各ページは、学習事項を系統的に整理したもので、重要事項を空欄にしています。教科書を参照しながら、番号に従って解答欄に記入して、ノートを完成しましょう。完成したあとは、解答欄を隠して繰り返し確認し、定着を図りましょう。なお、原則として赤ゴシック体は教科書のゴシック体で空欄にしなかった事項、黒ゴシック体はそのほかの重要事項です。

③ **Point** には、学習上のポイントを記しているので、活用してください。

④ **史料チェック** には、教科書に掲載されているものを中心に重要な史料を取り上げていますので、おさえておきましょう。史料の関連箇所には を付けています。

⑤ **探究コーナー** は、学習内容や史資料をもとにした記述問題です。読み取りや考察をしたうえで、文章にして表現してみましょう。

⑥ このノートは、予習を前提として作成しています。あらかじめ教科書を読み、参照しながら重要事項を記入したうえで授業を受け、授業後に補足・確認作業をおこなうことによって、日本史学習の理解を深め、確実なものにするように努めましょう。

① 章・節・項　　　　　　　　　　　④ 史料チェック

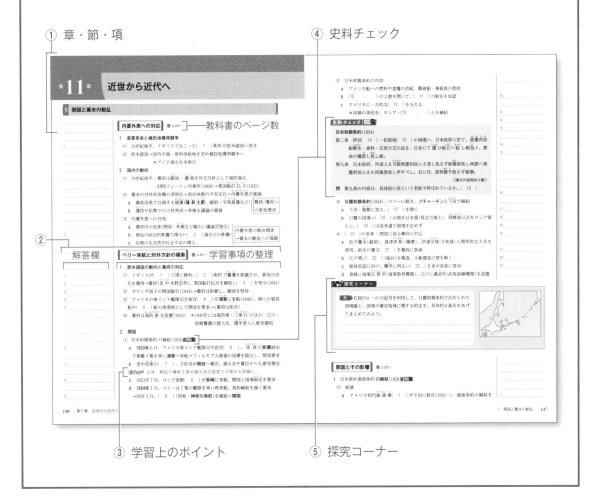

② 解答欄

③ 学習上のポイント　　　　⑤ 探究コーナー

目　次

第1章

日本文化のあけぼの

1 文化の始まり

日本列島と日本人 教 p.6〜

1 人類の誕生

(1) 人類誕生（約700万年前）

猿人（アウストラロピテクスなど）→原人→旧人（ネアンデルタール人など）
→新人（ホモ＝サピエンス）と変遷

Point 現代人は新人に属する。

(2) 使用道具による時代区分

（ 1 ）のみの使用を旧石器時代、（ 2 ）が加わる時代を新石器時代と呼称　＊世界史では、石器時代以降→青銅器時代→鉄器時代と続く

(3) 地質学の新生代第四紀を約1万年前で区分、氷河時代に当たり氷期と間氷期が繰り返された（ 3 ）と、それ（最終氷期）以後を（ 4 ）と呼称

2 日本列島への渡来

(1) 更新世の氷期、大幅に海面下降し一時大陸と陸続き

→ナウマンゾウ等が日本列島に渡来

(2) 最終氷期にほぼ大陸と陸続き

→日本列島に人類が渡来（推定＝約3万8000年前）

(3) 日本列島における更新世の化石人骨の発見

a　静岡県の浜北人、（ 5 ）県の港川人・山下町第一洞人・白保竿根田原洞人など

b　上記はすべて「新人」段階　＊兵庫県「明石人」は更新世 or 完新世で諸説

(4) 日本人の原型＝アジア大陸の人々の子孫→縄文人＋弥生時代以降の渡来人との混血（縄文人の遺伝子→アイヌの人々や沖縄など南西諸島の人々に強く継承）

Point 縄文人の遺伝子を強く継承した人々が、日本列島の北と南（北海道と南西諸島）に多く認められる点と、その後の弥生文化の列島での広がりとの関連性に注目。

旧石器人の生活 教 p.8〜

1 列島と旧石器時代

(1) 1949年、相沢忠洋が群馬県（ 1 ）で、（ 2 ）（更新世の地層）から打製石器を発見以後、各地で更新世の地層から石器の発見があいつぐ（北海道白滝、長野県野尻湖など）

(2) 人々は大型動物を追って移動、洞穴やテント式小屋を住まいに狩猟・採集の生活

2　おもな打製石器：打製石斧、おもに木製棒の先端に取り付けて狩猟用の石槍に
　　　　　　　　　使用したナイフ形石器や尖頭器、旧石器時代の末には
　　　　　　　　　（　3　）が広まる

Point 中国東北部やシベリアでは、日本に先がけて細石器の著しい発達がみられる。

縄文文化の成立　教 p.8〜

1　自然環境の変化
　(1)　約1万年余り前、氷期が終了して気候が温暖化、地質学では更新世から
　　　（　1　）へ：海面上昇し、現在の日本列島がほぼ成立→縄文文化へ
　　a　植生が変化して東日本で落葉広葉樹林、西日本で照葉樹林広がる
　　　→木の実の採集や根菜類の食料化
　　b　大型動物が絶滅→動きの速いシカ・イノシシなど、中・小動物が狩猟対象に
　(2)　縄文文化のおもな特徴
　　a　おもに食料を煮るための（　2　）が出現
　　b　打製石器に加え、（　3　）が出現
　　c　俊敏な中・小動物を狩るための（　4　）が出現
2　縄文土器：草創期の土器は、世界最古の土器の1つ
　(1)　縄文時代を土器変化で区分：草創期→早期→前期→中期→後期→晩期
　(2)　特徴：低温で焼かれた厚手で黒褐色の土器
　(3)　文様：草創期の無文・隆起線文・爪形文からしだいに縄目の文様が増加
　(4)　形状：中期に火炎土器、後期には多様化、晩期には東日
　　　　本一帯で精巧な**亀ヶ岡式**土器が出現。逆に西日本
　　　　では器種が減少へ
　＊年代測定には、放射性炭素14年代法や年輪年代法など

亀ヶ岡式土器

縄文人の生活と信仰　教 p.9〜

1　植物性食料の採集→管理、増殖、栽培へ
　(1)　木の実・根菜類の採集、ダイズなどマメ類、エゴマなどの栽培
　(2)　土掘り用や食料加工用の打製石器、磨製石器が出現(打製石器との併用)
　　　→打製石斧(石鍬)、石皿、磨石、**石匙**(＝動物の皮なめし用)など
　(3)　縄文晩期に水稲農耕の可能性を示唆
　　　：佐賀県菜畑遺跡や福岡県板付遺跡など
2　狩猟・漁労による動物性食料の確保
　(1)　狩猟：イヌを狩りにともない、（　1　）(先に**石
　　　鏃**)や槍でニホンシカ・イノシシなどを捕獲

Point 千葉県の加曽利貝塚や藤原観音堂貝塚など各
　　　地でイヌを丁寧に埋葬した例が発見され、イ
　　　ヌを狩りの重要なパートナーとしていたこと
　　　が推察される。

イヌの埋葬(藤原観音堂貝塚)

(2) 漁労：釣針・銛を動物の骨などでつくった（ 2 ）、石錘(網のおもり)や丸木舟など　＊丸木舟や、伊豆大島・八丈島などの遺跡＝外洋航海術

(3) 貝塚：食したあとの貝殻、獣や魚の骨が堆積した層

　　　Point 埋葬人骨の出土例(共同墓地)。

　　　＊1877年、アメリカ人（ 3 ）が（ 4 ）貝塚(東京)を発見

　　　＝ 日本近代考古学の出発点

3　住居・集落・交易・習俗

(1) 食料資源多様化で定住的生活を開始

　a　中央に炉を設けた数戸の（ 5 ）住居が広場を中心に馬蹄形に集落を形成

　b　一部で青森県（ 6 ）遺跡のような大規模で長期定住の集落も出現

　　Point 2021年、ユネスコの世界遺産に、三内丸山遺跡を含む17の遺跡群が「北海道・北東北の縄文遺跡群」として登録された。

(2) 石器原料と交易

　和田峠(長野)や白滝(北海道)産の（ 7 ）、二上山(奈良)のサヌカイトなどでつくられた石器や、姫川(新潟)産の（ 8 ）による装身具等が広範囲で出土

　　Point 産地が特定される石器の原材料による出土物が、ほかの地域で広く確認される点から、広範囲で交易がおこなわれていたことが考えられる。

(3) 習俗

　a　（ 9 ）：あらゆる自然物・自然現象に霊威を認め崇拝の対象とする宗教的心象

　b　呪術的風習：女性の妊娠などを表した（ 10 ）や男性生殖器を表した石棒の出土。通過儀礼としての（ 11 ）に加え、歯を削る叉状研歯など

　c　死者の埋葬：手足を折り曲げ埋葬する（ 12 ）、後期には石を円形状に配した共同墓地と推測される（ 13 ）が東日本各地に出現

　　　＊一部に装飾品をともなう例もあるが、埋葬墓に副葬品はほぼなし→身分差の希薄な社会か

🐾 探究コーナー

問 縄文人が外洋航海の技術をもっていたことは、どのような考古学上の発見事例から考えることができるだろうか。具体的にあげてみよう。

2 農耕社会の成立

弥生文化の成立 教 p.13〜

1 紀元前の中国の情勢

(1) 紀元前6500〜同5500年頃、中国大陸で農耕社会が成立

(2) 紀元前6世紀頃、鉄器の使用開始→春秋（しゅんじゅう）・戦国（せんごく）時代には農業生産力が進展

(3) 農耕や金属器の文化をたずさえ、大陸から人々が渡来

　　＊弥生（やよい）人骨と縄文人骨の相違

　　＊縄文（じょうもん）晩期、九州北部（きたぶ）で水稲農耕開始か

　　　：**佐賀県（　1　）遺跡、福岡県（　2　）遺跡**など

2 弥生文化：前4世紀頃に成立

(1) 範囲：西日本に**水稲耕作**（すいとう）を基礎とする弥生文化が広まる

　　　　　→その後、東日本へ波及（弥生時代前期に東北地方北部へ）

　　＊北海道や南西諸島では、縄文的要素の強い狩猟・採集が基盤の文化が継続

　　　北海道＝（　3　）文化を経て（　4　）文化や**オホーツク文化**へと発展

　　　南西諸島＝（　5　）文化が展開

(2) 特色：水稲耕作の開始・**金属器**（青銅器（せいどうき）・鉄器）や弥生土器の使用

🔥**Point** 一方で、弓矢の石鏃（せきぞく）や竪穴住居（たてあなじゅうきょ）、狩猟・漁労や植物性食料の採集など、

　　　　縄文文化の特色も併存。

3 弥生土器：名称は、東京の本郷（ほんごう）弥生町にある向ヶ岡（むこうがおか）貝塚での土器発見に由来

(1) 特色：薄手で赤褐色、弥生時代を土器の変化により早期・前期・中期・後期

　　　　に区分

(2) 器型：用途別に、煮炊き用の甕（かめ）、貯蔵用の壺（つぼ）、食物を盛る鉢（はち）や（　6　）など

弥生人の生活 教 p.14〜

1 水稲農耕

(1) 伝来ルート：長江（ちょうこう）中下流域→山東（さんとう）半島、朝鮮半島経由など複数の説

(2) 技法・農具など：打製（だせい）・磨製（ませい）石器や木製農具→後期には金属器の使用

　　a　直播（じかまき）とともに**田植え**開始の説。水田（湿田（しつでん）や半乾田（はんかんでん）など）には小区画だが灌

　　　溉（がい）・排水路を設けた水田の存在。湿田では作業時に田下駄（たげた）を使用、ほかに肥

　　　料の踏み込みに大足（おおあし）の使用など

　　b　耕作：木製の鋤（すき）や鍬（くわ）、後期には**鉄製刃先**（かま）の鎌・鍬

　　　　　　　＊しだいに農具製作に鉇（やりがんな）・刀子（とうす）などの鉄製工具を使用

　　c　収穫：（　1　）による穂首刈り（ほくびがり）→後期には（　2　）で根刈り

　　d　脱穀（だっこく）：木臼と（　3　）（きうす）を用いて脱穀し、（　4　）や貯蔵穴に保存

(3) 農耕に加えて、狩猟・漁労も盛ん。**イノシシの飼育**も確認

(4) おもな遺跡：静岡県（　5　）遺跡（1943年発見）、奈良県唐古（からこ）・鍵（かぎ）遺跡、青森

　　　　　　　　県垂柳（たれやなぎ）遺跡、青森県（　6　）遺跡（現状、弥生期最北の水田

　　　　　　　　跡）

2　社会の変化と墳墓

(1)　生産力の向上→集落の戸数増加→西日本中心に大規模集落の出現

(2)　埋葬法の多様化

 a　土坑墓、木棺墓、箱式石棺墓(西日本中心)に手足を伸ばす（　7　）

 b　九州北部などで、大型土器に死者を葬り**副葬品**をともなう（　8　）や、大石を配した（　9　）がみられる

 c　周囲に盛り土が認められる墓が各地に出現←（古墳とは称さず）

  方形状の低い墳丘の周囲に溝をめぐらした（　10　）←近畿〜東海・北陸に多い

 d　東日本では、洗骨後に骨を土器につめた再葬墓

(3)　弥生後期、西日本各地に多量の**副葬品**をともなう大規模な墳丘墓の出現

 a　各隅に突出部をもつ（　11　）墳丘墓(山陰地方中心)

 b　両側に突出部を有する岡山県の（　12　）墳丘墓など

Point　各地に有力な支配者層の出現、貧富の差の拡大を示唆。

3　青銅製祭器

(1)　出土分布の特徴：近畿地方中心に出土＝（　13　）

       九州北部中心に出土＝(14　　・　　)

       瀬戸内海中部中心に出土＝（　15　）

(2)　特徴的な出土地：島根県（　16　）遺跡＝**銅鐸・銅矛**と付近から**銅剣**300本以上出土

       島根県（　17　）遺跡＝**銅鐸**39点が一括出土

探究コーナー

問1　近畿や北部九州などにみられる青銅製祭器の特徴的な出土状況から、この時代にはどのような勢力圏が築かれていたか、推察してみよう。

問2　大陸における青銅製武器の発達などに比べ、日本での青銅器はどのような変遷をたどったか、大陸からの鉄器の伝播とその影響との関連で考察してみよう。

小国の分立　教 p.17〜

1　集落間の争い

(1)　強大な集落が弱小集落を統合→「ムラ」から「クニ」へ

(2)　防御的機能を有する集落の出現：集落跡から石鏃や金属製武器が出土

　　a　（　1　）：周囲に濠や土塁をめぐらす集落

　　　　　　　　《例》佐賀県（　2　）遺跡、奈良県（　3　）遺跡など

　　b　（　4　）：平地と標高差のある丘陵・山上など、立地に特徴

　　　　　　　　《例》香川県紫雲出山遺跡、大阪府古曽部・芝谷遺跡など、瀬戸

　　　　　　　　内沿岸・西日本に分布

2　中国との交渉

(1)　紀元前1世紀の倭：史料『（　5　）』地理志に記載 。倭は百余国に分立、

　　　　　　　　　　漢（前漢）が朝鮮半島北部（現ピョンヤン付近）を中心に設

　　　　　　　　　　けた（　6　）郡に定期的に使者を派遣

史料チェック

夫れ楽浪海中に倭人有り。分れて百余国と為る。歳時を以て来り献見すと云ふ。

　　　　　　　　　　　　　　　　　　　　　　　　　　　（『漢書』地理志）

(2)　1～2世紀の倭：史料『（　7　）』東夷伝に記載

　　a　（　8　）年：（　9　）2年、**奴国**王が後漢の都（　10　）に遣使、光武帝か

　　　　　　　　　ら印綬（金印）を拝受。**奴国**は現在の（　11　）市付近の小国と

　　　　　　　　　推定　＊江戸時代、「（　12　）」と刻まれた印綬が福岡県

　　　　　　　　　（　13　）で発見された

　　b　（　14　）年：安帝の（　15　）年、倭国王**帥升**等が（　16　）＝奴隷160人を

　　　　　　　　　献上

　　c　桓帝・霊帝期（147～189）：倭国が大乱

史料チェック

　a　建武中元二年、倭の（　17　）国、貢を奉じて朝賀す。使人自ら大夫と

　　　称す。倭国の極南界なり。（　18　）、賜ふに印綬を以てす。

　b　安帝の永初元年、倭の国王（　19　）等、生口百六十人を献じ、請見を願ふ。

　c　桓霊（桓帝と霊帝）の間、倭国大いに乱れ、更相攻伐して歴年主なし。

　　　　　　　　　　　　　　　　　　　　　　　　　　　（『後漢書』東夷伝）

　　　　　　　　（＊史料a～cの各文は、上記の(2)のa～cと対応）

探究コーナー

　問 中国の史料には、桓帝・霊帝期に当たる2世紀後半に倭国が争乱によって大いに乱れたとある

　が、その証左となりうる事例をいくつかあげてみよう。

	1
	2
	3
	4
	5
	6
	7
	8
	9
	10
	11
	12
	13
	14
	15
	16
	17
	18
	19

邪馬台国連合 敎 p.18〜

1 中国の情勢：後漢滅亡(220)→三国時代(魏・呉・蜀)へ

2 3世紀の倭国：三国時代の歴史書『三国志』の「(1)」倭人伝の記述 📖🔍

(1) 後漢末に楽浪郡の南半を割いて設けた(2)郡(現、ソウル付近)から、女王(3)が支配する(4)への里程を詳細に記述

(2) 2世紀後半の大乱後、(4)を中心に小国連合を形成、周辺に**一大率**をおき諸国を検察

(3) **大人・下戸**などの身分差あり、租税・刑罰の制度、市で交易との記述

(4) **卑弥呼**は(5)(＝呪術)に長じ、その呪術的権威を背景に統治

(5) 景初2年(3年＝239年の誤記か)、卑弥呼は**大夫難升米**らを**帯方郡**経由で、魏の都(6)に派遣→魏の皇帝から(7)の称号とともに、多数の銅鏡などを賜る

(6) 卑弥呼死後、男王擁立で再び混乱→卑弥呼の宗女(＝同族の女性)(8)擁立で収束

❖Point 266年に倭の女王(壱与か)が晋に使者派遣との記述(『晋書』)を最後に、以後約150年間、中国の歴史書に倭に関する記載なし。

3 邪馬台国の所在地

(1) おもに近畿説と九州説が論争：その後のヤマト政権との関係性に相違

(2) 近年の動向

    a 近畿説との関連で注目される(9)遺跡(奈良県桜井市)は、3〜4世紀の100haにおよぶ大集落であることが判明

    b また、三国のうち魏以外の呉や西域の大月氏国との関連を視野に入れた論も散見

史料チェック 📖🔍

『三国志』の「魏志」倭人伝 ＊『三国志』は晋の(10)が著述

倭人は(11)の東南大海の中に在り、山島に依りて国邑を為す。旧百余国、漢の時朝見する者あり。今使訳通ずる所三十国。……郡より倭に至るには、海岸に循ひて水行し、……邪馬台国に至る。女王の都する所なり……租賦を収むに邸閣有り。国々に(12)有り。有無を交易し、大倭をして之を監せしむ。

女王国より以北には、特に(13)を置き、諸国を検察せしむ。諸国之を畏憚す。……下戸、(14)と道路に相逢へば、逡巡して草に入り、辞を伝へ事を説くには、或は蹲り或は跪き、両手は地に拠りこれが恭敬を為す。

……其の国、本亦男子を以て王と為す。住まること七、八十年。倭国乱れ、相攻伐して年を歴たり。乃ち共に一女子を立てて王と為す。名を(15)と曰ふ。(16)を事とし、能く衆を惑はす。年已に長大なるも、夫壻無し。男弟有り、佐けて国を治む。

……ⓐ景初二年六月、倭の女王、大夫難升米等を遣し郡に詣り、天子に詣り

て朝献せんことを求む。……その年十二月、詔書して倭の女王に報じて曰く、「……今汝を以て（　17　）と為し、金印紫綬を仮し……ⓑ銅鏡百枚……を賜い……」

……卑弥呼以て死す。大いに冢を作る。……更に男王を立てしも、国中服せず。更々相誅殺し、当時千余人を殺す。復た卑弥呼の宗女（　18　）の年十三なるを立てて王と為す。国中遂に定まる。……

問1　下線部ⓐの景初二年(三年の誤記)は西暦何年とされるか。（　19　）

問2　下線部ⓑの銅鏡について、周縁部が三角の形状を持ち、近畿地方を中心に出土することで近畿説の根拠の１つにあげられている銅鏡を何というか。

（　20　）

17

18

19

20

📷 探究コーナー

問　卑弥呼が魏に使者を送り、魏から「親魏倭王」の称号を得たことは、卑弥呼(邪馬台国)にとってどのような利点があったと考えられるか、「魏志」倭人伝の「一大率を置き、諸国を検察せしむ」の記載などから推察し、説明してみよう。

古墳とヤマト政権

1 古墳文化の展開

古墳の出現とヤマト政権 ㉈ p.24〜

1 古墳の出現（古墳の出現期）

(1) 3世紀中・後半〜（出現期）西日本中心に（ 1 ）、東日本で**前方後方墳**など

＊出現期の古墳で最大規模＝纒向遺跡域にある（ 2 ）古墳（奈良県桜井市）

(2) 特徴：長い木棺を**竪穴式石室**に埋葬、銅鏡など呪術的な**副葬品**をともなう画一性

2 ヤマト政権の成立

(1) 出現期の古墳：大和地方（奈良）に各地をしのぐ大規模な古墳が集中

(2) ヤマト政権：大和地方を中心とする近畿中央部の勢力による政治連合の呼称

(3) 4世紀半ば：東北南部まで古墳が波及→ヤマト政権の東国支配域拡大を示唆

前期・中期の古墳 ㉈ p.24〜

＊古墳時代＝出現期を含む前期（3世紀中頃〜4世紀後半）、中期（4世紀末〜5世紀末）、後期（6〜7世紀、終末期含む）に区分

	出現期〜前期	中期
時期	3世紀中頃〜4世紀後半	4世紀末〜5世紀末
分布	おもに近畿中心（出現期は大和地方に大規模古墳が集中）大規模古墳はすべて（ 1 ）	近畿から各地へ波及 群馬（上毛野）・京都北部（丹後）・岡山（吉備）・宮崎（日向）などにも大規模古墳
立地	丘陵地など	平野部中心
形状	西日本ではおもに**前方後円墳** 東日本では前方後**方墳**が多い	古墳が**大型化**、前方後円墳が全盛 巨大な前方後円墳が出現
Point 前方後円墳の前方部は、弥生後期の墳丘墓の陸橋部が発達。		
代表的古墳例	箸墓古墳（奈良県、この時期最大規模）黒塚古墳（奈良県）	（ 2 ）古墳（**百舌鳥古墳群**内）＝最大（ 3 ）古墳（**古市古墳群**内）＝第2位（ 4 ）古墳（岡山）＝第4位 ＊（2）・（3）は世界遺産
Point 現在は墳丘が樹木に覆われた古墳が多いが、築造時は通常樹木なし。		
埴輪	（ 5 ）埴輪、家形埴輪、器財埴輪（盾・蓋など）、墳丘部には葺石	前期の埴輪に加え、人物・動物などをかたどった**形象埴輪**が出現
埋葬内部	木棺・石棺を（ 6 ）石室に埋葬 棺を粘土で覆う粘土槨あり	（6）石室で、石室が大型

副葬品の特徴	（ 7 ）などの銅鏡や玉（管玉・勾玉）など（ 8 ）的色彩が強いほかに鉄製農工具や剣など	刀剣・甲冑 など鉄製武器・武具・馬具類などが増加
被葬者像	（ 9 ）的性格をうかがわせる	（ 10 ）的性格をうかがわせる **倭の五王時代**と関連

7 _____
8 _____
9 _____
10 _____

東アジア諸国との交渉 📖 p.26〜

1 大陸情勢

(1) 中国：三国時代→**晋**→周辺諸民族（＝五胡）の侵入→南北分裂の時代
　　　　　中国の支配力低下

(2) 朝鮮半島

　a 東北部：（ 1 ）が強大化、313年に楽浪郡を滅ぼす

　b 南　部：4世紀、馬韓から（ 2 ）、辰韓から（ 3 ）が建国

　　　　　弁韓＝（ 4 ）諸国は小国連合が続く

　　　　　＊『日本書紀』では加耶諸国を任那と呼称

1 _____
2 _____
3 _____
4 _____

2 東アジアとヤマト政権

(1) ヤマト政権の半島進出：半島南部の（ 5 ）資源を求め加耶諸国に進出

(2) **高句麗**との交戦：高句麗の都、**丸都**（現、**中国吉林省**）に残る（ 6 ）碑には、
　　　　　　　　　南下を進める高句麗とヤマト政権が交戦したとの記述あり

5 _____
6 _____

史料チェック 📖

ⓐ 百 残（＝百済）・（ 7 ）は旧是属民なり。由来朝 貢す。而るに倭、ⓑ辛卯の年よりこのかた、海を渡りて百残を破り（7）を□□し、以て臣民と為す。

問1 下線部ⓐ百残は、かつての辰韓・馬韓のいずれか。また、その位置を右図B〜Dより選べ。

　　　　かつての名称＝（ 8 ）　位置＝（ 9 ）

問2 下線部ⓑ辛卯の年とは西暦何年と推定されているか。（ 10 ）

問3 この史料は右表A国の都であった ア にある碑に刻まれている。Aの国名（ 11 ）および ア の碑名（ 12 ）を記せ。

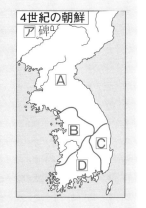

4世紀の朝鮮
ア 碑

7 _____
8 _____
9 _____
10 _____
11 _____
12 _____

(3) 渡来人の移入：大陸の多様な技術（騎馬等）や文化伝来

📖**Point** 古墳時代中期の副葬品の変化との関連に注目しよう。

(4) 中国大陸（南朝）との交渉

　a 「倭の五王」：中国の歴史書『（ 13 ）』倭国伝には、讃・珍・済・興・
　　　　　　　　　（ 14 ）の5人の倭王が5世紀初めから中国の南朝に朝 貢、
　　　　　　　　　との記述あり

　b 済は允 恭、興は安康、武は（ 15 ）の各天皇に比定、讃と珍は諸説あり

13 _____
14 _____
15 _____

探究コーナー

問 ▶ 5世紀の「倭の五王」があいついで中国(南朝)に朝貢した目的について、簡潔にまとめてみよう。

大陸文化の受容 教 p.27〜

1 渡来人と大陸文化の伝播

(1) ヤマト政権は、渡来人を技術者集団として組織化＝(1)(上質の鉄器製作)、陶作部(上質の陶器製作)、錦織部(機織り)、鞍作部(馬具製作)など

(2) 代表的渡来人(「記紀」〈『古事記』『日本書紀』の略称〉の伝承から)

a (2)：**秦氏**の祖。養蚕・機織りを伝える(山城国太秦周辺に居住)

b (3)：**東漢氏**の祖。ヤマト政権の文書作成・記録などに従事

c (4)：**西文氏**の祖。(同上)

2 大陸文化の受容

(1) 儒教：6世紀初頭、百済から(5)が来日し五経を講じ、儒教を伝える

(2) 漢字：**王仁**が「千字文」(識字・習字テキスト)伝える

   →漢字の音を借り人名・地名などを表記

   →ヤマト政権の記録：**史部**らが担当

   「**帝紀**」(天皇の系譜)、「**旧辞**」(朝廷の伝承)の作成

   →後世の「記紀」の基に

  《漢字使用例》┬埼玉県(6)古墳出土の鉄剣銘

     │奈良県 石上神宮七支刀(百済王が倭王に贈呈との説)

     └和歌山県隅田八幡神社人物画像鏡

(3) 仏教の伝来

a 公伝：百済の(7)が(8)天皇に仏像・経論などを贈る

  ┬538年戊午説＝『(9)』📖『元興寺縁起』に記載

  └552年(壬申)説＝『(10)』に記載

史料チェック 📖

仏教の公伝

 ⓐ志癸嶋天皇の御世(11)の年十月十二日に、(12)国の主明王(聖明王)、始めて仏像経教幷せて僧等を度し奉る。勅して(13)宿禰大臣に授けて興し隆えしむ。 (『上宮聖徳法王帝説』)

問 下線部ⓐの志癸嶋天皇とは誰のことか。(14)

b　崇仏論争：仏教受容をめぐり有力豪族らが対立

崇仏派（蘇我氏）◁対立▷排仏派（物部氏・中臣氏）

→崇仏派が勝利

Point 渡来系氏族と結んだ崇仏派の蘇我氏らの勝利で仏教の受容が加速。

c　私的伝来：**司馬達等**（鞍作鳥の祖父の説）が継体天皇の頃（522年頃）に来日、飛鳥の地で仏像礼拝…『扶桑略記』に記述

後期の古墳　教 p.28～

＊大陸文化の影響により、古墳時代後期には古墳に大きな変化

1　埋葬方法の変化

(1)　従来の竪穴式石室が減少→（　1　）石室が一般化、副葬品には大量の土器

(2)　埴輪：（　2　）の大幅増加→古墳の周りや墳丘上に並べ葬送儀礼を表現

2　古墳規模・形状などの変化

(1)　近畿以外で大型前方後円墳が収束へ　＊ヤマト政権に各地の豪族が服属か

(2)　小型古墳の爆発的増加。小型古墳が多数集まる（　3　）が山間・島嶼部にまで波及　＊有力農民層などにも古墳築造が広まる

(3)　地域的特性

a　九州北部の古墳で（4　　・　　）などの石製造形物が出土

《例》岩戸山古墳（九州最大級の前方後円墳）など

b　ほかに九州各地や茨城県・福島県などで、古墳や石室内に彩色・線刻の壁画を描く（　5　）の築造がみられる

1
2
3
4
5

探究コーナー

問　竪穴式石室から横穴式石室への変化は、人々の墳墓に対する考え方がどのように変化したためだと推察されるか、簡潔にまとめてみよう。

古墳時代の人々の生活　教 p.29～

1　豪族と民衆の居住区分離

(1)　豪族：集落から離れた場所に濠や柵列をめぐらす（　1　）を造営、倉庫群を付設

(2)　民衆：集落の単位＝複数の竪穴住居と平地建物、高床倉庫などで構成

＊竪穴住居内の壁に作りつけの（　2　）を設置

Point 古墳時代の「カマド」と縄文・弥生期の「炉」は異なる。

1
2

2 生活・風習

(1) 土器：弥生土器の系譜を引く赤焼きの（　3　）に加え、朝鮮半島から硬質で灰色の（　4　）の製作技法が伝播

(2) 衣服：上下分離（男性：衣と乗馬ズボン風の袴、女性：衣とスカート風の裳）

(3) 農耕祭祀：豊作を祈る春の（　5　）、収穫を感謝する秋の（　6　）など

(4) 祭祀対象：形状の秀美な山、絶海の孤島、巨岩・巨木などを祭祀の対象
《例》三輪山が神体の奈良県（　7　）神社、沖ノ島を祀る福岡県宗像大社の（　8　）

(5) 呪術的風習：鹿の骨を焼き吉凶を占う（　9　）の法、熱湯に入れた手のただれで真偽を判断する（　10　）、穢れを払い災いを免れるための禊、祓などの風習

ヤマト政権と政治制度　教 p.31〜

1 ヤマト政権の支配拡大

(1) 5世紀後半〜6世紀（古墳時代中期）ごろ、関東から九州中部まで支配拡大

　　a 支配拡大の痕跡：「獲加多支鹵大王」の文字が刻まれた出土品
　　　┌（　1　）稲荷山古墳出土の鉄剣銘
　　　└熊本県（　2　）古墳出土鉄刀銘

　　　Point　支配領域が関東〜九州中部まで及んでいたと推測。

　　b 「獲加多支鹵大王」は「倭の五王」の（　3　）にあたり、（　4　）天皇と推定される

(2) 国内統一の拡大→『宋書』倭国伝」の「倭王武の上表文」に記述

史料チェック

倭王武の上表文

興死して弟（　5　）立つ。自ら使持節都督倭……慕韓七国諸軍事（　6　）倭国王と称す。順帝の昇明二年、使を遣して上表して曰く、「封国は偏遠にして、藩を外に作す。㋐昔より祖禰躬ら甲冑を攅き、山川を跋渉して寧処に遑あらず。東は（　7　）を征すること五十五国、西は（　8　）を服すること六十六国、渡りて海北を平ぐること九十五国」と。
（『宋書』倭国伝）

探究コーナー

問 上記史料（「倭王武の上表文」）の下線部㋐にあるようなヤマト政権の事蹟が、前方後円墳の広がりや墳丘の大きさ、副葬品にどのような影響を与えたか、説明してみよう。

2　氏姓制度(ヤマト政権の支配機構)

　　大王家(ヤマト政権)は有力豪族(氏)に、(姓〈カバネ〉＝身分的称号)に応じた政

　治的地位を与え、豪族を組織化

　(1)　**氏**：血縁中心の同族集団(出身地や職掌に関わる同じ氏の名を共有)

　　　a　氏上(氏の統率者)を中心に、氏人(所属一族)が結束

　　　b　各豪族は、私有地の(9)、私有民の(10)を領有

　　　c　氏の各家に属する家内奴隷＝ヤツコ(奴婢)が隷属

　(2)　**姓**(カバネ)：大王家が氏に対し、家柄や職能に応じて与えた身分的称号

　　　中央の有力豪族に**臣・連**を付与(地方豪族には君・直・造・首など)

　　　a　(11)：地名を氏とする豪族(葛城氏、蘇我氏など)｜中央の有力豪族

　　　b　(12)：職掌を氏とする豪族(物部氏、大伴氏など)｜の代表例

　(3)　大王家(ヤマト政権)の直轄地と直轄民

　　　a　(13)：大王家の直轄地…(13)の耕作者を田部と称す

　　　b　(14 ・)：地方豪族らが大王家に従属の証しに私有民を割き献上

　(4)　中央政治：臣姓・連姓の豪族から任じられた(15 ・)

　　　　が政務を担当

ヤマト政権の統治制度

```
┌─────────┐
│  大王   │
├─────────┤
│ 大臣・大連 │
├────┬────┤
│伴造 │(略) │
├────┴────┤
│  伴    伴 │
├─────────┤
│ 部・品部 │
└─────────┘
```

　　　a　大臣(蘇我氏ら)：大王家と並ぶ有力豪族から任命

　　　　大連(物部氏ら)：職掌で仕える有力豪族から任命

　　　b　(16)：大臣・大連の下で、伴(朝廷に仕える職能官)や

　　　　　　(17)(＝韓鍛冶部・史部・陶作部など)と

　　　　　　称する大陸系の技術者集団らを率い、政務を分

　　　　　　担

　(5)　地方政治＝ヤマト政権に服属した地方豪族に支配権を委任

　　　a　(18)：地方の有力豪族で上位の姓より任命。朝廷の直轄地(屯倉)の管

　　　　　　理、朝廷に直轄民(名代・子代)を貢納、服属の証しに子女を

　　　　　　舎人・采女として朝廷に献上

　　　b　県主：国造に比べて、比較的小地域の地方官

3　地方豪族の抵抗と従属

　(1)　527年、(19)と結んだ**筑紫国造**(20)が反乱→鎮圧後、直轄地(屯倉)

　　を九州北部に設置

　　Point　九州の岩戸山古墳は(20)の墓との説あり。

　(2)　ヤマト政権→地方豪族の抵抗を鎮定し、各地に屯倉や直轄民(名代・子代)を

　　拡大

古墳の終末 　⑳ p.32～

1　古墳時代終末期

　　6世紀末～7世紀初めに前方後円墳の造営終わる。ただし一部の豪族層による

　方墳・円墳の造営は以後約100年続く

　《終末期古墳の例》千葉県龍角寺岩屋古墳、栃木県壬生車塚古墳

2　(1)：7世紀中頃、近畿の大王墓として固有の形状(←権威の象徴)で造営

	9
	10
	11
	12
	13
	14
	15
	16
	17
	18
	19
	20
	1

＊律令国家形成とともに一般的な古墳の造営は終わる。その後、墳丘をもつ古墳造営は大王ら一部の特権支配者だけに継承

2 飛鳥の朝廷

東アジアの動向とヤマト政権の発展 教 p.33〜

1 6世紀の大陸情勢

(1) 朝鮮半島：高句麗の強大化・圧迫→百済・新羅が南方へ勢力拡大、（ 1 ）諸国を支配下におく（〜562）→朝鮮半島に対するヤマト政権の影響力低下

(2) 中国：589年、（ 2 ）が南北朝を統一→高句麗など周辺に進出

2 国内情勢

(1) 豪族の争い

    a　6世紀初め：大伴氏が継体天皇擁立などで一時政権を主導も、（ 3 ）が加耶西部への支配権をめぐる失政で失脚→大伴氏、衰退

    b　物部氏と蘇我氏の対立＝**崇仏論争**（**物部尾輿**・中臣氏◁対立▷**蘇我稲目**）

      物部氏：旧勢力と結び、伝統を重んじる（排仏派）

      蘇我氏：渡来人と結び仏教の受容に積極的（崇仏派）

        三蔵（斎蔵・内蔵・大蔵）の管理を担当し、財政権を掌握

Point 渡来人と結んだ蘇我氏が仏教受容に積極的だった点に注目、その後の蘇我氏らの仏教寺院建立の推進と合わせて理解しよう。

    c　587年、大臣の（ 4 ）（稲目の子）が、大連の（ 5 ）（尾輿の子）を滅ぼす

    d　592年、蘇我馬子が（ 6 ）天皇を暗殺し、権力を掌握

      →（ 7 ）天皇（敏達天皇の后）が即位

(2) 推古天皇の治世：蘇我馬子や、天皇の甥の（ 8 ）（用明天皇の子）らの協力で推進

    a　仏教など大陸文化の積極受容＝「三宝（仏法）興隆の詔」の発令（594）

    b　（ 9 ）（603）：個人の才能・功績に応じ冠位を付与

           →王権組織を氏族単位の組織から天皇のもとに再編成

    c　（ 10 ）（604）：天皇中心の中央集権国家に向けた官僚の自覚を訓戒

           →仏教・儒教・法家思想の影響

史料チェック

憲法十七条

二に曰く、篤く（ 11 ）を敬へ。（11）とは仏・法・僧なり。
三に曰く、詔を承りては必ず謹め。（ 12 ）をば則ち天とす、（ 13 ）をば則ち地とす。

（『日本書紀』）

3　中国との交渉

(1)　推古朝による遣隋使の派遣📖🔍

　　a　600年の派遣：中国の『（　14　）』倭国伝に記載あり（日本側史料には記載なし）

　　b　607年の派遣：（　15　）を遣隋使として派遣

　　　　　　「倭の五王」時代の外交からの転換。隋の皇帝（　16　）は立腹も、翌年に答礼使裴世清を日本へ派遣

　　c　608年、裴世清の帰国にともない、小野妹子が再渡航。留学生（　17　）、学問僧（　18　）・南淵請安らが同行

　📖Point　随行した留学生・留学僧らは帰国後、7世紀後半の国家建設に深く関与。

(2)　隋から唐へ：隋は高句麗との戦いなどで疲弊→隋滅亡→唐が建国（618）

(3)　第1回遣唐使（630）：舒明天皇の時、遣唐使として（　19　）らを派遣

史料チェック 📖🔍

遣隋使の派遣

A　ⓐ開皇二十年、倭王あり、姓は阿毎、字は多利思比孤、阿輩雞弥と号す。使を遣して闕に詣る。上、所司をしてその風俗を訪わしむ。　　　　（『隋書』倭国伝）

B　ⓑ大業三年、其の王多利思比孤、使を遣して朝貢す。……其の国書に曰く、「日出づる処の天子、書を日没する処の天子に致す。恙無きや、云云」と。ⓒ帝、之を覧て悦ばず、鴻臚卿に謂ひて曰く、「蛮夷の書、無礼なる有らば、復た以て聞する勿れ」と。　　　　（『隋書』倭国伝）

問1　下線部ⓐ・ⓑはそれぞれ西暦何年か。ⓐ＝（　20　）　ⓑ＝（　21　）

問2　ⓒの帝とは誰のことか。（　22　）

🔍探究コーナー

　問▶隋の皇帝は607年の遣隋使が持参した日本の国書を「蛮夷の書」として立腹している。にもかかわらず、翌年に答礼使を日本に派遣したのはなぜだろうか。当時の隋を取り巻く国際情勢から推察してみよう。

飛鳥の朝廷と文化　教 p.34〜

1　飛鳥文化：7世紀前半、飛鳥地方を中心に展開した**日本最初の仏教文化**

(1)　背景：6世紀末から、飛鳥地方（奈良盆地南部）に大王の王宮（大王宮）

　　　　　　＝飛鳥に本格的な宮都

　　　　　　厩戸王（聖徳太子）や蘇我氏など有力豪族が仏教を積極的に受容

14

15

16

17

18

19

20

21

22

(2) 寺院建築：古墳に代わり寺院が権威の象徴へ（各豪族が**氏寺**を建立）

    a　（　1　）寺（法興寺）：蘇我馬子が創建、日本初の本格的伽藍

    b　**百済大寺**：舒明天皇の創建との伝承

    c　厩戸王創建の寺院

        ①　（　2　）寺（斑鳩寺）：『日本書紀』に焼失記事、（　3　）跡の発見で再建
            が判明

        ②　（　4　）寺：物部守屋との戦いに勝利し創建との伝承（大阪市）

        ③　中宮寺：厩戸王の母の宮跡を寺院に改築

    d　広隆寺：秦河勝が創建した秦氏の氏寺（京都太秦）

(3) 仏像彫刻：中国南北朝時代の影響が大きい

    a　（　5　）様式：整った男性的容貌が特徴

        ①　法隆寺金堂（　6　）　　　　　　仏師（　7　）作の金銅像
        ②　**飛鳥寺釈迦如来像**（俗称：飛鳥大仏）　（②は現存最古の仏像）

        ③　法隆寺夢殿救世観音像（木像：明治時代にフェノロサらが調査）

    b　（　8　）様式：柔和で女性的な容貌が特徴的

        ①　（　9　）寺半跏思惟像（弥勒菩薩像：木像）

        ②　広隆寺半跏思惟像（弥勒菩薩像）：木像

        ③　**法隆寺百済観音像**（木像）

(4) 絵画・美術工芸

    a　法隆寺（　10　）：須弥座に「捨身飼虎図」など、仏教説話を描く

    b　**中宮寺天寿国繡帳**：厩戸王の妃が王を偲び、天寿国の様子を刺繡させ
        たとの伝承

2　飛鳥文化の国際性と大陸技法の伝播

(1) ギリシア・ローマ・ササン朝文化などの影響が大陸（シルクロード）を通じて
  伝播
    《例》忍冬唐草模様（忍冬はスイカズラ）、エンタシス（法隆寺などの回廊柱）など

(2) 高句麗僧（　11　）が紙・墨・彩色の技法を、百済僧（　12　）が暦（暦法）を
  伝えたとの伝承

探究コーナー

問 右の法隆寺式の伽藍配置の図をみると、金堂と塔が左右に並立してい
るが、本来、「塔」と「金堂」はどのような目的をもった建造物であったか。
また、これ以後の伽藍配置にはどのような変化が生まれるか、塔と金堂の
配置に着目して、説明してみよう。

法隆寺式伽藍配置

第3章 律令国家の形成

1 律令国家への道

大化改新　教 p.37〜

1　大陸情勢（7世紀半ば〜）

(1)　大陸：唐の高句麗侵攻→国際的緊張の激化

　　　　　　　　→周辺諸国の国内統一、中央集権化急務

(2)　朝鮮半島：新羅の強大化→百済を圧迫

2　国内の動き

(1)　蘇我氏の専横：（　1　）が厩戸王の子（　2　）を滅ぼす

(2)　（　3　）の変（645）：天皇中心の中央集権化を目指し、（　4　）が蘇我倉山
　　　　　　　　　田石川麻呂・（　5　）らの協力を得て、蘇我（6　・
　　　　　　　　　）父子を滅ぼす

(3)　乙巳の変後、皇極天皇（中大兄皇子の母）が退位、（　7　）天皇を擁立

(4)　中大兄皇子は皇太子に、阿倍内麻呂・（　8　）が左・右大臣に、中臣鎌足
　　　が（　9　）に就任

(5)　留学生・学問僧の登用：**国博士**に（　10　）と僧（　11　）を任命

(6)　年号を大化（初の年号）とし、大王宮を飛鳥から（　12　）に移す

(7)　翌646年、「改新の詔」を発布 📖🔍

　＊(2)〜(7)など孝徳天皇期の一連の諸改革を「大化改新」という

3　改新の詔：『（　13　）』に記載あるも、一部で潤色の可能性を指摘される

(1)　豪族の私有地（**田荘**）・私有民（**部曲**）を廃し、公地公民制への移行方針

(2)　中央官制や、のちの「郡」に当たる地方行政組織＝（　14　）の整備

(3)　全国的な戸籍・田地調査→班田収授（法）の準備

(4)　課税台帳に当たる**計帳**を作成し、統一税制を目指す

4　乙巳の変後

　　王権や中大兄皇子の権力拡大：**蘇我倉山田石川麻呂**ら、あいつぎ滅ぶ

史料チェック 📖🔍

改新の詔

其の一に曰く、昔在の天皇等の立てたまへる子代の民、処々の（　15　）、
及び、別には臣・連・伴造・国造・村首の所有る（　16　）の民、
処々の（　17　）を罷めよ。仍りて（　18　）を大夫より以上に賜ふこと、
各　差あらむ。

其の二に曰く、初めて京師を修め、畿内・国司・郡司・関塞・斥候・防人・駅
馬・伝馬を置き、及び鈴契を造り、山河を定めよ。

其の三に曰く、初めて戸籍・（　19　）・班田収授の法を造れ。凡そ五十戸を

1	
2	
3	
4	
5	
6	
7	
8	
9	
10	
11	
12	
13	
14	
15	
16	
17	
18	
19	

（　20　）と為し、里毎に長一人を置け。

其の四に曰く、旧の賦役を罷めて、田の調を行へ。

（『日本書紀』）

探究コーナー

問 右図は藤原宮跡から出土した木簡と、そこに記された文字を示している。この図を参考に、日本書紀の「改新の詔」にみられる行政単位（国郡制）との相違点を指摘し、そのような相違が生じた背景について説明してみよう。

庚子年四月

若佐国小丹生評●

木ツ里秦人申二斗

天智天皇・天武天皇　教 p.38〜

1　斉明天皇の治世

(1)　孝徳天皇死去、皇極天皇が再び即位（重祚）→（　1　）天皇

(2)　宮都を難波から飛鳥へ再遷　＊有間皇子（孝徳天皇の皇子）、挙兵を企て滅ぶ

(3)　新羅が百済侵攻→**百済滅亡**(660)→百済から百済王子の返還・援軍の要請

(4)　斉明天皇、百済復興救援にみずから出兵→途上、九州の朝倉宮で死去(661)

2　中大兄皇子の称制（即位せず皇太子のまま執政＝「称制」と称す）

(1)　（　2　）の戦い：（　3　）年に百済支援で出兵も、唐・新羅の連合軍に大敗

→のちに**新羅**が高句麗を滅ぼし(668)、半島を統一

(2)　防衛強化：大宰府の北方に（　4　）や大野城、南方に基肄城を築造、

対馬〜大和に朝鮮式山城を築城（百済の亡命貴族ら協力）

(3)　都を飛鳥から（　5　）に遷都→中大兄皇子が即位、（　6　）天皇となる

3　天智天皇の治世

(1)　（　7　）の作成：初の全国的戸籍、班田制の準備

＊永久保存の命（氏姓を正す根本台帳）

(2)　近江令の制定：のちの律令に向けた個別法令との説

(3)　（　8　）の乱

：（　9　）年、天智天皇の子と天皇の弟の皇位継承争い

子＝（　10　）皇子：近江朝廷、有力豪族が多く支持→敗北

弟＝（　11　）皇子：東国豪族の支持、東国兵を動員→勝利

→（　12　）で即位、（　13　）天皇となる

4　天武天皇の治世

近江の朝廷を支持した有力中央豪族が失権

→天皇中心に中央集権化が進む

(1)　大王にかわり「**天皇**」の称号を使用との説あり→天皇の神格化

天皇即位順

天皇即位順
推古
舒明
皇極
孝徳
斉明
天智
天武
持統
文武

(2) （ 14 ）の制定

    a　区分：真人・朝臣・宿祢・忌寸・道師・臣・連・稲置に区分

    b　目的：天皇を中心とする新たな身分秩序に豪族を再編成

(3) 銭貨（ 15 ）の鋳造に着手

(4) 飛鳥浄御原 令 の編纂を開始　＊ただし、施行は持統天皇の治世

(5) 国史編纂事業の開始　＊天武朝では未完成

    稗田阿礼に「帝紀」「旧辞」を誦み習わす→奈良時代の『古事記』成立へ

(6) 仏教を保護し大寺院を建立、一方で僧尼を規制して仏教を国家統制化

(7) 藤原京（本格的な宮都）の造営に着手→完成を待たず天武天皇は死去

🔍 探究コーナー

問 ▶『万葉集』におさめられた和歌で、柿 本 人麻呂や大伴御行が「おおきみは神にしませば……」とうたっている。ここで歌われた「おおきみ」の具体名をあげながら、このような歌がよまれるようになった背景について、説明してみよう。

律令の成立と「日本」 🉐 p.38〜

1　（ 1 ）**天皇**（＝天武天皇の皇后）の**治世**→天武天皇の死後、政権を担う

(1) （ 2 ）の**施行**：翌年、戸籍（ 3 ）を作成し、班田の支給開始

(2) （ 4 ）に遷都（（ 5 ）年）：**条坊制**をもつ初の本格的な宮都

2　**大宝律 令 の完成**（701）：飛鳥浄御原令を基礎に、唐の永徽律令を手本に作成

(1) 文武天皇（持統天皇が後見）時代に（ 6 ）親王・（ 7 ）らで完成

(2) 律＝刑法。ほぼ唐の律を模倣

    令＝律以外の行政法や租税等の諸規定。令は日本の実情に合わせて改変

    ＊現存せず、『令 集 解』などから断片的に伝存)

(3) この頃、国号を「倭」から「日本」へ。律令完成翌年の遣唐使（約30年ぶり）が使用

(4) （ 8 ）の制定（718）：（ 9 ）らが大宝律令を修正→757年になって施行

律令の変遷

（天智天皇）

↓

近江令（未完?）

↓

（天武・持統天皇）

↓

飛鳥浄御原令

↓

（文武天皇）

↓

大宝律令

↓

（藤原不比等ら）

↓

養老律令

14

15

1

2

3

4

5

6

7

8

9

官僚制 ㉟ p.39〜

1　行政組織

(1)　中央組織：**二官**(神祇官と太政官)・八省・一台・五衛府で構成

(2)　行政運営：太政大臣・左右大臣・大納言ら（　1　）による合議

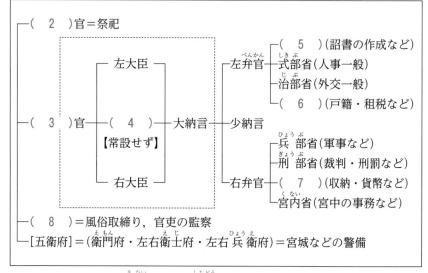

```
┌─（　2　）官＝祭祀
│
│              ┌─ 左大臣 ──┐                        ┌─（　5　）(詔書の作成など)
│              │            │          ┌─ 左弁官 ─┼─ 式部省(人事一般)
│              │            │          │          ├─ 治部省(外交一般)
│（　3　）官─（　4　）─ 大納言 ─ 少納言         └─（　6　）(戸籍・租税など)
│              │  【常設せず】  │          │
│              │            │          │          ┌─ 兵部省(軍事など)
│              │            │          │          ├─ 刑部省(裁判・刑罰など)
│              └─ 右大臣 ──┘          └─ 右弁官 ─┼─（　7　）(収納・貨幣など)
│                                                  └─ 宮内省(宮中の事務など)
│
├─（　8　）＝風俗取締り，官吏の監察
│
└─[五衛府]＝(衛門府・左右衛士府・左右兵衛府)＝宮城などの警備
```

(3)　地方行政：全国を畿内(五畿)・七道に区分

```
┌─ 畿内＝（9　　・　　・　　・　　・　　）の5カ国
│
└─ 七道＝北から(10　　　・東海・北陸・山陽・山陰・　　・　　)の七道
```

　　a　諸国

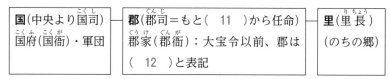

国(中央より**国司**)	**郡**(郡司＝もと（　11　）から任命)	**里**(里長)
国府(国衙)・軍団	郡家(郡衙)：大宝令以前、郡は（　12　）と表記	(のちの郷)

> **Point**　前中後(備前・備中・備後)や上下(上野・下野)、遠近(近江・遠江)
> がつく旧国名は都からの遠近が基準(＊**上総**と**下総**は南北が逆)。

　　b　要地

```
┌─ 京職：左右京の一般地方行政 ─────────┬─ 東西（　13　）(市の管理)
│  摂津職：摂津国の一般地方行政          └─ 坊(坊令)
│（　14　）：別称「遠の朝廷」西海道の民政・軍事─防人司や鴻臚館(外交)
└─ 鎮守府：蝦夷対策の拠点←多賀城(陸奥国)に設置されたのが最初
```

2　律令官制の特徴

(1)　**四等官制**：各官庁の官職を長官・次官・判官・主典の四等級に区分

　　《例》国司の長官は（　15　）、大宰府の長官は「**帥**」など

(2)　（　16　）制：与えられた位階(一位〜五位など)に応じて官職を決定

(3)　官人の地位(とくに五位以上の貴族には多くの特権を付与)

　　a　官人の給与：封戸(位封・職封)・田地(位田・職田＝免税)、
　　　　　　　　　　季禄(年2回)、資人(使用人)など

b　身分的特権：父が五位以上（または祖父が三位以上）の子孫は、就任当初か
　　　　ら高位を得る（　17　）や、刑罰の軽減（六議）など

📖Point　官位相当制では、五位以上になると中央から地方へ数年間派遣される
　　　　国司の官職を得ることが可能となるため、とくに下級の位階者はこの
　　　　地位を得ようと競った。

3　司法制度

(1)　五刑：笞・杖・徒・流・死罪の５つ（位階をもつ者は位階剝奪により減免）
(2)　（　18　）：謀反、不孝など国家・天皇・尊属への８つの重罪（貴族も減免な
　　　　し）

民衆の負担　📖p.40～

1　戸籍と口分田

(1)　戸籍：（　1　）の支給（班給）のため、（　2　）年ごとに作成
(2)　戸籍単位：50戸を単位に「里」を構成（25人程度に編成した「郷戸」が基準、一
　　　　時期「郷戸」の下に10人程度の小家族で構成の「房戸」あり）
(3)　良民と賤民
　　　良民：貴族、一般民、品部・雑戸（官庁に属す技能者）など
　　　賤民：官有の（3　・　・　）と私有の（4　・　）
　　　＊(3)(4)を合わせて五色の賤。公奴婢・私奴婢は家族生活が許されず、売
　　　　買対象
(4)　（　5　）法：6歳以上の男女に口分田を支給（売買禁止）、死後は国家に返却
　　　　　　　　余剰の田（乗田）は農民に賃租
　　　　　　　　＊口分田は売買禁止。家屋・周辺地は私有の場合もあり
(5)　支給面積　＊1段＝360歩＝約11.9a
　　　a　良民男性：（　6　）段、歩換算では（　7　）歩
　　　b　良民女性：良民男性の３分の２＝（　8　）歩＝１段120歩
　　　c　賤民（奴婢）
　　　　：官有の賤民には良民と同じ口分田を支給
　　　　　私有の賤民には良民の３分の１＝男性は（　9　）歩、女性は（　10　）歩
(6)　（　11　）制：口分田など班給のため田地を整然と区画

📖Point　都城区画の条坊制との違いに注意。

(7)　税の有無による田地の区分
　　　a　税を課す輸租田：口分田、位田、賜田、功田など
　　　b　税免除の不輸租田：寺田、神田、職田（一部を除く）など

2　税負担

(1)　課税台帳の（　12　）を毎年作成
(2)　公民の主な税負担（租以外、女性には税負担なし）

	呼称	（　13　）　＊丁は男性の呼称 21〜60歳の男性	次丁（老丁） 61〜65歳 の男性	中男（少丁） 17〜20歳 の男性
田地	租	男女や年令に関係なく１段につき２束２把＝収穫高の約（　14　）％ ＊諸国の郡衙（正倉）に貯蔵　　🔷Point　租は地方財源。 ＊ほかに、稲（種籾）の貸付に対し利息を払う（　15　）あり		
人頭税・男性のみ	調	絹・糸・綿・布など、ほかの特産物の場合 有り（京・畿内は1/2。正丁は副物あり） ＊都へ運ぶ（　16　）の義務あり 🔷Point　調は中央財源、ただし西海道では大宰府にも多く運脚。	正丁の 1/2	正丁の 1/4
	庸	本来は都で10日間の（　17　）。そのかわり に布２丈６尺を納付（京・畿内は免除） ＊都へ運ぶ義務あり	正丁の 1/2	なし
	（　18　）	（　19　）のもとで年間60日以下の労役 （のちに半減、官人・兵士は免除）	正丁の1/2 （30日以下）	正丁の1/4 （15日以下）
	兵役	正丁３〜４人に１人の割合で徴兵 →各地の軍団に所属、一部は上京し１年間 （　20　）に、または（　21　）として３年間 九州警備（九州警備の多くは東国出身者） ＊武器・食料は自弁が原則で公民の負担大	なし	なし

史料チェック 📖🔍

律令制度（戸令・税制・兵役）

　凡そ（　22　）を造らむことは、年毎に……具に家口・年紀を注せ。

　凡そ（　23　）は、六年に一たび造れ。里別に巻を為せ。

　凡そ(23)は、恒に五比（五回分：６年×５＝30年）留めよ。……近江の大津の宮の（　24　）の年の籍は除くことせず。

　凡そ調の絹・絁・糸・綿・布は、並に郷土の所出に随へよ。

　凡そ調庸の物は、年毎に、八月の中旬より起りて輸せ。……其の（　25　）は均しく庸調の家に出さしめよ。皆国司領し送れ……

　凡そ正丁の歳役は十日、若し（　26　）を収るべくんば布二丈六尺。

　凡そ兵士の……京に向むは一年、防に向はむは三年、行程を計へず。

　凡そ兵士の京に向ふをば（　27　）と名づく。……辺を守るをば（　28　）と名づく

（『令義解』）

探究コーナー 🔭

問　正丁を主な税や兵役の負担対象者とする律令国家の体制は、のちにどのような経過をたどって、その基盤が崩れていくのだろうか。「税負担」や「偽籍・逃亡」などに着目しつつ説明してみよう。

遣唐使 ㊙ p.41〜

1 唐との交流

(1) 630年の第1回遣唐使(正使：犬上御田鍬)の派遣から、894年に菅原道真の建議で中止されるまで、約260年間にわたり交流

(2) 8世紀には大規模化：4隻でほぼ20年に1度派遣＝別称「よつのふね」

(3) 航路

  a 初期(7世紀)：朝鮮半島沿岸を経由する(1)を航行

  b 中期以降(8〜9世紀)：(2)との関係悪化で、東シナ海を横断する危険な南路(一部南島路)に変更→遭難多発

(4) おもな渡航者

  a 奈良時代

    留学生の(3)や僧の(4)：のち聖武天皇が重用

    (5)：唐の玄宗皇帝が重用、李白・王維らと交流、唐で死去

    ＊「天の原 ふりさけみれば春日なる 三笠の山に出でし月かも」をよむ

    (6)：中国から渡海の**律宗**の僧、日本に正式な戒律を伝える

    ほかに**山上憶良**、藤原清河(藤原房前の子、唐で客死)ら

  b 平安初期

    僧の(7)・**空海**・円仁(最澄の弟子)ら

(5) 遣唐使停止

  8世紀半の安禄山・史思明の乱(**安史の乱**)、9世紀の**黄巣の乱**(唐朝末の農民反乱)で唐が疲弊→894年、菅原道真の建議で中止

Point 遣唐使では、日本は唐の冊封(皇帝から国王に任じられ従属するかたち)を受けないものの、実質的には唐に臣従する朝貢形式をとり、使者を派遣した。

2 そのほかの交流

(1) 新羅：初期には交流盛ん→日本が新羅を従属国として扱おうとしたことで関係悪化(奈良時代に一時、新羅への出兵計画→中止)→8世紀末、遣新羅使の派遣が減少、民間商人の往来は盛ん

(2) (8)：中国東北地方に旧高句麗人や靺鞨族が建国、唐・新羅との対抗上、日本へ頻繁に使節派遣(727年〜)、日本も新羅との対抗上、友好的に交流。能登客院(石川県)・松原客院(福井県)で厚遇、毛皮・薬用人参をもたらす

1	
2	
3	
4	
5	
6	
7	
8	

問 右表によると、唐は「白村江の戦い」(663年)で日本と戦ったにもかかわらず、その後665年、667年、669年と立て続けに日本からの遣唐使を受け入れている。そうした外交施策に至った唐側の事情について、当時の大陸や朝鮮半島の情勢をもとに推察してみよう。

奈良時代以前の遣唐使

回数	出発年	航路
第1回	630	北路？
第2回	653	北路？
第3回	654	北路
第4回	659	北路
第5回	665	北路
第6回	667	北路
第7回	669	？
第8回	702	南島路

奈良の都平城京　教 p.42〜

1 平城京の概要

(1) 710年、藤原京から**平城京**へ遷都：(1)天皇(女性天皇)の時

(2) 唐の長安にならい(2)により整然と区画、城壁なし

(3) 中央を南北に走る朱雀大路で、東の(3)と西の(4)に区分

(4) 北部中央に平城宮(宮城)：内裏(天皇の住居など)や大極殿・朝堂院(政務・儀式の場)などを配置、宮城付近には長屋王などの高位貴族の邸宅

(5) 下級官人の小規模住居は宮城から遠い八条以南の地域に分布

(6) 南都七大寺(東大寺・興福寺など)と称する大寺院の多くが平城京内に建立

Point 平城京において主要な寺院が集中していた外京を中心にした地域は、中世には門前町として栄えた。

2 官営市と貨幣鋳造

(1) 左・右にそれぞれ**官営**の市：(5)が監督

(2) (6)の鋳造：708年、武蔵国からの銅献上をきっかけに年号を「和銅」と改元。唐の開元通宝にならい**銀銭**と銅銭を鋳造し、都の造営費用等に利用　＊貨幣の鋳造は7世紀の**富本銭**が最初

(3) (7)令：銭の流通促進のため711年に発令も、京・畿内以外では、ほとんど流通せず

史料チェック

蓄銭叙位令
　（和銅四〈711〉年……）詔して曰く、「夫れ銭の用なるは、財を通して有無を貿易する所以なり。当今百姓なほ習俗に迷ひて、未だ其の理を解せず、僅かに売買すと雖も、猶銭を蓄ふる者無し。其の多少に随ひて節級して位を授けむ……」
（『続日本紀』）

(4) (8)：和同開珎から平安初期の(9)まで、国家の鋳造による12種の銭貨の総称

1
2
3
4
5
6
7
8
9

地方の統治と蝦夷・隼人　教 p.44〜

1 官道(駅路)の整備

(1) 駅制：畿内から七道の各国府に向けて官道を整備

約16km ごとに(1)を設け、官人が公用に利用

(2) (2)：中央から派遣された国司(任期あり)が政治をおこなう拠点、付近に国分寺も設置

(3) **郡家(郡衙)**：各郡の郡司の統治拠点、郡司の氏寺や租貯蔵の 正倉 など設置

郡司はかつての(3)など地方豪族から任命、地位は世襲

(4) 国府や郡家遺跡から、木札に文字を墨書した(4)や**漆紙文書**(漆が紙にしみ込み地中で残存)、墨書土器などが出土

＊律令体制による文書主義→漢字文化の地方への波及

2 地方の開発と領域拡大

(1) 資源開発：長門の銅、陸奥の(5)、対馬の銀、越後の石油など

(2) 支配領域の拡大

a 東北方面(蝦夷対策など)

- 7 世紀半ば(647〜648)、日本海側(新潟)に(6 ・)の両柵を設置
- **斉明天皇**の時に(7)を派遣し、日本海側の制圧が進む
- 奈良時代に入り、日本海側に**出羽国**(712)や秋田城(733)を設置
- 太平洋側では陸奥国府・鎮守府となる(8)を設置(724)

b 南九州〜南西諸島

- 南九州の(9)が帰順、薩摩国および(10)国を設置
- 種子島・屋久島やさらに南の島々も産物を貢進

藤原氏の進出と政界の動揺　教 p.45〜

1 藤原氏の台頭

藤原不比等：文武天皇に娘(**宮子**)を嫁がす→のちの皇太子(**聖武天皇**)が誕生

→その皇太子にも娘(**光明子**)を嫁がす

2 奈良時代の政治の変遷

(◎＝女性天皇　＊元明天皇は文武・元正 の両天皇の母)

天皇	政権中枢者	おもな出来事
◎元明	(1)	平城京遷都(710)、蓄銭叙位令(711)、古事記(712) (2)制定(718)、日本書紀(720)
◎(3)	(4)	口分田不足で百万町歩の開墾計画(722) 三世一身法を施行し開墾促進、**光明子**の立后に反対

右欄番号：1, 2, 3, 4, 5, 6, 7, 8, 9, 10

右欄番号(表)：1, 2, 3, 4

	藤原四家 （南・北・式・京）	（ 4 ）の変(729)後、（ 6 ）が皇族以外で初の皇后 天然痘で藤原四家の長（南＝武智麻呂・北＝房前・式＝宇合・京＝麻呂）があいつぎ病死(737)
（ 5 ）	（ 7 ） ＊政治顧問に （ 8 ）と 僧（ 9 ）	吉備真備らの排斥求め（ 10 ）の乱(740) ＊聖武天皇、(10)の乱をきっかけに遷都を繰り返す （ 11 ）の詔(741)⎫（ 13 ）思想の影響 （ 12 ）の詔(743)⎭背景に飢饉・疫病などの多発 （ 14 ）(743)で開墾地の永久私有を容認 聖武天皇、在位のまま出家→のち譲位
◎（ 15 ）	（ 16 ） （光明皇太后 の支援）	大仏開眼(752)←『日本書紀』の仏教公伝200年の節目 橘諸兄辞任(756)、聖武太上天皇死去(756)
（ 18 ）		養老律令の施行、橘諸兄の子（ 17 ）の変(757) 藤原仲麻呂、淳仁天皇を擁立し（ 19 ）の名を賜る 光明皇太后の死後、(19)の乱(764)→失敗 淳仁天皇は淡路に配流
孝謙天皇 が重祚 ◎（ 20 ）	（ 21 ） （称徳天皇の 支援）	寺院を除き加墾禁止令(765) 道鏡が太政大臣禅師(765)→法王(766)→皇位への動きも和気清麻呂らの活躍で挫折＝（ 22 ）事件
（ 23 ） （天智天皇 の孫）	藤原（ 24 ） 藤原永手ら	称徳天皇死去、藤原百川らが道鏡を下野国薬師寺に左遷、天智天皇系（天智の孫）の光仁天皇を擁立 行政の簡化、民衆負担の軽減策

史料チェック

国分寺建立の詔

（天平十三〈741〉年）……詔して曰く。「……宜しく天下諸国をして、各敬みて七重塔一区を造り、幷せて金光明最勝王経・妙法蓮華経、各一部を写さしむべし。……其の寺の名を⒜金光明四天王護国之寺と為し、尼寺には一十尼ありて、其の寺の名を⒝法華滅罪之寺と為し……」と。（『続日本紀』）

問1　下線部⒜の金光明四天王護国之寺と、下線部⒝の法華滅罪之寺とは、それぞれ何と呼ばれるか。漢字3文字と漢字4字で記せ。

⒜＝（ 25 ）　⒝＝（ 26 ）

大仏造立の詔

（天平十五〈743〉年冬十月）……詔して曰く「……天平十五年……菩薩の大願を発して盧舎那仏の金銅像一軀を造り奉る。……夫れ天下の富を有つ者は⒞朕なり。天下の勢を有つ者も朕なり。此の富勢を以て此の尊像を造る。事や成り易き、心や至り難き。（『続日本紀』）

問2　下線部⒞の朕とは誰のことか。（ 27 ）

問3　大仏造立の詔が最初に出された時の宮都はどこか。（ 28 ）

左欄: 5 6 7 8 9 10 11 12 13 14 15 16 17 18 19 20 21 22 23 24 25 26 27 28

問▶聖武天皇は、仏教を国家にとってどのような宗教ととらえ、どのような目的で国分寺建立や大仏造立の詔を発したのだろうか。考えてみよう。

_____

_____

_____

民衆と土地政策　㉟ p.47〜

1　民衆の生活とその変化
(1)　鉄製農具の普及→農業生産の進展
(2)　竪穴住居→平地式の掘立柱住居へ（西日本からしだいに普及）
(3)　婚姻形態：男性が女性の家に通う（　1　）が一般的
　　　　　　　　夫婦は**別姓**のまま**各自が財産**を保有

2　民衆への過重負担
(1)　農民：口分田以外の土地（**乗田**など）を借りて耕作し、地子を納入（＝
　　　（　2　））
　　　兵役、雑徭、運脚などの負担に加え、飢饉や天候不順により生活困窮
　　　*『万葉集』にある山上憶良の（　3　）→民衆困窮の一端を表現
(2)　農民の抵抗
　　　困窮した農民の中には、戸籍登録地を離れ他国に（　4　）、**逃亡**（行方不明
　者）する者や、地方豪族や貴族の従者（資人）になる者、**私度僧**（＝官僧〈官度僧〉
　に対し、許可なく出家得度した僧）となり重税を回避する者などが増加

3　国家財政の再建
(1)　百万町歩の開墾計画(722)：口分田不足や税収不足への対応
(2)　（　5　）(723)📖🔍：3代または本人1代に限り土地の私有を認める
(3)　（　6　）(743)📖🔍：開墾田の永久私有を容認（身分により私有面積を制限）
　　　　　　　　*当初**輸租田**
(4)　結果：貴族や大寺院が国司・郡司の協力のもと、浮浪人や農民を使役し、大
　　　　　規模な開墾を進める→（　7　）の誕生
(5)　影響：各郡の正倉に貯蔵してある稲穀の国司による一元管理・運用→国司
　　　　　の支配力が強まる→郡司の支配力の低下→調・庸の品質悪化・滞納

📌**Point**　道鏡が政権担当時には、寺院を除き開墾を禁止する加墾禁止令（別称：墾
　　　　田禁止令）が発令されたが、その失脚後に再び開墾と永年私有が許可された。

史料チェック📖🔍

三世一身法
（養老七〈723〉年四月）……太政官奏すらく、「頃者百姓漸く多くして、田

右欄の番号：1　2　3　4　5　6　7

池窒狭なり。望み請ふらくは、天下に勧め課せて、田疇を開闢かしめん。其の新たに溝池を造り、開墾を営む者有らば、多少を限らず、給ひて、（ 8 ）に伝へしめん。若し旧き溝池を逐はば、其の（ 9 ）に給せん」と。

（『続日本紀』）

墾田永年私財法

（天平十五〈743〉年五月）……、詔して曰く、「聞くならく、墾田は養老七年の格に依りて、限満つる後、例に依りて収授す。是に由りて農夫怠券して、開ける地復た荒る、と。今より以後、任に私財と為し、（ 10 ）を論ずること無く、咸悉くに永年取る莫れ。其の親王の一品及び一位は五百町、……初位已下庶人に至るまでは十町……」

（『続日本紀』）

探究コーナー

問 「墾田永年私財法」の発令は、当時の土地所有のあり方にどのような影響を与えたか、考えてみよう。

---

3 律令国家の文化

白鳳文化 教 p.49～

1 白鳳文化の特徴

(1) 7世紀後半～8世紀初頭、**天武・持統**朝を中心とする文化

(2) **初唐文化**の影響を受けた清新な文化

(3) 国家的保護を受けて仏教が興隆

2 仏教の急速な発展

(1) 天武天皇の命で官寺（官立寺院）を建立

筆頭の**大官**大寺や、皇后（のち持統天皇）の病気平癒のために建立された（ 1 ）など（官寺は私寺に対する名称）

(2) 中央や地方の豪族も競って私寺を建立

3 白鳳文化を代表する文化財

(1) 建造物

（ 2 ）：各層に裳階がつく三重塔（「凍れる音楽」と評される）

(2) 彫刻

a 薬師寺金堂（ 3 ）像、薬師寺東院堂聖観音像

b （ 4 ）：蘇我倉山田石川麻呂の霊をとむらうためにつくられた**旧山田寺**本尊の頭部（のち興福寺の僧兵が山田寺から奪取）

(3) 絵画・工芸

　　a （　5　）壁画：インドのアジャンター壁画に類似、1949年火災で焼損

　　　　　　　　→この焼失をきっかけに、**文化財保護法を制定**(1950)

　　b （　6　）壁画：1972年、奈良県明日香村で発見、高句麗の影響など

　　c **キトラ古墳**壁画：1980年代に明日香村で発見、天井部に天文図などを描く

Point　高松塚古墳壁画やキトラ古墳壁画は、7世紀末〜8世紀初に築造の終

　　　　末期古墳に描かれた白鳳期を代表する文化財であり、法隆寺金堂の壁

　　　　画も白鳳期に属する。

(4) 文学

　　a 和歌：額田王や柿本人麻呂らが活躍→奈良時代の『**万葉集**』に作品

　　b 漢詩：大友皇子や大津皇子らに秀作→奈良時代の『懐風藻』に作品

天平文化と大陸 　 (教) p.50〜

1 奈良時代の文化

(1) 時期：平城京を中心とした貴族文化、（　1　）天皇時代の年号から天平

　　　　文化と呼称

(2) 特徴：国家の保護をもとに仏教が発展

2 大陸文化の強い影響

　遣唐使などにより、**盛唐**(唐の最盛期)**文化**の影響を受けた豊かな国際性

Point　飛鳥文化＝南北朝文化(六朝文化)の影響 ┐

　　　　白鳳文化＝初唐文化(唐初期)の影響　　├ 影響を受けた時代に違い。

　　　　天平文化＝盛唐文化(唐の最盛期)の影響 ┘

国史編纂と『万葉集』 　 (教) p.50〜

1 国史編纂事業：天武天皇時代から進められた国史編纂事業が完了

(1) 『（　1　）』(712)：天武天皇の命で、宮廷に伝わる「帝紀」「旧辞」などを

　　　　　　　　　　（　2　）が暗誦(天皇の死去で事業一時中断)→元明天皇

　　　　　　　　　　期に（　3　）が筆録し完成(神代〜推古朝まで)

　　　　　　　　　　＊漢字の音訓を用い**日本語**で表記

(2) 『（　4　）』(720)：（　5　）を中心に**漢文**による**編年体**(年月順に表記)で編

　　　　　　　　　　纂(神代〜持統朝まで)→これ以後の『続日本紀』『日本後

　　　　　　　　　　紀』『続日本後紀』『日本文徳天皇実録』『日本三代実録』と続

　　　　　　　　　　く国史と合わせ（　6　）と総称

2 地誌編纂

　　（　7　）：713年の命令で、諸国の産物、伝承、山川の地名の由来などを筆録

　　　　　　　（　8　）国(ほぼ完全に残存)に加え、常陸・播磨・豊後・肥前の5

　　　　　　　カ国分が現存

3 漢詩文・和歌

(1) 漢詩文：漢文・漢詩←官人の教養として重視

　　a 『（　9　）』：**現存最古の漢詩集**。白鳳期の大友皇子・大津皇子らの漢詩

b　おもな漢詩文の文人

淡海三船：『唐大和上東征伝』(鑑真の伝記)の著者

（　10　）：自身の邸宅に私設図書館の（　11　）を設けて開放

(2)　和歌

a　『（　12　）』：**現存最古の和歌集**。宮廷歌人や貴族から、東国出身者の 東歌・防人歌まで幅広く収録

b　歌人：第Ⅰ期(**天智朝**までの有馬皇子・額田王)、第Ⅱ期(**平城遷都まで**の柿本人麻呂)、第Ⅲ期(**天平年間**の山上憶良・大伴旅人)、それ以後の大伴家持(『万葉集』編者との説あり)ら

📙**Point**　『懐風藻』『万葉集』のいずれも、勅撰による編纂ではない。

4　学問

(1)　（　13　）：中央におかれた貴族の子弟らが学ぶ官人養成機関、教科では儒教の経典を学ぶ（　14　）、律令など法律を学ぶ（　15　）、平安初期には漢文や歴史を学ぶ（　16　）などを重視

(2)　（　17　）：地方におかれた郡司の子弟らが学ぶ官人養成機関

国家仏教の展開　📖 p.52〜

1　国家の仏教保護と統制

(1)　（　1　）思想：為政者が仏教を保護することで、仏教の加護により国の安寧をはかろうとする思想

(2)　（　2　）：三論・成実・法相・倶舎・華厳・律の六派、仏教理論を研究　法相宗の義淵(玄昉や行基らを育成)や華厳宗の良弁(東大寺建立に貢献)、三論宗の道慈(大安寺建立)らが活躍

(3)　南都七大寺：薬師寺・東大寺・大安寺・元興寺・西大寺・興福寺・法隆寺　あいつぐ大寺院の建立→国家財政の負担増

(4)　社会事業：（　3　）が孤児・病人を収容する（　4　）や、貧窮の病人に治療を施す**施薬院**を設置、和気広虫は恵美押勝の乱後の孤児を養育

(5)　国家による仏教統制

a　僧侶：国の定める受戒を経た者のみを指す。受戒は当初、東大寺戒壇院のみ(のち筑紫観世音寺、下野の薬師寺←本朝三戒壇と呼称)

b　戒律：唐僧（　5　）が伝え、東大寺に戒壇院を設置、(5)はのちに（　6　）を開山

c　僧尼令：僧侶に対する禁令(民衆への布教を禁じるなど僧侶を統制)　この令で、社会事業に貢献した僧（　7　）らを一時弾圧　→(7)はのちに大僧正に任じられ、大仏造営に協力

📙**Point**　鑑真の招聘は、正式な僧侶の任用に不可欠な受戒儀礼(当時の日本では未整備)の伝授がおもな目的であった。

2　仏教と在来信仰との融合

(1)　（　8　）思想：仏教の仏と日本古来の神々とは本来同一であるとする思想　《例》神社の境内に神宮寺を建立、神前での読経 など

(2) 日本社会への浸透：現世利益（げんぜりやく）や祖先崇拝など、日本人の精神的風土に順応

《例》先祖の霊をとむらうための仏像建立や、経典の書写など

(3) 政治(世俗)化忌避の動き：大寺院を離れ山林で修行する僧の出現

→平安仏教の萌芽

天平の美術 教 p.53〜

1 建築

(1) 東大寺：(1)(別称：三月堂)や、校倉造（あぜくらづくり）で知られる聖武太上天皇（しょうむだいじょうてんのう）の遺品などを収めた(2)宝庫など

(2) 法隆寺：夢殿（ゆめどの）(本尊が飛鳥期の救世観音像（くぜかんのんぞう）)、伝法堂（でんぼうどう）(聖武天皇夫人の橘氏邸を移築)

(3) 唐招提寺（とうしょうだいじ）：金堂(天平期で唯一の金堂遺構)、講堂(平城宮の朝集殿（ちょうしゅうでん）を移築)

2 彫刻：従来の木造や金銅像に加え、新たに乾漆像（かんしつぞう）・塑像（そぞう）などの技法が加わる

(1) (3)：原型の上に麻布を漆（うるし）で塗り固めて形を整える技法

   a 東大寺法華堂（ほっけ）(4)像

   b 興福寺(5)像(八部衆像の1つ)・十大弟子像

   c 唐招提寺(6)像・金堂盧舎那仏（るしゃなぶつ）像

   d 聖林寺（しょうりんじ）十一面観音像

(2) (7)：木芯に粘土を塗り固める技法

   a 東大寺日光（にっこう）・月光（がっこう）菩薩像   b 東大寺法華堂(8)像

   c 東大寺戒壇院四天王像   d 新薬師寺十二神将（しんしょう）像

1
2
3
4
5
6
7
8

探究コーナー

問1 次の①〜④の仏像を、飛鳥・白鳳・天平文化のいずれに属するかを区分してみよう。

① ② ③ ④

[　　　　　]　[　　　　　]　[　　　　　]　[　　　　　]

問2 上記仏像のうち、天平文化に区分した仏像について、その作成技法をそれぞれ説明してみよう。

問3 正倉院が「シルクロードの終着点」と称される理由について、考えてみよう。

3 絵画

(1) 東大寺 正倉院(9)（＝樹下美人図）｝ 唐の影響を受けた豊満な女性図

(2) 薬師寺(10)像

(3) **過去現在絵因果経**：釈迦の伝記を記す経と絵画を、上下に描く巻物

Point 「過去現在絵因果経」は、のちの絵巻物の源流とされる。

4 工芸

(1) (11)宝物：光明皇太后が聖武太上天皇の遺品を東大寺に寄進

螺鈿紫檀五絃琵琶・漆胡瓶・白瑠璃碗など、国際色豊か

(2) **百万塔陀羅尼**：木造の小塔(百万塔)に陀羅尼(現存最古の印刷物)を収納。

称徳天皇が(12)の乱後、死者の冥福を祈るためにつく

らせ諸寺に奉納

---

4 律令国家の変容

平安遷都と蝦夷との戦い 教 p.55〜

天皇即位順

```
光仁
 ↓
桓武
 ↓
平城
 ↓
嵯峨
 ↓
(略)
 ↓
清和
```

1 (1)**天皇**(天智天皇の孫)**の治世**

行財政の簡素化、公民の負担軽減→律令政治再建

2 (2)**天皇**(母は渡来系の高野新笠)**による遷都**

(1) 山背国(3)へ遷都(784)

    a 目的：仏教政治の弊害からの脱却、天皇権力の強化

    b 頓挫：京造営の主導者(4)の暗殺、非業の死をとげた皇太

子(早良親王＝桓武の弟)の怨霊への恐れなど

(2) 平安京遷都(794)：山背国を山城国に改名、以後約400年間を平安時代と呼

称

3 **蝦夷の反乱と鎮定**

(1) 桓武天皇以前

    a 大化改新の頃：日本海側に淳足柵、磐舟柵を設置

    b 斉明朝：(5)を派遣し、日本海側の蝦夷鎮定を進める

    c 奈良時代：太平洋側に(6)を設け、鎮守府・陸奥国府とし、日本海側

には出羽国を設置→さらに北方鎮定の拠点として秋田城を設置

    d 光仁朝：蝦夷の豪族(7)の乱で多賀城が一時焼失

(2) 桓武天皇の時代

    a 征東大使の紀古佐美の軍が族長(8)に大敗

    b 征夷大将軍の(9)が**阿弖流為**を帰順させ、鎮守府を多賀城から

(10)に移す→さらに北方に前進基地の(11)を設置

(3) 嵯峨朝の時代：将軍(12)を派遣、徳丹城を築き、蝦夷をほぼ鎮定

(4) 東北経営：城柵を設け、関東から農民を(13)として移住させ開拓

帰順した蝦夷を(14)として関東以西に移住させ融和

(5) 平安京造営と長引く蝦夷鎮定で、財政圧迫と民衆の疲弊

→藤原緒嗣と菅野真道による**徳政相論**📖🔍を経て、桓武天皇の裁定により打ち切り

徳政相論

……時に緒嗣議して云く、「方今、天下の苦しむ所は⒜軍事と造作となり。此の両事を停めば百姓安んぜむ」と。真道、異議を確執して肯えて聴かず。⒝帝、（ 15 ）の議を善しとし、即ち停廃に従ふ。　　　（『日本後紀』）

問1　下線部⒜の軍事と造作とは具体的に何のことか。

軍事＝（ 16 ）　造作＝（ 17 ）

問2　下線部⒝の帝とは誰のことか。（ 18 ）

平安時代初期の政治改革 教 p.56〜

1　桓武天皇の政治

(1)　地方政治の監督強化

  a　定員外の国司・郡司の整理・廃止

  b　（ 1 ）の設置：国司の不正への対処に、国司交替時の事務引継文書である（ 2 ）を審査する監督官

(2)　班田収受の改変と農民負担の軽減→(p.40「地方と貴族社会の変容」)

(3)　軍制改革：**東北と九州を除く**軍団を廃止、（ 3 ）の子弟や有力農民から（ 4 ）を採用し、少数精鋭の兵制へ改革

(4)　平安京造営と蝦夷征討の二大事業の打ち切り　＊徳政相論を裁定

2　平城天皇の時代：桓武天皇に続き、官庁の統廃合や財政負担の軽減の継承

3　（ 5 ）天皇の政治

(1)　「**二所朝廷**」：平城京への再遷都を画策する兄の平城太上天皇との対立

(2)　（ 6 ）の変(810)：平城太上天皇と結ぶ藤原仲成や妹（ 7 ）らを討伐、平城太上天皇は出家→藤原式家の没落

(3)　重職の新設

  a　天皇の秘書官：上皇との対立期に、天皇の機密文書を扱う役所＝（ 8 ）を設け、その長に当たる（ 9 ）を新設、初代の長には藤原（ 10 ）家の（ 11 ）、および巨勢野足の両名が就任（所属する役人を**蔵人**と呼称）

  b　（ 12 ）：京の治安維持、犯人逮捕など→のちに訴訟も担当する重職に

 🔖**Point**　蔵人頭・検非違使など令の規定にない新設の官職を（ 13 ）と呼ぶ。征夷大将軍や、奈良時代に新設の中納言・参議、鋳銭司（銭の鋳造）などもこれに該当。

(4)　将軍、文室綿麻呂を東北に派遣(811)、蝦夷は鎮静化、徳丹城を築く

(5)　法制の整備：律令制定以後、諸変化に応じて出された法令が混在していた

  a　追加法令の整理：律令の補足・修正法の（ 14 ）と、施行細則の（ 15 ）に分類

15
16
17
18

1
2

3
4

5

6
7

8
9
10
11
12
13

14
15

16	b 嵯峨天皇期：8世紀以後の各種追加法令を（ 16 ）として完成
	以後、清和天皇期の（ 17 ）、醍醐天皇期の（ 18 ）の3つ
17	を合わせ三代格式と総称
18	
19	＊格＝三代格を分類・編集した『類聚三代格』が現存、式＝（ 19 ）のみ現存
	c 令の解釈の統一：令の肥大化にともなう公式な解釈の必要性
20	『（ 20 ）』(833)＝朝廷の命で清原夏野らが編纂した養老令の官撰注釈書
21	『（ 21 ）』(9世紀後半)：惟宗直本によって撰集された私撰注釈書

探究コーナー

問1 ▶右の図は、東北地方に設けられた古代の城柵や鎮守府などの位置を示す地図となっている。地図中の空欄（ア）～（カ）に適切な城柵名などを記して、古代の城柵を確認してみよう。

〔ア 　　　　　　〕〔イ 　　　　　　〕〔ウ 　　　　　　〕
〔エ 　　　　　　〕〔オ 　　　　　　〕〔カ 　　　　　　〕

問2 ▶律令国家は、東北地方の新たな支配地の開発や、服属した蝦夷の同化政策を進めるために、どのような政策を進めたか。「柵戸」「俘囚」という語句を使って説明してみよう。

地方と貴族社会の変容 教 p.57～

1 班田収受体制の崩壊

(1) 税負担の回避による浮浪・逃亡に加え、戸籍に女性と記す（ 1 ）の増加

(2) 班田収授の改変と農民負担の軽減（←桓武天皇の時代）

    a 6年ごとの班田を改め、**12年1班**(一紀一班)に移行

    b **雑徭の半減**(60日→30日)や公出挙の利率を軽減(5割→3割)

    ＊各種施策も効果上がらず、班田の未実施の常態化や農民の貧富差が拡大

2 国家財源の窮乏と対策：有力農民を利用した直営方式による財源の確保

(1) （ 2 ）(823)：大宰府管内に設けられた直営方式の田地

(2) （ 3 ）(879)：畿内に設けられた国家の直営田
                →諸司田に分割されて各官庁の独自の財源に

(3) そのほか：公費での開墾による天皇の（ 4 ）、また皇族は天皇から賜田を
               下賜されるなど、それぞれ独自の財源を確保

(4) （ 5 ）家(＝天皇と緊密な少数の皇族・貴族)による土地の集積

    a 院宮王臣家による土地の集積拡大→結果的に国家財政圧迫の矛盾

    b 院宮王臣家への下級貴族の従者(家人)化や、地方有力者の従属化が進展

問▶浮浪・逃亡や偽籍による国家財源の不足に対して、おもに9世紀に朝廷が進めた直営方式について事例をあげて説明するとともに、そうした施策が律令体制に与えた影響について考えてみよう。

唐風文化と平安仏教 教 p.58〜

1 平安初期の文化（平安遷都〜9世紀末頃まで）

嵯峨・清和天皇時代の年号を用いて（ 1 ）文化と呼称

2 文化的特徴

(1) （ 2 ）の思想＝文芸を中心に国家の隆盛を目指す考え方

  a 嵯峨天皇の**唐風重視**：平安 京 の殿舎を唐風に改名、宮廷儀式を唐風化

  b 漢詩文重視：宮廷や貴族の教養として漢文学を重視→漢文学の発展

  c 学問：大学における教科としての紀伝道（文 章 道）などの重要性が増大

(2) 仏教における密 教 の隆盛→南都六宗などの地位は低下

3 具体的事象

(1) 漢文学（漢詩文）の隆盛

  a 勅 撰漢詩文集：嵯峨天皇の時に初の**勅撰漢詩集**＝『（ 3 ）』を撰集、以
        後、『文華 秀 麗 集』（嵯峨）、『経国 集』（淳 和）を撰集

  b 私的漢詩文集：空海の『（ 4 ）』や、菅 原 道真の『（ 5 ）』など
        ＊空海は漢詩作成に当たっての評論集『（ 6 ）』も著述

(2) 学問への影響

  a 唐風重視：大学では、儒 教 を学ぶ（ 7 ）、中国の歴史・文学（漢詩文）
        を学ぶ（ 8 ）を重視する傾向

  b （ 9 ）：貴族が子弟のために設けた大学付属の寄宿舎
        藤原氏の（ 10 ）や、和気氏の（ 11 ）、 橘 氏の（ 12 ）、
        在原氏・皇族の（ 13 ）が代表的

  c 私的教育施設：空海が東寺の近隣に設けた（ 14 ）は庶民にも一部開放

	1
	2
	3
	4
	5
	6
	7
	8
	9
	10
	11
	12
	13
	14

問▶嵯峨天皇らの施策にみられる唐風重視の傾向が、当時の文化にどのような影響を与えたのだろうか。文学や学問を例に考えてみよう。

(3) 平安仏教と密教の隆盛：南都諸宗の政治介入を嫌い、桓武天皇や嵯峨天皇は最澄・空海らの新仏教を支持

a 天台宗：法華経を根本経典とする宗派（**桓武天皇**らが保護）

① （ 15 ）が入唐し、帰国後、比叡山に（ 16 ）寺を開山

② 独自の大乗戒壇創設を目指す

→南都諸宗の反発に最澄は『顕戒論』を著し反論

→最澄の死後、大乗戒壇が実現

③ 最澄死後、急速に密教化：天台宗の密教を（ 17 ）と称す

（ 18 ）派＝3代（ 19 ）の門流、**延暦寺**を拠点

＊著書『入唐求法巡礼行記』

（ 20 ）派＝5代（ 21 ）の門流、**園城寺**（三井寺）を拠点

｝両派は対立

b 真言宗：顕教（経典中心）に対し、秘密の呪法（密教）の伝授・習得による悟りを重視、（ 22 ）により厄災を避け現世利益を目指す→皇族・貴族の支持を獲得

① （ 23 ）が入唐、帰国後、紀伊の高野山に（ 24 ）を開山

② （ 25 ）天皇が空海に（ 26 ）を下賜→京内の根本道場に発展

③ 空海の著書

『三教指帰』：儒教・道教・仏教を比較し、仏教の優位を論説

『十住心論』：人の境地を10に分け、最高境地への道筋を説く

Point 天台宗の密教を台密と呼ぶのに対して、真言宗の密教は嵯峨天皇から教王護国寺（東寺）を下賜されたことから、東密と呼ばれる。

(4) **神仏習合**の進展：奈良時代からみられた神仏習合の風潮が強まる

a 神社の境内に仏堂や神宮寺築造

b 寺院の境内に鎮守の神をまつり神前で読経

c 神像彫刻：仏像に影響され、神社の神々を木像などで表現

(5) （ 27 ）：天台・真言両宗の山岳修行と山岳信仰の融合

a 山中での修行により呪力の体得を目指す（修行者＝山伏）

b 代表的な山岳修行の道場：大峰山（奈良）、白山（北陸地方）など

(6) 仏教説話集：景戒が、現存最古の仏教説話集の『**日本霊異記**』を著述

探究コーナー

問 ▶右の図は薬師寺の僧形八幡神像である。この像に象徴される宗教上の風潮について、その風潮を表す用語を用いて説明してみよう。

15
16
17
18
19
20
21
22
23
24
25
26
27

密教芸術　教 p.60〜

1　建築：山中への寺院建立で、従来の伽藍（がらん）配置が崩れ、不規則な配置に変化

　　　　　　（　1　）金堂（こんどう）・五重塔など

　　　　＊（1）は高野山と異なり女性にも開放＝「**女人（にょにん）高野**」の異名

2　彫刻

　(1)　1本の木材から彫り出す（　2　）や、衣のひだを波打つように仕上げる**翻波（ほんぱ）式（しき）**　《例》室生寺（むろうじ）金堂（こんどう）釈迦（しゃか）如来（にょらい）像、神護寺（じんごじ）薬師如来像、元興寺（がんごうじ）薬師如来像、法華（ほっけ）寺（じ）十（じゅう）一面観音（いちめんかんのん）像など

　(2)　密教と関連の深い不動（ふどうみょうおう）明王・如意輪（にょいりん）観音などの仏像が増加

　　　《例》観心寺（かんしんじ）（　3　）像、教王護国寺講堂不動明王像など

　(3)　神像（しんぞう）彫刻の例：薬師寺（　4　）像・同神功皇后像

3　絵画：密教に関する仏画の増加

　(1)　（　5　）：密教の世界観を独特の構図（金剛界（こんごうかい）・胎蔵界（たいぞうかい）の二界）で表現

　　　　　　　　《例》神護寺・教王護国寺の**両（りょう）界曼荼羅（かいまんだら）**など

　(2)　園城（おんじょう）寺（じ）（　6　）像（黄不動（きふどう））、青蓮院（しょうれんいん）不動明王二童子像（青（あお）不動）

4　書道：唐風（とうふう）の力強い書体が流行

　(1)　（　7　）：空海・嵯峨天皇・（　8　）の3人の能書家の総称

　(2)　（　9　）：空海が最澄に送った書状、書き出し部の「風信（ふうしん）」から命名

1

2

3

4

5

6

7

8

9

探究コーナー

問▶右の仏像彫刻から、弘仁（こうにん）・貞観（じょうがん）期の仏像彫刻の技法にみられる代表的な特徴について、いくつかあげてみよう。

室生寺釈迦如来坐像

1 摂関政治

| 藤原氏北家の発展／摂政・関白の始まり | 教 p.62〜 |

1 藤原氏北家の台頭

(1) 平城太上天皇の変(薬子の変)で藤原氏の**式家**が没落

(2) 変の直前、(1)天皇は藤原氏**北家**の藤原冬嗣を初代 蔵人頭に任命、北家台頭のきっかけとなる

2 有力氏族の排斥(摂関政治定着への経緯)　*藤原氏は主要人物を掲載

藤原氏	年	おもな事蹟・事件の経過・影響	天皇
冬嗣	810	冬嗣、初代の蔵人頭に就任 平城太上天皇の変(薬子の変)	嵯峨
(2)	842	(3)の変：皇太子派の 伴(大伴)健岑・(4)ら失脚	(略)
	858	幼少の(5)天皇即位→良房、天皇の外祖父として政務を代行(事実上の摂政)	清和
(6)	(7)の変：大納言(8)が左大臣 源 信の失脚を謀り放火との嫌疑→伴善男流罪 同年、良房が**正式に**摂政に就任	
(9)	872	基経(良房の養子)、摂政に就任	(略)
	884	基経の尽力で光孝天皇即位、万事基経へ諮問後に奏上となり、基経は事実上の(10)に就任	光孝
	887〜	(11)：(12)天皇の 詔 勅 めぐり紛議 翌年、天皇が詔勅撤回→基経に改めて**関白就任の**詔	宇多
(13)		藤原氏を**外戚**としない**宇多**天皇、基経死後、摂関を置かず親政(寛 平の治)、宮中警固の(14)を設置 宇多天皇、(15)を登用→遣唐使中止の建議(894)	
	897	(16)天皇が即位(宇多天皇は上皇に)	醍醐
	901	右大臣の菅 原 道真を**大宰府**に左遷 醍醐天皇の親政：(17)	
(18)	939〜	(19)の乱(〜941)：関東で 平 将門が反乱 瀬戸内で藤原純友が反乱	朱雀
実頼		村上天皇の親政：(20) (22)の変：**源満仲**の密告により左大臣の(23)が失脚→以後、摂政・関白常置(忠平の子孫が継承)	村上 冷泉

探究コーナー

＊右図は平安時代におきた政変によって失脚した
人物や、彼をまつったある建造物の由来を描い
た絵巻物の一部である。

問1 その政変の内容を、「失脚した人物」および
その政敵であった人物をあげて説明してみよう。

問2 この事例のように、非業の死をとげた人物をまつり慰める当時の人々の信仰のありようについ
て、この絵巻が由来を描いた「建造物」の名称と合わせて説明してみよう。

延喜・天暦の治　教 p.62～

1　**天皇の親政**（摂政・関白をおかず、天皇がみずから政治をおこなう）

(1)　延喜の治：（　1　）天皇の親政

　　a　律令体制復興に向けた取組みと限界

　　　最後の班田実施(902)および、（　2　）の発令(902)→初の整理令も不徹底

　　　地方の衰退→三善清行が「意見封事十二箇条」で天皇に上奏

　　b　格式・国史・勅撰和歌集などの編纂

　　　三代格式の一つ『延喜格式』の編纂

　　　『（　3　）』の編纂：六国史の最後

　　　『古今和歌集』の撰集：**初の勅撰和歌集**

(2)　天暦の治：（　4　）天皇の親政

　　a　本朝（皇朝）十二銭の最後にあたる（　5　）の鋳造(958)

　　b　延喜式の施行（村上天皇の死去直後）

2　（　6　）の変

　　村上天皇死後、関白に藤原実頼が就任、実頼は左大臣の源高明（醍醐天皇の
子）を左遷、以後摂関常置の時代（摂関には藤原忠平の子孫）

摂関政治　教 p.63～

1　摂関政治：10世紀後半～11世紀、摂政・関白が事実上の実権者の時代

(1)　貴族社会の慣習：婚姻後は妻方の父の経済的・社会的庇護の影響大→摂政・
　　　　　　　　　　　関白が天皇の（　1　）（母方の親戚）として権力を育む背景

	1
	2
	3
	4
	5
	6
	1

(2) 氏の頂点：藤原氏では、摂関が最上者として（　2　）を兼務

　　　　→人事の実権や、興福寺・春日神社・勧学院など氏の核となる諸

　　　　施設の管轄・任官権を掌握

(3) 中・下級貴族：摂関家の家司（私的職員）となり、蓄財に有利な国司（受領）

　　　　の地位を熱望

2　摂関家の内紛：「氏長者」をめぐる争い

(1) 藤原兼通と兼家の兄弟間の争い

(2) 藤原道長（叔父）と伊周（甥）の争い→敗れた伊周は大宰府に左遷

3　藤原氏の全盛：天皇と外戚関係を結び権力を掌握

(1) 藤原（　3　）：4人の娘を次々と中宮・皇太子妃として入内させる

　　　a　（　4　）・（　5　）・（　6　）の3代の天皇の外祖父として権勢を誇る

　　　　　＊道長は摂政、内覧（＝関白に準ずる地位）に就任

　　　　　Point 道長は関白には就任せず。

　　　b　（　7　）の日記『（　8　）』に道長の和歌

　　　　　「此の世をば　我が世とぞ思ふ望月の　かけたることも　無しと思へば」

　　　c　華麗な阿弥陀堂の法成寺を建立した道長には、「御堂関白」の呼称

(2) 藤原（　9　）：父道長の権勢のもと、3代の天皇（前出）の在位期間、約50年

　　　　にわたり摂政・関白の地位、宇治に**平等院鳳凰堂**を建て、

　　　　「**宇治殿**」と称される

(3) 重要な問題は公卿会議の陣定で審議後に天皇の決裁→しだいに形骸化

国際関係の変化　教 p.64〜

1　朝鮮半島

　新羅（8世紀末に国交途絶、商人は来航）

→10世紀初頭に（　1　）がおこり、新羅を滅して半島統一

2　中国大陸

(1) 唐の疲弊（安史の乱、黄巣の乱など）→遣唐使中止（894）→唐滅亡（907）

　　→五代十国→（　2　）が統一（960）

　　＊日本と（2）は、正式な国交なし、商人・僧の交流は頻繁

　　a　東大寺僧奝然、宋より帰国→もち帰った釈迦如来像（像内に布製の臓器模

　　　型）を、清涼寺（京都）に安置

　　b　宋との交易品

　　　宋から日本へ：書籍・陶磁器・薬品など

　　　日本から宋へ：奥州産の（　3　）・水銀・真珠・（　4　）（火薬原料）など

(2) 中国北東部：10世紀前半、（　5　）が渤海を滅ぼし勢力拡大

史料チェック

遣唐使の中止の建議

　諸公卿をして遣唐使の進止を議定せしむることを請ふの状

　右、ⓐ臣某、慎みて在唐の僧中瓘、去年三月商客王訥等に附して到る所の

録記を案ずるに、ⓑ大唐の 凋 弊、之を載すること 具 なり。……　（『菅家文草』）

問1　下線部ⓐの臣某とは誰のことか。（　6　）

問2　下線部ⓑの大唐の凋弊の一因となった8世紀と9世紀におこった唐の内
乱を、それぞれ1つあげよ。8世紀＝（　7　）　9世紀＝（　8　）

6	
7	
8	

2　国風文化

国文学の発達　㊙ p.65〜

1　国風文化：大陸文化の吸収→日本の風土への適合・変化→国風化、洗練された
貴族文化が誕生

2　かな文字の発達：日常ではかなが広く普及（公文書など公式の場は、漢字のみ）
(1)　万葉仮名の草書体を簡略化→平がな（女手）

Point　和歌、物語など国文学の発展、女性の活躍。

(2)　漢字の一部分をとって表記→片かな（仏典・漢文訓読などに使用）

Point　平がなと片かなの成り立ち、用途の違いに着目。

3　和歌・物語・随筆など
(1)　和歌
　a　『（　1　）』：初の 勅 撰和歌集。（　2　）天皇の命で（　3　）らが撰集（古
　　　今 調 と呼ばれる歌風）。
　b　八代集：鎌倉時代の『新古今和歌集』までの8つの勅撰和歌集の総称
　c　六歌仙：小野小町、在 原 業平ら9世紀後半に活躍した6人の歌人
(2)　物語・随筆など
　a　『竹取物語』：物語の祖、主人公かぐや姫、9世紀末頃の成立
　b　『（　4　）』：在原業平を主人公とする和歌中心の歌物語
　c　『（　5　）』：中 宮の（　6　）（藤原道長の娘）に仕えた 紫 式部の作、平
　　　安文学の傑作
(3)　日記・随筆など
　a　『（　7　）』：皇后（　8　）に仕えた清 少 納言の洗練された随筆
　b　『（　9　）』：最初のかな日記、紀貫之が女性に仮託して記したもの

1	
2	
3	
4	
5	
6	
7	
8	
9	

浄土の信仰　㊙ p.66〜

1　摂関期の仏教・信仰・習俗
(1)　仏教：天台宗・真言宗が圧倒的勢力←加持祈禱による現世利益を求める貴族
の支持
(2)　（　1　）：神仏 習 合のさらなる進展
　　　日本の神は仏教の仏が仮に姿をかえてこの世に現れたもの
　　　＝（　2　）とする思想　《例》大日如来の化身→日本の天 照 大 神
(3)　（　3　）：怨 霊 や疫神を慰めて厄災から逃れようとする鎮魂の法会や祭礼
　　　《例》菅 原 道真をまつる京都の（　4　）、祇園社の祭りなど

1	
2	
3	
4	

（4） 中国伝来の陰陽五行説に由来する（　5　）の影響下で、吉凶を判断し日常の行動を規制　《例》外出をひかえ建物内で謹慎する**物忌**や、凶の方角を避けて行動する**方違**など

2 （　6　）**の流行**：現世を穢土とし、阿弥陀仏を念じる（念仏）ことで来世における**極楽浄土への往生**を願う教え

（1） 流行の背景

    a　天台宗・真言宗の現世利益に対する、死後の往生への希求

    b　（　7　）：釈迦入滅後、正法・像法の世を経て死後2000年以降、釈迦の教えがすたれ厄災や争乱に苦悩する世が到来するという思想
            永承7年＝（　8　）年が末法初年との認識

（2） 関連する諸動向

    a　（　9　）：10世紀半ば、京都の市で念仏をとなえ阿弥陀如来への信仰を説き、「**市聖**」と称される

    📖Point　念仏には観想念仏（阿弥陀如来を心に想う）と、称名念仏（阿弥陀如来の名を口に出してとなえる）があった。

    b　（　10　）（**恵心僧都**）：『（　11　）』📖🔍 を著し、念仏往生の教えを説く

史料チェック 📖🔍

『往生要集』の序文
　夫れ往生極楽の教行は、濁世末代の目足なり。道俗貴賤、誰か帰せざる者あらんや。但し（　ア　）の教法は、其文一に非ず。事理の業因は、其の行惟れ多し。利智精進の人は、未だ難しとなさざるも、ⓐ予の如き頑魯の者、豈敢てせんや。是の故に（　イ　）の一門により、聊か経論の要文を集む。之を披き之を修せば、覚り易く行ひ易からん。

問1　（　ア　）・（　イ　）に入る語句の組み合わせとして正しいものを、次の①～④のうちから1つ選べ。（　12　）
  ① アー念仏　イー浄土　　　② アー浄土　イー念仏
  ③ アー顕密　イー念仏　　　④ アー念仏　イー顕密

問2　下線部ⓐの「予」に当たる人物の名前を記せ。（　13　）

    c　往生伝：念仏往生をとげたと信じられた人々の伝記を集めたもの、**慶滋保胤**の『（　14　）』などが代表的

    d　（　15　）：法華経など経典を書写、経筒に入れ埋納。藤原道長が埋納した（　16　）は国内現存最古

国風美術　📖 p.67～

＊美術・工芸にも国風化の傾向が顕著

1 **建築**

（1） （　1　）：貴族邸宅の建築様式。白木造・檜皮葺、内部に畳・円座など寝殿を中心に透渡殿を設け東西の対や釣殿に接続、庭園には池や中島などを築造

(2) 阿弥陀堂建築

    a　法成寺：御堂とも別称、出家した藤原道長が1020年に建立、のちに焼失

    b　（　2　）：藤原頼通の宇治の別荘を寺院とし、寺内に建立した阿弥陀堂

        （末法に入ったとされる年の翌年の1053年に完成）

2　仏像彫刻：阿弥陀堂建築の隆盛と一体

(1)　仏師（　3　）：一木造にかわり、制作が効率的な（　4　）の手法を完成

(2)　仏像：平等院鳳凰堂（　5　）像（定朝作）、日野法界寺阿弥陀如来像など

3　絵画・工芸

(1)　（　6　）：唐絵にかわり、襖や屏風に描かれる。巨勢金岡らの絵師が活躍

(2)　（　7　）：浄土教の影響から、臨終に際し阿弥陀仏が来迎する絵が流行

    《例》**阿弥陀聖衆来迎図**(高野山)など

(3)　（　8　）：漆で描く文様に金銀などの金属粉を蒔き付けてデザイン

(4)　螺鈿：光沢のある貝殻片を漆器にはめ込む技法、蒔絵と併用する場合もあり

4　書道：唐風に対し、優美な（　9　）が発達

（　10　）＝小野道風、藤原佐理（「離洛帖」）、藤原行成（世尊寺流の祖、「白氏詩

    巻」）の能書家の総称

Point　三跡と三筆（弘仁・貞観文化、唐風、嵯峨天皇・空海・橘逸勢）との

    違いに注意。

探究コーナー

問▶定朝が完成した寄木造の手法は当時の人々の宗教的要求に合致するものであったが、それはど

のような要求であったか、「末法」「阿弥陀堂」という2つの用語を用いて、説明してみよう。

貴族の生活　教 p.69〜

1　衣：男性の正装は（　1　）や、それを簡略化した衣冠、通常は直衣・狩衣、庶

    民や武士らは水干を広く用いた

    女性の正装は（　2　）、通常は小袿に袴を庶民は小袖など

2　居住地：左京・右京のうち、貴族の多くは（　3　）に邸宅を構える

3　通過儀礼：10〜15歳くらいで男性は（　4　）、女性は（　5　）の式をあげて、

    成人の扱い

4　年中行事：大祓や賀茂祭などの神事や、七夕・相撲などの遊興のほか、叙

    位・（　6　）（＝官吏の任命）などの政務も含む

右欄番号：2　3　4　5　6　7　8　9　10　1　2　3　4　5　6

5　日記・儀式書：行事の詳細を子孫に伝える日記や、作法の儀式書などを編纂

(1)　日記：藤原道長の『（　7　）』や藤原実資の『（　8　）』など

　✍*Point*　『（7）』は現存最古の自筆日記。

(2)　儀式書：源高明の『西宮記』、藤原公任の『北山抄』など

3　地方政治の展開と武士

受領と負名　教 p.69〜

1　律令体制の瓦解

(1)　再建への取組み

　　a　延喜の荘園整理令(902、醍醐天皇)：違法な土地私有の禁止

　　　　　　　　　　　　　　　　　　　　　→例外規定多く不徹底

　　b　班田励行の試み→以後は班田の継続不可

(2)　班田制の崩壊：郡司の衰退→戸籍・計帳の作成や班田収授の実施できず

　　　　　　　　　　　　　　　　徴税維持できず、財政は窮乏、地方の混乱

2　国司の地方支配権の強化

(1)　任国に赴任する最上席の国司(ふつうは守)に徴税権などを付与

　→のちに（　1　）と呼称

　✍*Point*　（1）が勤務する国衙の役割が重要となり、郡家(郡衙)の役割が衰退。

(2)　受領と田堵

　　a　受領は、有力農民の（　2　）に田地の耕作を請け負わせ、官物(従来の
　　　　租・調・庸、公出挙)や、臨時雑役(もと雑徭などの労役)を課税

　　b　課税対象の田地を「名」に区分、名ごとに請負人の名(＝（　3　）)がつけ
　　　　られる

(3)　受領の権限拡大と遙任

　　a　受領の権限拡大→暴政・蓄財をおこなう者も

　　　　《例》尾張守（　4　）：尾張国の郡司百姓が受領の暴政を「（　5　）」に記し、
　　　　　　　　　　　　　　　太政官に提訴(988)

　　　　　＊このほか、蓄財を求めた受領の例として、「受領は倒るるところに土を
　　　　　もつかめ(『今昔物語集』)」の言葉で知られる信濃守の藤原陳忠らが有名

　　b　（　6　）：現地に赴かず収入のみを得る行為、およびそうした受領以下の
　　　　　　　　　国司の呼称　＊のち、受領も交替時以外は赴任せず

　　c　（　7　）：受領にかわり現地に派遣され、政務を代行する者

　　d　（　8　）：受領不在の国衙の呼称、また、受領不在の国衙で実務を担当す
　　　　　　　　　る在地有力者を（　9　）と称す

(4)　売位・売官の風潮

　　a　（　10　）：私財を投じて寺社造営や朝廷の儀式を請け負い、その代償に受
　　　　　　　　　領などの官職を得る行為

　　b　（　11　）：(10)と同様にして、受領などに再任されること

意見封事十二箇条 ＊914年に、三善清行が醍醐天皇に提出した意見書で、財
政の窮乏と地方の混乱ぶりが指摘されている。

……臣、去にし寛平五(893)年、備中介に任ず。かの国の下道郡に邇
磨郷あり。ここにかの国の風土記を見るに、……百済、使を遣はして救はむこ
とを乞ふ。ⓐ天皇筑紫に行幸したまひて、将に救の兵を出さむとす。……路
に下道郡に宿したまふ。一郷を見るに戸邑甚だ盛なり。天皇詔を下し、
試みにこの郷の軍士を徴したまふ。即ち勝兵二万人を得たり。天皇、大いに
悦びて、この邑を名づけて二万郷と曰ふ。後に改めて邇磨郷と曰ふ。
……去にし延喜十一(911)年、かの国の介藤原公利、任満ちて都に帰りたり
き。清行問ふ、「邇磨郷の戸口、当今幾何ぞ」と。公利答へて云く、「一人もあ
ること無し」と。……ⓑ一郷をもてこれを推すに、天下の虚耗、掌を指して
知るべし。……

(『本朝文粋』)

問 下線部ⓐは、7世紀半ばの出来事である。下線部中の天皇名と、その後に
派遣された「救の兵」が大敗した戦いを記せ。

天皇＝(12) 戦い＝(13)

12 ....
13 ....

🔍 探究コーナー

問 ▶上記の史料(「意見封事十二箇条」)の下線部ⓑについて、一郷のどのような例から何を指摘して
いるのかを考えてみよう。

....
....

荘園の発達　📖 p.71〜

1　**初期荘園**：8〜9世紀の荘園、墾田永年私財法(743)により貴族・寺社が墾田
を開発(墾田地系荘園とも)
→律令制度の衰えとともに10世紀までに衰退

2　**寄進地系荘園**

(1)　(1)：租税免除などの利権を獲得しつつ各地で土地を開墾した有力者
＊おもに任地に土着した国司の子孫や地方豪族、(大名)田堵ら
→国衙の干渉を免れるため中央の権力者に寄進
→(2)荘園の成立

(2)　寄進後の開発領主は、預所・下司、雑掌などの(3)となって利権を
温存

(3)　(4)：最初に寄進を受け荘園領主となった貴族・大寺社などの呼称

(4)　(5)：最初の荘園領主が、さらに上級貴族や皇族に寄進した時の上級領
主の呼称

1 ....

2 ....
3 ....

4 ....

5 ....

(5) （ 6 ）：上記の領家・本家のうち、実質的な支配権を所有する荘園領主の呼称

3 寄進による特権　＊背景に領家・本家となった貴族や有力寺社の権威

(1) 不輸(租)の権

    a （ 7 ）：太政官符・民部省符によって税免除が認められた荘園

    b （ 8 ）：国司によってその在任期間中の税免除が認められた荘園

(2) 不入の権：国府から派遣される（ 9 ）などの立入りを認めない特権

史料チェック 📖🔍

荘園の寄進……肥後国（ 10 ）荘

一、当寺の相承は、開発領主沙弥(在俗の僧)寿妙嫡々相伝の次第なり。

一、寿妙の末流高方の時、権威を借らむがために、実政卿を以て領家と号し、年貢四百石を以て割き分ち、高方は庄家領掌進退の預所職となる。

一、実政の末流願西微力の間、国衙の乱妨を防がず、この故に願西、領家の得分二百石を以て、高陽院内親王に寄進す。……これ則ち本家の始めなり。

（『東寺百合文書』）

寿妙＝（ 11 ）
｜
高方 寄進 →実政＝（ 12 ）
（預所職）
‖　　　　　願西 寄進 →高陽院
（ 13 ）　　　　　　　　内親王＝（ 14 ）
の呼称

問　史料を読み、右の荘園構造図の空欄に適語を入れよ。

地方の反乱と武士の成長 　教 p.72～

1 武士団の形成

(1) 地方の混乱→紛争多発→土着した国司の子孫や地方豪族の武装化──（糾合）

(2) 紛争鎮圧へ（1　・　）を派遣→鎮圧後土着、武士(兵)へ→ 武士団の形成

(3) 新たな国司が任国に赴任→子孫の一部が、任国にとどまり土着化──（糾合）

＊武士(兵)：（ 2 ）(一族)や郎等(郎党・郎従)を率い、たがいに抗争・糾合

2 地方武士の反乱

(1) （ 3 ）の乱(939～)：関東に土着した（ 4 ）の子孫らの内紛が発端

    a 下総が根拠地の平将門が、一族の内紛から叔父(国香)を殺害

    →反乱に発展、常陸・下野・上野の国府を落とし、**新皇**と自称

    b 一族の（ 5 ）や、下野押領使に任じられた（ 6 ）らが鎮圧

(2) （ 7 ）の乱(939～)：海賊鎮定に功のあった元伊予の国司が、任期後に土着

    a 瀬戸内の海賊を率いて反乱、伊予国府や大宰府などを攻略

    b （ 8 ）(清和源氏の祖)や、追捕使の小野好古らに討たれる

＊平将門・藤原純友の両乱を、あわせて（ 9 ）の乱と称す

(3) 朝廷や貴族は武士の実力を認識→身辺警護や各所の警備に武士を登用

    a 源経基を祖とする（ 10 ）や平貞盛の子孫らの（ 11 ）を中央で重用

    b 貴族の身辺警護に当たる（ 12 ）や、宮中警備の滝口の武者などに登用

Point 平将門も一時期在京し、藤原忠平（摂関家）の従者として身辺警護の
任に当たっている。地方武士が都の貴族に恩顧を求め用いられた例
は少なくない。

  c 地方警固の武士

    ① 有力な地方武士を、受領直属の（ 13 ）や国衙警備に当たる（ 14 ）
に重用

    ② 国司は、反乱鎮定の際にみずからの指揮下で国侍や館侍らを**追捕
使・押領使**に任用

  d 各地の武士団は、中央貴族の系統である清和源氏・桓武平氏を（ 15 ）に
して組織化

3 清和源氏らの台頭

(1) 源満仲：（ 16 ）の変(969)で源高明の失脚に活躍→摂津に膨大な荘園を
獲得

(2) 摂関家へ奉仕：源満仲の子で頼光・頼信兄弟が、藤原兼家・道長らに近侍

(3) （ 17 ）の乱(1028～31)：上総でおこった平氏一族の内紛を（ 18 ）が鎮圧

Point (17)の乱の鎮定が、源氏による東国進出のきっかけとなった。

13 ....

14 ....

15 ....

16 ....

17 ....

18 ....

探究コーナー

問 1019年、女真族の一派が九州北部を襲った刀伊の入寇を、大宰権帥藤原隆家の指揮のもと、
九州の武士たちが撃退した。この事例から、当時の地方武士のありようについて、「武士団」という
語句を使用して説明してみよう。

----

1 院政の始まり

日本列島の大きな変化 教 p.76〜

1 荘園の拡大

(1) 税収不足を補う皇室・摂関家や大寺社による荘園拡大

(2) 地方武士が、貴族・大寺社の庇護のもと私領を拡大

→公領＝（　1　）を圧迫し、国司と対立

2 大陸との交易：日宋貿易の拠点である博多周辺へ、貴族・寺社らの進出

延久の荘園整理令と荘園公領制 教 p.76〜

1 （　1　）天皇の治世(1068〜72)：関白は天皇の外戚ではない藤原教通

(1) 人材の登用：藤原氏以外から（　2　）らの学識者を登用

(2) （　3　）の（　4　）令(1069) 📖🔍

　a 中央に（　5　）を設け、寛徳2(1045)年以降の新たな荘園や、券契(証拠書類)不明の荘園を停止

　b 摂関家や、石清水八幡宮などの有力寺社領も例外とせず、成果をあげる

(3) 延久の（　6　）を定め、枡の容量を規定するなど、度量衡を統一

📑**Point** 荘園整理令は延喜以後しばしば発令も、審査が国司にゆだねられ不徹底、「延久の荘園整理令」は、記録所が一括審査したため成果をあげた。

史料チェック 📖🔍

延久の荘園整理令

　コノ（　7　）位ノ御時……延久ノ（　8　）トテハジメテヲカレタリケルハ、諸国七道ノ所領ノ宣旨・官符モナクテ公田ヲカスムル事、一天四海ノ巨害ナリトキコシメシツメテアリケルハ、スナハチ⒜宇治殿ノ時、⒝一ノ所ノ御領御領トノミ云テ、庄園諸国ニミチテ（　9　）ノツトメタヘガタシナド云ヲ、キコシメシモチタリケルニコソ。……

(『愚管抄』)

問1 下線部⒜の宇治殿とは誰のことか。（　10　）

問2 下線部⒝の一ノ所とは何を指しているか。（　11　）

2 荘園公領制：一国内における荘園・公領の並立状況

(1) 延久の荘園整理令の成果→荘園と公領(国衙領)の区分が明確化

(2) 公領の場合：国司は郡・郷・保などの新たな単位に区分、在地有力者をそれぞれ（12　・　・　）に任じ、徴税担当に当てる。このうち、国司が派遣する目代のもと、国衙で実務を担う上位者を、在庁官人に任命

(3) 荘園の場合：在地有力者が、荘官に任じられ荘園領主に奉仕

Point 在地有力者は、荘園では荘官などに、公領では在庁官人や郡司・郷司
などとして、各人の利権を獲得。

(4) 荘園・公領の耕作請負

  a　耕作を請負う負名(田堵)は官物や臨時雑役を負担

  b　負名(田堵)の権利拡大→彼らは（　13　）に成長、作人・下人を使役して年
貢・（　14　）・夫役を請け負い、一部は武士化、
荘官となる者も出現

院政の開始　教 p.77〜

1　東北の争乱

(1) （　1　）：陸奥の豪族（　2　）氏の内紛→源（　3　）・（　4　）父子が東国
武士を率い、出羽の豪族清原氏の協力を得て鎮圧

(2) （　5　）：前九年合戦後、出羽・陸奥領国を得た（　6　）氏の内紛→陸奥守
（4）が介入し、（　7　）を支援しつつ制圧

2　院政の開始

(1) （　8　）天皇：父（後三条）にならい親政、その後、幼少の堀河天皇に譲位
し(1086)、上皇(院)として天皇を後見しつつ、院政を開始

  a　堀河天皇の死後、（　9　）天皇を即位させ、さらに**白河上皇**による院政が
本格化　＊院政は白河上皇以後、鳥羽・後白河上皇と約100年余り続く

  b　武門の重用：軍事貴族である源平の武力を利用、また院の御所に（　10　）
を組織し、院の権力を強化(僧兵の強訴にも対処)

Point 院は当初、上皇の居所を指したが、のち上皇自身の呼称となる。

(2) 院の組織

  a　院の政務機関＝（　11　）を設け、上皇の近臣を職員である（　12　）に重用

  b　（　13　）：院庁からくだされる文書の呼称

　　＊ほかに、上皇から直接命令を伝える（　14　）あり→やがて強い影響力

(3) 仏教への傾倒：上皇は出家して（　15　）に、造寺・造仏や法会、聖地参詣
を挙行

  a　（　16　）：白河天皇造営の（　17　）をはじめ、おもに 〕 売位・売官、荘
院政期に建立された6つの寺院の総称 〕 園寄進により巨

  b　聖地参詣：紀伊の（　18　）や高野詣などへ頻繁な参詣 〕 額の費用を捻出

  c　離宮造営：京都郊外の白河や鳥羽に壮麗な離宮を造営 〕 →政治の退廃

2　院政と平氏政権

院政期の社会　教 p.79〜

1　院への権力集中：(白河上皇＝「治天の君」と称される)

(1) 院近臣の権勢拡大→摂関家などの勢力後退

(2) 院・大寺院へ荘園集中

13
14
1
2
3
4
5
6
7
8
9
10
11
12
13
14
15
16
17
18

1
2
3
4
5
6
7
8
9
10
11

a （ 1 ）領：鳥羽上皇が皇女の八条院に与えた莫大な荘園群

b （ 2 ）領：後白河上皇が持仏堂の長講堂に寄進した荘園群

(3) （ 3 ）制の拡大：上級貴族に一国の支配権（知行権）を与え、その国からの収益を得させる制度、知行国主は子弟らを国司に任命

＊院分国制：知行国制の一種、院自身が知行国主として収益を得る制度

2 僧兵の横暴

(1) 僧兵誕生の背景　＊僧兵には地方武士出身者や、雑兵として寺社の下人らも

a 大寺社は荘園の利権や人事などで、他寺社や国司・貴族との権益争い

b 僧兵の（ 4 ）：神木・神輿など宗教的権威を利用し、院・朝廷（摂関家）に強く要求

(2) 代表的な僧兵

a 南都：（ 5 ）の僧兵＝（ 6 ）神社の神木をかつぎ強訴

b 北嶺：（ 7 ）の僧兵＝（ 8 ）神社の神輿をかつぎ強訴

(3) 院・朝廷（摂関家）の対応

a 武士（北面の武士など）を朝廷の警備や強訴の鎮圧に動員

→武士の中央政界進出

b 白河上皇の「天下三不如意」：賀茂川の水、双六のさい、山法師＝延暦寺の僧兵

3 地方武士の実力向上

(1) 地方武士：各地に館を築き、地域との結びつきを強化→権力の分散化

(2) 奥州藤原氏：陸奥の（ 9 ）を拠点に（ 10 ）・基衡・秀衡の 3 代約100年間繁栄

a 金や良馬の産出による富

b 蝦夷ヶ島や北方との交易

c （ 11 ）や毛越寺など、荘厳な寺院の建立

🔭 探究コーナー

問▶右の表はおもに院政期における上皇の熊野詣の回数を示したものである。上皇のこうした宗教的行為は、院政期の社会にどのような影響を与えたか、とくに「僧兵」や「武士の進出」に着目して説明してみよう。

世紀	上皇	回数
11	白河	9
12	鳥羽	21
	崇徳	1
	後白河	34
13	後鳥羽	28
	後嵯峨	3
	亀山	1

保元・平治の乱　教 p.80〜

1 源氏勢力の後退

(1) 後三年合戦後、東国武士による源義家への荘園寄進が増加

→白河上皇、義家への寄進を禁止する命令

(2) 源義家の子、源（　1　）が出雲で反乱(1107〜08)

　　→伊勢平氏の（　2　）が追討、源氏勢力が一時後退

2　伊勢平氏の台頭

(1) 平正盛：清盛の祖父、白河上皇に荘園を寄進、北面の武士
　　　　　となり源義親の乱を鎮圧

(2) （　3　）：清盛の父、瀬戸内の海賊平定、（　4　）上皇の信
　　　　　　任を得て殿上人に昇任、（　5　）貿易で富を得
　　　　　　て平氏発展の基礎を築く

源氏略系図

```
源経基
　│
　満仲
　├────┐
頼信　　頼光
　│
頼義
　│
義家
　│
義親
　│
為義
　├────┐
為朝　　義朝
```

3　（　6　）の乱（（　7　）年）

(1) 背景：鳥羽法皇死去→天皇家・摂関家内部の対立＋源平内部
　　　　の勢力争い

(2) 乱の勝敗

	天皇方（勝者）	上皇方（敗者）
天皇家	（　8　）天皇	（　9　）上皇→讃岐流罪
摂関家	藤原（　10　）（兄）	藤原（　11　）（弟）→敗死
平氏	平（　12　）（甥）	平忠正（叔父）→処刑
源氏	源（　13　）（子）	源為義（父）・為朝（子）→処刑・流罪

(3) 結果：院近臣の（　14　）、平清盛の権勢拡大

4　（　15　）の乱(1159)

(1) 背景

　a　院近臣間の対立：**藤原通憲（信西）**の権勢に藤原（　16　）らが反感

　b　武家の勢力争い：**平清盛**の権勢に対して（　17　）が反発

(2) 乱の経過

　a　院近臣**藤原信頼**が**源義朝**らと挙兵→院近臣（　18　）は逃亡後に自害

　b　熊野詣の途上の（　19　）が急報を受け帰京、その後に挙兵

　c　藤原信頼を処刑、源義朝は逃走中に敗死、子の（　20　）は伊豆へ流罪

(3) 平清盛の武家の棟梁としての地位・権力が高まる→平氏政権の成立へ

1 _____

2 _____

3 _____

4 _____

5 _____

6 _____

7 _____

8 _____

9 _____

10 _____

11 _____

12 _____

13 _____

14 _____

15 _____

16 _____

17 _____

18 _____

19 _____

20 _____

探究コーナー

問　次の史料は天台座主の慈円が記した『愚管抄』の一節である。慈円は鳥羽上皇崩御後、どのような世の中になったと記しているか、乱逆に当たる出来事にも言及して説明してみよう。

　　保元元(1156)年七月二日、鳥羽院ウセサセ給テ後、日本国ノ乱逆ト云コトヲハヲコリテ後ムサノ世ニナリニケルナリ

（『愚管抄』）

----

1 平氏政権の成立：「六波羅政権」(平清盛の別邸の所在地に由来)

(1) 清盛ら、後白河上皇への寺社造営・寄進などで権勢拡大

《例》清盛は(1)を造営し、後白河法皇に寄進

(2) 清盛、**武士初の太政大臣**(1167)

→一族の多くが高位高官に

＊「此一門にあらざらむ人は皆人非人なるべし」＝『**平家物語**』に記された平時忠(清盛の義弟)の言葉

2 政権の特徴

(1) 外戚関係重視：清盛の娘(2)は**高倉**天皇の中宮となり、生まれた子が(3)天皇として即位

→摂関家同様、皇室との外戚関係を重視

(2) 武士団の家人化：海賊追討を通じて結んだ西国武士などを荘園や公領の現地支配者である(4)に任命、彼らを**家人**として従わせ、軍事的基盤を強化

(3) 経済的基盤

a 全国の約半分の知行国、約500カ所の荘園からの収益

b **日宋貿易**：12世紀、宋は北方の女真人が建国した(5)に圧迫され南宋に

① 摂津の(6)を修築、瀬戸内海航路の整備で畿内へ宋商人を招来、貿易を振興

② 日本から(7 ・)、硫黄、刀剣、漆器などを輸出

③ 宋から(8)、陶磁器、書籍、東南アジア産の香料・薬品などを輸入

平氏略系図

```
  平正盛
    │
  忠盛
    │
  清盛
    │
┌───┴───┐
重盛   徳子ら
```

院政期の文化 教 p.83〜

1 文化の特色

(1) 文化の地方波及：民間布教者＝(1)・上人らによる浄土教の地方伝播

(2) 庶民文化の影響：民間の流行歌謡＝(2)を学んだ後白河上皇が、『(3)』を撰集、田楽・猿楽などの世俗的芸能が貴族層へ流行

(3) 各種芸能・朗詠：風俗歌や古代歌謡から発展した催馬楽、和漢の名句朗詠の広まり

2 具体的文化事例

(1) 地方の代表的建造物(阿弥陀堂など)

a 奥州藤原氏の創建(東北地方)

① (4)：岩手県平泉町、初代藤原清衡が建立、浄土教建築の代表

② (5)：同平泉町、2代藤原基衡〜3代秀衡時代の建造、浄土庭園が残存

③　（　6　）：福島県いわき市、初代藤原清衡の娘が創建の阿弥陀堂

　b　そのほか

　①　（　7　）：大分県豊後高田市にある阿弥陀堂、九州最古の木造建造物

　②　三仏寺投入堂：鳥取県三朝町にある密教系の山岳建造物

(2)　文芸

　a　説話集：『（　8　）』＝インド・中国を含め1000余りの説話を収録

　b　軍記物語：平将門の乱が題材の『（　9　）』、前九年合戦を描いた
　　　　　　　　『（　10　）』など

　c　歴史物語：藤原氏の繁栄を批判的に記した『（　11　）』が著名、ほかに『今
　　　　　　　鏡』など

(3)　絵画・装飾経など　＊貴族社会から庶民の生活まで幅広い描写

　a　絵巻物の誕生

　①　『源氏物語絵巻』：国風期の代表的物語を絵巻化

　②　『（　12　）』：かつての重大事件、応天門の変が題材

　③　『（　13　）』：信貴山中興の僧、命蓮を主人公に霊験譚を描写

　④　『（　14　）』：詞書はなく動物を擬人化して描く（鳥羽僧正覚猷作の説）

　⑤　『年中行事絵巻』：後白河上皇の命で宮中などに伝わる年中行事を描写

　⑥　『後三年合戦絵巻』：東北でおこった後三年合戦が題材

　b　装飾経

　①　「（　15　）」：平清盛が一門の繁栄を願い、安芸の（　16　）に奉納

　②　「（　17　）」：扇紙に経文と当時の庶民の姿を描写、四天王寺（大阪市）蔵

(4)　仏像彫刻
　　蓮華王院（本堂）千手観音像　＊蓮華王院は清盛が造営し、後白河上皇に寄進

6	
7	
8	
9	
10	
11	
12	
13	
14	
15	
16	
17	

探究コーナー

問▶院政期には、陸奥の白水阿弥陀堂や豊後の富貴寺大堂などがつくられた。こうした地方における寺院建立に果たした聖や上人と呼ばれた人々の役割について、説明してみよう。

白水阿弥陀堂

武家政権の成立

1 鎌倉幕府の成立

源平の争乱 ㉕ p.90〜

1 反平氏の動きと平氏の専制

(1) （ 1 ）(1177)：後白河法皇の近臣、藤原成親・俊寛らの平氏打倒の密議
→発覚

(2) 後白河法皇を京都郊外の鳥羽殿(離宮)へ幽閉(1179)

(3) 幼少の（ 2 ）天皇即位(満1歳4カ月、清盛が外祖父)

→平氏の専制に対する不満の高まり

2 平氏滅亡までの経過

(1) 1180年

 a 後白河法皇の皇子（ 3 ）が、諸国に平氏打倒の令旨を発令

 →摂津源氏の（ 4 ）らが、以仁王を奉じて挙兵するも、宇治で敗死

 b 平清盛、摂津（ 5 ）へ遷都(6月)

 →貴族・寺院の反対(11月、京都に再遷都)

 c 源頼朝の挙兵：石橋山の戦い(敗走)→安房上陸→上総氏ら頼朝支援→鎌倉
 →富士川の戦い(勝利)→（ 6 ）を設置(鎌倉を拠点)

 d （ 7 ）の挙兵：信濃の頼朝の従兄弟(父同士が敵対)が、令旨を機に挙兵

 e 南都の僧兵ら反平氏の動き→平重衡、南都焼打ち(**東大寺大仏殿**など焼損)

(2) 1181年：平清盛死去 ＊この年、西日本を中心に**養和の飢饉**

(3) 1183年

 a 源義仲、倶利伽羅峠の戦いで勝利、北陸方面を制圧→入京の動き

 b 平氏、**安徳天皇**を奉じて都落ち→義仲入京するも、後白河法皇と対立

 c 後白河法皇、頼朝に義仲追討の命→頼朝の**東国支配権**を認める(治承二年
 十月宣旨)

(4) 1184年

 a 頼朝、義仲追討に弟の範頼・義経を派遣→京を追われた義仲、近江で敗死

 b 義経、摂津の一の谷の戦いで平氏を破る→平氏、四国などへ敗走

 c 頼朝、（ 8 ）(のちの**政所**)・（ 9 ）を設置

 d 頼朝、後白河法皇から義経への叙位下賜などで、義経を一時前線から除外

(5) 1185年：讃岐の屋島の戦い→長門の（ 10 ）で平氏滅亡(義経らの活躍)

＊約五年にわたる源平の争乱を（ 11 ）と総称

Point 頼朝のもとに集結した武士の統率機関の必要性→最初に**侍所**を設置、
4年後、東国支配権を獲得(政務・訴訟機関が必要)→**公文所**・**問注所**
の設置。

1 鎌倉幕府の成立

＊頼朝、相模の鎌倉を拠点に、各地の武士(中心は東国武士)を糾合→彼らと主従関係を結び**御家人**として統括

(1) 1185年：後白河法皇、義経に頼朝追討の命

　　　　　→義経、挙兵するも敗れ、奥州藤原氏を頼り逃走

　　　　　→頼朝、後白河法皇に義経探索と称し(1 ・)の設置を要求

　　　　　→法皇、許可

　　　　　Point 守護・地頭の設置により武家政権としての鎌倉幕府が確立。

(2) 1189年：奥州藤原氏3代秀衡が死去→秀衡の子泰衡、義経を討伐(義経自害)

　　　　　→頼朝、義経庇護を理由に奥州討伐軍を派遣→奥州藤原氏の滅亡

(3) 1190年：頼朝上洛、右近衛大将に叙任(約1カ月後、辞任)

(4) 1192年：後白河法皇死去→頼朝、征夷大将軍に任じられる

2 **守護・地頭の設置**：大江広元が頼朝に設置を進言、義経探索を名目に後白河法皇に迫り、認可を得る📖🔍

(1) 守護：国ごとに1人、おもに東国出身の**有力御家人**から任命

　a 職務

　　平時：(2)の催促、謀叛人・殺害人の逮捕→合わせて(3)と称す

　　　　＊東国では国衙の在庁官人を支配、地方行政官の役割も

　　戦時：軍事指揮権者として、国内の御家人を率い出兵

　b 得分：守護の得分なし→地頭を兼ね、得分を得る

(2) 地頭：荘園・公領ごとに**御家人**から任命(地頭不設置の荘園・公領もあり)

　a 荘園領主や国司の強い反対のため、当初は平家没官領や謀叛人の所領などに限定

　b 得分：段別5升の兵粮米を徴収(1185)→朝廷の反対で翌年廃止

　　　　Point 地頭は従来の荘官などの立場から収益を獲得。

　c 職務：年貢徴収や下地(土地)管理、治安維持など

史料チェック 📖🔍

守護・地頭の設置

(文治元〈1185〉年十一月)……凡そ今度の次第、関東の重事たるの間……因幡前司広元申して云く、「……天下に@反逆の輩有るの条、更に断絶すべからず。……此の次を以て、諸国に御沙汰を交へ、国衙、庄園毎に(4 ・)を補せられば、強ちに怖るゝ所有るべからず……」と云々。ⓑ二品、殊に甘心し、此の儀を以て治定す……

　　　　　　　　　　　　　　　　　　　　(史料名：『(5)』)

問1 下線部@の反逆の輩とは具体的に誰を指すか。(6)

問2 下線部ⓑの二品とは誰のことか。(7)

1

2

3

4

5

6

7

3　幕府の組織・機関

(1)　中央組織：おもに京都から招いた下級貴族らを中心に政務を担当

  a　侍所（さむらいどころ）：御家人（ごけにん）統率の軍事機関、初代**別当**（べっとう）（長官の意）に（　8　）

  b　（　9　）（当初は公文所）：一般政務・財政機関、初代**別当**に（　10　）

  c　（　11　）：所領争いなどの訴訟・裁判機関、初代**執事**（しつじ）（長官の意）に（　12　）

(2)　地方組織

  a　（　13　）：京都の治安維持、朝廷（ちょうてい）との交渉を担う、承久（じょうきゅう）の乱後は六波羅探題（ろくはらたんだい）に改組、西国御家人の統率に当たる

  b　（　14　）：九州の御家人を統率、大宰府（だざいふ）の権限を大幅に吸収

📖 探究コーナー

問 ▶右図は同じ人物に対して発給された地頭補任状（じとうぶにんじょう）である。右側には政所（まんどころ）役人の花押（かおう）があり、左側には頼朝（よりとも）の花押が認められる。なぜ、このような2通の文書が出されたのか、その理由を考えてみよう。

源頼朝袖判下文　　将軍家政所下文

頼朝花押　　　　政所役人花押

幕府と朝廷　教 p.92〜

1　将軍と御家人：将軍と主従関係を結ぶ武士＝御家人（**家人**に尊称語の**御**を付す）

(1)　将軍→御家人に御恩（ごおん）

  （**地頭に任命**）

   a　先祖伝来の所領の支配を保障＝（　1　）

   b　新たな所領を恩賞として給与＝（　2　）

(2)　御家人→将軍に奉公（ほうこう）

   a　平時：京都大番役（おおばんやく）や鎌倉番役（幕府御所の警備）

   b　戦時：軍役など

2　（　3　）：所領支配権を通じて、主人と従者が御恩と奉公の関係で結ばれる制度（日本の場合、鎌倉幕府の守護・地頭の設置により成立）

3　幕府（ばくふ）の経済的基盤

(1)　（　4　）：頼朝（よりとも）ら将軍家の荘園（しょうえん）（平家没官領（もっかんりょう）などが中心）

(2)　（　5　）：将軍家の知行国（ちぎょうこく）（頼朝時代、東国（とうごく）中心に最大で9カ国）

4　公武二元支配：朝廷や荘園領主勢力と幕府勢力圏との並立

(1)　朝廷が任命する**国司**（こくし）と、将軍が任命する**守護**（しゅご）が並立

  a　荘園：荘園領主（本家（ほんけ）・領家（りょうけ））のもと…荘官・地頭の並立→徐々に地頭に糾合

  b　公領（こうりょう）：在庁官人（ざいちょうかんじん）のもと…郡司（ぐんじ）・郷司（ごうじ）→徐々に地頭に任命（幕府権力浸透）

(2) 朝廷・幕府とも、「**新制**」と称する新たな法令を発令…政権の共通性

(3) 幕府勢力の伸張

  a 東国の行政権・裁判権→幕府が掌握(東国は実質上幕府の支配地)、奥州は直轄地

  b 東国以外→守護を通じ、国衙(こくが)の任務を幕府が吸収

    ＊本来は国衙の土地台帳である(6)の作成を幕府が命令　　　　6

  c 国司・荘園領主と守護・地頭の対立→所領をめぐる紛争が多発

  📖*Point* やがて、幕府の勢力拡大とともに荘官が地頭に転化。

---

2 武士の社会

北条氏の台頭 📖 p.94〜

1 頼朝死去(1199)

将軍就任順

源頼朝
↓
頼　家
↓
実　朝
↓
摂家将軍
(略)

(1) 2代将軍に(1)が就任→有力御家人(とくに北条(ほうじょう)氏)の台頭　　　1

(2) 将軍の親裁を制限→有力御家人13名の合議制に移行

(3) **北条氏**による有力御家人の排斥

  a 頼朝に重用され、頼家の側近となった有力御家人の(2)を討伐(1200)　　　2

  b 北条(3)が、(将軍後継問題で)比企能員(ひきよしかず)(頼家の妻の一族)らを誅殺(比企氏の乱)　　　3

  c 北条時政(ときまさ)、頼家を伊豆修禅寺(しゅぜんじ)に幽閉(のち謀殺)→3代将軍に(4)就任　　　4

  d 幼少の実朝(さねとも)のもと時政が政所(まんどころ)別当(べっとう)に就任、権勢掌握

    ＊時政の地位を(5)と称す　　　5

  e 時政は畠山重忠(はたけやましげただ)を討伐後、平賀氏(ひらが)(妻の親族)との結託で失脚

  →執権(しっけん)は(6)が継承　　　6

2 北条義時(よしとき)(2代執権)の時代

(1) 侍所(さむらいどころ)別当(7)を討伐(1213)→義時、政所と侍所の別当を兼任(実権掌握)　　　7

(2) 北条氏の地位が確立→以後、執権は北条氏一族で世襲

承久の乱 📖 p.94〜

1 朝廷側復権の動き

(1) (1)上皇、軍事力の増強に(2)を新設、朝廷勢力の回復を目指す　　　1

(2) 3代将軍(3)が頼家の遺児(4)に暗殺される→**源家将軍**の断絶　　　2
　　　　　　　　　　　　　　　　　　　　　　(1219)　　　3

  a 北条義時、次期将軍として皇族の招聘を後鳥羽上皇(ごとばじょうこう)に要請→上皇は拒否　　　4

  b 頼朝の縁者で摂関家(せっかんけ)の(5)を将軍後継として招く(就任は後年)　　　5

  ＊摂関家出身の将軍を(6)と称す(2代続く)　　　6

(3) 実朝暗殺以後、朝幕関係が不安定化→上皇、討幕挙兵の動き(畿内・西国武士や、大寺院の僧兵、反北条勢力の糾合を目指す)

2 承久の乱:(7)年、後鳥羽上皇が(8)追討の院宣を発して挙兵

(1) 経過:尼将軍(9)が東国御家人へ結束を呼びかけ 📖🔍

　　　　　　　　　　→北条義時が子の(10)、弟の(11)らを派兵、→京都を制圧

(2) 結果:上皇方の敗北

　　a　後鳥羽は(12)、土御門は土佐に(のち阿波)、順徳は佐渡に配流

　　b　仲恭天皇(後鳥羽の孫)を廃し、後堀河天皇が即位

　　　　→以後、皇位継承に幕府が介入

　　c　京都守護を(13)に改組　*朝廷の監視、京都警備、西国御家人の統率

　　　　→北方と南方の2方あり、初代探題に北条**泰時**・時房が就任

　　d　上皇方の貴族・武士などの所領3000余カ所を没収

　　　　→恩賞として、戦功のあった御家人を新たな地頭に任命(新恩給与)

　　e　(14):給与(得分)の少ない地頭のため、新たな給与基準を規定 📖🔍

　　　　① 11町につき1町の土地給付

　　　　② 段別5升の**加徴米**の徴収

　　　　③ 山野河海からの収益の半分徴収

　　　　> 新率法の適用を受ける地頭を(15)と称し、従来の地頭＝**本補地頭**と区分

(3) 乱後の影響

　　a　畿内・西国にも守護・地頭を配置→幕府勢力の強大化

　　b　公家勢力の後退→幕府、皇位継承や朝廷政治に干渉→武家政権の優位確立

史料チェック 📖🔍

承久の乱

　頼朝勲功ハ昔ヨリタグヒナキ程ナレド、ヒトヘニ天下ヲ掌ニセシカバ、ⓐ君トシテヤスカラズオボシメシケルモコトハリナリ。況ヤ其跡タエテⓑ後室ノ尼公陪臣義時ガ世ニナリヌレバ、彼跡ヲケヅリテ御心ノママニセラルベシト云モ一往イヒナキニアラズ。シカレド©白河、鳥羽ノ御代ノ比ヨリ政道ノフルキスガタヤウヤウオトロヘ、後白河ノ御時ⓓ兵革オコリテ奸臣世ヲミダル。天下ノ民ホトンド塗炭ニオチニキ。頼朝一臂ヲフルヒテ其乱ヲタヒラゲタリ。……万民ノ肩モヤスマリヌ。……是ニマサル程ノ徳政ナクシテ、イカデタヤスククツガヘサルベキ。……

(『神皇正統記』)

問1　下線部ⓐの君および、下線部ⓑの後室ノ尼公とは誰のことか。

　　　　　　　　　　　　　　　　ⓐ＝(16)　ⓑ＝(17)

問2　下線部©の御代の政治形態を何というか。(18)

問3　下線部ⓓの兵革とは何のことか。(19)

新補地頭の設置

ⓔ去々年の兵乱以後、諸国の庄園郷保に補せらるる所の地頭、沙汰の条々

一、得分の事

　右、宣旨の状の如くば……田畠各拾一町の内、十町は領家国司の分、一丁(町)は地頭の分……此の率法を以て免給の上、加徴は段別に五升を充て

行はるべしと云々。……

（『新編追加』）

問4　下線部ⓔの去々年の兵乱とは具体的に何を指すか。（　20　）

問5　この史料にある地頭の得分基準を何というか。（　21　）

20
21

執権政治 教 p.95～

1　3代執権（　1　）の時代（1224）

(1)（　2　）の設置：執権の補佐役、北条一門から任命、初代には
（　3　）（義時の弟、泰時の叔父）が就任

(2)（　4　）の設置：当初有力御家人11名で構成、従来の合議制を制度化

(3)（　5　）の制定：（　6　）年（＝貞永元年）、51カ条で構成 📖🔍

　a　目的：増加する土地紛争などを公平に裁定→裁判基準を明文化
　　　　　御家人同士や、荘園領主と御家人の間の紛争を処理

　b　意義：初の武家法、戦国期の分国法にまで影響
　　　　　→後世の武家法の模範

　c　基準：頼朝以来の（　7　）や、（　8　）と呼ばれた武家社会の慣習・道徳

　d　内容：守護・地頭の任務規定、地頭の年貢横領禁止、女人養子など

　💠Point　式目にはほかに、地頭による荘園領主への年貢横領への処分、所有
　　　　　不明地を20年以上支配した際の知行権認定など、武家社会の慣習に
　　　　　基づく規定あり。

　e　適用：当初は幕府の勢力範囲（朝廷支配下は公家法、荘園領主支配下は本
　　　　　所法の効力が有効）→のち範囲が拡大

　f　追加法：御成敗式目以後の追加法を（　9　）、室町時代の建武式目以後の
　　　　　追加法を（　10　）と称す→室町以降も基本法典として効力残存

執権
就任順

時政
↓
義時
↓
泰時
↓
（略）
↓
時頼

1
2
3
4
5
6
7
8
9
10

史料チェック 📖🔍

式目の制定

　（貞永元〈1232〉年八月）……ⓐ武州造らしめ給ふ御成敗式目、其の篇を終へらる。五十箇条なり（注：実際は51カ条）。今日以後、訴論の是非は、固く此の法を守りて、裁許せらる可きの由定めらるると云々。是れ即ちⓑ淡海公の律令に比す可きか。……

（『吾妻鏡』）

問1　下線部ⓐの武州とは誰のことか。（　11　）

問2　下線部ⓑの淡海公の律令とは何のことか。（　12　）

御成敗式目

一、諸国守護人奉行の事
　右、右大将家の御時定め置かるる所は、ⓒ大番催促・謀叛・殺害人（付たり、夜討、強盗、山賊、海賊）等の事なり。
一、国司・領家の成敗は（　13　）の御口入に及ばざる事
一、女人養子の事
　右、法意の如くばこれを許さずと雖も、大将家の御時以来当世に至るまで、

11
12
13

其の子無きの女人等、所領を養子に譲り与ふる事、不易の法 勝 計すべから
ず(数え切れないの意)。加 之、都鄙の例先 蹤 惟れ多し。

問3 下線部ⓒの職務を総称して何というか。（ 14 ）

2　5代執権（ 15 ）の時代

(1)　執権と敵対の兆候みせた前将軍（ 16 ）を京都に送還
　　　＊当時、将軍は幼少の藤原頼嗣

(2)　（ 17 ）(1247＝宝治元年)：前将軍と結託した有力御家人の（ 18 ）一族を
　　　　　　　　　　　　　　　討伐

(3)　（ 19 ）をおき(19)衆を任命(1249)：評 定 衆を補佐、裁判の迅速・公平化
　　　　　　　　　　　　　　　　　　増加する所領に関する訴訟に対処

(4)　後嵯峨上皇に朝廷政治の改革要求→朝廷内に（ 20 ）を設置、幕府の影響
　　　　　　　　　　　　　　　　　　　　　　力強化

(5)　摂家将軍(藤原頼嗣)を廃止→新たに後嵯峨上皇の皇子（ 21 ）を将軍に
　　　＊摂家将軍に対して、これ以後の将軍を（ 22 ）と称す(以後4代続く)

(6)　執権政治の隆盛→将軍は名目のみ、北条氏の独裁的な政権へ

(7)　（ 23 ）**寺**造営：宋の禅僧蘭溪道 隆 を招いて開山、宋の禅 宗 文化を取り入
　　　　　　　　　　れ、鎌倉を京都に比する"武家の都"として整備

🔍 探究コーナー

式目制定の趣旨──北条泰時書状

　さてこの式目をつくられ候事は、なにを本説として 注 し載せらるゝ由、人さだめて謗難を加ふる
事 候 か、ま事にさせる本文にすがりたる事候はねども、たゞどうりのおすところを記され候者也。
……この式目は只かなをしれる物の世間におほく候ごとく、あまねく人に心えやすからせんために、
武家の人へのはからひのためばかりに候。これによりて、京都の御沙汰、律令のおきて 聊 もあらた
まるべきにあらず候也。……

（御成敗式目唯 浄 裏書）

問▶史料は執権北条泰時が、六波羅探題の弟(北条重時)に宛てた書状である。この書状から、式目
　　制定に当たり、泰時は公家社会からのどのような反響を予測し、それに対してどのように応じよう
　　と考えていたのか、説明してみよう。

武士の生活　教 p.97〜

1　**武士の生活**：武士の多くは、開発領主の系譜を引き、所領を守るため武士化

(1)　河川近くの微高地に居住地＝（ 1 ）を構え、堀・塀を設け周囲を防御、周
　　　辺には（2　・　　　）・正 作・用 作などと称する直営地あり

(2)　地頭として年貢を徴収して国 衙や荘 園領主に納入、みずからは加 徴 米等の

収入得る

(3) 相続方法：(3)が原則→鎌倉時代後半には単独相続に変化

2 惣領制

(1) 宗家(本家)の長を(4)、ほかを(5)と称し、血縁集団(**一門・一家**)

を形成

  a 戦時：**惣領**の指揮のもと、一門・一家が結束して戦闘に参加

  b 平時：惣領の責務として、先祖や氏神の祭祀などを実施(庶子も従い参加)

(2) 惣領が、軍役や年貢・公事納入の責任者として統括→庶子に割り当て

  ＊幕府の政治・軍事体制→すべて**惣領制**に立脚

3 武士の訓練

(1) 騎射三物：右図の(6)に加

            え流鏑馬・犬追物の

            総称

  ＊ほかに、巻狩(広い原野で狩猟訓

  練)など

笠懸(『男衾三郎絵巻』)

(2) (7)：後世の武士道の淵源

武士の土地支配 教 p.98～

1 地頭の支配権拡大

(1) 地頭と荘園領主との年貢徴収、土地境界の紛争が増加(とくに承久の乱後)

(2) 荘園領主→地頭の年貢未納などを幕府に訴え→幕府裁決

  幕府は、**和与**(当事者間の話し合いによる解決)をすすめるが、しだいに地頭

の支配権が拡大し、解決が困難に

2 紛争処理の方法

(1) (1)の契約：荘園領主が地頭に荘園管理を一任、年貢納入だけを請け負

            わせる契約

(2) (2)：土地の相当部分を地頭に分与し、相互支配権を確保する取り決め

       ＊一般的には、荘園領主と地頭で土地を折半

探究コーナー

  問▶右の図は13世紀半ばに作成された伯耆国(鳥取県)東郷荘の下

地中分図の模式図である(下部が北)。「地頭分」「領家分」の文字や、

境界線が描かれ、その左右には幕府執権の花押(署名)もみえる。こ

の図をふまえ、当時の地頭と荘園領主との関係を説明してみよう。

3

4

5

6

7

1

2

モンゴル襲来 　教 p.99〜

1 **宋**：日宋間に正式な国交なしも、僧侶の往来や民間商人の私貿易は活発
2 **元**

(1) チンギス＝ハン、モンゴル統一(1206)後、中央アジア〜南ロシア制圧
　　→チンギス死後、中国北部の金を滅ぼす(1234)

(2) 約30年に及ぶ侵略後、朝鮮半島の（　1　）が服属(1259)、チンギスの孫
　　（　2　）、国号を元、都を（　3　）(＝北京)に移し、中国支配へ注力

(3) フビライ、高麗を通じ日本にたびたび朝貢を要求(1268〜73) 📖🔍
　　→時の8代執権（　4　）、フビライの要求を拒絶

(4) 高麗で大規模な抵抗（＝（　5　）の乱、1270〜73年）→日本遠征に影響

史料チェック 📖🔍

蒙古の牒状

上天の眷命せる大蒙古国の皇帝、書を日本国王に奉る。……（　6　）は
ⓐ朕の東藩なり。日本は（6）に密迩し、開国以来、赤時として（　7　）に通ぜ
り。朕が躬に至りては、一乗の使も以て和好を通ずること無し。尚ほ王の国
これを知ること未だ審ならざるを恐る。故に特に使を遣はし、書を持して
朕が志を布告せしむ。……兵を用ふるに至りては、夫れ孰か好む所ならん。
ⓑ王其れこれを図れ。　　　　　　　　　　　　　　　　　（『東大寺尊勝院文書』）

問1　下線部ⓐの朕とは誰のことを指すか。（　8　）
問2　下線部ⓑに関連して、この頃に執権となり、元の要求を拒否した人物は
　　　誰か。（　9　）

3 （　10　）の役(1274)
(1) 元・高麗軍が対馬・壱岐、九州北部を襲撃
　　a 日本側：元軍の集団戦法(日本は騎馬での一騎打ち中心)や火器(てつはう)
　　　　　　　により苦戦
　　b 元軍：内部対立、指揮の乱れなどにより撤退
(2) 防衛強化策(文永の役後)
　　a 九州の御家人に課した（　11　）をさらに強化、九州北部から長門の沿岸を
　　　警戒
　　b 御家人や九州に所領をもつ領主に対し、博多湾沿岸に（　12　）築造を命令

4 （　13　）の役(1281)
(1) 元、宋(南宋)を滅ぼす(1279)→日本に再度の服属要求→幕府、拒否
(2) 東路軍(元・高麗の混成軍、朝鮮半島から出発)　｜約14万の大軍が
　　江南軍(元・旧南宋の混成軍、中国から出発)　　｜九州北部を襲撃
(3) 日本軍の奮戦、暴風雨により元軍が大損害→元軍撤退

＊2度にわたる元の襲来を**モンゴル襲来(蒙古襲来・元寇)**と称す

左欄番号：1　2　3　4　5　6　7　8　9　10　11　12　13

(4) 元はその後も3度目の日本遠征を計画→高麗の抵抗は継続、旧南宋の支配地や大越(ベトナム)の抵抗にあうなどして断念

(5) モンゴル襲来後も、元との交易は民間レベルで活発 ＊正式な国交はなし

モンゴル襲来後の政治　㊗ p.100〜

1 警備体制の維持

(1) 弘安の役後も引き続き九州の御家人に(1)を課し、警戒

(2) 御家人以外の武士を動員する権利→朝廷から承認を得て獲得

(3) 博多に(2)設置：九州の軍事・訴訟を統括する機関・役職、探題(長官)に北条氏一門を任命

🔖*Point* 御家人以外の動員権を得た幕府の支配権が強大化。

2 北条氏の専制化

(1) 北条氏嫡流の当主＝(3)(2代執権義時の出家名に由来)の権力強大化

(2) 得宗家の家臣＝(4)の勢力拡大、筆頭者を(5)と称す

  a 御内人と有力御家人との対立が表面化

🔖*Point* 御家人と御内人の違いを確認。

  b (6)(1285)：9代執権(7)の時代、内管領の(8)が、有力御家人の(9)を滅ぼす

  c 騒動後、内管領の平頼綱も討たれ、執権**北条貞時**が一時全権を掌握

(3) (10)政治：鎌倉幕府における北条氏一門の専制体制(貞時の時代に進展)

  a 得宗の絶大な勢威のもと、御内人や北条氏一門が幕政を主導

  b 全国の守護の半分以上、各地の地頭の多くを北条氏一門が占有

🔖*Point* 北条得宗家の権力が強大化。

	1
	2
	3
	4
	5
	6
	7
	8
	9
	10

🔍 探究コーナー

問 右の表は鎌倉時代に配置された守護に占める得宗および北条一門の割合を、時期別に表したものである。この表から読み取れることについて、まとめてみよう。

	得宗および北条一門	外様	不設置	計
頼朝の死後 1199年	3	31	4	38国
承久の乱後 1221年	13	28	4	45国
宝治合戦後 1247年	15	26	5	46国
霜月騒動後 1285年	28	23	5	56国
幕府滅亡時 1333年	30	22	5	57国

(佐藤進一『鎌倉幕府守護制度の研究』による)

琉球とアイヌの動き　㊗ p.101〜

1 琉球

(1) 貝塚後期文化(食料採集文化の継続期)→12世紀頃から農耕社会へ

(2) 首長である各地の(1)が、拠点＝(2)(のち城に発展)を形成

(3) 按司間の抗争→やがて山北(北山)・(3)・山南(南山)の3勢力に統合

	1
	2
	3

2 蝦夷ヶ島

(1) 続縄文文化(8世紀頃まで)→擦文文化・オホーツク文化の併存

→13世紀、アイヌの文化の形成

(2) 北条得宗家配下の豪族（ 4 ）氏が、津軽の（ 5 ）を拠点にアイヌと交易

(3) サハリン(樺太)在住のアイヌが（ 6 ）の襲来を受け、たびたび交戦

社会の変動 ㊙ p.101～

1 農業の発展

(1) 畿内・西国で、麦を裏作とする（ 1 ）が広がる

(2) 肥料の普及：草木を焼いた灰＝（ 2 ）や、草を田に敷き込む刈敷など

(3) 鉄製農具や（ 3 ）を利用した耕作の普及、大陸より大唐米(多収穫品種)の輸入

(4) 商品作物の栽培：（ 4 ）(＝灯油の原料)、（ 5 ）(＝和紙の原料)・藍など

2 農民の抵抗

(1) 地頭・荘園領主らの圧迫→農民らが地頭の非法を提訴、集団で逃亡など

《例》紀伊国（ 6 ）荘民の訴状📖🔍→（ 7 ）の非法を荘園領主(高野山)に訴え

(2) 一方で、農民集団の成長→年貢を請け負う農民も出現

🏃Point 鎌倉時代の「紀伊国阿氐河荘民の訴状」では地頭、平安時代の「尾張国郡司百姓等解」では受領と、訴えられた対象が異なる。

史料チェック 📖🔍

紀伊国阿氐河荘民の訴状

阿テ河ノ上村百姓ラツ、シテ言上

一、ヲンサイモク(御材木)ノコト、アルイワⓐチトウノ　キヤウシヤウ(京上)、
アルイワ　チカフ(近夫)トマウシ、カクノコトクノ人フ(人夫)ヲ、チトウノ
カタエセ(責)メツカ(使)ワレ候ヘハ、テマヒマ候ワス候……
ⓑケンチカンヂ(建治元年)……百姓ラカ　上 (『高野山文書』)

問1 下線部ⓐの「チトウ」とは何か、漢字で記せ。（ 8 ）

問2 下線部ⓑの建治元(1275)年の前年におこった事件(侵攻)を記せ。（ 9 ）

3 手工業・商業の発展

(1) おもな手工業者：鍛冶・鋳物師・紺屋など、農村に住し農具などを供給

(2) （ 10 ）の結成：大寺社・天皇家などに属し、製造販売の特権を得た同業者団体、平安時代後期以降に発生し、鎌倉時代には増大

a （ 11 ）：天皇家に属した座の構成員の呼称

b （ 12 ）：大寺社に属した座の構成員の呼称

(3) 定期市：交通の要地や門前などに開設、月に3回の（ 13 ）も増大

(4) （ 14 ）の出現：京都・奈良・鎌倉など都市に出現した常設の小売店

加えて、中央から地方の市へ商品を運ぶ行商人も出現

(5) 商品の仲介：陸上交通の要地には宿が設けられ、各地の湊には商品の中継

や委託販売、運送などをおこなう（　15　）が誕生、発達

(6)　貨幣の流通：中国より（　16　）が大量に流入

 a　荘園の一部で年貢を銭で支払う**銭納**(代銭納)が始まる

 b　遠隔地の取引を手形で代用する（　17　）が使用される

 c　金融業者の（　18　）も出現、**有徳人**(富裕層)も成長

15 _____

16 _____

17 _____

18 _____

探究コーナー

> **問**▶右の図は鎌倉時代の絵巻物に描かれた一場面である。この場面を手がかりに、鎌倉時代に荏胡麻や楮の生産が盛んになった社会的背景について、説明してみよう。

（『春日権現験記絵』より）

_____

_____

_____

_____

幕府の衰退　㋙ p.102〜

1　御家人の窮乏

(1)　原因

 a　（　1　）相続による土地の細分化→鎌倉時代後期には（　2　）相続に変化

 b　貨幣経済の進展→出費が増大→所領を担保に借上などから借金

 c　モンゴル襲来による出費が増大→恩賞不十分→幕府への不満

(2)　幕府の対策

 a　（　3　）：発令は弘安の役から十数年後の（　4　）年、9代執権（　5　）の時

 b　おもな内容

  ①　御家人に関する金銭訴訟を受理せず

  ②　御家人の所領の質入れ、売却の禁止

  ③　御家人がこれまでに質入れ、売却した所領の返却規定

  ┌相手が**非御家人**(借上)の場合→年限に関係なく、もとの持主に返却

  └相手が**御家人**の場合→売却から20年未満の場合、もとの持主に返却

      20年以上経過の場合、返却は不要

 c　影響：借上らの不満→融資拒否→御家人の困窮増大

2　女性の社会的地位低下

(1)　分割相続から単独相続への変化とともに、女性への財産分与が減少

(2)　（　6　）の増加：おもに女性に本人一代限りの相続→死後は惣領に返却

3　新興武士の台頭

(1)　中小御家人の多くが没落の一方、武力で荘園領主に抵抗する新興武士が台頭

1 _____

2 _____

3 _____

4 _____

5 _____

6 _____

(2) 新興武士らは、年貢納入拒否など荘園領主らに抵抗→(7)と呼称

(3) こうした動きは畿内周辺から各地に拡大、社会秩序が崩壊→反幕の動きへ

Point「悪党」＝あくまで荘園領主など支配者側からの視点で、彼らに反する行動をとったことから生じた呼称。

4 鎌倉文化

鎌倉文化 教 p.104～

文化の特徴

(1) 公家文化に加え、武士・庶民文化の成長←素朴・質実など武士の気風の影響

(2) 南宋・元文化の影響：僧侶(亡命僧も含む)・商人の交流による

鎌倉仏教 教 p.104～

1 背景：末法の到来、天災・飢饉などの社会不安→新たな宗教的価値観を模索

2 既存仏教と鎌倉仏教

(1) 既存仏教：貴族のための祈禱や法会・教義研究や学問的傾向

(2) 鎌倉仏教：庶民・武家など幅広い階層の救済を説く

3 鎌倉仏教の特色

(1) 易行：修行方法が比較的容易(平易)

(2) 選択：様々な救済法から唯一の道を選択(念仏・題目・禅など)

(3) 専修：選び取った１つの道をひたすら実践すること

4 鎌倉仏教、各派の特徴

(1) 念仏＝南無阿弥陀仏(阿弥陀如来への帰依)をとなえ、極楽往生を説く宗派

宗派	開祖	主著	教義・その他	中心寺院
浄土宗	(1) 武士の子 美作出身	『(2)』 ↑ 九条兼実 の求め	・ひたすら念仏をとなえれば、極楽浄土に往生できる→(3)の教え ・他力本願 ・旧仏教界の非難→土佐(讃岐)流罪	(4) (京都)
浄土真宗 (一向宗)	(5) 公家の子 京都出身	『(6)』	・(法然の流罪時)越後に流罪→常陸 ・煩悩に悩む悪人こそが阿弥陀仏の本願としての救済対象＝(7) ・絶対他力 ・弟子唯円の著書『(8)』	本願寺 (京都)
(9)	(10) 豪族の子 伊予出身	残存せず (全て廃棄)	・念仏札を配り諸国を遊行→別称「遊行上人」「捨聖」 ・念仏の歓喜を(11)で表現 ・生涯を描いた絵巻物＝(12) ・一遍に従った人々は時衆と呼称	清浄光寺 (神奈川)

(2) 法華経の眼目「南無妙法蓮華経」の題目唱和を説く宗派

宗派	開祖	主著	教義・その他	中心寺院
日蓮宗 (法華宗)	（ 13 ） 漁民の子 安房出身	『（ 14 ）』 ↑ 前執権の 北条時頼 に提出	・釈迦諸経のうち（ 15 ）を真髄とし、その眼目たる「南無妙法蓮華経」の（ 16 ）唱和を主張 ・関東の武士・商工業者層に拡大 ・邪教(他宗)への帰依が要因で飢饉や天災、他国からの侵略など国難到来を訴える(結果的にモンゴル襲来あり)→幕府の弾圧で伊豆・（ 17 ）に流罪	久遠寺 (山梨)

(3) 経典によらず(不立文字)、**坐禅**によって悟りを開くことを説く禅宗の宗派

宗派	開祖	主著	教義・その他	中心寺院
（ 18 ）	（ 19 ） 神職の子 備中出身	『（ 20 ）』 『喫茶養生記』 ↑ 茶の効用 を説く	・入宋し禅宗を伝える ・坐禅の中で、師からの問いを解決すること＝（ 21 ）を通して悟りを開く ・幕府の保護を得て発展 　北条時頼：（ 22 ）を招き 　　　　　　（ 23 ）を開山 　北条時宗：（ 24 ）を招き 　　　　　　（ 25 ）を開山	（ 26 ） (京都)
（ 27 ）	（ 28 ） 公家の子 京都出身	『（ 29 ）』	・世俗的権力から距離をおく 　(↑臨済宗との相違) ・公案によらず、ひたすら坐禅を重んじる（ 30 ）を説く ・弟子の懐奘『正法眼蔵随聞記』	（ 31 ） (福井)

5　既存仏教界の改革：→鎌倉新仏教に刺激され、改革の機運
(1) 法相宗（ 32 ）(解脱)：僧の堕落を批判、戒律復興に努め、法然を批判
(2) 華厳宗（ 33 ）(高弁)：高山寺(京都)を開山、戒律重視、『摧邪輪』で法然を批判
(3) 律宗
　　俊芿：宋より帰国後、泉涌寺(京都)を開き、戒律復興に努力
　　（ 34 ）(思円)：西大寺(奈良県)を再興、戒律復興や社会事業にも尽力
　　（ 35 ）(良観)：叡尊の弟子、奈良に（ 36 ）を設け、病人の救済や慈善活動を実施、幕府の保護を受け鎌倉に極楽寺を開山

6　伊勢神道
(1) 伊勢外宮の神職（ 37 ）による伊勢神道(度会神道)の形成
(2) 『類聚神祇本源』で**反本地垂迹説**(＝神本仏迹説)を展開

13
14
15
16
17
18
19
20
21
22
23
24
25
26
27
28
29
30
31
32
33
34
35
36
37

悪人正機

「（　38　）なをもちて往生をとぐ、いはんや（　39　）をや。しかるを、世の
ひとつねにいはく、『（39）なお往生す、いかにいはんや（38）をや』と。この条、
一旦そのいはれあるににたれども、本願他力の意趣にそむけり。そのゆへは、
自力作善の人は、ひとへに他力をたのむこゝろかけたるあひだ、弥陀の本願に
あらず。しかれども、自力のこゝろをひるがへして、他力をたのみたてまつれ
ば、真実報土の往生をとぐるなり。煩悩具足のわれらは、いづれの行にても
生死をはなるゝことあるべからざるを哀たまひて、願ををこしたまふ本意、
悪人成仏のためなれば、他力をたのみたてまつる悪人、もとも往生の正因な
り。よりて善人だにこそ往生すれ、まして悪人は」と⒜仰せさふらひき。

（『歎異抄』）

問1　下線部⒜について、仰せになった人物は誰か。（　40　）
問2　この史料の出典である『歎異抄』を著したのは誰か。（　41　）

38
39

40
41

探究コーナー

問▶鎌倉新仏教は概して武士や庶民にも広く受容された傾向がみられるが、その理由にはどのよう
な点があげられるか、説明してみよう。

中世文学のおこり　教 p.106〜

1　和歌

(1)　勅撰和歌集『（　1　）』：八代集の最後、（　2　）の命で**藤原定家・家隆**ら
　　　　　　　　　　　　　　　　　が撰集

(2)　私的歌集（勅撰以外）
　　a　『山家集』：もと北面の武士（　3　）の和歌集、諸国を遍歴し秀歌を残す
　　b　『（　4　）』：3代将軍源実朝の撰集（後鳥羽上皇の影響）、万葉調の歌風

2　軍記物語（軍記物）

(1)　『（　5　）』：平氏の栄枯盛衰が主題、（　6　）により平曲で語られ、流布
(2)　ほかに『源平盛衰記』など

3　随筆・説話集（説話文学）　＊説話集はおもに仏教説話が主流

(1)　『（　7　）』：**鴨長明**による無常観を基調にした随筆
(2)　『（　8　）』：**兼好法師**による、鋭い人間観察を基調にした随筆
(3)　橘成季による『古今著聞集』や、無住の『沙石集』など
(4)　『宇治拾遺物語』（『今昔物語集』にもれた補遺の意）

1
2

3
4

5
6

7
8

4 日記・紀行文

(1) 『十六夜日記』：実子の所領訴訟のため鎌倉に赴いた阿仏尼による紀行文

(2) 九条兼実の日記『玉葉』や、藤原定家の日記『明月記』など

5 歴史書

(1) 『(9)』：九条兼実の弟で天台座主の(10)が、後鳥羽上皇の挙兵を
諌める意味も込め著述、道理と末法思想で歴史を考察

(2) 『(11)』：鎌倉幕府による漢文・編年体の歴史書

(3) 『元亨釈書』：禅僧の虎関師錬による日本初の仏教史書

(4) ほかに『水鏡』(四鏡 と称される鏡物の最後)など

6 学問・古典研究

(1) (12)：朝廷に伝わる儀式・先例を研究する学問、順徳天皇の『禁秘抄』
など

(2) 卜部兼方が『日本書紀』を注釈した『釈日本紀』、仙覚の『万葉集註釈』など

(3) (13)：北条一門の金沢実時が武蔵国六浦(鎌倉の外港)金沢に設けた私設
図書館

7 宋学の伝来

(1) 宋学：別称(14)、宋の朱熹がとなえた儒学の一派、鎌倉末期に伝わり禅
僧らが学ぶ

(2) (15)論：宋学の説く一理論、のち後醍醐天皇らが討幕の理論的根拠に

美術の新傾向　教 p.108〜

1 建築：従来の和様に、大陸から新たな技法が流入

(1) (1)：源平の争乱で焼失した東大寺再建などに導入された建築様式
《代表例》東大寺(2)＝東大寺再建には(3)が勧進上人となり
資金を調達、宋人(4)の協力で再建

(2) (5)(唐様)：宋より禅宗寺院の建築様式として伝来
細かな部材を組合せ、簡素で整然とした美を表現
《代表例》(6)＝現在の建物は室町時代のもの

(3) 和様：従来の日本的様式
《代表例》三十三間堂(蓮華王院本堂)、石山寺多宝塔

(4) 折衷様：和様に大陸の新様式を導入 《代表例》観心寺金堂など

2 彫刻：写実的表現、力強さに特徴、奈良仏師の(7)・湛慶父子、弟子
(8)ら活躍

(1) 仏像彫刻　a 東大寺南大門(9)像：運慶・快慶ら慶派の合作
b 興福寺天灯鬼・竜灯鬼像：康弁(運慶の子)らの作
c 蓮華王院本堂(三十三間堂)千手観音坐像：湛慶(運慶の子)作

(2) 肖像彫刻　a 東大寺僧形八幡神像：快慶作
b 六波羅蜜寺(10)像：康勝(運慶の子)作
c 興福寺無著・世親像：運慶らの作
d 東大寺重源上人像

3　絵画

(1) 絵巻物：平安末期に始まり、鎌倉時代に全盛期

　　a　縁起物＝寺社の縁起(由来)を描いた絵巻物

　　　① 『(　11　)』：菅原道真の生涯や神社の由来を描く

　　　② 『(　12　)』：春日明神の霊験譚を描く、宮廷絵所の高階隆兼の作

　　　③ そのほか：『石山寺縁起絵巻』『粉河寺縁起絵巻』など

　　b　伝記物＝高僧らの生涯を描いた絵巻物

　　　① 『(　13　)』：時宗の開祖の生涯を描いた伝記絵巻の傑作

　　　② そのほか：『法然上人絵伝』『鑑真和上東征絵伝』など

　　c　合戦物＝合戦の様子を描いた絵巻物

　　　① 『(　14　)』：肥後国の御家人(　15　)のモンゴル襲来時の活躍を描く

　　　② 『平治物語絵巻』：平治の乱を題材に描かれた合戦絵巻の代表作

　　d　そのほか

　　　① 『男衾三郎絵巻』：地方武士の生活(笠懸の場面が有名)などを描写

　　　② 『地獄草紙』『餓鬼草紙』(平安末～鎌倉初期)：仏教の教え、世界観を描写

(2) 肖像画

　　a　(　16　)：個人の肖像を写実的に描く、名手として(17　・　)父子

　　　　《代表例》「伝源頼朝像」「平重盛像」(作者不詳、かつて藤原隆信
　　　　作の説あり)、「後鳥羽上皇像」(伝藤原信実の作)など

　　b　(　18　)：禅宗で修行の実をあげた弟子に、師が自身の肖像画に賛(詩文)
　　　　を添えて贈る(←自画自賛の語源)、室町時代に全盛期を迎える

4　書道：平安時代以来の和様＋宋・元代の書風

　　　尊円入道親王(伏見天皇の皇子)が(　19　)を創始→代表作「鷹巣帖」

5　刀剣・陶芸

(1) 刀剣：備前の(　20　)、京都の藤四郎吉光、鎌倉の(　21　)らの名工があい
　　つぎ出現

(2) 陶芸：各地で宋・元の影響を受けた陶器生産が発展

　　a　尾張の(　22　)焼＝加藤景正が宋より帰国後、創始との伝承あり

　　b　ほかに常滑焼(尾張)、(　23　)焼(岡山)なども発展し、各地に流通

11
12
13
14
15
16
17
18
19
20
21
22
23

探究コーナー

問▶右図は、鎌倉時代を代表する絵画および彫刻である。この2つの作品にみられる鎌倉時代の文化的特徴について、「肖像」「写実」という語句を用いて、説明してみよう。

伝源頼朝像(神護寺蔵)

六波羅蜜寺空也像

1 室町幕府の成立

鎌倉幕府の滅亡　教 p.110〜

1　皇統の分裂と後醍醐天皇の親政

(1)　皇統の分裂：後嵯峨法皇の没後、2つの皇統に分裂

 a　（　1　）：後深草 上 皇の皇統、**長 講堂領**を継承

  （　2　）：亀山天皇の皇統、**八 条 院領**を継承

 b　皇位継承、院政をおこなう権利、天皇家領 荘 園の相続を争う

  鎌倉幕府に働きかけて有利な地位を得ようとする

 c　幕府の調停：両統が交代で皇位につく（　3　）＝文保の和談(1317)

(2)　（　4　）天皇(大覚寺統)の即位(1318)

 a　天皇親政を開始、積極的に天皇の権限を強化

 b　両統迭立解消と子孫への皇位継承を目指す→両統迭立推進の幕府に不満

2　鎌倉幕府の滅亡

(1)　幕府の権威の衰退

 a　執権（　5　）のもと、内管領の（　6　）が権勢をふるう

  →得宗専制政治に対する御家人の反発

 b　新興武士である（　7　）の動きが、畿内を中心に活発化

(2)　後醍醐天皇の討幕計画←君臣の別を重んじる朱子学の**大義名分論**の影響

 a　（　8　）(1324)：畿内の武士、僧兵らに討幕を呼びかける→発覚

     →天皇の近臣日野資朝を佐渡に配流、天皇は処罰せず

 b　（　9　）(1331)：ふたたび討幕を計画→近臣吉田定房の密告で発覚

     →天皇を（　10　）に配流、近臣日野資朝・俊基を処刑

    幕府が**持 明 院統**の（　11　）天皇を擁立

 c　後醍醐天皇の皇子（　12　）や河内の（　13　）が**悪党**など反幕勢力を結集

  →幕府軍と戦闘継続→後醍醐天皇が**隠岐**を脱出→討幕を呼びかける

(3)　**鎌倉幕府の滅亡**(1333)

 a　畿内に派遣した幕府軍を指揮する御家人（　14　）が**六波羅探題**を滅ぼす

 b　関東で挙兵した武士をまとめた御家人（　15　）が**鎌倉**を攻める

  →元執権で得宗の**北条高時**、執権北条守時ら北条氏とおもな御内人が滅ぶ

Point　天皇の号令は北条氏専制の幕府政治に対する反旗に正当性を与えた。

建武の新政　教 p.111〜

1　（　1　）の新政

(1)　後醍醐天皇の京都帰還→（　2　）天皇を廃する

1
2
3
4

5
6
7

8

9
10
11
12
13

14
15

1
2

(2) **後醍醐天皇**による政治

  a 年号を**建武**と改める(1334)

  b 摂政・関白をおかず、幕府・院政を否定→**醍醐・村上天皇**の親政が理想

  c 土地所有権の確認に天皇の(3)が必要→天皇への権限集中を企図

    ＝武士社会の慣習を無視した政策→多くの武士の不満と反発

    ＊20年間、事実上土地を支配している者の所有権(御成敗式目8条)を否定

  d 大内裏造営計画：天皇権威の高揚をねらう→全国へ重税＝民衆の反発

             造営費調達のため銅銭・紙幣の発行を計画

(3) 統治機構：にわかづくりの組織と内部対立→政務の停滞や社会の混乱📖🔍

  a 中央機関┬(4)：一般政務・重要政務を決定

      (5)：所領に関する訴訟、鎌倉幕府の**引付**を継承

      恩賞方：恩賞審査・事務→公家、寺社、一部の武士優遇

     └**武者所**：京都の治安維持→頭人(長官)は**新田義貞**

  b 地方機関┬皇子を派遣→将軍府を設置、旧幕府系武士を重用

      陸奥将軍府(奥羽)：義良親王を北畠顕家(親房の子)が補佐

     └鎌倉将軍府(関東)：成良親王を足利直義(尊氏の弟)が補佐

  c 諸国：(6)と(7)を併置

2　新政政府の崩壊

(1) **護良親王**：対立する足利尊氏の排斥に失敗し、鎌倉に幽閉

     →中先代の乱の際、直義が殺害

(2) (8)の乱(1335)：**北条高時**の子(9)が鎌倉を占拠

(3) (10)：勅命を得ずに下向し、中先代の乱を鎮圧→新政府に反旗

     →新田義貞軍を破り、京都へ進軍→北畠顕家軍に敗れ、九州へ

     →勢力を回復し京都へ進軍→湊川の戦いで楠木正成を破る

📖**Point**　新政府の政策と武家社会との不一致が、新政府の崩壊をまねいた。

史料チェック📖🔍

此比都ニハヤル物。夜討、強盗、謀(11)。召人、早馬、虚騒動。生頸、
還俗、自由出家。俄大名、迷者、安堵、恩賞、虚軍。本領ハナルヽ訴訟人。
文書入タル細葛。追従、讒人、禅律僧。(12)スル成出者。器用ノ堪否沙
汰モナク。モルヽ人ナキ(13)。キツケヌ冠上ノキヌ。持モナラハヌ笏
持テ。内裏マジハリ珍シヤ。　　　　　　　　　　　　　　　　（『建武年間記』）

問　この史料は何といわれるものか。(14)

南北朝の動乱　教 p.112～

1　足利尊氏の京都制圧(1336)

(1) 持明院統の(1)**天皇**を擁立

(2) (2)：尊氏の諮問に中原章賢(是円)らが答えたもの(17カ条)

   📖🔍　当面の政治方針、幕府の開設場所(鎌倉か京都か)など

建武式目

（　3　）元の如く柳営たるべきか、他所たるべきや否やの事
……就中、（3）郡は文治に@右幕下、始めて武館を構へ、承久に（　4　）朝臣天下を併呑し、武家に於ては尤も吉土と謂ふべきか。……然らば居処の興廃は、政道の善悪に依るべし。……以前十七箇条、大概斯の如し。……遠くは⑥延喜・天暦両聖の徳化を訪ひ、近くは（4）・泰時父子の行状を以て、近代の師となす。

問1　下線部@の右幕下とは誰のことか。（　5　）

問2　下線部⑥に当たる天皇を2人記せ。（6　　・　　）

2　南北朝の動乱

(1)　南朝（大覚寺統）

　　a　後醍醐天皇：（　7　）の山中にこもる→皇位の正統を主張

　　b　楠木正成、新田義貞の死後、（　8　）らが東北・関東・九州で抗戦

(2)　北朝（持明院統）

　　a　**足利尊氏**：**光明天皇**から征夷大将軍に任じられる（1338）→幕府開設

　　　　　　　　　　弟の足利直義と政務を分担

　　b　（　9　）（1350〜52）：（　10　）派と尊氏の執事（　11　）派の対立

　　　　┌足利直義：鎌倉幕府以来の法秩序を重視→1352年、尊氏が毒殺
　　　　└高師直：武力による武士の荘園・公領侵略を容認→1351年、敗死

(3)　武士団の変化（鎌倉時代後期〜）

　　a　宗家が分家を統率する（　12　）の解体→血縁のつながりが希薄化

　　b　**嫡子**による（　13　）相続→庶子が嫡子に従属

　　c　**血縁的結合**から**地縁的結合**へ転換→一族の内部対立を誘発

(4)　南北朝の動乱の長期化（1336〜1392）

　　a　観応の擾乱後の10年余り：尊氏・義詮派、旧直義派と南朝が離合集散

　　b　武士団内の内部対立：一方が北朝につけば、もう一方は南朝につく

🔖*Point*　武家社会の構造の変化と、その影響に注目。

守護大名と国人一揆　教 p.113〜

守護から守護大名へ

(1)　守護の権力の拡大

　　a　南北朝の動乱→地方武士の勢力拡大にともない役割が拡大する

　　b　幕府が守護の権限を拡大→地方武士を幕府のために動員するため

　　　　┌稲を勝手に刈り取る（　1　）を取り締まる権利
　　　　├幕府の判決を強制執行する（　2　）の権利
　　　　└軍費調達のため荘園・公領の年貢の半分を徴発する権利：（　3　）令

　　　　　＊当初は1年限り、近江・尾張・美濃から兵糧米を徴収　📖🔍

　　　　　→年貢の分割から土地の分割へ進展＝守護の所領侵略

右欄番号：3　4　5　6　7　8　9　10　11　12　13　1　2　3

半済令

一　寺社本所領の事　ⓐ観応三・七・廿四御沙汰

　　……次に（　X　）三ヶ国の本所領半分の事、兵粮料所として、当年一作、軍勢に預け置くべきの由、（　4　）人等に相触れ訖んぬ。半分に於いては、宜しく（　5　）に分かち渡すべし。……

（『建武以来追加』）

問1　この史料は最初の半済令である。下線部ⓐは西暦何年か。（　6　）

問2　（　X　）にあてはまる国名の組み合わせとして正しいものを、次の①～⑥のうちから1つ選べ。（　7　）

①　山城・近江・美濃　　②　山城・播磨・尾張　　③　播磨・近江・美濃

④　播磨・大和・尾張　　⑤　近江・美濃・尾張　　⑥　大和・山城・近江

(2)　**代官請**の一般化(鎌倉時代後期～)

　　a　荘園・公領の領主が任じた代官に一定の年貢の徴収を請け負わせる方式

　　b　代官：地頭、守護、禅僧、商人、金融業者など

　　c　（　8　）：荘園・公領の年貢の徴収を守護に請け負わせる方式

(3)　地方政治の変容

　　a　（　9　）：国内で権力を拡大し、一国全体の支配権を確立した守護

　　b　（　10　）：地頭などの領主でもある一国内の地方在住の武士

　　c　（　11　）：国人どうしが自主的に結んだ地縁的な組織

　　　　一味同心(神仏に一致団結を誓約)して一揆契状(規約)を結ぶ

　　　　傘連判状：参加者の序列を示さず、平等性を確認

📙*Point*　南北朝の動乱の中、守護や国人の台頭など、地方支配の構造が変化。

🔭 **探究コーナー**

問▶次の語句を使って、守護が守護大名に成長した理由をまとめてみよう。

【守護請　国衙　刈田狼藉　半済　地方武士　使節遵行】

室町幕府　教 p.114～

1　3代将軍（　1　）の政治　＊2代将軍は（　2　）

(1)　南北朝の合体(1392)

　　a　九州平定：九州探題（　3　）が南朝方懐良親王・菊池氏らを平定

　　b　南朝の（　4　）天皇が北朝の（　5　）天皇に神器を譲る＝皇統の統一

(2)　政権の掌握

　　a　京都の市政権(警察権、民事裁判権、土倉・酒屋への商業課税権など)

b　諸国に課する**段銭**の徴収権

c　（　6　）造営(1378)：京都室町の邸宅→幕府政治の拠点＝室町幕府

d　征夷大将軍を**足利義持**に譲る→足利義満が（　7　）に就任

　　→翌年辞任、出家：北山山荘(北山殿)で実権維持

(3)　外様の有力守護の勢力削減

a　（　8　）(1390)：美濃・尾張・伊勢の守護土岐氏を討伐

b　（　9　）(1391)：西国11か国の守護（　10　）(**六分一殿**)を討伐

c　（　11　）(1399)：長門・周防6か国の守護（　12　）を討伐

d　九州探題今川了俊の罷免(1395)→討伐を受ける(1400)→隠退

2　室町幕府

(1)　幕府の機構

a　中央機関┌（　13　）：将軍を補佐、侍所、政所など中央諸機関を統括

　　　　　　　三管領＝足利氏一門、代々管領職に交代で就任

　　　　　　　　　　（14　・　・　　）氏

　　　　　　侍所：京都内外の警備・刑事裁判

　　　　　　　　四職＝侍所の所司(長官)につく有力守護大名

　　　　　　　　　　（15　・　・　・　　）氏

　　　　　　政所：将軍家の家政、財政

　　　　　└**評定衆**―**引付**：所領の訴訟を審理

b　（　16　）：将軍直属の軍事力→御所警護、将軍の護衛

　　　　　　全国の御料所を管理、守護の動向をけん制

　　　　　　足利氏の家臣、守護の一族、有力地方武士で構成

c　地方機関┌（　17　）：関東8か国、伊豆・甲斐の10か国を統括

　　　　　　　のちに陸奥・出羽も統括

　　　　　　（　18　）＝長官：初代（　19　）の子孫が継承

　　　　　　（　20　）＝補佐：（　21　）氏が継承

　　　　　九州探題：九州諸将を統制

　　　　　奥州探題：奥羽の軍事・民政

　　　　└**羽州探題**：奥州探題から分離→出羽国の軍事・民政

d　諸国：守護を任命

　　　　ほとんどの守護大名は在京、幕府に出仕(守護在京の原則)

　　　　守護大名が任じる（　22　）が領国を統治

(2)　幕府の財源

a　（　23　）(将軍の直轄領)からの収入

b　守護の分担金、地頭・御家人に対する賦課金

c　(24　・　　)：高利貸しを営む**土倉・酒屋**から徴収

　　＊金融活動を営んでいた京都五山の僧侶にも課税

d　(25　・　　)：交通の要所や港に設置した**関所**を設けて徴収

e　抽分銭：商人が日明貿易の利益の一部を上納

f　（　26　）：**分一徳政令**発布に際して債務者または債権者が手数料を納付

6
7
8
9
10
11
12
13
14
15
16
17
18
19
20
21
22
23
24
25
26

g （27　・　　　　）：朝廷や幕府の事業に際し臨時に田地や家屋に課税

📖**Point** 鎌倉幕府、建武の新政政府、室町幕府の統治の違いを整理。

東アジアとの交易　📖 p.116〜

1　元との交易：元との正式な国交はなく、私的な商船の往来のみ

（1）（　1　）(1325)：鎌倉幕府が建長寺の修造費用調達のために元へ派遣

（2）（　2　）(1342)：足利尊氏・直義が（　3　）のすすめで元に派遣

　　　　　　　　後醍醐天皇の冥福を祈る天龍寺創建の費用調達のため

　＊新安沈船：1976年に韓国新安沖で発見された、当時の貿易船

2　（　4　）：対馬・壱岐・肥前松浦地方の住民を中心とする海賊集団(前期倭寇)

　　　　　　南北朝の動乱期に中国大陸・朝鮮半島沿岸を襲撃、人々を捕虜にし

　　　　　　たり、食料の略奪など→**高麗**：禁止を日本に要求

3　**明との外交と交易**

（1）明の建国：**朱元璋**(太祖洪武帝)が建国(1368)

　　　　　　　→伝統的国際秩序の回復を目指し、近隣諸国に朝貢を要求

（2）国交の成立

　　a　（　5　）：明に正使（　6　）と副使（　7　）(博多商人)を派遣(1401)

　　b　明の皇帝：「**日本国王源道義**」宛で返書、明の暦を授ける

　　　　　　　　　→以後、室町将軍は明との公文書に「**日本国王臣源**」と署名

（3）**日明貿易**

　　a　（　8　）：近隣国王が明の皇帝へ朝貢する形式で交易を実現

　　　　　　　　滞在費・運搬費は、すべて明が負担

　　b　勘合貿易：明から交付された（　9　）を持参することを義務化

　　c　輸出品：武器・武具類(刀剣・槍・鎧)、工芸品(扇・屏風)、銅・硫黄

　　　　輸入品：（　10　）→日本の貨幣流通に大きな影響を与える

　　　　　　　　生糸、高級織物、陶磁器、書籍、書画→唐物として珍重(高価)

　　d　中断と再開：4代将軍（　11　）が朝貢形式を不服として中断

　　　　　　　　　　6代将軍（　12　）が再開

　　e　（　13　）氏＋**堺**商人と（　14　）氏＋**博多**商人が実権を握る(15世紀後半)

　　→（　15　）(1523)：細川氏と大内氏が寧波で衝突→大内氏が貿易独占

　　f　貿易の断絶：大内氏の滅亡(16世紀半ば)

　　g　倭寇の活発化(後期倭寇)→豊臣秀吉の海賊取締令で沈静化

　　　　＊日本の銀と中国の生糸を交易した中国人密貿易者の海賊行為も多かった

（4）朝鮮との交易

　　a　朝鮮の建国(1392)：倭寇を撃退した**李成桂**が建国

　　　　　　　　　　　　　通交と倭寇禁止を要求→足利義満が国交を開く

　　b　日朝貿易：幕府、守護、国人、商人らが参加

　　　　　　　　　朝鮮は、対馬の（　16　）を通して貿易を統制

　　　　　　　　　富山浦(釜山)・**乃而浦**(薺浦)・**塩浦**(蔚山)の三浦を開港

　　　　　　　　　首都漢城に**倭館**を設置し、使節を接待

c　輸入品：織物類（（　17　）→衣料など人々の生活様式に影響）、大蔵 経

　　　輸出品：銅、硫黄、琉 球 貿易で入手した蘇木（染料）、香木（香料）

d　（　18　）（1419）：朝鮮軍が倭寇の拠点として対馬を襲撃←宗貞茂の死

　　　　　　　　　　貿易が一時中断するも、再び活発化

e　（　19　）（1510）：三浦に在留の日本人の暴動→特権の縮小に対する不満

　　　　　　　　　　以後、貿易はしだいに衰退

17

18

19

探究コーナー

　問　明の建国によって、宋・元代と比べて、日本と中国のあいだの外交・貿易関係にどのような変化が生じたか、まとめてみよう。

琉球と蝦夷ヶ島　教 p.118〜

1　琉 球

(1)　琉 球王国：中 山王（　1　）が三山（山北・中山・山南）を統一して建国（1429）

　　　　　　明や日本と国交を開く

(2)　盛んな海外貿易→琉球王国の繁栄

　　　琉球船：ジャワ島・スマトラ島・インドシナ半島まで広範囲に活動

　　　東アジア諸国間の**中 継貿易**→王国の都首里の外港（　2　）が拠点

2　日本海交易と蝦夷ヶ島

(1)　日本海交易：14世紀には畿内と津軽の（　3　）を結ぶ交易が盛ん

　　　　　　　　　→北海の産物（サケ・コンブなど）が京都へ

(2)　蝦夷ヶ島（北海道）

　　a　和人が南部へ進出→（　4　）などの館、港を中心に居住

　　　志苔館：14世紀末〜15世紀初め頃の銅銭約39万枚出土→経済的繁栄

　　　津軽の豪族**安藤（安東）氏**に服属

　　b　**アイヌ**：北海道の先住民族、漁労・狩猟や交易が生業→和人と交易

　　c　（　5　）の蜂起（1457）

　　　　和人の圧迫に対しアイヌの大首 長コシャマインを中心にアイヌが蜂起

　　　　和人居住地のほとんどを攻め落とす→上之国の蠣崎（武田）氏が制圧

　　d　（　6　）氏：道南の和人居住地を支配→江戸時代に**松前氏**と改称

　　　＊勝山館城跡：蠣崎氏の祖武田信広の居城跡。武家屋敷や工房跡、和人・アイ

　　　　　　　　　ヌの墓地、中国産陶磁器、アイヌの骨角器などが出土

Point　14世紀以降、琉球、アイヌとの交易など、交易圏の拡大がみられる。

1

2

3

4

5

6

惣村の形成　教 p.119〜

1　惣村の形成

(1)　（　1　）(惣)の形成

　　a　鎌倉時代後期、近畿地方と周辺部に出現

　　　　荘園や公領内に形成された農民の自立的・自治的な村

　　b　（　2　）：村政に参加する古来の有力農民の名主層、新興の小農民

　　　　　　　　神社の祭礼、共同の農作業、戦乱に対する自衛で結束

　　　　　　　　（　3　）で村政について協議、惣掟(村法・村掟)を定める

　　c　（　4　）：神社の祭礼をおこなう農民の祭祀集団→惣村の結合の中心

　　d　（5　・　　）：惣村の自治的運営の指導者

　　e　村役：村の運営に必要な費用として村民から徴収した税

(2)　惣村の自治

　　a　（　6　）(自検断)：村民が村内の警察権を行使→村の秩序維持のため

　　b　入会地(山・野原など、村の共同利用地)や灌漑用水の管理

　　c　（　7　）(村請・百姓請)：惣村が年貢などをとりまとめて請け負う

(3)　惣荘・惣郷：惣村が荘園や公領ごとにまとまったもの

　　　　　　　　荘園・公領をこえて惣村が結合する場合もみられた

2　惣村と領主

(1)　不法を働く代官・荘官の免職、水害・干害時の年貢の減免を要求

　　　ときには、（　8　）を結んで実力行使することも

　　a　（　9　）：荘園領主のもとへ大挙しておしかけて領主に訴えること

　　b　（　10　）：全員が耕作を放棄して他領や山林に逃げ込むこと

(2)　（　11　）：守護などと主従関係を結んで侍身分を獲得した農民

(3)　荘園領主や地頭の年貢徴収が、しだいに困難になっていく

Point　地縁的結合が農村共同体の結束を強め、荘園領主や守護大名の支配に対
して自立的な動きをみせた。

探究コーナー

問　惣村の規約である惣掟には、どのようなことが定められていたのかを、まとめてみよう。

1
2
3
4
5
6
7
8
9
10
11

幕府の動揺と土一揆　⑳ p.120〜

1　幕府政治の動揺

(1)　4代将軍（　1　）の時代

   a　将軍と有力守護の勢力が均衡→政治が安定

   b　**上杉禅秀の乱**(1416)：前関東管領上杉禅秀が反乱→幕府が鎮圧

(2)　6代将軍（　2　）の時代

   a　将軍権力の強化をねらい専制的政治をおこなう

   b　（　3　）(1438〜39)：幕府に反抗的な鎌倉公方（　4　）を討ち滅ぼす

   c　結城合戦(1440)：結城氏朝が足利持氏の遺子を擁して挙兵→鎮圧

              →持氏の子**足利成氏**が鎌倉公方に就任、上杉氏と対立

   d　（　5　）(1441)：有力守護（　6　）が将軍足利義教を殺害→討伐

(3)　**享徳の乱**(1454)：足利成氏が上杉憲忠を謀殺したことから発生

                   →関東が戦国時代に突入

2　土一揆と徳政

(1)　（　7　）：近畿地方を中心に頻繁に発生

          農民が一部の都市民や困窮した武士らと徳政を要求→蜂起

(2)　（　8　）(1428)📖🔍

   a　京都の**土倉・酒屋**を襲撃、質物、売買・貸借証文を奪う

   b　6代将軍足利義教就任にともなう代始めの徳政

   c　当時、土倉などの高利貸資本が都市や農村に浸透

   d　近畿地方とその周辺各地で**私徳政**(債務破棄・売却地の取り戻し)を強行

(3)　播磨の土一揆(1429)：守護赤松氏の家督争いに乗じて土民が守護軍の退去を

                 要求→鎮圧

(4)　（　9　）(1441)

   a　数万人の土一揆が京都を占拠

   b　7代将軍足利義勝就任の代始めの徳政を要求→幕府が（　10　）を発布

   c　以後、徳政要求の土一揆が各地で蜂起→幕府が徳政令を乱発

(5)　**分一徳政令**：幕府が分一銭の納入を条件に債務破棄や債権保護を認める

史料チェック 📖🔍

正長の徳政一揆

　正長元(1428)年九月　日、一天下の土民蜂起す。（　11　）と号し、（　12　）、
（　13　）、（　14　）❶等を破却せしめ、雑物等恣にこれを取り、借銭等
悉くこれを破る。管領❷これを成敗す。凡そ亡国の基、これに過ぐべからず。
日本開闢以来、土民蜂起是れ初めなり。　　　　　　　　　（『大乗院日記目録』）

　❶(14)は寄付された祠堂銭を貸し出していた。❷管領とはこの一揆を鎮圧した畠山満家。

　正長元年ヨリサキ者、カンヘ(神戸)四カンガウ(箇郷)ニヲキメ(負目)アルヘ

カラス　　　　　　　　　　　　　　　　　　　　　　（柳生の徳政碑文）

　＊神戸四カ郷(奈良市郊外)ではヲキメ(負債)を帳消しにするという意味。

Point 為政者の交代を機に所有・貸借など社会の様々な関係が改められるという観念が、将軍交代時の「天下一同の徳政」要求につながった。

応仁の乱と国一揆 ^教 p.121〜

1　(　1　)(1467〜77)

(1)　争乱の要因

　　a　8代将軍(　2　)の家督争い：弟(　3　)◁対立▷子(　4　)・妻(　5　)

　　b　管領家の畠山氏の家督争い：畠山持国(西軍)◁対立▷畠山持富(東軍)

　　　　　　　　　　　　　　　畠山義就(西軍)◁対立▷畠山政長(東軍)

　　c　管領家の斯波氏の家督争い：斯波義廉(西軍)◁対立▷斯波義敏(東軍)

　　d　室町幕府内部での権力争い：(　6　)(西軍)◁対立▷(　7　)(東軍)

(2)　争乱の経過

　　a　1467年：東軍が将軍邸を占拠、足利義政・義尚・義視を手元におく

　　b　1468年：足利義視が西軍に移る→2つの幕府が存在

　　c　1477年：両軍の和議成立、守護大名の多くが領国へくだる

　　　　　　　　各地で地域的紛争が継続し、全国に争乱が拡大

(3)　争乱の影響

　　a　京都は戦火に焼かれて荒廃→多くの公家が地方の大名を頼って下向

　　b　徒歩で軍役に服する雑兵である(　8　)の登場

　　c　有力守護が在京し幕政に参加する幕府体制が崩壊

　　d　(　9　)・有力国人の台頭→領国支配の実権を握る勢力となる

　　e　(　10　)の解体が進む→古来の土地の所有関係が崩壊

　　f　下の者の力が上の者の勢力をしのいでいく(　11　)の風潮が高まる

探究コーナー

問▶右の図を使って、応仁の乱が幕府や守護大名にとってどのような争乱であったか、まとめてみよう。

応仁の乱の対立関係図(1468年)

	西軍	東軍
将軍家	足利義視	足利義政・義尚
畠山家	畠山持国・義就	畠山持富・政長
斯波家	斯波義廉	斯波義敏
幕府実力者	山名持豊	細川勝元
有力大名	大内氏、一色氏 土岐氏、六角氏 など	赤松氏、京極氏 武田氏など

Point 家督を継ぐ嫡子が圧倒的優位をもつ当時の武家社会において、後継者の決定は当人だけでなく、将軍や家臣にとっても重大であった。

2　**国一揆**

(1)　国一揆

　　a　争乱から地域の秩序を守るため、国人を中心に武士だけでなく、地域住民も広く組織化した一揆

b　住民の要求を受け入れて独自に在地徳政令を出すこともあった

　　c　**伊賀惣国一揆、甲賀郡中惣**(近江)など

Point　国一揆は、武士だけでなく地域住民も広く組織に組み込んでいた点で、
　　　　　国人一揆と区別。

(2)　(　12　)(1485) 📖🔍

　　a　南山城地方で2つに分かれて争っていた**畠山氏**の軍を国外退去させる

　　b　山城の住民の支持を得て、8年間の自治的支配を実現

史料チェック 📖🔍

山城の国一揆

　　今日(1485年12月11日)山城国人集会す。……同じく一国中の土民等群衆す。
今度ⓐ両陣の時宜を申し定めんがための故と云々。しかるべきか。但し又
(　13　)のいたりなり。……

　　今日(1486年2月13日)山城国人、(　14　)に会合す。国中の掟法なお以て
これを定むべしと云々。……　　　　　　　　　　　　　　　　　　(『大乗院寺社雑事記』)

問　下線部ⓐの両陣に当たる人物2人と、その両者が関係した争乱の組み合わ
　　せとして正しいものを、次の①〜④のうちから1つ選べ。(　15　)

　　①　畠山政長・義就——嘉吉の変　　②　畠山政長・義就——応仁の乱
　　③　斯波義廉・義敏——嘉吉の変　　④　斯波義廉・義敏——応仁の乱

(3)　(　16　)(1488) 📖🔍

　　a　**浄土真宗本願寺派が近畿・東海・北陸に拡大**←(　17　)(兼寿)の布教

　　b　加賀の門徒が国人と結び、守護(　18　)を倒す

　　c　1世紀にわたって一揆が支配する本願寺領国の実現→(　19　)が制圧

史料チェック 📖🔍

加賀の一向一揆

　　叔和西堂語りて云く。今月五日越前府中に行く。それ以前ⓐ越前の合力
勢賀州に赴く。しかりといえども、一揆衆二十万人、富樫城を取り回く。故
を以て、同九日城を攻め落さる。皆生害して、ⓑ富樫一家の者一人これを取
り立つ。　　　　　　　　　　　　　　　　　　　　　　　　　(『蔭凉軒日録』)

　　泰高ヲ守護トシテヨリ、百姓トリ立テ富樫ニテ候アヒダ、百姓等ノウチツヨ
ク成テ、近年ハ百姓ノ持タル国ノヤウニナリ行キ候。　　　(『実悟記拾遺』)

問1　下線部ⓐの軍勢は何氏の軍勢か。(　20　)

問2　下線部ⓑで名目上の守護として立てられたのは誰か。(　21　)

Point　応仁の乱をきっかけに幕府の支配力が衰えたことにより、各地で下剋上
　　　　　と呼ばれる実力による支配が進んだ。

1　農業生産性の向上

（1）　農業の集約化

a　全国に**二毛作**が普及し、畿内では（　1　）（米・麦・そば）も出現した

b　**牛馬耕**、**水車**などの灌漑・排水施設

c　肥料：**刈敷・草木灰**に加えて（　2　）（人の糞尿）が使用される

（2）　農業の多角化

a　米の品種改良が進み、（3　・　・　）の作付けの普及

b　（　4　）の栽培：苧・桑・楮・漆・藍・茶など→商品として流通

Point 農業生産性の向上が農作物の商品化をうながし、結果として商品経済や貨幣経済の広がりと浸透をもたらした。

2　商品経済の浸透

（1）　農村加工業の発達→農作物の換金→年貢の（　5　）化

（2）　農民の生活の向上→物資の需要増加→商品経済が農村にも深く浸透

商工業の発達　教 p.123〜

1　地方産業の発達→各地で特産物を生産

（1）　織物業

a　絹織物：（　1　）の高級織物、加賀、丹後など

b　綿織物：三河、備後など

c　麻織物：近江高宮、奈良、宇治、越中、信濃など

（2）　製紙業：（　2　）（美濃）、（　3　）（播磨）、鳥ノ子紙（越前）など

（3）　金属業

a　鋳物：能登・筑前の釜、河内の鍋

b　刀剣：山城、（　4　）、美濃、越中、相模

（4）　製陶業：（　5　）の**瀬戸焼**、美濃の**美濃焼**、備前の伊部焼

（5）　酒造業：（　6　）、河内、大和、摂津

（6）　製塩業：自然浜（＝（　7　））を利用した塩田による生産

潮の干満を利用して海水を導入する（　8　）も出現→入浜塩田へ

Point 商品経済の発展は、各地で生産された手工業品の流通をうながし、各地に特産品を生み出した。

2　商業の発達

（1）　市場の発達

a　年貢として納められていた産物が市場で売却される商品として流通

b　年貢の銭納が進み、荘官・農民が農産物を市場で売却

c　応仁の乱後、月に六回ひらかれる（　9　）が一般化

d　特定の商品を扱う市場の出現→**京都**の米場、**淀**の魚市

(2) 新たな商業形態の出現

  a 行商人：**連雀商人**や**振売**の増加、**大原女**や**桂女**など女性も活躍

  b （ 10 ）：京都などの大都市で一般化した常設の小売店

Point 商品経済の発展は、市場中心であった商業活動の多様化をうながすと
ともに、女性の活躍の場を新たに生み出した。

(3) **座**の発達：手工業者や商人の座の種類や数が急増

  a 大寺社・天皇家から与えられた神人・供御人の称号

  →称号を根拠に特権を認められる：関銭の免除や広範囲の独占的販売権

    ① **灯炉供御人**（鋳物師）：本所は（ 11 ）

      ＊朝廷の権威によって関銭免除を獲得、全国的な商売をおこなう

    ② （ 12 ）**の油神人**（油座）：本所は（ 13 ）

      ＊畿内・美濃・尾張・阿波など10カ国近くでの油の販売と、原料の**荏胡麻**購入の独占権

    ③ 京都の（ 14 ）の**麹座神人**、（ 15 ）の**綿座神人**

  b 座に加わらない新興商人が出現（15世紀以降）

  c 地方には本所をもたない新しい性格の**座**＝（ 16 ）が増加

Point 座は、朝廷や寺社などの有力者から課税免除・関所通行権・商品の仕
入れ・販売権などを認められた職能・芸能民、商人の同業者組合。

3　商品経済の発展

(1) 貨幣需要の増加

  a **宋銭**、（ 17 ）・**洪武通宝**・宣徳通宝などの明銭が流通

  b 需要の増大にともなって粗悪な（ 18 ）なども流通

  c 西日本では米や銀も貨幣としての役割を担う（16世紀後半）

  d （ 19 ）：質の悪い**悪銭**をきらい、**精銭**（良質の銭）を選ぶ風潮・行為

  e （ 20 ）：悪銭と精銭の混入比率や一定の悪銭の流通の禁止を定める
                貨幣の円滑な流通をはかるため、幕府・戦国大名が発令

(2) 金融の発達

  a （ 21 ）など富裕な商工業者→（ 22 ）（高利貸業）を兼ねる

  b 幕府：土倉・酒屋を幕府が保護・統制→（23 ・ ）を徴収

  c （ 24 ）：貨幣のかわりに遠隔地取引で使用された為替手形の一種

(3) 流通の発達

  a 水運（海や川）：物資を運ぶ（ 25 ）の往来が頻繁になる
                  「兵庫北関入船納帳」→兵庫湊：2700隻出入り（1445）

  b 陸運：（26 ・ ）（運送業者）が京都への輸送路で活躍

  c 関所：幕府・寺社・公家らが要地に設置→（27 ・ ）を徴収

  d （ 28 ）：大都市（京都・奈良など）、交通の要地（兵庫・大津など）に成立
              商品の保管・販売をおこなう卸売業者

Point 商品経済や貨幣経済の発展にともない、金融や流通が全国的に発展し、
経済の全国的なネットワークへの形成につながっていくことになる。

10	
11	
12	
13	
14	
15	
16	
17	
18	
19	
20	
21	
22	
23	
24	
25	
26	
27	
28	

> 問 ▶撰銭がおこなわれた背景を説明してみよう。また、撰銭令が出された理由についても説明してみよう。

---

3 室町文化

文化の融合 教 p.125〜

1 文化の融合：室町幕府の将軍が文化の融合を主導

(1) 武家文化と公家文化の融合

(2) 大陸文化と伝統文化の融合

　＊室町文化は3代足利義満〜8代足利義政の時代の文化に強い連続性がみられるが、「北山文化」(義満)、「東山文化」(義政)と呼んで区別することも多い。

2 民衆文化の広がり

(1) 惣村・都市の民衆文化：独自に発達→公家・武家の文化に影響

(2) 能・狂言・茶の湯・生花など今日の日本の伝統文化の基盤の確立

　　→武家・公家・庶民、中央・地方を問わず愛好され、洗練される

動乱期の文化 教 p.125〜

1 南北朝の動乱を反映した文化

(1) 歴史書

　a 『増鏡』：源平争乱〜幕府滅亡を公家の立場で記述

　b 『(1)』：北畠親房が南朝の正統性主張←伊勢神道の理論

　c 『(2)』：足利氏の政権獲得までの過程を武家の立場から記述

(2) 軍記物語

　a 『(3)』：南北朝の動乱を南朝よりで記述→太平記読みが広める

　b 『難太平記』：今川了俊が今川氏の活躍を中心に記述

(3) 有職故実書

　a 『建武年中行事』(後醍醐天皇)　　　b 『職原抄』(北畠親房)

2 「(4)」の風潮

(1) 新興武士の新しもの好きの気質が生み出した派手やぜいたくを意味する風潮

　　《例》バサラ大名の佐々木道誉：連歌・能・茶の湯・生花などに多才を発揮

(2) 連歌・茶寄合・闘茶の流行を生む

　a 連歌：武家・公家を問わず広く流行　＊「二条河原落書」

1

2

3

4

b （　5　）：茶の味・種類を飲み分ける遊戯、賭け事

c （　6　）：闘茶を含め酒食を楽しむ娯楽的な茶会

Point 南北朝期には、動乱の時代を反映して歴史書や軍記物語が多くつくられ、連歌・能・茶など室町時代を代表する文化が始まった。

室町文化の成立　教 p.126〜

1　3代将軍足利義満の時代　＊この頃の文化を「北山文化」ともいう

(1) 将軍職を辞した**足利義満**が壮麗な御所である北山殿を建設

(2) **鹿苑寺**（　1　）：北山殿に義満が建てた寝殿造風と（　2　）様が融合した舎利殿

2　臨済宗と幕府

(1) 臨済宗：鎌倉時代、武家社会上層に普及→室町幕府の保護

(2) （　3　）：足利尊氏の帰依→（　4　）を創建

(3) （　5　・　）の制：南宋の**官寺の制**を模倣、幕府が**僧録**を任命（初代 春屋妙葩）

　　a　五山：（　6　）（京都）のもとに京都五山と鎌倉五山をおく

　　　　　　京都五山＝**天龍寺・相国寺**・（　7　）・**東福寺・万寿寺**

　　　　　　鎌倉五山＝（8　・　）・**寿福寺・浄智寺・浄妙寺**

　　b　十刹：五山につぐ官寺、十刹についで諸山があった

(4) 五山の禅僧：水墨画や建築・庭園様式を中国から伝える→禅の精神

　　　　　　　　宋学の研究、漢詩文の創作→五山文学

　　a　水墨画：「寒山拾得図」(伝周文)、妙心寺退蔵院「瓢鮎図」（（　9　））

　　　　　　　南禅寺金地院「渓陰小築図」(伝明兆)

　　b　（10　・　）ら：五山文学の最盛期、幕府の政治・外交顧問

　　c　（　11　）：禅の経典・漢詩文集などの出版物→中国文化の普及に貢献

3　能の流行

(1) 神事芸能の**猿楽・田楽**などから、歌舞・演劇のかたちをとった芸能

(2) 座：寺社の保護を受けて能を演じる専門集団

　　a　大和猿楽四座：（　12　）を本所とした**金春・金剛・観世・宝生座**

　　b　（13　・　）父子：足利義満の保護下で芸術性の高い**猿楽能**を完成

　　　　　　　　　　　能の脚本である（　14　）を数多く残す

　　c　『（　15　）』(花伝書)：能の神髄を叙述した**世阿弥**の書

Point 観阿弥・世阿弥が完成させた猿楽能は、近江猿楽や田楽能をしのいで、のちに能といえばほぼ大和猿楽の猿楽能を指すようになった。

探究コーナー

問 ▶五山僧と呼ばれた禅宗僧が果たした役割をまとめてみよう。

| 5 |
| 6 |
| 1 |
| 2 |
| 3 |
| 4 |
| 5 |
| 6 |
| 7 |
| 8 |
| 9 |
| 10 |
| 11 |
| 12 |
| 13 |
| 14 |
| 15 |

1　8代将軍足利義政の時代　＊この頃の文化を「東山文化」ともいう

(1)　先代の足利義持、義教の時代に大陸文化の摂取、公家文化との融合が進展

(2)　**慈照寺**（　1　）：応仁の乱後、足利義政が東山に築いた山荘に建てた仏殿

初層は住宅風、2層目は**禅宗様**の建物

(3)　**同朋衆**：義政のもとに集められた芸能に秀でた人々→文化の隆盛に貢献

(4)　**河原者**（山水河原者）：作庭の技法をもつ賤民身分の人々

東山山荘の庭園は**善阿弥**による

(5)　禅の精神に基づく簡素さと伝統文化の**幽玄・侘**を基調とする文化の芽生え

2　書院造と枯山水

(1)　（　2　）：**寝殿造**を母体に、押板・棚・付書院、畳・天井、明障子を

付設　《代表例》慈照寺（　3　）

新しい住宅様式→装飾の発達→掛軸・襖絵、生花、工芸品

(2)　（　4　）：岩石と砂利を組み合わせた庭園

《代表例》**龍安寺石庭**、**大徳寺大仙院庭園**

3　芸術・芸道

(1)　絵画

　a　**水墨画**：（　5　）が明で作画技術を学び、日本的な水墨画様式を創造

「四季山水図巻（山水長巻）」「**秋冬山水図**」「**天橋立図**」などを描く

　b　**大和絵**：応仁の乱後、（　6　）が**土佐派**の基礎を固める

　c　**狩野派**：（　7　）・（　8　）父子が水墨画に大和絵の技法を取り入れる

（7）は「**周茂叔愛蓮図**」、（8）は「**大徳寺大仙院花鳥図**」など

(2)　彫刻・工芸

　a　彫刻：能の隆盛にともない（　9　）の制作が発達

　b　工芸：金工の（　10　）が秀作を残す。蒔絵の技術の進歩

(3)　茶道（茶の湯）・花道

　a　（　11　）：茶と禅の精神を融合した茶の湯

（　12　）が創出→（　13　）（戦国期）→（　14　）が完成

　b　花道（生花）：座敷の床の間を飾る**立花**様式の確立

（　15　）→池坊専応（16世紀中頃）→池坊専好（16世紀末）

4　学問・文学・宗教

公家：伝統的文化の継承者、**有職故実**の学問や古典の研究に力を入れる

　a　（　16　）：『**公事根源**』（有職故実）、『**花鳥余情**』（『源氏物語』の注釈）

『**樵談治要**』（将軍義尚の諮問に応答）

　b　**古今伝授**：和歌の聖典『**古今和歌集**』の解釈を秘事口伝で継承

（　17　）が整え、**宗祇**がまとめる

　c　神道思想による『**日本書紀**』の研究も進む

　d　（　18　）：神道、儒学、仏教を統合する**唯一神道**を確立

神を本地、仏を仮の姿とする**反本地垂迹説**（神本仏迹説）主張

庶民文芸の流行　教 p.129〜

民衆文化の発達

1　民衆の芸能・娯楽

(1)　茶・連歌の寄合、各地の祭礼で演じられた素朴で娯楽性の強い能

(2)　(　1　)：能のあいだに演じられる風刺性の強い喜劇→民衆に人気

(3)　幸若舞、古浄瑠璃、**小歌**(小歌集『(　2　)』が編集される)

(4)　(　3　)：絵と話し言葉で書かれた物語、『酒呑童子』『文正草子』『物くさ太郎』『一寸法師』『浦島太郎』など

(5)　**盆踊り**：祭礼や正月・盆の華やかな踊りである(　4　)と**念仏踊り**が融合

2　連歌の流行：上の句と下の句を複数人で読み継いでいく文芸

(1)　(　5　)：南北朝時代に連歌の規則書『(　6　)』を制定

　　　　歌集『(　7　)』が勅撰集と同格に→和歌と対等な地位を築く

(2)　(　8　)：応仁期、**正風連歌**を確立、歌集『(　9　)』『**水無瀬三吟百韻**』

(3)　(　10　)：自由な気風をもつ**俳諧連歌**を創始、歌集『(　11　)』

(4)　連歌師が各地を遍歴、地方の大名、武士、民衆にも流行

Point　室町時代には、民衆が台頭することにより、貴族や武士が独占していた文化が民衆の間に広がり、民衆の娯楽文化として発展した。

文化の地方普及　教 p.131〜

1　中央文化・公家文化の地方伝播

(1)　応仁の乱による京都の荒廃→公家が地方の戦国大名を頼って下向

(2)　(　1　)：大内氏の城下町、文化人が集い、儒学・和歌・古典が盛んに

(3)　(　2　)：肥後の菊池氏や薩摩の島津氏のもとで活動した朱子学者

　　　　薩南学派の祖、『**大学章句**』(『大学』の注釈書)を著す

(4)　(　3　)：中部・関東地方各地を遍歴、漢詩文をのこす

2　教育・教養の広がり

(1)　(　4　)：15世紀中ころに関東管領(　5　)が再興

　　　　禅僧・武士に高度な教育をおこない、書籍を収集する

(2)　各地で武士の子弟を寺院で教育する習慣が根づく

　　　『(　6　)』(往来物：書簡形式の教科書)や『**御成敗式目**』が教科書

(3)　都市の有力商工業者、村落の指導者層→読み・書き・計算を必要とする

　　　『(　7　)』：奈良の商人饅頭屋宗二が刊行した辞書(15世紀)

探究コーナー

問　なぜ、室町文化が地方への広がっていったのか、その理由について、まとめてみよう。

1
2
3

4

5

6

7

8

9

10

11

1

2

3

4

5

6

7

新仏教の発展　教 p.131〜

1
2
3
4
5
6
7
8
9

1　旧仏教と鎌倉仏教

(1)　天台・真言など旧仏教が衰退

(2)　鎌倉仏教の各宗派：武士・農民・商工業者、都市や農村に広がる

2　禅宗の動向

(1)　**五山派**：幕府の衰退とともに衰える

(2)　(　1　)：五山派以外の禅宗諸派→自由な活動→地方武士や民衆の支持
永平寺・総持寺(曹洞系)、大徳寺・妙心寺(臨済系)
＊大徳寺の僧に(　2　)がいる

3　日蓮宗(法華宗)の動向

(1)　東国を基盤に発展し、京都へ進出

(2)　(　3　)：足利義教の頃、戦闘的な布教で他宗と論争、迫害を受ける

(3)　(　4　)：京都の富裕な商工業者が結ぶ→**一向一揆**と対決、町政を運営

(4)　(　5　)(1536)：法華一揆が(　6　)と対立し、敗れて京都を追われる

4　浄土真宗(一向宗)の動向

(1)　農民、商人、交通・手工業者らに広まる

(2)　(　7　)：(　8　)を組織し、(　9　)を使って教えを説いた本願寺8世

(3)　本願寺勢力：**近畿・東海・北陸地方**に拡大→**一向一揆**を結んで大名と対決

探究コーナー

問　室町時代、天台宗や真言宗は勢力が衰え、五山派や日蓮宗・浄土真宗は盛んとなったが、その盛衰の違いはどのような理由によるものか、考えてみよう。

4　戦国大名の登場

戦国大名　教 p.132〜

1
2
3
4
5
6

1　室町幕府の衰退

(1)　明応の政変(1493)：管領細川氏が将軍を廃する→将軍家の弱体化

(2)　幕府の実権：細川氏→細川氏の家臣(　1　)→その家臣(　2　)へ移る

2　戦国大名：守護大名、守護代、国人など様々な出自←**下剋上**の風潮

(1)　関東地方

a　鎌倉公方：(　3　)公方(**足利成氏**)と(　4　)公方(**足利政知**)に分裂

b　関東管領：(　5　)上杉家と(　6　)上杉家の対立

c （ 7 ）(伊勢宗瑞)：**堀越公方**を滅ぼし、伊豆を奪う(15世紀末)

    →相模進出、（ 8 ）を拠点とする

    →**北条 氏綱・氏康**：関東の大半を支配

(2) 中部地方

 a （ 9 ）(越後)：上杉氏の守護代→上杉氏を継ぎ、上杉**謙信**と名乗る

 b （ 10 ）(甲斐)：守護大名、信濃へ進出、謙信と**川中島の戦い**で交戦

(3) 中国地方

 a （ 11 ）：大内氏の守護代→**大内義隆**から国を奪う

 b （ 12 ）：安芸の国人→陶晴賢を倒して勢力拡大、**尼子氏**(山陰)と争う

(4) 九州・四国・東北地方

 a 九州：（ 13 ）氏(薩摩)が南部、（ 14 ）氏(豊後)が北部で勢力拡大

 b 四国：（ 15 ）氏が土佐を統一し、四国北半へ進出

 c 東北：比較的小規模な国人がひしめきあう→（ 16 ）氏が台頭

Point 応仁の乱と、全国統治の要であった京都の室町幕府と関東の鎌倉府の混乱が、下剋上の風潮を高めるきっかけとなった。

3 領国支配：国人や地侍を家臣団に編入

(1) （ 17 ）制：貫高(収入額を銭に換算)に応じて国人・地侍に軍役を課す制度

(2) （18 ・ ）制：地侍を有力家臣団に預け、軍団として兵力を組織化

     鉄砲や長槍を駆使した集団戦が可能になる

探究コーナー

 問▶戦国大名をＡ〜Ｃに分類した。「下剋上」の語句を用いて、この分類の根拠を簡潔に説明してみよう。

 Ａ：織田氏・上杉氏・朝倉氏・陶氏 Ｂ：今川氏・大内氏・武田氏・島津氏・大友氏

 Ｃ：毛利氏・伊達氏・徳川氏・龍造寺氏・長宗我部氏

戦国大名の分国支配	教 p.134〜

1 領国統治

(1) （ 1 ）：幕府法・守護法・国人一揆の規約など中世法の集大成的な内容

   朝倉氏「**朝倉孝景条々**」、大内氏「**大内氏掟書**」、相良氏「**相良氏法度**」

   北条氏「（ 2 ）」、今川氏「**今川仮名目録**」、伊達氏「（ 3 ）」

   武田氏「（ 4 ）」、結城氏「結城氏新法度」、六角氏「六角氏式目」

   三好氏「新加制式」、長宗我部氏「長宗我部氏掟書」

(2) （ 5 ）：家臣や農民の土地の面積・収入額を自己申告させる方式の検地

    →（ 6 ）に登録することで、戦国大名が土地・農民を掌握

    →収穫量は銭に換算する（ 7 ）で計算→年貢・軍役の基準

7
8
9
10
11
12
13
14
15
16
17
18
1
2
3
4
5
6
7

史料チェック 📖🔍

分国法

一 （ 8 ）が館之外、国内□城郭を構へさせまじく候。惣別分限あらん者、
　（ 9 ）へ引越、郷村には代官計り置かるべきこと。　　（史料名：「（ 10 ）」）

一 ⓐ喧嘩の事、是非に及ばず成敗を加ふべし。但し、取り懸ると 雖 も、堪
　忍せしむるの 輩 に於ては、罪科に処すべからず。　　（「甲州法度之次第」）

一 （11 ・ 　　）両国の輩、或 はわたくしとして他国より嫁をとり、或は
　婿にと り、娘をつかはす事、自今以後 停 止 畢 ぬ。　　（史料名：「（ 12 ）」）

一 百姓、（ 13 ）の年貢所当相つとめず、他領へ罷り去る事、盗人の罪科た
　るべし。　　（「塵芥集」）

問　家臣同士の私闘を禁じる下線部ⓐの規定を何というか。（ 14 ）

2　経済・産業振興

(1)　城下町：家臣団、商工業者が集住→領国の政治・経済・文化の中心

(2)　鉱山開発：**甲斐・駿河・伊豆**の金山、（15 　　・ 　　）の銀山
　　　　　→精錬・採掘技術の革新を促進→金・銀の生産量の増加

(3)　治水・灌漑：武田信玄の**信玄堤**（釜無川と御勅使川）など

(4)　交通・商業：宿駅・伝馬の整備、（ 16 ）の廃止、市場の開設

＊この頃、兵衣・鉄砲の火縄として**木綿**の需要増加→（ 17 ）など各地で国産化

📖Point 領国の富国強兵に成功した戦国大名が支配地域を拡大し、全国統一に向
　　　けた動きをみせることになる。

都市の発展と町衆 教 p.135〜

1　市場・町：戦国大名の領国経営のもと、農村の市場や町が飛躍的に増加

(1)　都市の発展
　　a　城下町：大名の居城を中心に家臣や商工業者が集住して形成された町
　　　《例》小田原(北条氏／相模)、府中(今川氏／駿河)、（ 1 ）(上杉氏／越
　　　　　後)、（ 2 ）(朝倉氏／越前)、山口(大内氏／周防)、府内(大友氏／豊
　　　　　後)、鹿児島(島津氏／薩摩)

おもな都市

左欄外番号：8　9　10　11　12　13　14　15　16　17　1　2

b　門前町：大寺社や地方の中小寺院を中心に形成された町

　　　《例》（　3　）（善光寺／信濃）、（　4　・　　　）（伊勢神宮／伊勢）、坂本（延

　　　　　暦寺・園城寺／近江）、奈良（興福寺・春日社／大和）

　　c　（　5　）：浄土真宗の寺院・道場を中心に門徒が集住して形成された町

　　　《例》（　6　）（金沢御堂／加賀）、吉崎（吉崎御坊／越前）、富田林（河内）、

　　　　　山科（山科本願寺／山城）、石山（石山本願寺／摂津）、今井（大和）

　　d　港町・宿場町：交通の要所に形成された町

　　　《例》桑名・大湊（伊勢）、大津（近江）、敦賀（越前）、小浜（若狭）、堺（和泉）、

　　　　　兵庫（摂津）、尾道（備後）、博多（筑前）、（　7　）（薩摩）、品川（武蔵）

　(2)　（　8　）：市場や町において、市座（販売座席）や市場税を設けないこと

　　　　　　　　　　→自由な商業取引を原則とする

2　都市の自治

　(1)　自治都市：富裕な商工業者が市政を運営した都市

　　a　（　9　）：日明貿易で繁栄、36人の（　10　）が市政を運営 📖🔍

　　b　（　11　）：日明貿易で繁栄、12人の（　12　）が市政を運営

　　c　平野（摂津）、桑名・大湊（伊勢）なども有名

　(2)　（　13　）：京都など古くからの政治都市に成立した都市民の自治的団体

　　　　　　　　　町法を定めて、住民の生活や営業活動を守る

　　　　　　　　　いくつかの町が集まって町組という組織をつくる

　　a　（　14　）：町の中心となった富裕な商工業者

　　b　（　15　）：町衆の中から選ばれ、町や町組を運営した人々

　(3)　京都の復興：町衆によって応仁の乱後の荒廃から復興→（　16　）の再興

史料チェック 📖🔍

自由都市堺について──ガスパル＝ヴィレラ書簡

　堺の町は甚だ広大にして、大なる商人多数あり。此の町は（　17　）市の如く⒜執政官によりて治めらる。　　　　　　　　　　　　　　　（1561年書簡）

　日本全国、当堺の町より（　18　）なる所なく、他の諸国において動乱あるも、此の町にはかつてなく、敗者も勝者も、此の町に来住すれば皆平和に生活し、諸人相和し、他人に害を加ふる者なし。……町は甚だ堅固にして、西方は海を以て、又他の側は深き（　19　）を以て囲まれ、常に水充満せり。　（1562年書簡）

　　　　　　　　　　　　　　　　　　　　　　　　　　　（『耶蘇会士日本通信』）

問　下線部⒜の執政官のことを何と呼ぶか。（　20　）

3

4

5

6

7

8

9

10

11

12

13

14

15

16

17

18

19

20

近世の幕開け

1 織豊政権

近世への転換　教 p.138〜

1　16世紀半ばの変化

(1)　(　1　)の産出量の大幅な増加→海外交易の活性化に寄与

(2)　ヨーロッパ人の来航→新しい外来技術・思想の伝播

2　戦国から天下統一へ

(1)　**織田信長**から**豊臣秀吉**へ継承された天下統一事業

(2)　豊臣秀吉の政策→近世社会体制の礎を築く

　　a　新しい検地(**太閤検地**)、石高に基づく知行制

　　b　武家と百姓・町人を区別する身分制度

(3)　豊臣秀吉の(　2　)侵略：明(中国)を中心とする東アジア秩序への挑戦

Point 織田信長・豊臣秀吉・徳川家康の時代に、日本の社会構造の大きな変化がおこった。

銀の交易と鉄砲伝来　教 p.138〜

1　銀の交易

(1)　朝鮮から新しい精錬技術の**灰吹法**が伝わる

　　→**銀**生産量の大幅増加(1530年代〜)：(　1　)などの銀山

(2)　中国(明)

　　a　税の銀納化が進む＝銀の需要増加

　　　→日本産の銀が中国に大量に流入：対価として中国産の(　2　)が日本へ

　　b　海禁政策：民間の交易を禁止、密貿易を取締り

　　　→密貿易業者(中国人が中心)は武装化して対抗＝(　3　)の中核となる

2　鉄砲の伝来

(1)　大航海時代：ヨーロッパ諸国を中心に世界の諸地域が交流する時代へ

　　a　ヨーロッパ諸国の海洋進出

　　　(　4　)：アメリカ大陸から太平洋横断、**フィリピン**に進出

　　　(　5　)：インドの**ゴア**(1510)、マラッカ(1511)進出→香辛料交易

　　b　カトリック教会(ローマ教皇)：キリスト教の海外布教を積極的に支持

(2)　鉄砲の伝来

　　a　中国船(密貿易商人王直の船)が(　6　)(大隅国)に来航

　　　→同乗の(　7　)人が鉄砲を島主(　8　)に伝える

　　　→(8)は、家臣に鉄砲の使用法・製造法を習得させる

　　b　鉄砲の国産化：(　9　)(和泉)、**国友**(近江)、根来(紀伊)

　　c　鉄砲の普及→戦国大名の軍隊編成(足軽鉄砲隊)・戦術・城の構造が変化

✦Point ヨーロッパとアジアの結び付きが密接になる中、世界規模の国際情勢に
巻き込まれることで、日本に大きな転換期が訪れた。

キリスト教と南蛮貿易　㉚ p.139〜

1　キリスト教の伝来
　(1)　宣教師の来日：多くのキリスト教信者を獲得
　　　a　（　1　）：**イエズス会**。中国人の商船で（　2　）に来航、キリスト教を初
　　　　　　　　めて伝える(1549)。**山口、豊後府内**などで布教活動
　　　b　**ガスパル＝ヴィレラ**：イエズス会。将軍足利義輝の許可を得て畿内で伝道。
　　　　　　　　堺の町を『**耶蘇会士日本通信**』でベニス市にたとえ
　　　　　　　　て紹介
　　　c　**ルイス＝フロイス**：イエズス会。京都で織田信長に謁見、豊臣秀吉とも交
　　　　　　　　流があり、『**日本史**』を執筆
　(2)　（　3　）：**大友義鎮(宗麟)**(豊後)、**大村純忠**(肥前)、**有馬晴信**(肥前)など
　　　a　キリスト教に帰依した大名→莫大な貿易の利益を目的に入信も
　　　b　家臣・農民に入信をすすめる→家臣団や大名間の対立を生むケースも
　　　✦Point ポルトガル船はキリスト教布教を認めた大名の港に入港したため、南
　　　　　　　蛮貿易と一体化し、九州を中心に急速にキリスト教が広まった。

2　アジア交易の変化
　(1)　**明**：**海禁政策**を緩和→中国人商人の東南アジア渡航を許可(1560年代末)
　(2)　**琉球**：明の海禁緩和→東南アジア貿易に打撃→**島津氏**への従属深まる
　(3)　**南蛮貿易**：（　4　）(ポルトガル人・スペイン人)との貿易
　　　a　**ポルトガル**：（　5　）を拠点に日中間の貿易に参入→**長崎**などへ来航
　　　　　　　　　　　＊明による中国人商人の日本渡航禁止が背景に存在
　　　b　**スペイン**：フィリピンと日本の間で商船や宣教師が往来
　　　c　交易品：（　6　）・**絹織物**などの中国物産と日本の**銀**を交易
　　　d　影響：アジアの経済交流の活発化
　　　　　　　　ヨーロッパの新しい技術、文化、価値観が流入

🔍探究コーナー

　問▶明の海禁政策がアジアの交易に与えた影響について、まとめてみよう。

織田政権　㉚ p.140〜

1　織田信長の台頭：尾張の守護代の重臣の家柄→尾張国統一
　(1)　（　1　）**の戦い**(1560)：駿河などの戦国大名（　2　）を破る
　　　　　　　　　　　以後、**松平元康(徳川家康)**と同盟

(2) 室町幕府の再興：将軍足利義輝が殺害され、（　3　）が幕府再興の働きかけ

→信長、美濃の斎藤氏を追放して岐阜を本拠に(1567)

＊「天下布武」の印章を用い、上洛の意志を示す

→足利義昭を奉じて入京(1568)

2　信長と反対勢力との戦い

1570年　（　4　）の戦い：**朝倉義景、浅井長政**を破る

1571年　**比叡山**（　5　）**焼討ち**

1573年　（　6　）を京都から追放→室町幕府が実質的に滅亡

1575年　（　7　）の戦い：鉄砲隊が、騎馬隊中心の**武田勝頼**軍を破る

越前の一向一揆を壊滅

1576年　**安土城** 築城開始：城下を（　8　）とし商業税、普請・伝馬の負担を免除

1580年　**石山戦争**終結：**本願寺**(一向宗)勢力を大坂から一掃

1582年　甲斐の武田氏を滅ぼす

九州の大友氏が服属、四国の**長宗我部**氏、中国地方の**毛利氏**攻めを計画

（　9　）の変：（　10　）が織田信長を滅ぼす

Point 織田信長の統一事業は、戦国大名だけでなく、朝廷・幕府・延暦寺・本願寺・堺 の町など、様々な勢力を統制下におくことを目指した。

史料チェック

楽市令

定　（　11　）山下町中

一　当所中（　12　）として仰せ付けらるるの上は、諸座・諸役・諸公事等、ことごとく免許の事。

一　普請免除の事。

一　分国中（　13　）これを行うと 雖 も、当所中免除の事。

(『近江八幡市共有文書』)

豊臣秀吉の全国統一 　教 p.142～

羽柴秀吉(豊臣秀吉)の全国統一への動き　＊はじめ織田信長の重臣として活躍

1582年　（　1　）の戦い：**明智光秀**を討伐←毛利攻め中止←本能寺の変

1583年　（　2　）の戦い：織田家の重臣**柴田勝家**を滅ぼす

大坂城築城：石山本願寺の跡地に築城

1584年　（　3　）の戦い：織田信雄・徳川家康軍と対峙→講和

1585年　紀伊・四国・越中を制圧、（　4　）就任

1586年　（　5　）天皇から豊臣姓を与えられ、太政大臣に就任

越後の上杉氏、徳川家康を臣従させる

1587年　九州の**島津氏**平定、京都に聚楽第を築城

1588年　**後陽成天皇**を聚楽第にまねき、諸大名に忠誠を誓わせる

1590年　小田原の（　6　）氏を攻め滅ぼす→全国統一を達成

　　　→**伊達氏**ら奥羽の大名を服属させ、徳川氏を関東へ転封

豊臣政権の土地・身分政策　教 p.143～

1　豊臣政権の土地政策

(1)　中世後期の近畿地方：惣村の自治が進み、農業生産力が向上

(2)　（　1　）：太閤（関白だった人）**豊臣秀吉**が指示→実際の現地測量を実施

　　a　1582年以降、**検地奉行**をおいて征服地で、村を単位に現地測量を実施

　　b　1段＝360歩を（　2　）**歩**に変更、1**町**＝10段＝100畝＝3000歩

　　c　土地の価値を、**上・中・下・下々**などの等級に区分＝**石盛**

　　d　田畑・屋敷の石高（石盛×面積）、作人（耕作者）を（　3　）に記載

　　e　（　4　）の原則：作人＝土地所有者＝年貢負担者→**荘園制の解消**

　　f　全国の枡を（　5　）で統一、年貢を村の責任で一括納入＝（　6　）**制**

　　g　大名に石高で知行を与え、豊臣政権も約220万石の（　7　）（直轄領）確保

　　　→**貫高制**から**石高制**に移行＝**天正**の石直し

Point　太閤検地によって、荘園制に基づく複雑な土地の権利関係が整理され、全国の土地と人民の状況が直接把握されるようになった。

2　人々の統制

(1)　支配下で広く大名の国替（転封）を断行(1585)

(2)　武士・奉公人・百姓のあり方を定める(1586)

　　a　百姓の村外への移動を制限、武士の百姓への不当な命令の禁止

　　b　年貢高＝**二公一民**：実際は石高から一定の免除分を差し引き、その3分の2とする

(3)　（　8　）(1588)：百姓から刀・脇差などの武具を取り上げる

　　　　一揆の防止と、百姓を耕作に専念させることがねらい

　　　豊臣秀吉が建てた**方広寺**の大仏建立に再利用

(4)　町方（町）と在方（村）を区分→京都・大坂など直轄都市で地子を免除

史料チェック

刀狩令

一　諸国（　9　）、刀、脇指、弓、やり、てつはう、其外武具のたぐひ所持候事、堅く御停止候。……

一　右取をかるべき刀、脇指、ついえにさせらるべき儀にあらず候間、今度（　10　）御建立の釘、かすかひに仰せ付けらるべし。（『小早川家文書』）

3　経済政策

(1)　**座**を解散させ、**豪商**と結んで商工業の振興をうながす

　　《豪商の例》堺の小西隆佐、博多の島井宗室・神屋宗湛

(2)　重要都市の直轄支配：京都、大坂、堺、伏見、長崎など

(3)　金銀山を直轄支配：**但馬**（　11　）**銀山**など

(4)　政権が金銀貨の公定に着手　＊（　12　）の鋳造（金工後藤家）

6	
1	
2	
3	
4	
5	
6	
7	
8	
9	
10	
11	
12	

4 人民の掌握と兵農分離

(1) 全国の石高を調査(1591)：諸大名の軍役の基準→大陸侵攻の準備

 a 検地の結果を示す**御前帳**と郡ごとの**絵図**を提出＝人民と土地の掌握

 b 身分の固定：奉公人が町人・百姓になることや奉公をやめることを禁ずる

      百姓が耕作を放棄して商売することを禁止

(2) （　13　）(1592)：朝鮮へ従軍した奉公人らの逃亡を摘発する法令

        町や村に身分別に家数・人数を調査・把握させる

(3) （　14　）：上記の政策や、国替・検地・刀狩などによって、武士・奉公人と百姓の身分の分離が定まっていった

探究コーナー

問 検地・刀狩の実施にはどのようなねらいがあったか、「人民と土地の支配」という言葉を用いて、まとめてみよう。

対外政策と侵略戦争 教 p.145〜

1 豊臣秀吉のキリスト教政策

(1) 当初、宣教師の布教活動に好意的

(2) **大村純忠**が（　1　）を**イエズス会**に寄進していたことを知る(1587)

 →大名のキリスト教入信を許可制とする、民衆の信仰は禁止せず

 →（　2　）を発令して宣教師追放(1587) 📖🔍、長崎を直轄化(1588)

 →キリシタン**大名**の**高山右近**に棄教を命じるが服さず、領地没収

(3) （　3　）号事件(1596)→豊臣秀吉がキリシタンを弾圧→**26聖人殉教**(1597)

史料チェック 📖🔍

バテレン追放令

一　日本ハ神国たる処、（　4　）国より邪法を授け候儀、太以て然るべからず候事。

一　（　5　）(キリスト教宣教師のこと)、其知恵の法を以て、心ざし次第に檀那を持ち候と思召され候ヘハ……

一　ⓐ黒船の儀ハ商売の事に候間、各別に候の条、年月を経、諸事売買いたすべき事。

              （『松浦文書』）

問　下線部ⓐの黒船はどこの国の貿易船のことか、2つ記せ。（6　　　・　　　）

2 豊臣秀吉の外交・貿易政策

(1) （　7　）(1588)：海賊行為の禁止、厳罰→**後期倭寇**の終息

(2) 貿易を推進：ポルトガル人らから、生糸を優先的に買い上げ

⚙Point スペイン・ポルトガルの貿易とキリスト教布教は一体化していたため、
キリスト教の禁止は不徹底。

(3) 朝鮮出兵

 a 九州平定→対馬の(8)氏を通じて朝鮮国王に服属と来日を要求
        →琉球王国、マニラのスペイン政庁、高山国(台湾)にも要求

 b 朝鮮使節の来日(1590)：秀吉が明征服の先導を要求→朝鮮、拒否

 c 肥前に(9)を築城(1591)

 d (10)(1592〜93)：**小西行長・加藤清正**ら約16万の軍を派遣
  (壬辰倭乱)   →朝鮮全域に侵攻、**漢城**(ソウル)を制圧
       朝鮮の義兵、(11)の朝鮮水軍、明の援軍の活躍
       →行き詰まり

 e (12)(1597〜98)：講和内容に不服の秀吉が軍を派遣
  (丁酉再乱)   →秀吉の死去で、五大老・五奉行が軍勢を撤退

3　豊臣政権の弱体化

(1) 甥の**豊臣秀次**に聚楽第と関白職を譲り、秀吉は**太閤**と名乗る(1591)

(2) **豊臣秀頼**誕生(母、淀君)(1593)→豊臣秀次を追放・切腹(1595)

(3) 五大老：豊臣秀吉が死後の政局安定と秀頼の補佐を委ねた有力大名
   (13　・　・　)・宇喜多秀家・小早川隆景・上杉景勝
    ＊小早川の死後、五大老と呼ばれる

(4) 五奉行：政権の実務を担当させた小大名→秀吉の晩年、政局安定を委ねる
   浅野長政・(14)・増田長盛・長束正家・前田玄以

🔍 探究コーナー

> **問▶**豊臣秀吉の朝鮮出兵は、日本と中国にどのような影響を与えたか、まとめてみよう。

2　桃山文化

桃山文化　教 p.146〜

1　桃山文化：安土・桃山時代(織豊〈織田信長・豊臣秀吉〉政権の時代)の文化
    ＊桃山は、豊臣秀吉晩年の伏見城があった場所

(1) 豪華で壮大な文化←天下人、大名、豪商の気風を繁栄

(2) 仏教色が薄れ、世俗的・人間中心的な色彩が強まる

(3) 多彩な文化←ヨーロッパ文化、アジアとの交流、朝鮮出兵の影響

2　(1)建築：山城から、石垣と堀をめぐらした**平山城・平城**へ変化

(1) 大名の居館・政府、(2)や大広間をもつ書院造の御殿→権威を示す

《例》姫路城、松本城天守、二条城二の丸御殿

大徳寺唐門・西本願寺飛雲閣(伝聚楽第遺構)

都久夫須麻神社本殿(伏見城遺構)

(2) 城下町:城郭を中心に、家臣団の集住や商人・職人の居住により巨大化

Point 天下統一により、城郭の軍事的役割はうすれ、大名の居城や政治の中心

として、建物・内装とも大名の権威を示す豪壮なものとなった。

美術と風俗 ㊪ p.147〜

1 絵画・工芸

(1) 絵画

a (　1　):城や寺院の壁や襖に描かれた絵画

金箔地に青や緑で彩色する**金碧画**(濃絵)や墨で描く水墨画

b 屏風絵(風俗画):洛中洛外図、職人尽絵、祭礼図、南蛮屏風など

c おもな絵師と作品

(　2　):信長、秀吉に仕え、安土城・大坂城・聚楽第の障壁画を描く／

「(　3　)屏風」「洛中洛外図屏風」

狩野山楽:秀吉、秀頼に仕え、大坂・京都で活躍／「松鷹図」「牡丹図」

海北友松:近江から京都へ、水墨画、金碧画/「山水図屏風」

(　4　):能登から京都へ、水墨画、金碧画／

「松林図屏風」、智積院襖絵は伝

(2) 彫刻:(　5　)が盛んとなる

(3) 工芸:**高台寺蒔絵**

(4) 印刷:後陽成天皇の命令で朝鮮の木版印刷術で印刷した書籍→**慶長勅版**

2 庶民生活

(1) 衣服:(　6　)が一般化、男性は(6)と袴、正装は肩衣と袴

(2) 髪型:男女とも結髪

(3) 食事:朝夕2食→3食へ　公家・武士:米食　庶民:雑穀

(4) 住居:村＝茅葺屋根の平屋

都市(京都など)＝瓦屋根の2階建ても増加

芸能の新展開 ㊪ p.148〜

1 茶の湯:京都・堺などの富裕な町衆や武将らに流行

(1) 茶人:堺商人の今井宗久、津田宗及、千利休

千利休は簡素な(　1　)を確立→茶室:(　2　)の茶室待庵

(2) (　3　)(1587):**豊臣秀吉**が開催した大規模な茶会→町人も参加

2 芸能

(1) 能:**狂言**とともに式楽(公式な芸能)となる→武家の儀式に組み込む

(2) (　4　)踊り:庶民の娯楽として都市で流行

(3) 阿国歌舞伎(17世紀初め):(　5　)が京都で「かぶき者」姿で踊る

→模倣した女歌舞伎(女芸人・遊女が演じる)が流行

(4) **隆達節**：堺の(6)が始める

(5) **人形浄瑠璃**：語り物の浄瑠璃と琉球伝来の(7)が融合

6 ....

7 ....

国際的な文化の交流　㊙ p.148〜

1　南蛮文化

(1) 宣教師など**南蛮人**(ポルトガル・スペイン人)がもたらした文化

＊天文学・医学・地理学、油絵・銅版画、パン・カステラ・カルタ・タバコ・コンペイトウなど

(2) (1)：南蛮人の様子を日本人絵師が描いた屏風絵

1 ....

2　キリスト教布教

(1) イエズス会の(2)の活動

a　安土・肥前有馬に(3)(初等教育学校)を、豊後府内に(4)(高等教育学校)を設立　＊教会堂＝**南蛮寺**

b　金属活字印刷術を伝える→キリスト教の教義書・文学作品を印刷
→(5)(**天草版**)：『平家物語』『伊曽保物語』『日葡辞書』など

(2) (6)使節(1582)

キリシタン大名**大村純忠・有馬晴信**らが少年をヨーロッパに派遣
＝(7)・千々石ミゲル・中浦ジュリアン・原マルチノらが、ポルトガル・イタリア・スペインを歴訪　＊ローマ教皇にも謁見

2 ....

3 ....

4 ....

5 ....

6 ....

7 ....

📭探究コーナー

問▶キリスト教の伝播の様子について、右の図からわかることをまとめてみよう。

....

....

....

....

....

....

第**9**章 幕藩体制の成立と展開

1 幕藩体制の成立

江戸幕府の成立 📖 p.154〜

1 （ 1 ）：織田信長と同盟→東海地方で勢力をもつ

豊臣秀吉により関東（250万石）へ移封（1590）、**五大老**筆頭

2 （ 2 ）の戦い（1600）

(1) 五奉行の1人（ 3 ）と徳川家康が対立→（3）らが挙兵

(2) 西軍：盟主＝（ 4 ）、上杉景勝、石田三成、小西行長ら

東軍：盟主＝徳川家康、（ 5 ）、黒田長政ら

(3) 東軍勝利→石田三成・小西行長の処刑、毛利輝元・上杉景勝を減封

3 **江戸幕府の成立**：徳川家康が（ 6 ）に就任→支配の正統性を獲得

(1) 佐渡をはじめ全国の主要な鉱山を直轄化

(2) 修好を求める文書を、アンナン（ベトナム）・ルソン・カンボジアに送る

(3) 江戸城・市街地造成の普請、**国絵図と郷帳**の作成を、諸大名に命じる

(4) 将軍職を子の（ 7 ）に譲る→みずからは駿府で（ 8 ）として実権掌握

＝将軍職が徳川氏の世襲であることを示す→豊臣方の反発

Point 豊臣秀吉は、朝廷の権威を利用して諸大名を臣従させようとしたが、徳川家康は征夷大将軍として諸大名を統率しようとした。

4 （ 9 ）：**大坂冬の陣**（1614）・**大坂夏の陣**（1615）

(1) （ 10 ）：摂津・河内・和泉の60万石の大名（大坂城）、秀吉の地位を継承

(2) （ 11 ）**鐘銘事件**（1614）：「国家安康」「君臣豊楽」の銘を家康が難詰

(3) 徳川方が豊臣方の大坂城を攻撃→豊臣秀頼・淀君の死去（豊臣氏の滅亡）

幕藩体制 📖 p.155〜

1 大名の統制：大名＝将軍と主従関係を結んだ**1万石**以上の武士

(1) （ 1 ）（1615）：大名の居城を1つに限る

(2) **武家諸法度（元和令）**（1615）📖：以後、将軍の代がわりに繰り返し発布

　a 家康が南禅寺**金地院**の（ 2 ）に起草させる→将軍**秀忠**の名で発布

　b 建武式目や分国法をもとに作成

(3) 大名の配置

　a （ 3 ）：徳川一門の大名→要所に配置

　　　　三家：尾張・（ 4 ）・**水戸藩**（徳川家康直系子孫）

　b （ 5 ）：古くから徳川氏の家臣→要所に配置

　c （ 6 ）：関ヶ原の戦い前後に徳川氏に従った大名→遠隔地へ

(4) 大名の義務

 a 平時：**普請役**を負担(手伝普請)＝江戸城の修築や河川工事など

 b 戦時：軍役を負担＝将軍の命令で石高に応じて常備した兵馬を率いて出陣

(5) 幕府は、改易(領地没収)、転封(領地替え)、減封(領地削減)の権限をもつ

Point 諸大名の勢力が強かった江戸時代初期には、幕府は諸大名に対する力による統制を強め(武断政治)、大名の勢力を弱めることに努めた。

史料チェック 📖🔍

武家諸法度((7)令)

一 (8)ノ道、専ラ相嗜ムベキ事。

一 ⓐ諸国ノ居城修補ヲ為スト雖モ、必ズ言上スベシ。況ンヤ新儀ノ構営堅ク停止令ムル事。   (『御触書寛保集成』)

問 江戸時代初期に、下線部ⓐの規定違反で、処罰された大名は誰か。

              (9)

2 2代将軍徳川秀忠の政治

(1) (10)を大名・公家・寺社に発給(1617)

 →将軍が全国の土地所有者であることを天下に示す

(2) 福島正則を武家諸法度違反(広島城の無断修築)で改易

 →法度遵守の厳格化、外様の有力大名を処分→将軍の権威を示す

(3) 将軍職を(11)に譲る→**大御所**として江戸城西の丸で権力を保つ

3 3代将軍徳川家光の政治

(1) 肥後の外様大名**加藤氏**を処分(1632)→将軍権力が九州に及ぶ

(2) 全国の大名に軍役を賦課→30万余りの軍勢を率いて上洛(1634)

(3) 武家諸法度(寛永令)発布(1635)📖🔍→法度の遵守を厳命

(4) (12)の義務化：普請役とともに、大名の財政を圧迫

 a 大名の妻子の江戸居住を強制→諸大名の江戸屋敷が江戸に集中

 b 在府(江戸在住)1年、在国(国元在住)1年→1年ごとに往復

 c 関東の大名は半年交代、水戸藩は江戸に常勤とする

Point 参勤交代は、大名屋敷が集中する江戸と、大名が貨幣収入を得るための場とした大坂の経済的繁栄をもたらす要因となった。

史料チェック 📖🔍

武家諸法度((13)令)

一 大名小名、在江戸交替、相定ル所也。毎歳夏四月中参勤致スベシ。……

一 (14)以上ノ船停止ノ事。   (『御触書寛保集成』)

4 幕藩体制の確立

(1) 初代徳川家康〜3代家光の時期に、将軍と諸大名の主従関係が確立

(2) 幕藩体制：幕府(将軍)と藩(大名)が軍事力を独占し、土地と人民を支配

     7

     8

     9

     10

     11

     12

     13

     14

幕府と藩の機構 教 p.156〜

1　幕府の体制

(1)　財源：400万石(17世紀末)に及ぶ（　1　）(直轄地)からの年貢

　　　　　直轄鉱山の収益→**佐渡・伊豆**(金山)、**但馬生野・石見大森**(銀山)

(2)　経済統制：重要都市の直轄化→**江戸・京都・大坂・長崎・堺**など

　　　　　貨幣の鋳造権の独占

(3)　軍事力

　a　将軍直属の家臣(直参)で**1万石未満**の武士

　　　＊将軍に謁見できる（　2　）と、将軍に謁見できない（　3　）

　b　諸大名が負担する**軍役**

2　幕府の職制

(1)　徳川家康・秀忠時代：側近による運営→家光の頃までに幕府の職制を確立

(2)　中央組織

　┌（　4　）：幕府の政務を統括←当初、**年寄**と呼ばれた重臣の役割

　│（　5　）：臨時の最高職、重要事項の決定時のみに任命

　│（　6　）：老中を補佐し、旗本を監視

　│（　7　）：大名の監察

　│（　8　）：旗本・御家人の監察

　│（　9　）：寺社・寺社地を統括、譜代大名から任命　┐

　│（　10　）：江戸の行政・司法を担当、旗本から任命　├三奉行

　│（　11　）：幕府の財政、幕領を管理、旗本から任命　┘

　└（　12　）：老中と三奉行の合議機関→役職がまたがる事案を協議

(3)　地方組織

　┌（　13　）：京都町奉行とともに朝廷の統制や西国大名の監視

　│城代・町奉行：大坂・駿府

　│奉行：伏見・長崎・佐渡・日光など→いわゆる（　14　）

　│**幕領**：関東・美濃・飛騨などの要地＝（　15　）を配置

　└　　　一般の幕領＝**代官**を配置

🏯**Point**　幕府の役職は、譜代大名・旗本から複数名が選任され、月番交代で従事した。石高が示す家格に応じて、選任される役職がほぼ決まっていた。

3　藩：大名の領地とその支配機構

(1)　（　16　）制：家臣の有力武士に領地・領民の支配を認める制度

　　　　　17世紀半ばにみられなくなる→大名が領内一円を支配

(2)　（　17　）制度：**蔵入地**(直轄領)の年貢を藩が藩士に**蔵米**として支給

　　　　　→有力武士は城下町に集住し、藩の役職に就いて藩に奉仕

　　　　　→蔵入地を郡奉行・代官が管理、年貢を徴収

問 地方知行制から俸禄制へと転換したことによって、大名と領内の武士との関係にどのような変化が生じたか、まとめてみよう。

天皇と朝廷 教 p.157〜

1 朝廷の統制

(1) 天皇の譲位・即位に関与：徳川家康が後水尾天皇擁立(1611)

(2) 法令の制定

 a （ 1 ）(1613)：公家の務め＝家職(家業)と禁裏小番(宮中の警衛)   1

 b （ 2 ）(1615)：朝廷運営の基準 📖🔍   2

(3) 京都所司代：朝廷の監視を担う幕府機関

(4) （ 3 ）：公家2名を任命→幕府の命令を朝廷に伝達   3

(5) 徳川秀忠の娘和子(東福門院)→後水尾天皇に入内(1620)

2 （ 4 ）(1627)   4

(1) 幕府：（ 5 ）天皇による紫衣の勅許を禁中並公家諸法度違反とする   5
 →大徳寺の僧侶（ 6 ）らを処罰   6

(2) 後水尾天皇：幕府の同意なしで譲位(1629)→明正天皇(秀忠の孫娘)

(3) 幕府は譲位を追認、摂家・武家伝奏に厳重な朝廷統制を命ずる

史料チェック 📖🔍

禁中並公家諸法度

一 （ 7 ）諸芸能の事、第一御学問也。

一 （ 8 ）の寺、住持職、先規希有の事也。近年猥りに勅許の事、且は臘   7
 次を乱し、且は官寺を汚し、甚然るべからず。   (『大日本史料』)   8

✐Point 幕府は、朝廷が権力をふるったり、諸大名に利用されたりしないように
  統制するとともに、国家祭祀や官位制度などの権能を利用した。

禁教と寺社 教 p.158〜

1 キリスト教の禁止

(1) 禁教令

 1612年 幕府の（ 1 ）に禁教令を発令   1

 1613年 禁教令を全国に拡大→全国の信者に改宗を強制

 1614年 （ 2 ）ら300人余りをマニラ・マカオに追放   2

 1622年 （ 3 ）の大殉教：長崎で宣教師・信徒55人を処刑   3

(2) （　4　）の乱（1637〜38）：島原・天草地方

　　a 土豪・百姓の一揆→松倉氏、寺沢氏の圧政とキリシタン弾圧への反発

　　b キリシタン大名有馬晴信・小西行長の旧家臣の牢人や、信者が多数参加

　　c （　5　）を首領として**原城跡**に籠城→幕府が九州の大名を動員、鎮圧

　📖**Point** 島原の乱は、領主の圧政に対する一揆の要素が強かったが、幕府は鎮圧に手を焼いたことから、キリシタンに対する警戒心が高まった。

(3) キリスト教禁圧の強化

　　a 乱後、九州北部でキリシタンかどうかを見極める（　6　）を強化

　　b （　7　）：キリスト教徒でないことを確認し、宗門改帳に記載

　　c （　8　）：民衆はいずれかの寺院の檀家とする→身元証明（寺請証明）

2　宗教統制

(1) キリスト教・**日蓮宗**（　9　）派を禁止、神道・修験道・陰陽道は容認

(2) 仏教統制

　　a 門跡寺院：皇子や宮家・摂家の子弟が入寺→朝廷の一員として統制

　　b （　10　）法度：宗派ごとに本山・本寺の地位を保障、末寺を組織させる
　　　　　　　＝本末制度

　　c （　11　）法度（1665）：宗派をこえて仏教寺院の僧侶全体を統制

　　d （　12　）（17世紀半ば）：明僧（　13　）が伝えた禅宗、**万福寺**（京都）

(3) 神道・修験道・陰陽道

　　a 神道：（　14　）法度（1665）で統制、公家の**吉田家**を本所とする

　　b **修験道**：天台系（本山派）は聖護院門跡が本山→修験者を統制
　　　　　　　真言系（当山派）は醍醐寺三宝院門跡が本山→修験者を統制

　　c **陰陽道**：公家の**土御門家**が全国の陰陽師を統制

　📖**Point** 江戸時代、寺請制度により仏教が主たる宗教となったが、容認された神道、修験道、陰陽道も民衆の生活の中に浸透した。

🔍 **探究コーナー**

問 右の図に示したものは、どのような目的で何に使われたのだろうか。その名称も記して説明してみよう。

江戸時代初期の外交 📘 p.160〜

1　江戸初期の外交

(1) 徳川家康の外交

　　a オランダ船（　1　）が豊後に漂着（1600）
　　　オランダ人（　2　）（耶揚子）、イギリス人（　3　）（**三浦按針**）
　　　→外交・貿易顧問に

b　朝鮮・琉球王国を通じて明と国交回復交渉→明が拒否

　　c　京都商人（　4　）をスペイン領メキシコへ派遣(1610)→貿易交渉

　　　　＊前年上総に漂着した前ルソン総督ドン＝ロドリゴをメキシコへ送る

(2)　イギリス・オランダ：プロテスタント(新教)の国→紅毛人と呼ばれる

　　a　イギリス：1613年、通商開始→肥前（　5　）に商館をおく(1623年閉鎖)

　　b　オランダ：1609年、通商開始→肥前（5）に商館をおく(1641年長崎へ)

(3)　（　6　）(1613)：仙台藩主伊達政宗が家臣（　7　）をメキシコへ派遣

　　　　　　　　　　　→直接貿易関係を結ぶことを目指すが失敗

2　江戸初期の交易

(1)　（　8　）制度(1604)

　　a　糸割符仲間と呼ばれる特定の商人に輸入生糸を一括購入させる制度

　　b　糸割符仲間：（9　・　・　）の特定の商人

　　　　　　　　のちに江戸・大坂商人が加わる＝五カ所商人と呼ばれる

(2)　（　10　）貿易

　　a　朱印船：江戸幕府が与えた海外渡航許可状である（　11　）をもつ船

　　　　　　　　マニラ・トンキン・ホイアン・プノンペン・アユタヤなどに渡航

　　b　大名：島津家久、有馬晴信・松浦鎮信ら

　　　　商人：（　12　）(長崎)、（　13　)(摂津)、角倉了以・（　14　）(京都)ら

　　c　輸入品：生糸、絹織物、砂糖、鹿皮、鮫皮、ラシャなど

　　　　輸出品：銀(世界の銀産出量の3分の1を日本が輸出)、銅、鉄

　　d　（　15　）：日本人が東南アジア各地に建設した自治的都市

　　　　　　日本町の長（　16　）はリゴール(六昆)の太守(長官)となる

📖 *Point*　徳川家康も、貿易には積極的であり、日本人の海外進出も積極的にお

　　　　こなわれたが、しだいに幕府による貿易統制が強化されていった。

| 4 |
| 5 |
| 6 |
| 7 |
| 8 |
| 9 |
| 10 |
| 11 |
| 12 |
| 13 |
| 14 |
| 15 |
| 16 |

🔭 探究コーナー

　　問▶糸割符制度のねらいと効果について、まとめてみよう。

鎖国政策　教 p.161〜

1　鎖国までの流れ

1616年　中国船を除く外国船の来航を平戸・（　1　）に限定

1623年　（　2　）が平戸の商館を閉鎖、対日交易から撤退

1624年　（　3　）船の来航を禁止

1631年　奉書船制度：朱印状と老中が与える奉書をもつ船→海外渡航可

1633年　（　4　）船以外の日本船の海外渡航を禁止

| 1 |
| 2 |
| 3 |
| 4 |

1635年　日本人の海外渡航と在外日本人の帰国を禁止

中国船の寄港地を（　5　）に限定

1639年　（　6　）船の来航の禁止

1641年　オランダ商館を**長崎**の（　7　）に移す

→オランダ人と日本人の自由な交流を禁止→（　8　）が監視

史料チェック 📖🔍

鎖国令(さこく)

A　一　日本国御制禁成され候(ごせいきんな)（　9　）宗門の儀、其 趣 を存知ながら、彼の(そのおもむき)
　　　　法を弘むるの者、今に密々差渡るの事。(ひろ)(さしわた)
　　　　……自今以後、ⓐかれうた渡海の儀、之を停止せられ 訖 ぬ……(じこん)(おわん)
　　　　　　　　　　　　　　　　　　　　　　　　　（『御当家令条』）(ごとうけれいじょう)

B　一　（　10　）え日本の船遣すの儀、堅く 停 止の事。(ちょうじ)
　　　一　日本人(10)え遣し申す間敷候。若忍び候て乗渡る者之有るに於ては、(まじく)(もし)(これ)(おい)
　　　　其者は死罪、其の舟 幷 船主共ニとめ置、言上 仕 るべき事。(その)(ならびに)(おき)(ごんじょう)(つかまつ)
　　　　　　　　　　　　　　　　　　　　　　　　　　（『教令類纂』）(きょうれいるいさん)

C　一　異国え（　11　）の外、舟 遣すの儀、堅く停止の事。(つかわ)　（『武家厳制録』）(ぶけげんせいろく)

問1　下線部ⓐのかれうたとは、どこの船のことか。（　12　）

問2　史料A～Cを発令された順に並べよ。(13　　・　　・　　)

2　鎖国体制：「鎖国」はケンペル(独)の『日本誌』から志筑忠雄が和訳した言葉(しづきただお)

(1)　対外交渉：オランダ・中国、朝鮮、 琉 球 王国、アイヌ民族に限定(りゅうきゅう)

(2)　幕府の統制力が強化される：幕府が貿易を独占、産業・文化への海外からの
　　　　　　　　　　　　　　影響を制限、キリスト教禁圧を徹底

🖋️*Point*　鎖国体制をとることにより、国内で完結する経済体制が構築され、対外
　　　　　　交易と国際情勢に関する情報を幕府が統制する体制となった。

長崎貿易　教 p.162～

1　**長崎貿易：オランダ船**と**中国船**の来航のみ、**長崎**限定で認める

(1)　オランダ：日本では貿易の利益のみを追求

　　a　長崎の**出島**に商館(バタヴィアのオランダ東インド会社の支店)設置(でじま)

　　b　輸入品：中国産生糸・絹織物、毛織物、綿織物、薬品、砂糖、書籍など(きいと)(きぬおりもの)(めん)
　　　　輸出品：銀(のちに小判〈金〉)(こばん)

　　c　（　1　）：貿易船来航時に商館長が幕府に提出　＊国際情勢を記述

(2)　中国：明の滅亡(17世紀後半)、清の成立(1616)(みん)(しん)

　　a　清王朝の安定後、貿易額が増加

　　b　輸入品：生糸、絹織物、書籍、綿織物、毛織物、砂糖、蘇木、香木、 獣(そぼく)(こうぼく)(じゅう)
　　　　　　　皮、 獣 角など(ひ)(じゅう)

　　　　輸出品：銀、銅、海産物など

2　**貿易の制限**

(1)　**糸割符制度**：一時廃止(1655)→競争入札による相対自由貿易→復活(1685)(いとわっぷ)

(2) 貿易統制：オランダ船は銀高3000貫、清船は銀高6000貫に制限(1685)

　　　　　　　清船の来航を年間70隻に制限(1688)

(3) （　2　）を設け、清国人の居住地を限定(1689)：長崎の町での雑居を禁じる

Point オランダは、ヨーロッパ諸国で唯一日本との交易が許される立場となった。また、幕府は貿易による銀の流出への対応を余儀なくされた。

朝鮮と琉球・蝦夷地　教 p.163〜

1　**朝鮮** ＊徳川家康：朝鮮と講和

(1) **対馬**の（　1　）氏：朝鮮とのあいだで（　2　）を結ぶ(1609)

　　a　**釜山**に（　3　）を設置、宗氏は朝鮮外交上の特権的地位を獲得

　　b　対馬藩：知行に代えて朝鮮貿易の利潤を家臣に分与、主従関係を結ぶ

(2) 朝鮮使節の来航 ＊1607年以降、江戸時代に合計12回

　　a　1〜3回：**文禄・慶長の役**の朝鮮人捕虜の返還がおもな目的

　　b　4回以降：（　4　）と呼ばれる→新将軍就任の慶賀が過半、修好が目的

2　**琉球王国**：形式上、日本と中国の両方に服属する二重の外交体制

(1) **薩摩藩**による支配：（　5　）が徳川家康の許可を得て征服(1609)

　　a　**検地**を実施、**石高制**による農村支配→琉球王の**尚氏**：8万9000石余り

　　b　通商交易権掌握→独立した王国として中国との朝貢貿易を継続させる

　　c　琉球産の（　6　）、中国の産物を上納させる

(2) （　7　）：琉球王の代がわりごとに派遣された使節→就任を幕府に感謝

　　（　8　）：将軍の代がわりごとに派遣された使節→就任を幕府に奉祝

3　**蝦夷ヶ島**

(1) （　9　）氏(中世の**蠣崎氏**が改名)による支配

　　a　徳川家康がアイヌとの交易独占権を認める(1604)→**松前藩**を設置

　　b　（　10　）制：和人とアイヌとの交易対象地域である（　11　）(場所)での交易権を家臣に与えて主従関係を結ぶ制度

(2) 和人のアイヌ支配の強化

　　a　（　12　）の戦い(1669)：**シャクシャイン**を中心にアイヌ集団が蜂起

　　　　　　　　　　　　→松前藩が津軽藩の協力を得て鎮圧

　　　　　　　　　　　　→以後、アイヌは松前藩に服従

　　b　（　13　）制度(18世紀前半)：多くの**商場**で交易を和人商人が請け負う

探究コーナー

　問 右図を参考に、鎖国以降、支配領域の外に開かれた四つの窓口をあげて、その支配のあり方について説明してみよう。

| 2 |
| 1 |
| 2 |
| 3 |

| 4 |

| 5 |

| 6 |
| 7 |
| 8 |

| 9 |

| 10 |
| 11 |

| 12 |
| 13 |

日本からみた外交秩序

1　江戸時代初期の文化
桃山文化継承→寛永期(1624〜44)：幕藩体制の安定→新しい文化傾向

2　学問・文芸
(1)　儒学の流行

　　a　（　1　）：室町時代に五山の禅僧が学ぶ→幕府・藩が取り入れる

　　　　　　　　君臣・父子の別、上下の秩序を重視＝幕府・藩の理念に合致

　　b　（　2　）：京都相国寺の禅僧、還俗して朱子学を啓蒙、徳川家康と交流

　　c　（　3　）(道春)：**藤原惺窩**の門人→家康に仕える

　　　　　　　　＊子孫(**林家**)は、代々儒者として幕府の学問と教育を担う

(2)　文芸

　　a　（　4　）：教訓・道徳を主とした読み物

　　b　（　5　）：**貞門俳諧**を確立←連歌から俳諧が独立

3　建築・芸術
(1)　建築

　　a　（　6　）：徳川家康をまつる（　7　）などの霊廟建築の建築様式

　　b　（　8　）：書院造に草庵風の茶室を取り入れた建築様式

　　　　　　　　（　9　）・修学院離宮　など

(2)　絵画

　　a　（　10　）：狩野派、幕府の御用絵師、大徳寺方丈襖絵など

　　b　（　11　）：土佐派の画法から装飾画に新様式を生み出す。**琳派**の先駆、
　　　　　　　　「**風神雷神図屏風**」など

　＊ほかに「夕顔棚納涼図屏風」(久隅守景)、「**彦根屏風**」(作者不詳)も有名

(3)　陶芸

　　a　（　12　）：京都の上層町衆、書や蒔絵、**楽焼**などで秀作を残す。「舟橋
　　　　　　　　蒔絵硯箱」など

　　b　（　13　）：**有田焼**で上絵付の技法で赤絵を完成。「色絵花鳥文深鉢」

　　c　陶磁器生産：文禄・慶長の役で諸大名が連れ帰った朝鮮人陶工の技術
　　　　　　　　→**有田焼**(鍋島氏)、薩摩焼(島津氏)、萩焼(毛利氏)、平戸焼
　　　　　　　　(松浦氏)、高取焼(黒田氏)

Point　朝鮮人陶工の技術は、各地の名産(お国焼)としての陶磁器生産を盛んにし、とくに有田焼(伊万里焼)は輸出されてヨーロッパで好評を博した。

身分と社会　教 p.167〜

1　**身分**：江戸時代の身分に基づく社会秩序を「**士農工商**」と呼ぶこともあり

(1)　支配身分

　　a　武士：政治、軍事、学問、知識の独占を目指す

　　　　　　（1　　・　　）などの特権を保持

　　　　　　将軍を頂点に大名・旗本・御家人などの階層が存在

　　　　　　主人への忠誠や上下の別を厳格に強制→主人の家を中心に結集

　　　　　　村や町、様々な集団で構成される社会を身分と法に基づき支配

　　b　天皇家・公家、上層の僧侶・神職

(2)　被支配身分：社会の大半を占める身分階層

　　a　（　2　）：農業、林業、漁業などの小規模な経営に従事する人々

　　b　職人：多様な種類の手工業に従事する人々

　　c　町人：流通や運輸を担う商人を中心とする都市の人々

(3)　小さな身分集団：村や都市社会の周縁部に存在

　　a　宗教者：一般の僧侶、神職、修験者、陰陽師など

　　b　知識人：医者、儒者など

　　c　芸能者：人形遣い、役者、講釈師など

　　d　（　3　）と呼ばれる肉体労働者

　　e　支配身分によって、下位の身分とされた人々

　　　　＊居住地、衣服、髪型などで他の身分と区別された

　　①　かわた：百姓・町人と別に集落形成

　　　　　　　　農業・皮革製造・わら細工などの手工業に従事

　　　　　　　　皮革取引・皮革加工を差配する問屋を経営する者も出現

　　　　　　　　幕府・諸藩→死牛馬の処理、行刑役を強制、「えた」の蔑称

　　②　非人：村・町から排除され集団化した乞食→番人、芸能、掃除、物乞い

　　　　　　　飢饉・貧困・刑罰で新たに非人になる者も存在

2　**近世身分社会の構造**

(1)　団体・集団ごとに組織化→所属する集団を通じて身分を位置づけ

(2)　**家長制**：家長の権限強く、長子が家督・家業を継承、女性の地位が低い

Point　近世日本社会は、様々な身分が階層化した社会であり、少数の支配階級が多数の被支配階級を支配するために身分的統制を強化していた。

村と百姓　教 p.168〜

1　**近世の村**

(1)　集落、田畑、野・山・浜からなる小社会（共同体）→百姓の自治的組織が発達

(2)　豊臣政権の兵農分離政策・検地→全国規模で村の実態を政権が把握

(3)　（　1　）（境界の確定）、耕地開発→村の増加（17世紀末に6万3000余り）

右欄番号: 1　2　3　1

(4) 農村のほか、漁村、山村(山里)など、多様な村が存在

　　＊(2)：城下町周辺、街道沿いで、定期市などを中心に都市化した村

2　村の自治的組織

(1) **本百姓**が(3)と呼ばれる村役人を中心に村を運営

　　└──(4)(庄屋(関西)、肝煎(東北))、(5 　　・　　)

(2) (6)(共同利用地)・用水・山野の管理、治安、防災などの自治

(3) (7)(もやい)：田植え・稲刈り・屋根葺きなどでの共同作業

(4) **村入用**：村の運営経費→村民が共同で負担

(5) (8)(村掟)を定めて、違反すれば(9)などの制裁を加える

3　為政者(幕府・諸大名・旗本など)の村支配

(1) (10)：村の自治に依存して、村に年貢・諸役を請け負わせる仕組み

(2) (11)：数戸単位で編成→年貢納入、犯罪防止の連帯責任を課す

Point 村には、百姓の生活と生産労働を支える自治的な組織が発達しており、幕府や諸藩はそれを利用して百姓を支配した。

4　百姓の階層と負担

(1) 百姓の階層

　　a (12)：田畑・家屋敷など高請地(検地帳に登録)を所有、村政参加

　　b (13)(無高)：田畑をもたず、小作や日用仕事に従事

　　c (14)・**被官・譜代**：本百姓に隷属する農民

　　d 血縁による序列：本家と分家

　　e 漁村：漁具を所有する(15)と、網元に従属する(16)

(2) 百姓の負担　＊多数を占める零細な百姓にとって重い負担

　　a (17)：高請地(田畑・家屋敷)に課される年貢

　　　　米穀や貨幣で納入→**四公六民**(40%)、**五公五民**(50%)

　　　　＊税率の基準 ┬**検見法**＝その年の収穫に応じて税率を定める

　　　　　　　　　　 └**定免法**＝一定期間同じ税率を課する

　　b (18)：山野河海の利用や農業以外の副業などに課税

　　c (19)：村高を基準に賦課

　　d (20)：一国単位で課される土木工事での夫役労働

　　e (21)：公用交通に人足や馬を提供するもの

5　百姓の生活規制

(1) (22)の禁止令(1643)：農地の売買を禁止

(2) (23)令(1673)：分割相続による農地の細分化を防止

(3) **たばこ、木綿、菜種**など商品作物の自由栽培の禁止

(4) 本田畑で五穀(米・麦・黍・粟・豆)以外の作物栽培を禁止

(5) 日常の労働や生活について細かく規制＝質素な生活を強制

　　→麻・木綿の筒袖、雑穀中心の食生活、茅葺きやわら葺きの粗末な住居

左欄番号：2　3　4　5　6　7　8　9　10　11　12　13　14　15　16　17　18　19　20　21　22　23

史料チェック

1642(寛永19)年5月の村々への法令

一　男女衣類の事、これ以前より御法度(ごはっと)の如く、庄屋(しょうや)は絹紬(つむぎ)・布・木綿を着すべし。わき百姓は布・(24)たるべし。……

一　似合わざる家作(かさく)、自今(じこん)以後仕るまじき事。

一　御料(ごりょう)・私領(しりょう)共に、本田畑に(25)作らざるように申しつくべき事。

(『御当家令条(ごとうけれいじょう)』)

1643(寛永20)年3月の(26)を禁ずる法令

一　身上能(しんしょうよ)き百姓は田地を買取り、弥宜(いよいよよろし)く成り、身体(しんだい)成らざる者は田畠を沽却(こきゃく)せしめ、猶々(なおなお)身上成るべからざるの間、向後(きょうこう)田畠売買停止(ちょうじ)たるべき事

(『御触書寛保集成(おふれがきかんぽうしゅうせい)』)

24

25

26

探究コーナー

問　なぜ幕府は、百姓に対して土地の売買を禁止したり、分割相続を制限したりし、生活についても厳しく統制したのだろうか。その理由を考えてみよう。

町と町人　教 p.170～

1　**近世の都市**：多数の都市が出現→(1)と呼ばれる小社会(共同体)が存在

(1)　城下町

a　武士：城下町への集住→在地領主(ざいちりょうしゅ)から大名の家臣化が進む

b　商人・職人：営業の自由、**地子**(じし)(屋敷地への課税)免除→城下町に定着

c　身分別に居住地を限定：**城郭**(じょうかく)、**武家地**、**寺社地**、**町人地**(ちょうにんち)、かわた町村(まちむら)など

Point　城下町は、城郭を中心に武家地、寺社地、町人地(町方(まちかた))など、身分によって居住地が明確に区分され、藩の支配・統制を受けた。

(2)　港町(みなとまち)・門前町(もんぜんまち)・宿場町(しゅくばまち)・鉱山町など：どの都市にも基盤として**町**(ちょう)が存在

2　**町**：町人地の住民である商人・手工業者らがつくった小社会(共同体)

(1)　町人の階層

a　(2)：町屋敷(まちやしき)を所有する住民　＊町全体に住む人を指す場合も

(3)(年寄(としより))・**月行事**(がちぎょうじ)らを中心に**町法**(ちょうほう)に基づき町を運営

b　(4)：借地に自分で家屋を建てて住む住民

c　(5　・　)：家屋や長屋(ながや)を借りて住む住民

d　**奉公人**(ほうこうにん)：商家に住み込んでいる住民

(b～d：町運営には参加せず)

1

2

3

4

5

(2) 町人の負担

    a　町人：重い年貢負担はないが、都市機能を支えるため（　6　）を負担

    b　地借・借家・店借・奉公人：地主への地代・店賃以外の負担なし

(3)　（　7　）・**組合**・**講**：商人・職人が職種ごとに結成した集団

3　為政者(幕府・諸藩)による町支配

(1)　（　8　）をおいて、城下町を支配

(2)　有力町人を（　9　）・**問屋**に任じて、町奉行の行政を補佐させる

農　業　⑱ p.172〜

1　近世の農業：近世社会の富の源泉

家族的小規模経営、労働集約的で高度な技術を駆使する農業

2　幕府・大名の政策：年貢の増収を目指す→治水・新田開発

(1)　大規模な治水・灌漑事業：芦ノ湖の（　1　）**用水**、利根川の（　2　）**用水**

(2)　新田開発：耕地の拡大を目指す

    a　干潟・湖沼干拓：備前児島湾・有明海(干潟)、**下総 椿 海**(湖沼)

    b　代官見立新田：幕府の代官主導で開発された新田

    c　村請新田：1つ又は複数の村が申請して開発された新田

    d　（　3　）**新田**(17世紀末〜)：有力な都市商人が開発を請け負う

        鴻 池新田、紫雲寺潟新田など

3　生産技術の進歩

(1)　農具：鋤、鍬、鎌、犁が発達→鍛冶職人の活躍

(2)　肥料：入会地の雑木・草などの（　4　）、厩肥

4　農作物の多様化

(1)　年貢となる米のほか、小麦、自給用の雑穀(粟・稗・蕎麦)

(2)　麻・木綿などの衣料原料

(3)　野菜(青物・土物)、果物(水菓子)、蜜柑、**茶**、**たばこ**、（　5　）(→養蚕)

Point　寛永の飢饉(1641〜43)をきっかけに、諸藩は農業振興に力を入れ、年貢
確保のため、農業生産の基盤を強化する政策を進めた。

林業・漁業　⑱ p.173〜

1　林業：建築や土木工事に必要な材木を供給

(1)　良質な材木を産する山林→幕府・諸藩の直轄支配

    a　幕府・諸藩の建築・土木工事に使用、民間への払い下げ

    b　（　1　)(尾張藩)、（　2　)(秋田藩)の商品化→藩財政の収入源

(2)　山里

    a　杣(伐木の職人)、日用(材木の運送など労働に従事)らが百姓として居住

    b　刈敷、秣(牛馬の餌)、草木→入会地から入手、百姓の生活に利用

    c　薪や（　3　)：山里で生産・加工→城下町で大量に販売

2　漁業：重要な蛋白源食料、魚肥(肥料)の獲得

(1)　沿岸漁業、淡水漁業が発達→沖合漁業、遠洋漁業は未発達

(2) （　4　）：摂津・和泉・紀伊など上方から全国へ普及

(3) 浜方・猟師町：沿岸部に漁師が集住して形成された村・町

　　　　　　　　　　　有力な（　5　）ら、漁業の特権をもつ漁師が百姓として運営

(4) 海産物の流通：都市の魚問屋が資金提供により生産地や流通を支配

　a　生鮮品：近隣の都市や地域で販売

　b　塩干物（塩や乾燥で保存処理）：遠隔地でも販売、**鰹節・昆布**→全国に流通

　c　**俵物**：（　6　　・　　・　　）→長崎から中国（清）へ輸出

Point 材木や炭などの林産物、食料と魚肥としての水産物が、民間需要の増大
　　　　とともに商品価値を高め、生産・流通量が拡大した。

手工業・鉱山業 教 p.174〜

1　手工業

(1) 職人：道具・仕事場を所有、小規模・独立の手工業者、弟子を抱える場合も

　　　　　高度な技術で道具を駆使→細やかな労働によって手工業品を製造

　a　近世初期：幕府・諸藩に把握された大工・木挽・鉄砲鍛冶などが中心

　　　　　　　　幕府・諸藩に無償奉仕（国役）し、百姓・町人の役負担は免除

　b　17世紀中頃：民間需要の増大→都市部に多様な手工業が発達

　　　　　　　　　　→手工業者が借家人として町に定住、（　1　）・**組合**を結成

(2) 村の手工業：零細な**家内手工業**→麻・木綿の織物、紙漉、酒造など

　　　　　　　　百姓が農業の合間におこなう（　2　）として把握される

　a　織物：戦国時代末に（　3　）から綿作が伝播→（　4　）で女性が製造

　b　和紙：（　5　）を原料に全国で生産→学問・文化の発達に大きく貢献

Point 民間消費の増大にともない、手工業生産も商品経済に組み込まれるよう
　　　　になり、都市を中心に多様な手工業生産が発達した。

2　鉱山業

(1) 鉱山町の発達（16世紀半ば〜17世紀初め）

　a　新しい精錬技術が朝鮮から伝播→鉱山開発が進む

　b　**佐渡**相川の金銀山、**石見**銀山、**生野**銀山、**院内**銀山、**足尾**銅山、**別子**銅山、
　　阿仁銅山など

(2) 生産された金属資源

　a　17世紀初め：灰吹法の技術→日本は世界有数の**銀**産出国となる

　b　17世紀後半：（　6　　・　　）の産出量の減少、（　7　）の産出量の増加

　c　銅：拡大する（　8　）の需要に対応するとともに、長崎貿易最大の輸出品

　d　鉄：砂鉄を用いる（　9　）製鉄（中国地方・東北地方）→**玉鋼**→刀剣など

(3) 鉱山技術の転用

　　　鉄製道具（たがね・のみ・槌）、掘削・測量・排水技術

　　→治水、溜池・用水路の開削に転用→河川敷・海岸部の耕地開発に貢献

Point 金銀の産出量の減少に代わって、新たな鉱山発見などにより産出量が増
　　　　加した銅は、銭貨や長崎貿易の輸出品としての需要にこたえた。

4
5
6
1
2
3
4
5
6
7
8
9

商　業　⑱ p.175〜

1　近世初期の豪商（初期豪商）

(1)　豊富な資金、輸送手段（船・馬）、保管施設（蔵）を所有

(2)　堺・京都・博多・長崎・敦賀などを根拠地とする

(3)　**朱印船貿易**、地域間の価格差を利用した商取引を実施

　　→鎖国、国内交通の発達により、姿を消す

《例》角倉了以・茶屋四郎次郎（京都）、**末吉孫左衛門**（摂津平野）、今井宗薫（堺）

2　17世紀後半の商人

(1)　（　1　）：三都・城下町などの都市を根拠地として全国の商品流通を支配

　　　　　　　　生産地の仲買から商品受託→都市の仲買に卸売り、口銭を得る

(2)　（　2　）：生産地では仕入れた商品を遠隔地の問屋に販売委託

　　　　　　　　都市部では問屋・市場で仕入れた商品を武家・（　3　）に販売

(3)　**小売商人**：商品を消費者に販売→常設の店舗、路上の店、（　4　）など

(4)　（　5　・　　）：問屋・仲買が結成した同業者団体

　　　　　　　　独自の**仲間掟**を定めて、営業権の独占を企てる

▶**Point**　鎖国体制の確立や全国規模の流通経済の発達が、商業や商人のあり方を大きく変化させ、新たな同業者組織を発達させた。

3　幕政の安定

平和と秩序の確立　⑱ p.176〜

1　4代将軍（　1　）の治世←徳川家光の死去（1651）

(1)　内外情勢の安定期：（　2　）（1637〜38）以後、戦乱がおさまる

　　　　　　　　　　　清による中国統一（1662）→東アジアの安定

(2)　会津藩主（　3　）、譜代大名による補佐、幕府機構の整備

(3)　（　4　）（1651）：兵学者（　5　）が蜂起、主家をもたない**牢人**が呼応

(4)　（　6　）の緩和：50歳未満の大名の**末期養子**を認める→牢人増加を防止

　　　＊末期養子＝大名が死に際に養子をとること→改易を回避するのがねらい

(5)　（　7　）（1657）：江戸に甚大な被害を及ぼす→復興

(6)　代がわりの武家諸法度（寛文令）（1663）を発布し、あわせて主君の死に際し自刃する（　8　）を禁止

(7)　諸大名に**領知宛行状**を発給（1664）：将軍の権威を確認

(8)　**幕領**の検地を実施→幕府の財政収入の安定をはかる

2　諸藩の取組

(1)　諸藩の状況

　　a　平和の到来で軍役は軽減するが、参勤交代・手伝普請が藩財政を圧迫

　　b　**寛永の飢饉**（1641〜43）後、藩政の安定、領内経済の発展に取り組む

　　c　有能な家臣を補佐役として支配機構を整備、藩主の権力を強化

(2) 文治主義に基づく藩政改革

a 岡山藩主（ 9 ）：**郷校**（ 10 ）を設置

　　　　　　　陽明学者（ 11 ）を重用→**花畠教場**を設置

b 会津藩主（ 12 ）：**朱子学者**（ 13 ）に学ぶ

　　　　　　　漆・ろうの専売、社倉の設立

c 水戸藩主（ 14 ）：**明の儒者**（ 15 ）をまねく

　　　　　　　江戸に**彰考館**設立、『（ 16 ）』編纂に着手

d 加賀藩主（ 17 ）：**朱子学者**（ 18 ）をまねき、学問を振興

Point 徳川家康～家光の武断政治を経て、幕藩体制が政治的に安定したことにより、主君の仁徳に基づく文治政治への転換がはかられた。

元禄時代 📖 p.177～

1 5代将軍（ 1 ）の治世：元禄時代(元禄年間中心の時代)

(1) 老中（ 2 ）の補佐→暗殺→側用人（ 3 ）の補佐

(2) 武家諸法度（ 4 ）令(1683) 📖🔍：文治主義の理念

(3) 学問振興：**貞享暦**採用、天文方に**渋川春海**、歌学方に**北村季吟**を任じる

(4) 儒学重視：（ 5 ）に学び、（ 6 ）(←林羅山の孔子廟)を建てる

　　　　　聖堂学問所(←林家の家塾)を設け、**大学頭**に（ 7 ）を任じる

(5) 殉死の禁止、服忌令：戦国の遺風を排除し、死や血を忌み嫌う風潮を醸成

(6) **大嘗会**の再興、**禁裏御料**(天皇領)の1万石加増(江戸初期1万石→3万石)

(7) （ 8 ）(1685)：**生類**すべての**殺生**の禁止(約20年間継続、死後廃止)

　　　　　　　民衆の反発、野犬の減少や捨子の保護などの効用も

(8) **赤穂事件**(1702)：もと赤穂藩士が主君の仇として吉良義央を討つ

Point 生類憐みの令や服忌令など、徳川綱吉の政策は、戦国時代から残る価値観を一掃し、新たな価値観を生み出すきっかけとなった。

史料チェック 📖🔍

武家諸法度(天和令)

一 （ 9 ）を励し、礼儀を正すべき事。

一 養子は……言上致すべし。五拾以上十七以下の輩、（ 10 ）に及び養
子致すと雖も、吟味の上之を立つべし。……

　附、（ 11 ）の儀、弥制禁せしむる事。　　　　　　(『御触書寛保集成』)

2 元禄時代の財政

(1) 幕府財政：金・銀産出量の減少、明暦の大火の復興・寺社の造営→支出増加

(2) 勘定吟味役（ 12 ）：質の劣った元禄小判を鋳造

(3) 富士山噴火(1707)：甚大な被害→幕府が諸国に諸国高役金を課す

問 ▶右の図を参考に、元禄小判の特色をあげ、その
ことがどのような影響をもたらしたかを、まとめて
みよう。

＿＿＿＿＿＿＿＿＿＿＿＿＿＿＿＿＿＿＿＿＿＿

＿＿＿＿＿＿＿＿＿＿＿＿＿＿＿＿＿＿＿＿＿＿

＿＿＿＿＿＿＿＿＿＿＿＿＿＿＿＿＿＿＿＿＿＿

鋳造年	小判の重量 0 1 2 3 4 5 (勺)
1600 慶長小判	
1695 元禄小判	
1710 宝永小判	
1714 正徳小判	
1716 享保小判	

☐ 金の含有量　1勺＝約3.75g

金貨成分比の推移（『日本通貨変遷図鑑』より作成）

正徳の政治　教 p.178〜

6代将軍（　1　）、7代将軍（　2　）の治世：正徳の政治

(1) 徳川家宣：生類憐みの令を廃止、柳沢吉保、荻原重秀を退ける

(2) 朱子学者（　3　）、側用人（　4　）が2代にわたって将軍を補佐

(3) （　5　）の創設、将軍家継と皇女の婚約

(4) 衣服制度の整備：家格や身分の秩序を重視

(5) （　6　）の待遇の簡素化、国書の将軍の呼称：**日本国大君殿下→日本国王**

(6) （　7　）小判の鋳造：小判の品質を**慶長小判**なみに戻す

(7) （　8　）（長崎新令、正徳新令）(1715)：貿易額を制限

＊貿易額は、年間清船30隻・銀高6000貫、オランダ船2隻・銀高3000貫

📝Point 徳川綱吉、家宣、家継の時代、側用人の柳沢吉保、間部詮房、儒者の新井白石など、将軍の側近が政治の主導権を握った。

4 経済の発展

農業生産の進展　教 p.179〜

1 農業技術の進歩と新田開発

(1) 農具：①深耕用の（　1　）、②脱穀用の（　2　）、選別用の③（　3　）・
④千石簁、⑤灌漑用の（　4　）

① 　②　③　④　⑤

(2) 肥料：刈敷の不足、（　5　）（購入肥料）の需要増

（　6　）、〆粕、油粕、糠など

(3) 農書：『清良記』＝栽培技術や農業知識を説いた農書(17世紀前半)

『農業全書』＝（　7　）が著した初の体系的農書(17世紀末)

『（　8　）』『農具便利論』＝（　9　）の著書

(4) 新田開発：田畑面積164万 町 歩（江戸時代初期）→297万町歩（18世紀初め）

探究コーナー

問▶右の図から読み取れることを、次の言葉を入れて、まとめてみよう。
【新田開発　農業技術】

_____

_____

_____

_____

_____

田畑面積の増加
（万町歩）

163.5	297	305
慶長年間(1596〜1615)	享保年間(1716〜36)	明治7年(1874)

石高の増加
（万石）

1851	2588	3056	3201
慶長3年(1598)	元禄10年(1697)	天保5年(1834)	明治6年(1873)

（『土地制度史Ⅱ』『岩波日本史辞典』より作成）

2 農作物の商品化

(1) 幕府・諸藩：年貢米などを売却して貨幣収入を得る←貨幣経済の進展

商品作物生産を奨励し、収入増をはかる

(2) 村：商品経済に巻き込まれる←問屋・市場←全国市場の確立（17世紀末）

商品作物栽培の増加←都市の消費需要の多様化

　a　地主：余剰米を商品として販売 ┐
　b　百姓：商品作物を生産　　　　 ┘貨幣を入手

(3) 商品作物

　a　綿・たばこ・野菜・果物や四木三草

　　＊四木：桑（→養蚕）・漆・茶・楮（→和紙）／三草：紅花・藍・麻

　b　産地：（ 10 ）＝出羽村山地方、茶＝駿河・山城宇治、藺草＝備後

　　　　　（ 11 ）＝阿波、黒砂糖＝薩摩（琉球）、葡萄＝甲斐、蜜柑＝紀伊

諸産業の発達 教 p.181〜

1 林業（17世紀末）

(1) 陸奥・出羽・蝦夷地の材木：飛騨・紀伊の商人が請け負い江戸・京都で販売

→巨利を獲得

(2) 紀伊熊野、伊豆、下総の高級炭：三都・城下町に大量販売

(3) 木地師（木工職人）：木製の器・日用品の生産

2 漁業

(1) 漁法の改良、沿岸部の漁場の開発が進む

(2) 鰯・鰊→（ 1 ）・〆粕に加工→商品作物の肥料（金肥）→上方などに出荷

(3) 瀬戸内の鯛（釣漁）、土佐の鰹（釣漁）、紀伊・土佐・肥前・長門の（ 2 ）

(4) 蝦夷地・陸奥：俵物・昆布＝銅にかわり中国に輸出　＊17世紀末以降増

(5) 製塩業：高度な土木技術を要する（ 3 ）が発達→瀬戸内沿岸各地

10

11

1

2

3

3 特産品

(1) 高級絹織物

金襴・緞子＝京都(4)で(5)を使用して独占的に生産(西陣織)

→18世紀中頃、各地で生産：桐生絹(上野)、丹後縮緬、結城紬(下総)など

(2) 陶磁器：豊臣秀吉の朝鮮侵略時に連れてこられた朝鮮人陶工の技術が普及

→九州・中国地方で盛んになる

(6)**焼**＝佐賀藩の保護、長崎貿易の主要な輸出品

→尾張の**瀬戸**、美濃の**多治見**などでも活発に→各地で量産

(3) 醸造業：酒＝(7)(京都)・(8)(摂津)の銘酒、各地に**造り酒屋**

醤油＝西日本→全国へ普及、関東の(9・   )

(4) 漆器：**南部塗、会津塗、輪島塗、春慶塗**(飛騨)

(5) 製紙：日用紙＝美濃、土佐、駿河、石見、伊予

高級紙＝越前の鳥ノ子紙・奉書紙、美濃紙、播磨の杉原紙

Point 商品経済や貨幣経済の発達が、商品作物や様々な手工業品の生産をうながし、各地に様々な特産品を生み出した。

交通の整備と発達 ㊗ p.182〜

1 陸上交通

(1) **街道**：江戸・大坂・京都を中心に各地の城下町をつなぐ全国的な交通網

a **五街道**：江戸の(1)を起点とする全国の幹線道路

幕府の直轄とし、(2)が管理

街道名	おもな関所	宿駅に常備の人馬
東海道	(3)、**新居**	100人、100疋
(4)	**碓氷**、(5)	50人、50疋
甲州道中	**小仏**	
(6)	**栗橋**	25人、25疋
奥州道中		

b (7)(**脇往還**)：伊勢街道、北国街道、中国街道、長崎街道など

c **一里塚**(一里ごとに設置)、渡船場、橋などを整備

d 輸送手段：駕籠・牛馬・大八車など→遠隔地を結ぶ馬車は発達せず

＊中部地方では商品を牛馬で長距離輸送する(8)

(2) **宿場町**：宿駅を中心に発展した都市→周辺地域の流通の中心となる

a **宿駅**：街道の要所におかれ、人馬の継立や宿泊ができる拠点

b (9)：公用の書状・荷物の継ぎ送り、人馬の手配などをおこなう

問屋、年寄・帳付などの宿役人が業務を担う

c **伝馬役**：公用の人足・馬を徴発→周辺の村に助郷役を課すことも

d **飛脚**：幕府の公用の書状・荷物を扱う(10)にならって、諸大名の**大名飛脚**、町人の**町飛脚**が発達、**飛脚問屋**が出現

e　宿泊施設：(11　　・　　)＝大名らが参勤交代で利用

　　　　　　旅籠屋・**木賃宿**＝一般の人々が宿泊

11

探究コーナー

問▶関所では手形の提示を求められ、とくに関東の関所では「入鉄砲に出女」を厳しく取り締まった。その意味を考えて説明してみよう。

2　水上交通：海・河川・湖沼など→大量の物資を安価に輸送できる交通手段

(1)　内水(河川・湖沼)交通

　　a　(　12　)(京都の豪商)：鴨川、富士川などを整備、高瀬川など水路を開く

12

　　b　舟運：山里から筏として木材を輸送、筏に荷を載せることも

　　　　　　　高瀬舟など中型船や小舟→淀川、利根川、信濃川、琵琶湖、

　　　　　　　　　　　　　　　霞ヶ浦

　　c　河岸：陸上交通と舟運の結節点として各地につくられた港町

(2)　海上交通

　　a　(　13　)：17世紀後半に新航路を整備し、全国規模の海上交通網を構築

13

　　　　　┌**東廻り海運**：秋田―津軽海峡―太平洋―江戸
　　　　　└**西廻り海運**：日本海沿岸―赤間関(下関)―瀬戸内海―大坂

　　b　(　14　)(17世紀前半)：(　15　)(大坂～江戸)で多様な商品を運んだ大型
　　　　　　帆船

14

15

　　c　(　16　)(18世紀前半)：**南海路**(大坂～江戸)で運航した酒荷用の船

16

　　　　　　　　　　　　　　→ほかの商品も安価で運送→近世後期の主流に

　　d　遠隔地を結ぶ廻船は各地で発達→日本海の(　17　)、尾張の**内海船**

17

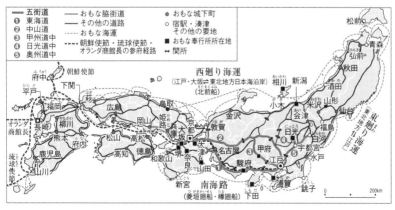

江戸時代の交通

✍*Point*　水上交通は、海上交通だけでなく、河川や湖沼を活用した内陸水運も重要な物資の輸送手段であった。

貨幣と金融 ㊍ p.184〜

1　**幕府**：同一規格・品質の貨幣を発行、徳川家康の**慶長金銀**が最初

　　　　　→三貨(金・銀・銭)が全国に広がり、商品流通を支える(17世紀中頃)

　(1)　金貨：江戸・京都の(　1　)(のち江戸に移す)で、後藤庄三郎が鋳造

　　　　　　額面どおりに流通する**計数貨幣**

　(2)　銀貨：伏見・駿府の(　2　)(のち京都・江戸に移す)で、大黒家が鋳造

　　　　　　品質・重さをはかって流通する(　3　)貨幣→(4　・　)など

　＊金座・銀座はその後、江戸に一本化される

　(3)　銭貨

　　　a：近世初め：輸入貨幣・質の悪い割れ銭、欠け銭、私鋳銭などが流通

　　　b：寛永期：江戸・近江坂本など全国10カ所前後の(　5　)を設置

　　　　　　　　銀座の役人・有力商人に請け負わせ、(　6　)を大量に鋳造

2　**三貨の交換と両替商**

　(1)　**江戸**の(　7　)、**大坂**の(　8　)：東日本は金貨が、西日本は銀貨が主流

　(2)　交換比率：金1両＝4分＝16朱＝銀60匁＝銭4貫文(4000文)と定めるが、

　　　　　　　　貨幣の品質や相場で変動

　(3)　(　9　)：三貨間の両替や秤量をおこなう商人、三都・城下町で活動

　　　a　(　10　)：おもに金銀の両替を担う大坂・江戸の有力両替商

　　　　　　　　幕府・諸藩の公金の出納・為替・貸付を扱う商人も出現

　　　　　　　　三井(三都)、天王寺屋・平野屋・**鴻池**(大坂)

　　　　　　　　三谷・鹿島屋(江戸)

　　　b　**銭両替**：おもに金・銀貨と銭の交換をおこなう両替商

　(4)　(　11　)：17世紀後半以降、各藩が発行して領内で流通させる

探究コーナー

問　なぜ、両替商が必要であったのか、考えてみよう。

三都の発展 ㊍ p.185〜

1　三都：江戸・大坂・京都→全国市場の要、世界有数の都市(17世紀後半)

2　江戸：「(　1　)のお膝元」

　(1)　幕府、大名屋敷、武家屋敷が集中→多くの武士・武家奉公人が生活

　(2)　町人地に町が密集し、様々な商人・職人・日用(日雇)らが生活

　　　＊300町(17世紀半ば)→933町(1713)→1678町(1745)と町が増加

3　大坂：「天下の（　2　）」

⑴　西日本を中心に全国の物資の集散地→大商業都市を形成

　　a　蔵物：諸藩が百姓から徴収した年貢米や特産品→（　3　）に保管

　　　　　　蔵物を取引する（　4　）、代金を管理する（　5　）が出現

　　b　（　6　）：各地の産地から送られてくる民間の商品

⑵　幕府にとって西日本支配の要となる都市→**大坂城代・大坂町奉行**をおく

4　京都

⑴　（　7　）家・公家が居住する都市→朝廷支配の要の地

⑵　寺院の本山・本寺、本社が多数存在する都市→寺社・宗教統制の要の地

　　《本山・本寺の例》仁和寺・東寺(真言宗)、青蓮院・妙法院・聖護院(天台宗)、知恩院(浄土宗)、東本願寺・西本願寺(浄土真宗)、南禅寺・相国寺・大徳寺・妙心寺(臨済宗)

⑶　呉服屋・両替商などの大商人、洗練された技術をもつ手工業者が居住

　　→**西陣織・京染・京焼**などの伝統的手工業品の生産地

⑷　（　8　）・**京都町奉行**：朝廷・公家・寺社統制、畿内・周辺諸国の支配

📖Point　18世紀前半、江戸は、町人が約50万人、武家や寺社の人口を加えると約100万人、大坂は約35万人、京都は約40万人であった。

商業の展開　📖p.186〜

1　17世紀末の商業

⑴　**江戸**の（　1　）、**大坂**の（　2　）

　　a　多様な職種からなる**問屋仲間**の連合組織

　　b　江戸・大坂間の荷物運送の安全、海損の共同保障、流通の独占が目的

⑵　近江・伊勢・京都出身の大商人の活躍

　　a　呉服・木綿・畳表などを扱い、両替商を兼ね、三都・城下町に出店を展開

　　b　**三井家の越後屋呉服店**：「**現金かけねなし**」(現金取引)で利益を得る

⑶　（　3　）制家内工業：農村部の織物業など

　　問屋が百姓らに資金や原料を貸与、手工業品を生産させて買い上げる形態

　　→問屋が豪農と連携して農村部の商品生産や流通を主導

2　18世紀前半の商業

⑴　都市部：商人・職人らの**仲間・組合**が広く公認される

　　　　　　→幕府や諸藩が左右できないほど自律的で強固な経済活動を展開

⑵　**卸売市場**：三都・城下町に発達→都市と農村部を結ぶ経済の中心となる

　　a　大坂：（　4　）の米市場、（　5　）の魚市場、（　6　）の青物市場

　　b　江戸：（　7　）の魚市場、（　8　）の青物市場

　　c　名古屋：熱田の魚市場、枇杷島の青物市場

📖Point　問屋の影響力が農村部にも及んだ結果、農村家内工業から問屋制家内工業へと転化し、農村が市場経済に組み込まれていくことになった。

右欄：2　3　4　5　6　7　8

1　2　3　4　5　6　7　8

元禄文化 ㉖ p.187〜

1 元禄文化

(1) 元禄時代、東アジアの秩序と幕政が安定し、経済の発展がみられた

(2) 一般の町人、地方の商人、有力百姓など、新たな文化の担い手が生まれる

2 特色

(1) 鎖国により外国の影響が弱まり、日本独自の文化が成熟

(2) 政治・経済の安定により学問重視の風潮が高まる

(3) 和紙生産、出版・印刷技術、流通が発展し、文化の広がりを支える

元禄期の文学 ㉖ p.187〜

1 和歌：諸大名が公家から学ぶ→武士社会で流行

2 文学：(1)中心の町人文芸が流行

(1) (2)：大坂の町人、奇抜な趣向の**談林俳諧**の(3)に俳諧を学ぶ

　　　　　　→(4)と呼ばれる現実的・娯楽的な小説を執筆

　a 好色物：男女の恋愛、遊里を描く、『**好色一代男**』『**好色五人女**』

　b 町人物：町人の生活を描く、『**日本永代蔵**』『**世間胸算用**』

　c 武家物：武家社会を描く、『**武道伝来記**』

(2) (5)：伊賀出身、さび・かるみなど幽玄閑寂の(6)俳諧を確立

　　　　　　各地を旅行、紀行文『**野ざらし紀行**』『**奥の細道**』『**笈の小文**』『**猿蓑**』

　　　　　　などの『**俳諧七部集**』

(3) (7)：武士出身、浄瑠璃・歌舞伎作家、義理と人情に悩む人間像を描く

　a 世話物：世相を描く、『**曽根崎心中**』『**心中天の網島**』『**冥途の飛脚**』

　b 時代物：歴史事が素材、『**国性(姓)爺合戦**』(明朝の遺臣鄭成功がモデル)

3 演芸

(1) **人形浄瑠璃**：浄瑠璃(音曲と語り)に合わせて人形を操る演芸

　　　　→近松の作品が、人形遣い(8)と、(9)の語り(義太夫節)で人気に

(2) **歌舞伎**

　a **女歌舞伎**→江戸時代初期に禁止→**若衆歌舞伎**→17世紀半ばに禁止

　b (10)＝成人男性が演じる演劇：民衆の演劇として発展

　　　　　　　　　　　　　　→江戸・上方に芝居小屋が常設される

　　┌荒事：**江戸**で流行、勇壮な演技で人気、初代(11)ら

　　└和事：**上方**で流行、恋愛劇、(12)や女形の(13)ら

Point 町人文化の発達の背景には、町人の経済力の伸長、識字率の高さ、教養
　　　　獲得への熱意があった。

教 p.188～

1 儒学の興隆：幕藩体制を支える学問として機能→幕府や諸藩で採用

(1) 武家社会：軍事だけでなく為政者としての徳性も重視

(2) 上下の秩序、「忠孝・礼儀」を重んじる学問→身分制社会を肯定

2 朱子学

(1) 君臣・父子の別、上下の秩序や礼儀を重視する（ 1 ）**論**が基礎

　　　→幕府・諸藩：封建社会を維持する教学として重視

(2) 京学：藤原惺窩が祖

　　a 林羅山・（ 2 ）：編年体で歴史を叙述した『本朝通鑑』を編纂

　　b 林鳳岡(信篤)：徳川綱吉が大学頭に任ずる

　　c （ 3 ）：木門派の祖、加賀藩主前田綱紀に仕え、のち幕府の儒官

(3) 南学(海南学派)：（ 4 ）が確立

　　a 野中兼山：谷時中に学び、土佐藩家老として藩政に参画

　　b （ 5 ）：崎門派の祖、神道に儒教を加味した（ 6 ）を説く

3 陽明学：知行合一の立場から現実を批判的にみる→幕府の警戒

(1) （ 7 ）：日本陽明学の祖、近江聖人、主著『翁問答』、私塾藤樹書院

(2) （ 8 ）：岡山藩主池田光政に仕え、私塾（ 9 ）を設ける

　　　　　　『大学或問』で武士土着論を説く→幕府、下総古河に幽閉

4 古学派：孔子・孟子の古典を直接研究することで儒教の教えを探究

(1) （ 10 ）：『聖教要録』で古学(聖学)を主張、朱子学批判→赤穂へ配流

　　　　　　『中朝事実』(日本中心主義)、『武家事紀』

(2) （ 11 ）・伊藤東崖：古義学(堀川学)派、京都で私塾（ 12 ）を開く

　　　　　　　　　　　孔子・孟子の原典の古義から儒教の教えを探究

(3) （ 13 ）：古文辞学(蘐園学)派、私塾蘐園塾、柳沢吉保・徳川吉宗に仕える

　　　　　　　徳川吉宗に『政談』献上→統治の具体策を説く(経世論)

(4) （ 14 ）：荻生徂徠の弟子、『経済録』で武士の商業従事、専売制度を説く

🖋 **Point** 学問研究の広がりと深化は、合理的精神を育て、あらゆるものに対する疑
　　　　問や議論を深め、現実社会に対する人々の関心を高めた。

諸学問の発達 教 p.189～

1 歴史学

(1) （ 1 ）：『読史余論』(歴史論)、『古史通』(『日本書紀』研究)、

　　　　　　『藩翰譜』(大名の系譜・伝記)、『折たく柴の記』(自叙伝)

(2) 徳川光圀：『大日本史』編纂、彰考館設置→大義名分論→尊王論へ影響

2 本草学(博物学)：動植物・鉱物の薬用効果研究→博物学へ発展

(1) （ 2 ）：『大和本草』(本草学)

　　　　　　＊ほかに『和俗童子訓』(児童教育)、『養生訓』

(2) 稲生若水：『庶物類纂』

右欄番号: 1, 2, 3, 4, 5, 6, 7, 8, 9, 10, 11, 12, 13, 14, 1, 2

3 和算

(1) 吉田光由：『塵劫記』(そろばんの掛け算・割り算、測量・体積計算など)

(2) (　3　)：和算を大成、主著『発微算法』(筆算、円周率、円の面積など)

4 暦学

(　4　)：天文方(綱吉時代)、宣明暦にかえて貞享暦を導入

5 国文学：古典研究→のちの国学へつながる

(1) 戸田茂睡：制の詞(和歌で使えない言葉)を批判、和歌での俗語使用を主張

(2) (　5　)：『万葉集』を研究し、『万葉代匠記』を著す

(3) (　6　)：歌学方(綱吉時代)、注釈書『源氏物語湖月抄』『枕草子春曙抄』

探究コーナー

問 ▶元禄時代には儒学や諸学問が発展するが、元禄時代の学問研究に共通する傾向を、次の語群から必要とする語句3つ選んで、まとめてみよう。

【抽象的　合理的　肯定的　実証的　科学的な見方　宗教的な見方】

元禄美術 教 p.190〜

1 絵画 ＊従来からの狩野派も活躍

(1) 土佐派：大和絵の系統。(　1　)が朝廷に抱えられる
(1)「春秋花鳥図屏風」

(2) 住吉派：土佐派から分かれた(　2　)・具慶父子が幕府の御用絵師に
(2)「東照宮縁起絵巻」、住吉具慶「洛中洛外図巻」

(3) (　3　)：俵屋宗達の装飾画の技法を継承し琳派をおこす
「紅白梅図屏風」「燕子花図屏風」

(4) (　4　)：都市の風俗を描く浮世絵の版画を創始、「見返り美人図」

2 工芸

(1) (　5　)：京焼の祖、上絵付法をもとに色絵を完成、「色絵藤花文茶壺」

(2) (　6　)：尾形光琳の弟、装飾的で高雅な陶芸作品を残す

(3) (　7　)：蒔絵「八橋蒔絵螺鈿硯箱」

(4) (　8　)：綸子・縮緬に華やかな模様を描く友禅染を創始

3 廻遊式庭園

後楽園(水戸藩邸の庭園、朱瞬水の影響)、六義園(柳沢吉保の邸宅)など

Point 美術分野においても、町人を含む幅広い層に広がりをみせ、浮世絵など、広範な人々が楽しめる新たな傾向が生まれた。

第10章 幕藩体制の動揺

1 幕政の改革

享保の改革 教 p.192〜

(1)の改革：8代将軍(2)の治世

(1) 紀伊藩主から将軍へ←徳川宗家がとだえる＝徳川家継の死去(1716)

(2) 政治体制の刷新

  a 側用人による側近政治(綱吉時代の **柳沢吉保**、家宣・家継時代の**間部詮房**ら)の廃止

  b **御用取次役**を新設→将軍の意思を幕政に反映

  c 人材の登用 (3)：旗本、**江戸町奉行** に登用→のちに**寺社奉行**

                (4)：川崎宿 の名主、荻生徂徠に学ぶ、『**民間省要**』

                (5)：『**政談**』で献策、武士土着論

                (6)：新井白石の推挙

  d (7)の制：石高(家格)は低いが優秀な人材を登用するため、役職の役高を定め、不足分を在職中のみ支給する制度

(3) 財政再建→幕領 の石高：1割以上増加、年貢増収、吉宗＝「米公方」

  a (8)：金公事(金銀貸借の紛争)の訴訟を幕府は受理せず、当事者どうしの解決にゆだねる

  b **倹約令**：支出の抑制を命ずる

  c (9)：大名から石高1万石につき100石を幕府に上納→見返りに参勤交代の在府期間を半年に短縮、1722〜30年に臨時で実施

  d 検見法を(10)に改めて年貢率を引き上げ→年貢の増徴をはかる

  e 幕領(西日本)での綿作など商品作物栽培からの年貢増収を目指す

  f 新田開発：飯沼新田、武蔵野新田、見沼代用水新田

               有力商人の協力→(11)**新田**：紫雲寺潟新田

  g 大坂の(12)**米市場**の公認→米価の安定→武家の収入の安定化

  h **甘藷・さとうきび・櫨・朝鮮人参**の栽培奨励

  i (13)の輸入制限緩和

史料チェック

上げ米の令

  御旗本ニ召置かれ候御家人……ⓐ万石以上の面々よりⓑ八木差し上げ候様ニ仰せ付けらるべしと思召し、……高壱万石ニ付八木(14)石積り差し上げらるべく候。

                              (『御触書寛保集成』)

問1 下線部ⓐはどのような人々を指すか。(15)

問2 下線部ⓑは何を指すか。(16)

右欄番号: 1, 2, 3, 4, 5, 6, 7, 8, 9, 10, 11, 12, 13, 14, 15, 16

(4) 江戸の都市政策：江戸町奉行（　17　）

　a　防火対策：**広小路・火除地**の設置、幕府の **定火消**や**大名火消**に加えて、
　　　　　　　町方に町人の（　18　）を創設

　b　（　19　）：**評定所**に設置→庶民の意見→貧民のための（　20　）が実現

(5) 幕府権威の高揚

　a　日光社参（軍役）を命じ、徳川家康の政治の継承の意志を示す(1728)

　b　上げ米の制を廃止、参勤交代制をもとに戻す(1731)

　c　（　21　）：法令を整備し、過去の判例に基づく司法判断をうながす

　d　『御触書寛保集成』：1615年以降の法令を分類整理、記録保存を推進

　e　**田安家**（次男宗武）、**一橋家**（四男宗尹）をおこす→清水家（9代将軍徳川家
　　　重の次男重好）とあわせて**三卿**と呼ばれる：**三家**につぐ家柄

🖊**Point**　徳川吉宗は、徳川家康が確立した政治体制を理想とし、幕府財政の立て
　　　　　　直しと将軍権威の高揚に努めた。

社会の変容　教 p.194〜

1　農村の変容（18世紀後半）

(1) 百姓の階層分化

　a　有力百姓：零細農民を年季奉公人として使役する（　1　）をおこなう
　　　　　　　　　　　　名主・庄屋をつとめ、利貸を通じて土地を集約→**地主**化

　　　　→商品作物生産・流通・金融の中心として地域社会を担う（　2　）に成長

　b　**小百姓**：田畑を失う→**小作人**、年季奉公・日用稼ぎ、都市へ流出

(2)（　3　）：豪農と小百姓の紛争→村役人の不正追及、公正な村の運営要求

📷 **探究コーナー**

問▶右の図は、百姓を小農・中農・大農・大地主に分けて、その割合を示したものである。このグラフから変化を読みとって、まとめてみよう。

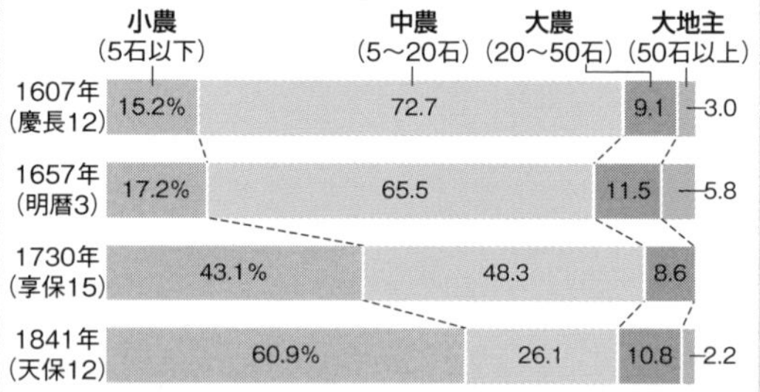

	小農 （5石以下）	中農 （5〜20石）	大農 （20〜50石）	大地主 （50石以上）
1607年 （慶長12）	15.2%	72.7	9.1	3.0
1657年 （明暦3）	17.2%	65.5	11.5	5.8
1730年 （享保15）	43.1%	48.3	8.6	
1841年 （天保12）	60.9%	26.1	10.8	2.2

（『日本資本主義発達史』より作成）

2　都市の変容（18世紀後半）

(1) 三都・城下町の町人地中心部

　　　（　4　）が減少、住民の多くが**地借・店借**・商家の奉公人となる

(2) 町内の裏長屋・城下町の場末

　　　出稼ぎ、**棒手振**・日用稼ぎ・賃仕事に従事する人々が生活

(3) 多くの民衆がわずかな貨幣収入で生活

　　→物価上昇、飢饉、災害は生活の破壊に直結する

(4) 幕府公認の遊郭(三都、長崎)、遊女の存在(城下町・門前町・宿場町・港町)

一揆と打ちこわし　圏 p.195〜

1　百姓一揆：村単位で広範囲に結集、藩主に対して要求を突きつける直接行動

(1) 一揆の変容

　　a　土豪の武力蜂起、**逃散**など、中世の一揆の様相を示す(17世紀初め)

　　b　（　1　）一揆(17世紀後半)

　　　　代表者が百姓全体の要求を領主に直訴、代表者は責めを受け処刑

　　　　代表者＝（　2　）：**佐倉惣五郎**(下総)、**磔茂左衛門**(上野)ら

　　c　（　3　）一揆(17世紀末)

　　　　広い地域の百姓が参加する大規模な一揆のこと

　　　　藩全域にわたる場合は（　4　）と呼ぶ：**嘉助騒動**(信濃松本藩)

　　　　　　　　　　　　　　　　　　　　元文一揆(陸奥磐城平藩)など

　　　　年貢増徴・新税の停止、藩専売制の撤廃を要求

　　　　藩の御用商人・村役人の家の打ちこわしなど、実力行使も

　　d　百姓一揆は増加し続け、凶作・飢饉時は各地で同時多発

(2) 幕府・諸藩の対応：多くは武力で鎮圧、一揆の指導者を処刑

2　飢饉と打ちこわし

(1) （　5　）の飢饉(1732)：うんか・いなご被害→西日本一帯から全国へ

　　→江戸で米価急騰を理由に民衆が米問屋を襲う（　6　）の発生(1733)

(2) （　7　）の飢饉(1782〜)：冷害→東北地方中心、**浅間山噴火**(1783)

　　→数年継続→**百姓一揆、打ちこわし**が全国で頻発

Point 百姓一揆の変容と、都市の発達にともない、都市部の打ちこわしが増加

　　　　していくことに注目。

田沼時代　圏 p.196〜

1　**田沼時代**：10代将軍（　1　）の治世←9代将軍**徳川家重**(吉宗の子)

(1) 側用人から老中となった（　2　）が政権を主導

(2) 幕府財政の再建と経済政策

　　a　民間の経済活動を活性化し、その富の一部の財源化をはかる

　　　　①　商人・職人の**仲間**を、（　3　）として公認

　　　　②　（　4　・　　）などの営業税を徴収、増収を目指す

　　b　幕府の**専売**：銅座・真鍮座・（　5　）座

　　c　**計数銀貨**の（　6　）を鋳造→金中心の貨幣制度への一本化を目指す

　　d　長崎貿易：**銅・俵物**の輸出促進、金・銀の輸入をはかる

(3) 新田開発：江戸・大坂の町人を活用→（　7　・　　）の干拓

(4) （　8　）の蝦夷地探検：蝦夷地開発とロシアとの交易を模索

　　　　　　　　　　　＊（　9　）の意見書『**赤蝦夷風説考**』に基づく

1

2

3

4

5

6

7

1

2

3

4

5

6

7

8

9

(5) 田沼政治の影響：民間の経済活動を促進

→民間の学問・文化・芸術の多様な発展

→幕府役人の賄賂・縁故による人事が横行し、批判まねく

(6) 若年寄で意次の子である（ 10 ）刺殺(1784)

＊実行者佐野政言＝「世直し大明神」

→田沼意次の勢力後退→将軍徳川家治が死去すると田沼意次罷免(1786)

Point 田沼意次の政策は、商人の経済活動を積極的に利用するものであり、従来の幕府の政策とは異なるものであった。

2 朝廷の動き

(1) （ 11 ）(1758)：関白・武家伝奏を軽んじたとして、（ 12 ）と復古派の公家を処分

(2) 光格天皇即位(1779)：閑院宮家から迎えられる←後桃園天皇の急死

---

2 宝暦・天明期の文化

宝暦・天明期の文化 教 p.198〜

1 **時期**：18世紀半ばの文化(宝暦〈1751〜64〉・天明〈1781〜89〉)

2 **特徴**：裕福な百姓、町人、都市の武家が文化の担い手となる←商品経済の発展

書籍・印刷物など活字文化の隆盛←庶民の識字率の向上←寺子屋など

幕政への批判論や近代的な合理主義など、新たな思想が醸成される

洋学の始まり 教 p.198〜

1 **洋学の先駆け**(18世紀初め)

(1) （ 1 ）：天文学者。『華夷通商考』

(2) （ 2 ）：イタリア人シドッチへの尋問→『采覧異言』『西洋紀聞』

2 **将軍徳川吉宗の施策**

(1) 漢訳洋書の輸入緩和、青木昆陽・野呂元丈にオランダ語を学ばせる→蘭学

(2) （ 3 ）：オランダ語を学修、甘藷(さつまいも)栽培奨励、『蕃薯考』

(3) 野呂元丈：オランダ語を学修、本草学者、『阿蘭陀本草和解』

Point 徳川吉宗の漢訳洋書の輸入緩和は、キリスト教以外の書物の輸入を認めたもので、実学中心の蘭学(洋学)の発展のきっかけとなった。

3 **洋学の発展**

(1) 医学

a （ 4 ）：臨床実験を重んじる漢代の医術に戻ろうとする動き

b （ 5 ）：刑死人の解剖観察→日本最初の解剖図録『蔵志』を著す

c （ 6 ）・（ 7 ）：西洋医学の解剖書『ターヘル＝アナトミア』を訳述

→『解体新書』(表紙絵：小田野直武)

（7）は訳述時の苦労談を『蘭学事始』に記述

d 宇田川玄随：西洋の内科書の翻訳本『西説内科撰要』を著す

(2) そのほかの洋学

   a （ 8 ）：蘭学の入門書『蘭学階梯』、江戸に私塾の芝蘭堂を開く　　8

   b （ 9 ）：最初の蘭日辞書『ハルマ和解』　　9

   c （ 10 ）：摩擦発電機エレキテルの実験、西洋画法を学ぶ、「西洋婦人図」　　10

探究コーナー

> **問** ▶宝暦・天明の頃、ロシアの南下をきっかけに、どのような研究が行われるようになったか、また、当時の洋学ではどのような傾向がみられたか、まとめてみよう。

国学の発達と尊王論　㉚ p.199～

1　国学：古道（日本古来の道）探究←『古事記』『日本書紀』などの古典研究

 (1)　**荷田春満**：古典・国史研究。『創学校啓』で徳川吉宗に国学の学校設置を提案

 (2)　**賀茂真淵**：『万葉集』『古事記』を研究、主著『国意考』『万葉考』
           古道（儒教・仏教の影響のない日本固有の道）を重視

 (3)　（ 1 ）：古道→「**真心**」（日本人本来の心）、「もののあはれ」重視　　1
          「**漢意**」を批判、『**古事記伝**』『玉勝間』『直毘霊』、塾：鈴屋

 (4)　（ 2 ）：和漢に通じ、和学講談所を設ける、『**群書類従**』を編纂　　2

2　尊王論

 (1)　水戸学：彰考館での『大日本史』編纂の過程で生まれた学問傾向
          徳のある王者は力で治める覇者にまさるとする（ 3 ）の思想　　3

 (2)　**高山彦九郎**：寛政の三奇人の一人、全国をめぐって尊王思想を説く

 (3)　**蒲生君平**：寛政の三奇人の一人、天皇陵を調査して『山陵志』を著す

 (4)　（ 4 ）：『日本外史』で尊王論を主張　　4

 (5)　（ 5 ）：京都で尊王斥覇を公家に説く→幕府が京都追放（**宝暦事件**）　　5

 (6)　（ 6 ）：江戸で尊王斥覇を説き、死罪となる（**明和事件**）、『柳子新論』　　6

Point 当初、国学や水戸学が主張した尊王論は、朝廷が幕府に政治を委ねたとする考え方から、幕府の権威を否定するものではなかった。

生活から生まれた思想　㉚ p.199～

1　（ 1 ）：京都の町人、**心学**を創始（**石門心学**）、儒教道徳に仏教・神道の教え　　1
       を加味して庶民の生活倫理を説く、主著『都鄙問答』、町人・百姓を
       人として重んじる価値観→**手島堵庵・中沢道二**が全国へ広める

2　社会思想

 (1)　（ 2 ）：八戸の医師、万人が耕作に従事する「自然世」を理想とし、封建　　2
       制度を批判、主著『**自然真営道**』『統道真伝』

(2) 只野真葛：工藤平助の娘、文才を発揮し、男女の才知の平等を主張

Point 社会が大きく変容する中で、商人や商業活動の意義や、社会の改善を主張する経世論が生まれた。

儒学教育と学校 　教 p.200〜

1 儒学

(1) **朱子学**：幕府が寛政の改革で正学とする（官学化）

幕府直営の（　1　）**学問所**で教授←**聖堂学問所**←林家の私塾

(2) 諸学派の折衷を試みる折衷学派、実証的な（　2　）が出現（18世紀後半）

2 藩校（藩学）：藩が藩士や子弟の教育のために設立

《例》明倫館（萩藩）　　　養賢堂（仙台藩）　　　時習館（熊本藩）
造士館（鹿児島藩）　　　興譲館（米沢藩）　　　修猷館（福岡藩）
明徳館（秋田藩）　　　日新館（会津藩）　　　弘道館（水戸藩）

3 郷校（郷学）：藩の援助で藩士・庶民の教育を目指して設立

(1) 岡山藩の（　3　）：郷校の早い例

(2) （　4　）：大坂の町人が設立→のち官許、学主：中井竹山

富永仲基、山片蟠桃らを輩出

4 私塾：武士・学者・町人による

《例》（　5　）（岡山）：熊沢蕃山　　　藤樹書院（近江）：中江藤樹
（　6　）（京都）：伊藤仁斎　　　（　7　）（江戸）：荻生徂徠
（　8　）（江戸）：大槻玄沢　　　鈴屋（伊勢松坂）：本居宣長

5 （　9　）：一般庶民の初等教育を担う→都市、村々に多数つくられる

村役人・僧侶・神職・富裕な町人が運営、師匠に武士や女性も
読み・書き・そろばん、幕府の法、道徳を教える
教科書は『庭訓往来』『実語教』『童子訓』『女大学』など

Point 諸藩における藩校・郷校、民間における私塾、庶民の初等教育を担う寺子屋など、幅広い教育の普及がみられた。

文学と芸能 　教 p.201〜

1 文学：出版・**貸本屋**の普及により庶民に広く親しまれる

(1) **草双紙**：挿絵を中心に、その余白に平仮名の文章をそえる作品群

(2) （　1　）：江戸の遊里を、会話主体の文章で描く作品群

（　2　）『仕掛文庫』

(3) （　3　）：風刺のきいた絵入りの小説群、草双紙の1つ

恋川春町『金々先生栄華夢』、山東京伝『江戸生艶気樺焼』

(4) （　4　）：絵中心の草双紙に対して、文章中心の小説

（　5　）『雨月物語』

(5) 俳諧：（　6　）が、絵画的な句を詠む、『蕪村七部集』

(6) 川柳：俳句の形式で世相や風俗を風刺、（　7　）『誹風柳多留』

(7) 狂歌：風刺、滑稽、洒落、皮肉のきいた短歌形式の文学

(8)（蜀山人）、(9)（宿屋飯盛）ら

2 芸能

(1) 浄瑠璃：(10)『仮名手本忠臣蔵』『菅原伝授手習鑑』(18世紀前半)

(11)『本朝廿四孝』(天明期)

＊人形浄瑠璃は歌舞伎に圧倒され、**唄浄瑠璃**(座敷浄瑠璃)へ移行

唄浄瑠璃：一中節、常盤津節、清元節

(2) 歌舞伎：江戸を中心に隆盛(18世紀後半)

江戸三座＝中村座、市村座、森田(守田)座→幕府公認(寛政期)

Point 文学では、身近な政治・社会の出来事や庶民の生活を題材とし、歌舞伎は花道や廻り舞台などの舞台装置の工夫もあって人気を博した。

絵 画 ㊙ p.202〜

1 浮世絵：絵本・挿絵として流行

(1) (1)：(2)（多色刷りの浮世絵版画）の技法を完成

『五常』「弾琴美人」「ささやき」『三十六歌仙』

(2) (3)：寛政期に大首絵の手法で多くの美人画を描く

「扇屋内蓬莱仙」『婦女人相十品』「寛政三美人」

(3) (4)：寛政期に大首絵の手法で役者絵、相撲絵

「市川蝦蔵」「大童山土俵入」「初代尾上松助の松下造酒之進」
「大谷鬼次の奴江戸兵衛」

2 写生画・文人画

(1) (5)：写生を重んじる**円山派**を創始、「**雪松図屏風**」「保津川図屏風」

(2) (6)・**与謝蕪村**：明・清の影響を受けた**文人画**を描く、「**十便十宜図**」

3 西洋画：18世紀後半、**平賀源内**の影響で広がる

(1) (7)：江戸、銅版画を始める、「**不忍池図**」

(2) (8)：陸奥須賀川、銅版画・油絵を描く

(3) **小田野直武**：秋田で独自の秋田蘭画を創始←平賀源内が技法を伝える

Point 絵画では様々な画風が生まれたが、なかでも浮世絵は版画技術の向上と出版業の飛躍的発展により、黄金期を迎えた。

3 幕府の衰退と近代への道

寛政の改革 ㊙ p.203〜

1 欧米諸国の接近：ロシア・イギリス・アメリカ船が日本近海に出現

(1) イギリス、アメリカ、フランス：市民革命→近代市民社会の成立

(2) ロシア：シベリア開発→東アジアへの進出

(3) アメリカ：西部開拓→太平洋進出

右欄番号：8　9　10　11　1　2　3　4　5　6　7　8

2 寛政の改革：11代将軍（　1　）のもとで、老中（　2　）が実施

(1)　（　3　）の打ちこわし(1787)：江戸・大坂ほか全国30都市余りで発生

(2)　農村政策

    a　人口急減の陸奥・北関東などで、百姓の他国への出稼ぎを制限

    b　耕地復旧のための公金貸付

    c　（　4　）：各地に（　5　　・　　）を設置→飢饉に備えて米穀を蓄える

(3)　江戸の都市政策

    a　幕府が、両替商などの豪商を登用、米価など物価調整と引き下げを指示

    b　（　6　）：正業をもたない者に資金を与えて帰村を奨励

    c　（　7　）(石川島)：人別改め強化、無宿人を収容、職業訓練、就業促進

    d　（　8　）：町費節約分の7割を町会所で運用→貧民救済の米・金を備蓄

探究コーナー

問　松平定信が設置した人足寄場を示した右の図も参考に、無宿人対策としての人足寄場の特色をまとめてみよう。

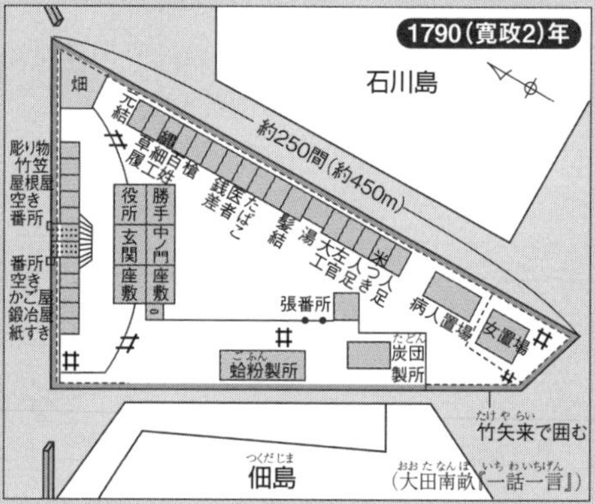

_____

_____

_____

_____

1790(寛政2)年　石川島

約250間(約450m)

佃島

竹矢来で囲む

（大田南畝『一話一言』）

---

(4)　旗本・御家人対策

    a　（　9　）：旗本・御家人への貸金の放棄を（　10　）に命じる→貸金会所を設けて低利貸付

    ＊札差は旗本・御家人の**蔵米**の売却などを扱うとともに、蔵米を担保に貸付もおこなっていた

    b　武芸奨励を命じる

(5)　学問・風俗の統制

    a　（　11　）(1790)：聖堂学問所で朱子学(正学)以外の講義・研究を禁止

    ＊寛政の三博士：柴野栗山・（　12　）・岡田寒泉（のちに古賀精里）

    b　出版統制令：政治の風刺・批判をおさえ、風俗を統制

    ①　『三国通覧図説』『**海国兵談**』で海防論主張の（　13　）を弾圧

    ②　洒落本作家（　14　）、黄表紙作家（　15　）、蔦屋重三郎らを弾圧

林 子平の海防論

　当世の俗習にて、異国船の入津ハ（　16　）に限たる事にて……当時(16)に厳重に石火矢の備有て、却て安房、相模の海港に其備なし。此事甚不審。細力に思へば江戸の日本橋より唐、阿蘭陀迄境なしの水路也。……

（史料名：『（　17　）』）

(6)　（　18　）：朝廷が光格天皇の父閑院宮典仁親王への太上天皇（上皇）の尊
　　　　　　　号を要請(1789)→幕府は許可せず、朝廷の再申請に対して**武家伝**
　　　　奏らを処罰(1793)→朝廷と幕府の協調関係が崩れはじめる
　　＊(18)の対処方針で、松平定信は将軍家斉と対立→失脚の要因の１つとなる

寛政の改革への批判

　世の中に蚊ほどうるさきものはなし　ⓐ**ぶんぶ**といふて夜もねられず
　ⓑ**白河**の清きに魚のすみかねて　もとの濁りの（　19　）こひしき

問1　下線部ⓐの「ぶんぶ」が意味する語句を漢字で記せ。（　20　）

問2　下線部ⓑ「白河」は誰を指すか。（　21　）

✒**Point**　寛政の改革は、一時的に幕政の立て直しに成功したが、その厳しい統制
　　　　　政策は民衆の強い反発をまねいた。

3　**諸藩の改革**：幕府と同様に年貢収入減少により財政危機→藩政改革
　　　　　　　　　領内統制、倹約、財政再建、農村復興、特産品生産奨励、藩の
　　　　　　　　　専売制強化

(1)　（　22　）(熊本藩)：藩校**時習館**・医学校再春館設立、商品作物専売を強化

(2)　（　23　）(米沢藩)：藩校**興譲館**設立、米沢織・商品作物など殖産興業推進

(3)　（　24　）(秋田藩)：藩校明道館（→**明徳館**）設立、桑・藍・紅花など栽培奨励

✒**Point**　諸藩の藩政改革では、藩校による藩士教育の充実や、特産品や商品作物
　　　　　の奨励や専売制の強化がはかられた。

鎖国の動揺　📖 p.206〜

1　**ロシアの接近**

1789年　国後島のアイヌの蜂起→松前藩が鎮圧、ロシアへの警戒感が増す

1792年　（　1　）が**根室**に来航

　a　日本人漂流民（　2　）を届ける→彼の見聞が、桂川甫周『北槎聞略』に

　b　通交、江戸湾入航を要求→幕府、江戸湾・蝦夷地の海防強化を諸藩へ命令

1798年　（　3　・　　）ら、**択捉島**探査

　a　幕府の命令で探査←ロシアが択捉島でアイヌと交易していたため

　b　「**大日本恵登呂府**」の標柱を立てる→ロシアとの境界線とする意向

1800年　**八王子千人同心**を蝦夷地に入植させる

1802年　東蝦夷地を直轄地とし、現地のアイヌを和人とする

右欄番号：16　17　18　19　20　21　22　23　24　1　2　3

1804年　（　4　）が**長崎**に来航→幕府は冷遇→ロシアが樺太・択捉を攻撃

1807年　**松前藩**と**蝦夷地**を直轄支配→（　5　）をおき、東北諸藩が警護

1808年　（　6　）が樺太と対岸を探査→間宮海峡の発見

1811年　（　7　）事件：ロシア軍艦長**ゴローウニン**を捕縛・監禁

1812年　（　8　）をロシアが抑留→解放後、ゴローウニン解放に尽力

1821年　蝦夷地を**松前藩**に還付←ロシアとの関係改善

2　イギリス・アメリカの接近

1808年　（　9　）事件：イギリス軍艦**フェートン号**、オランダ商船を追って長崎
湾乱入、薪水・食料を強要後、退去

　　　　　　→**白河・会津藩**に江戸湾防備を、その後諸藩に各地に台
場・大砲の配備を命令

1825年　（　10　）（無二念打払令）：清・朝鮮・琉球以外の外国船（オランダ船
は長崎以外にて）の撃退を命令

3　朝鮮

易地聘礼(1811)：朝鮮通信使の応対場所を江戸から対馬に変更

　　　　　　経費節減と、欧米強国を対等とみなす考えから、朝鮮の地位
を格下げ

Point ロシア・イギリス・アメリカの接近は、幕府に対して軍事的緊張をもた
らし、鎖国体制の維持のため新たな外敵として幕府の警戒感を高めた。

文化・文政時代　教 p.208〜

1　（　1　）政治

(1)　11代将軍**徳川家斉**が将軍職を（　2　）に譲るが、政治の実権を握り続ける

(2)　文化年間(1804〜18)：質素倹約を継承

(3)　文政年間(1818〜30)：品位の劣る貨幣の鋳造

　　　　　　→幕府財政が潤い、将軍・大奥の生活が華美に

　　　　　　　物価の上昇、経済活動の活発化、庶民文化が開花

2　関東の農村社会の変化

(1)　**江戸地廻り経済圏**(18世紀後半)：在郷町が酒・味噌・醬油を江戸へ出荷

(2)　関東の農村：豪農・地主の台頭と没落する百姓の増加、無宿人・博徒らに
よる治安の乱れ

　　a　（　3　）(1805)：関八州の巡回、領地を越えて犯罪の取締りを実行

　　b　（　4　）(1827)：近隣の村を組み合わせ、治安・風俗を取り締まらせる

Point 多くの百姓の没落が、農村の治安の悪化や江戸への人口流入をまねき、
幕府は危機感を募らせ、その対応にせまられた。

大塩の乱　教 p.208〜

1　（　1　）の飢饉(1832〜38)：全国的な米不足

→全国の農村・都市で、百姓一揆・打ちこわしが発生

甲斐の**郡内騒動**、三河の**加茂一揆**など(1836)

2 大塩の乱(1837)

(1)　大坂：餓死者続出、商人の米の買い占め、町奉行が米を江戸へ回送

(2)　大坂町奉行の元与力、陽明学者（　2　）が武装蜂起→半日で鎮圧

(3)　国学者（　3　）の乱(越後柏崎)、百姓一揆の発生など、不穏な動きが続く

探究コーナー

> **問**▶大塩の乱が、幕府や諸藩に大きな衝撃を与えた理由について、まとめてみよう。

3　（　4　）事件(1837)

(1)　アメリカ商船**モリソン号**、浦賀沖に接近→漂流民返還と通交要求がねらい

(2)　幕府の対応：異国船打払令に基づき、撃退
　　　　　　　　→田原藩家老（　5　）(『慎機論』)、（　6　）(『戊戌夢物語』)が
　　　　　　　　幕府の対応を批判
　　　　　　　　→（　7　）(1838)：**渡辺崋山・高野長英**ら尚歯会の知識人を弾圧

天保の改革　教 p.209〜

1　（　1　）の改革(1841〜)：12代将軍**徳川家慶**のもと、老中（　2　）が実施

2　改革の内容

(1)　倹約令の徹底：菓子・料理などのぜいたく品、華美な衣服の禁止

(2)　風俗の取締り：人情本作家（　3　）の処罰、歌舞伎三座の浅草移転など

(3)　人別改めの強化、百姓の出稼ぎの禁止

(4)　（　4　）：江戸に流入した貧民の帰郷を強制→周辺農村の治安が悪化

(5)　（　5　）の解散：株仲間の商品流通独占を解消し、物価引下げをねらう

(6)　棄捐令を発令、札差に旗本・御家人への低利貸出しを命じる

(7)　（　6　）(1840)：川越・庄内・長岡藩の領知を入れ替え→翌年、撤回

(8)　将軍の日光社参(1843)→財政悪化と農民の不満をまねく

(9)　（　7　）(1843)：江戸・大坂周辺の直轄領化→譜代・旗本の反対で撤回

Point　従来の幕府の政策を踏襲した改革は効果を生むことなく、民衆の反発だ
けでなく、諸藩や譜代・旗本などの不信感を高めた。

経済の変化　教 p.211〜

1　農業生産を基盤とする経済体制の崩壊

(1)　農業生産力の地域間格差の拡大(19世紀半ば)

(2)　畿内の百姓・在郷商人：菜種・綿・金肥の自由な取引を要求、株仲間と対立
　　　　　　　　　　　　　　→国・郡全体を巻き込む訴訟へ発展＝（　1　）

(3)　農村：都市商人のもと、商品作物の生産・加工・運輸体制を組織化

(4)　土地をもたず、賃金雇用の日雇労働者となる貧しい百姓も増大

2　農村の復興策

(1) （　2　）：報徳仕法によって農村復興に尽力、百姓に勤勉・節約を説く

(2) （　3　）：性学を説くとともに、農業指導を通じて農村復興に尽くす

3　手工業生産の変化(19世紀)

(1) 問屋が原材料・道具を提供して生産させる（　4　）工業が盛んとなる

(2) （　5　）(マニュファクチュア)

    a　地主・問屋が、農業から離れた奉公人を工場に集め、手工業品を生産

    b　大坂周辺・尾張の綿織物業、北関東(桐生、足利)の絹織物業など

    ＊酒造業(摂津の伊丹・池田・灘)では、すでに江戸前期にみられた生産形態

(3) 諸藩：藩専売制・藩営工業に取り組む

Point　農業生産に基盤をもつ農村社会が大きく変容し、問屋などの商業資本による工業生産が新たな経済基盤として発展していくことになる。

朝廷と雄藩の浮上　教 p.212〜

1　朝廷権威への注目

(1) 国内外の危機に対して有効な手段が取れない幕府に対する不信感

(2) 朝廷内の朝廷復古を求める考え方の醸成

(3) 神職・陰陽師・蹴鞠・書道の免許状など、朝廷の権威を求める社会風潮

2　諸藩の自立的な藩政改革→改革に成功した薩長土肥などが雄藩に成長

(1) 鹿児島(薩摩)藩

    a　下級武士（　1　）を登用し、改革

      ① 三都の商人からの藩の借財を事実上棚上げとする

      ② 奄美三島特産の（　2　）の専売を強化

      ③ 琉球王国を通じて、清と俵物を取引する密貿易を実施

    b　（　3　）は鹿児島に製鉄用の（　4　）、造船所、ガラス製造所を建設

    c　島津忠義は紡績工場(イギリスの技術)建設、洋式武器の購入←グラヴァー

(2) 萩(長州)藩：（　5　）による改革

    a　多額の借財を整理、紙・蠟の専売制を改革

    b　（　6　）：下関入港の北前船などの商品を購入、委託販売で利益を得る

(3) 佐賀(肥前)藩：藩主（　7　）

    a　本百姓体制の維持：（　8　）実施、小作料の猶予、町人地の一部を藩へ

    b　（　9　）の専売制を推進

    c　洋式軍需工業の導入：反射炉を備えた（　10　）を設立

(4) 高知(土佐)藩：「おこぜ」組による改革→支出の縮減、財政再建

(5) 水戸藩：藩主（　11　）が尽力するも、改革に成功せず

(6) 伊達宗城(宇和島藩)、松平慶永(春嶽)(福井藩)も改革に成功

Point　中下級武士を藩政に参加させて藩政改革に成功した薩長土肥などの藩が、幕末の政治の大きな影響力を発揮するようになっていく。

3　幕府：代官（　12　）(坦庵)が伊豆韮山に（　13　）を築く

探究コーナー

問▶右図の施設は、幕末に幕府が伊豆韮山に建設したもので、同様の施設は鹿児島藩や佐賀藩でも建設された。この施設は何と呼ばれるもので、どのような目的でつくられたのだろうか、まとめてみよう。

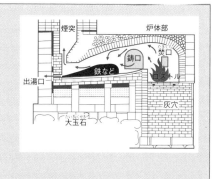

4　化政文化

化政文化 教 p.213〜

1　**時期**：文化(1804〜18)・文政(1818〜31)期を中心に天保の改革の頃まで
2　**特徴**：江戸など三都の繁栄のもと、民衆を基盤とする町人文化の最盛期
　　　　全国的な文化の広がり←都市の繁栄、出版・教育の普及、交通の発達
　　　　都市生活の成熟にともない、多種多様な文化を生む

学問・思想の動き 教 p.214〜

1　**経世論**
　(1)　（　1　）：藩営専売制など、重商主義を説く、『稽古談』
　(2)　（　2　）：西洋との貿易、蝦夷地開発を説く、『経世秘策』『西域物語』
　(3)　（　3　）：産業の国営化、貿易推進を説く、『経済要録』『農政本論』
2　**後期水戸学**：藩主（　4　）のもと、尊王斥覇の思想から**尊王攘夷論**へ発展
　(1)　**藤田幽谷**：彰考館総裁、『大日本史』編纂に従事
　(2)　（　5　）：幽谷の子、『弘道館記述義』
　(3)　（　6　）：藤田幽谷に師事、彰考館総裁、『新論』で尊王攘夷を主張
3　**国学**
　(1)　（　7　）：儒仏の影響を排除した復古神道を提唱→尊王攘夷論に影響
　(2)　**松尾多勢子**：信濃国伊那郡出身、国学者、尊王攘夷運動に参加
Point 経世論や、水戸学・国学の尊王攘夷論は、幕府政策の行き詰まりとともに幕政批判につながり、幕末の倒幕運動に大きな影響を与えた。
4　**民衆宗教の出現**
　(1)　不二道(男女平等を説く)、黒住教、天理教、金光教などが生まれる
　(2)　天理教の（　8　）、不二道の松下千代など、女性の活躍もみられた
5　**科学・洋学**
　(1)　（　9　）：下総佐原の商人、全国を測量、「**大日本沿海輿地全図**」を作成
　(2)　**高橋至時**：幕府天文方、西洋暦を取り入れた寛政暦をつくる

1
2
3
4
5
6
7
8
9

(3) （ 10 ）：幕府が設けた洋学の翻訳機関、高橋景保→のちの**蕃書調所**

(4) （ 11 ）：もとオランダ通詞、『**暦象新書**』で万有引力説や地動説を紹介

(5) **宇田川榕庵**：化学書を翻訳し『**舎密開宗**』をまとめる

(6) （ 12 ）**事件**(1828)：**シーボルト**による日本地図の国外持出しが発覚

→天文方の（ 13 ）らの処罰へ

(7) （ 14 ）：幕末の開国論者、「**東洋道徳、西洋芸術**(技術)」を説く

⚓Point 洋学は、幕政批判や政治運動に直結しない医学・兵学・地理学などの科学技術中心の実学としての性格を強めた。

教 育 ㉓ p.215～

文化・文政期～天保期の私塾

(1) **咸宜園**：儒学者（ 1 ）が豊後日田で開く

(2) **適々斎塾**（**適塾**）：蘭学者（ 2 ）が大坂に開く

(3) **松下村塾**：（ 3 ）が教えを説いた長門萩の私塾

(4) （ 4 ）：ドイツ人**シーボルト**が長崎郊外に開く、**高野長英**らが学ぶ

文 学 ㉓ p.216～

1 小説

(1) （ 1 ）＝庶民の生活を滑稽さと笑いを含めて描いた絵入りの小説

a （ 2 ）：銭湯や床屋を舞台とした『**浮世風呂**』『**浮世床**』を著す

b （ 3 ）：町人の道中を描く『**東海道中膝栗毛**』を著す

(2) （ 4 ）＝町人の恋愛を描いた小説

（ 5 ）：『**春色梅児誉美**』を著すが、**天保の改革**で処罰される

(3) **合巻**＝**黄表紙**を数冊とじ合わせた絵入り小説

柳亭種彦：『**修紫田舎源氏**』を著すが、天保の改革で処罰される

(4) **読本**

（ 6 ）：『**南総里見八犬伝**』『**椿説弓張月**』を著す

2 俳諧・和歌

(1) 俳諧

信濃の（ 7 ）が百姓に密着した句をよみ『**おらが春**』を残す

(2) 和歌

a （ 8 ）ら**桂園派**が古今調の平明な歌風を始める

b 越後の禅僧（ 9 ）が万葉調の素朴な歌風を始める

3 そのほかの文学

(1) （ 10 ）：東北を旅し、各地の民俗・地理を『**菅江真澄遊覧記**』で紹介

(2) （ 11 ）：雪国の様子を『**北越雪譜**』で紹介、**山東京伝**・**曲亭馬琴**と交流

美 術 ㉓ p.217～

1 浮世絵

(1) **錦絵**の風景画：（ 1 ）「**富嶽三十六景**」、（ 2 ）「**東海道五十三次**」

(2) 世相・政治を風刺する**錦絵**：幕末期にかけて、（　3　）らが描く

2　従来の絵画

(1) **四条派**：（　4　）が文人画と円山派を融合、上品な筆致「柳鷺群禽図屏風」

(2) **文人画**：江戸の（　5　）、豊後の（　6　）、「鷹見泉石像」「一掃百態」を描いた（　7　）

Point 浮世絵は、開国後、海外で多く紹介され、モネやゴッホらヨーロッパ印象派の画家に大きな影響を与えた。

民衆文化の成熟　教 p.217〜

1　文化・文政期の芸能

(1) 芝居小屋、見世物・曲芸・講談、多数の**寄席**が、三都や都市で栄える

(2) **歌舞伎**：7代目**市川団十郎**、尾上・沢村・中村らの役者が人気を博する
「東海道四谷怪談」の**鶴屋南北**、幕末の**河竹黙阿弥**らの作品

(3) 村芝居・人形芝居が、祭礼・花火などとともに、地方の村の娯楽として普及

Point 歌舞伎は地方興行などで全国に広まり、歌舞伎の衣服・化粧・小道具・言葉遣いなどは芝居を通じて民衆文化に大きな影響を与えた。

2　そのほかの民衆娯楽

(1) **寺社**：縁日や、秘仏などを公開する（　1　）、**富突（富くじ）**など催事を開催、他所で公開する**出開帳**も開催→修繕費や経営費を稼ぐ

(2) 庶民の旅行：湯治、物見遊山、**寺社参詣（伊勢神宮・善光寺・讃岐金毘羅宮）**、聖地・霊場への（　2　）（四国八十八カ所、板東三十三カ所、西国三十三カ所）

(3) 行事・集まり：**五節句**（人日・上巳・端午・七夕・重陽）、彼岸会、盂蘭盆会、特定の日に日の出や月の出を待つ日待、月待、庚申の日に集団で夜どおし過ごす（　3　）

(4) 芸能：猿回し、万歳（演芸の1つ）、盲人の瞽女・座頭による演芸

Point 伊勢神宮参拝は、御蔭参りと呼ばれ、ほぼ60年周期でおこった。大規模なものは、1705年、1771年（約200万人）、1830年（約500万人）である。

探究コーナー

問 江戸時代に流行した右の図の巡礼について、調べて説明してみよう。

第11章

近世から近代へ

1 開国と幕末の動乱

内憂外患への対応 教 p.220〜

1 産業革命と植民地獲得競争

(1) 18世紀後半、イギリスでおこった（ 1 ）革命が欧米諸国へ波及

(2) 欧米諸国→国外市場・原料供給地を求め植民地獲得競争へ

＊アジア進出を本格化

2 国内の動向

(1) 19世紀前半：幕府は鎖国・攘夷を外交方針として海防強化

《例》フェートン号事件(1808)→異国船打払令(1825)

(2) 幕末の対外的危機の深刻化＋政治体制の不安定化＝内憂外患が進展

  a　幕政改革で台頭する雄藩（**薩長土肥**、越前・宇和島藩など） 幕政・藩政へ

  b　藩校や私塾での人材育成→多様な議論の進展　　　　　　　　の参加要求

(3) 内憂外患への対処

  a　幕府内の改革(開国・和親など幅広い議論活発化)

  b　朝廷の政治的影響力増大←（ 2 ）論などの影響） 内憂外患の解決模索

  c　民衆の生活苦や社会不安の増大　　　　　　　　　　　　→幕末の動乱への端緒

ペリー来航と対外方針の模索 教 p.221〜

1 欧米諸国の動向と幕府の対応

(1) イギリスが（ 1 ）で清に勝利、（ 2 ）条約で**香港**を割譲させ、貿易自由

化を獲得→幕府(老中水野忠邦)、異国船打払令を緩和し（ 3 ）を発令(1842)

(2) オランダ国王の開国勧告(1844)→幕府は拒絶し、鎖国を堅持

(3) アメリカの東インド艦隊司令長官（ 4 ）が**浦賀**に来航(1846)、清への貿易

船や（ 5 ）船の寄港地として開国を要求→(幕府は拒否)

(4) 幕府は海防掛を設置(1845)　＊1849年には海防掛・三奉行のほか、江戸・

長崎警護の諸大名、儒学者らに意見聴取

2 開国

(1) 日米和親条約の締結(1854)

  a　**1853年**6月、アメリカ東インド艦隊司令長官（ 6 ）、琉球の**那覇**経由

で軍艦4隻を率い**浦賀**へ来航→フィルモア大統領の国書を提出し、開国要求

  b　老中首座の（ 7 ）、方針改め**朝廷**へ報告、諸大名や幕臣からも意見徴収

  Point 以後、朝廷の権威を高め諸大名の発言力を高める契機に。

  c　1853年7月、ロシア使節（ 8 ）が**長崎**に来航、開国と国境画定を要求

  d　**1854年**1月、ペリーは7隻の艦隊を率い再来航、条約締結を強く要求

→同年3月、（ 9 ）(別称：**神奈川条約**)を締結＝**開国**

(2) 日米和親条約の内容

   a アメリカ船への燃料や食糧の供給、難破船・乗組員の救助

   b （10 ・ ）の2港を開いて、（ 11 ）の駐在を容認

   c アメリカに一方的な（ 12 ）を与える

     ＊同様の条約を、ロシア・（13 ・ ）とも締結

史料チェック 📖🔍

日米和親条約（1854）

第二条　伊豆（ 14 ）・松前地（ 15 ）の両港ハ、日本政府ニ於テ、亜墨利加
　　　　船薪水・食料・石炭欠乏の品を、日本にて調ひ候丈ハ給し候為メ、渡
　　　　来の儀差し免し候。

第九条　日本政府、外国人え当節亜墨利加人え差し免さず候廉相免し候節ハ亜
　　　　墨利加人えも同様差免し申すべし。右に付、談判猶予致さず候事。

（『幕末外国関係文書』）

問　第九条の内容は、具体的に何という名称で呼ばれているか。（ 16 ）

(3) **日露和親条約**（1854）：ペリーに続き、**プチャーチン**と下田で締結

   a 下田・箱館に加え、（ 17 ）を開く

   b 日露の国境＝（ 18 ）以南を日本領（現北方領土）、得撫島以北をロシア領
     とし、（ 19 ）は従来通り国境を定めず

(4) （ 20 ）の改革：開国に係る幕府の対応

   a 松平慶永（越前）、島津斉彬（薩摩）、伊達宗城（宇和島）ら開明的な大名を
     登用、前水戸藩主（ 21 ）を幕政に参画

   b 江戸湾に（ 22 ）（砲台）を築造、大船建造の禁を解く

   c 貿易容認に向け、蘭学に明るい（ 23 ）を老中首座に登用

   d 長崎に海軍伝習所（海軍教育機関）、江戸に講武所（武術訓練機関）を設置

探究コーナー

> **問** ▶右図のa～dの記号を利用して、日露和親条約で定められた
> 国境線と、国境不確定地域に関する約定を、具体的な島名をあげ
> てまとめてみよう。

開国とその影響　教 p.222～

1　日米修好通商条約の締結（1858）📖🔍

(1) 経過

   a アメリカ初代総領事（ 1 ）が下田に駐在（1856～）、通商条約の締結を

10

11

12

13

14

15

16

17

18

19

20

21

22

23

1

要求→老中（　2　）は孝明天皇の勅許求めるも、朝廷の反対で失敗→辞職

b　ハリスは第2次アヘン戦争（1858）を例に、大老に就任した（　3　）に通商
条約の調印せまる→同年、勅許を得ず（　4　）の調印を断行（**違勅調印**）

＊第2次アヘン戦争＝清がイギリス・フランスに敗れ天津条約を締結

(2)　条約内容

a　（　5　）・長崎・箱館・新潟・兵庫の開港と（　6　）・大坂の開市

b　通商は自由貿易とする

c　開港場に（　7　）を設け、一般外国人の国内旅行は禁止

d　日本に滞在するアメリカ人への（　8　）（治外法権）を容認

e　日米相互で協議して関税を定める**協定関税**＝（　9　）の欠如

Point　神奈川は横浜に変更、横浜開港6カ月後に下田は閉鎖、兵庫は神戸と
して1867年に、また新潟は1868年に開港。

(3)　米に加え蘭・露・英・仏の5カ国とも類似の条約を締結→（　10　）と総称

(4)　条約批准書交換に、幕府は外国奉行**新見正興**を遣米使節の正使として派遣
→**勝海舟**、**福沢諭吉**らが咸臨丸で随行（1860）

史料チェック

日米修好通商条約（1858）

第三条　下田、箱館港の外、次にいふ所の場所を左の期限より開くべし。

@神奈川……西洋紀元千八百五十九年七月四日。長崎……同断。新潟……千
八百六十年一月一日。ⓑ兵庫……千八百六十三年一月一日

……神奈川港を開く後六ケ月にして下田港は鎖すべし。

第四条　総て国地に輸入輸出の品々、別冊の通、日本役所へ運上を納むべし。

第六条　日本人に対し法を犯せる亜墨利加人は、亜墨利加コンシュル裁断所に
て吟味の上、亜墨利加の法度を以て罰すべし。亜墨利加人へ対し、法を犯し
たる日本人は、日本役人糺の上、日本の法度を以て罰すべし。

（『幕末外国関係文書』）

問1　下線部@の神奈川、ⓑの兵庫の開港については、別の港に変更された。
それぞれどこに変更されたか。@＝（　11　）　ⓑ＝（　12　）

問2　第四条および第六条が示す不平等な内容を、それぞれ簡潔な呼称で記せ。

第四条＝（　13　）　第六条＝（　14　）

2　貿易の開始

(1)　初期の貿易の状況

a　（　15　）年から横浜・長崎・箱館で開始（神戸は1867年、新潟は1868年）

b　貿易港：（　16　）が輸出入額とも圧倒的に多い

c　相手国：（　17　）との取引が最も多い

Point　アメリカは南北戦争の影響で日本との通商が伸びず。

d　輸出品：（　18　）・茶・蚕卵紙・海産物など

e　輸入品：毛織物・（　19　）・鉄砲・艦船など

(2) 経済の混乱と幕府の対応

  a **生糸**（きいと）は輸出品の中心となり生産拡大（製糸業でマニュファクチュア発達）、一方、安価な**綿織物**（めん）の大量輸入で農村の綿織物業や綿作は衰退

  b 1866年まで（ 20 ）超過が続き、消費物資の欠乏により物価が高騰（こうとう）

  c （ 21 ）の発令（1860）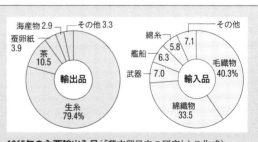

    ① 背景：輸出商品を扱う在郷商人（ざいごうしょうにん）が、江戸を通さず開港場（かいこうじょう）に運び、貿易商人と直接取引→江戸で生活物資が不足し、物価が高騰

    ② 内容：雑穀・水油（みずあぶら）・蠟（ろう）・呉服（ごふく）・（ 22 ）の5品は江戸の問屋（といや）を経由して輸出

    ③ 結果：在郷商人や自由取引を主張する列国（れっこく）の反対で効果あがらず

史料チェック

五品江戸廻送令（ごひんえどかいそうれい）(1860)

  ……直（ただち）ニ御開港場所え相廻（あいまわ）し候ニ付、ⓐ<u>御府内</u>入津（ごふないにゅうしん）の荷物相減（あいげん）じ、諸色払底（しょしきふってい）ニ相成り、難儀致し候趣（なんぎあいきこえ）相聞（そうろう）候ニ付、当分の内左の通り仰せ出され候。

  一、雑穀 一、水油 一、蠟 一、（ 23 ） 一、（ 24 ）

  右の品々ニ限り、貿易荷物之分者（は）、都（すべ）てⓐ<u>御府内</u>より相廻し候筈（はず）ニ候間、在々より決して（ 25 ）表（もうしまじく）え積出し申間敷候。 （『続徳川実紀（ぞくとくがわじっき）』）

問 下線部ⓐの御府内とはどこを指すか。（ 26 ）

  d 金貨の海外流出

    ① 要因：金銀比価の相違

        日本は金：銀＝1：（ 27 ）、外国は金：銀＝1：（ 28 ）

        →外国銀貨をもち込み日本の金貨と交換（10万両以上が海外流出）

    ② 幕府対策：金貨の重量を大幅に減らし、（ 29 ）を鋳造（万延貨幣改鋳（まんえんかへいかいちゅう））

    ③ 結果：貨幣価値の下落でさらなる物価上昇

        →庶民生活圧迫し、攘夷（じょうい）運動激化

探究コーナー

問▶1865年の日本の主要輸出入品のグラフを参考に、貿易の開始が幕末期の国内産業に与えた影響について、製糸業と綿織物業に焦点を当ててまとめてみよう。

輸出品
生糸 79.4%
茶 10.5
蚕卵紙 3.9
海産物 2.9
その他 3.3

輸入品
毛織物 40.3%
綿織物 33.5
武器 7.0
艦船 6.3
綿糸 5.8
その他 7.1

1865年の主要輸出入品（『幕末貿易史の研究』より作成）

右側の解答欄：20 / 21 / 22 / 23 / 24 / 25 / 26 / 27 / 28 / 29

3 攘夷運動に関係するおもな事件

(1) ヒュースケン殺害(1860)：ハリスの通訳ヒュースケンを薩摩藩浪士が殺害

(2) 東禅寺事件(1861)：高輪東禅寺のイギリス仮公使館を水戸脱藩士が襲撃

(3) （ 30 ）(1862)：島津久光の行列を横切ったイギリス人を薩摩藩士が殺傷→

のちの（ 31 ）の原因(1863)

(4) イギリス公使館焼打ち事件(1862)：品川御殿山に建築中のイギリス公使館を

高杉晋作・井上 馨 ・伊藤博文らが襲撃

公武合体と尊攘運動　教 p.224～

1 幕府政治の動揺

(1) 13代将軍（ 1 ）の後継に係る将軍継嗣問題

a 一橋派：徳川斉昭、松平慶永(春 嶽)、島津斉 彬 らが一橋家(御三 卿 の

1つ)の（ 2)(斉昭の子)を擁立

b 南紀派：彦根藩主（ 3 ）ら譜代大名らは、将軍家に血統の近い紀伊藩主

の（ 4 ）を擁立

(2) 大老井伊直弼による強権政治

a 徳川慶福を将軍後継に決定：14代将軍（ 5 ）→一橋派らの反発

b 日米修好通商条約を無 勅 許で調印(違 勅 調印)→ 攘 夷派からの強い非難

(3) （ 6 ）(1858～59)：井伊直弼が攘夷派や一橋派の公家・大名を弾圧

a 徳川斉昭、徳川(一橋)慶喜、松平慶永らを隠居・謹慎処分

b 長州藩士の（ 7 ）、越前藩士の橋本左内ら多数を処刑

(4) （ 8 ）の変(1860)：安政の大獄に憤慨した水戸脱藩士ら尊王攘夷派志士が、

江戸城登城途中の大老**井伊直弼**を江戸城 桜 田門外で

暗殺→幕府独裁政治が崩壊

2 公武合体の政策

(1) 桜田門外の変後：老中（ 9 ）らによる公(朝廷)と武(幕府)の融和政策

(2) 和 宮降嫁：孝明天皇の妹（ 10 ）を将軍家茂の妻に←公武合体の象徴

(3) （ 11 ）の変(1862)：和宮降嫁に反対の**尊王攘夷派**により、老中安藤信正が

水戸脱藩士らに襲撃され失脚

(4) 朝廷・幕府双方につながりの深い**薩摩藩**が主導して幕政の改革を要求

a 薩摩藩主の父（ 12 ）が朝廷の 勅 使を奉じて江戸に下向、幕府に改革を

要求

b （ 13 ）の改革(1862)

① 人材登用と一橋派の復権：政事総裁 職 (＝大老相当職)…（ 14 ）

（ 15 ）(＝将軍補佐役)……**徳川慶喜**

（ 16 ）(＝京の治安維持)…**松平容保**

② 西洋式軍制の採用

③ 参勤交代の緩和→3年1勤とし、江戸在府期間を短縮

＊改革を終え、江戸からの帰途、（ 17 ）がおこる→**薩英戦争**(1863)の原因

3　尊王攘夷運動の高揚

(1)　尊王攘夷論：尊王論と攘夷論が幕藩体制の動揺と外国の圧迫により結合

　　　（水戸学）　　幕府を非難する政治論（反幕論）に発展　＊長州藩が中心勢力

(2)　尊王攘夷運動の高揚

　　a　島津久光の江戸下向中、（　18　）藩を中心とする尊王攘夷派が急進派公家

　　　の（　19　）らと結び、京都（朝廷）での政局を支配

　　b　上洛した将軍家茂に**攘夷決行**をせまり、家茂はやむなく攘夷決行の布告

　　　を諸藩に発す→長州藩は下関通過の外国船を砲撃、攘夷実行（1863.5.10）

　　c　尊攘派の武力蜂起

　　　（　20　）の変（1863.8）：土佐藩士吉村虎太郎らが大和の五条代官所を襲撃

　　　（　21　）の変（1863.10）：元福岡藩士平野国臣らが但馬の生野代官所を襲撃

4　尊王攘夷運動の挫折

(1)　（　22　）（1863.8）：薩摩・会津両藩が公武合体派公家と結び、尊攘派の長
　　　　　　　　　　　　州藩勢力や急進派公家の三条実美らを京都から追放（七
　　　　　　　　　　　　卿落ち）

(2)　朝議参予の任命：徳川慶喜・松平慶永・山内豊信（容堂）・伊達宗城・島津
　　　　　　　　　　　久光による朝廷内の合議機関（雄藩連合派の久光はのち辞
　　　　　　　　　　　職）

(3)　（　23　）（1864.7）＝別称、蛤御門の変
　　　　　　　　　　：長州藩が京都での復権や、（　24　）事件（新選組による
　　　　　　　　　　尊攘派襲撃）の報復のため京都に出兵→薩摩・会津など
　　　　　　　　　　の藩兵に敗れ「朝敵」となる

(4)　第1次（　25　）（1864.7）：幕府、禁門の変を理由に諸藩を動員、（朝敵の）
　　　　　　　　　　　　　　　長州藩攻撃命令を発す

(5)　（　26　）事件（1864.8）：第1次長州征討とほぼ同時期
　　　　　　　　　　　　　　　長州藩のおこなった外国船砲撃に対する英・仏・
　　　　　　　　　　　　　　　米・蘭による報復→下関が砲撃、占拠され長州藩
　　　　　　　　　　　　　　　敗北→長州藩、攘夷不可能を認識

　Point　長州藩では、保守派が台頭し尊攘派を弾圧。恭順を示した長州藩に対
　　　　　して、幕府征討軍は本格的な戦いを交えず撤兵。

5　国内の混乱と列強の動向

(1)　条約勅許と改税約書

　　a　混乱に乗じ欧米列強は兵庫沖に艦隊派遣、朝廷より条約勅許を獲得（1865）

　　b　（　27　）調印（1866）：兵庫開港遅延の代償に、関税率の引下げを獲得

　　　　　　　　　　　　　　　＊平均20％から一律5％の従量税へ

　　　　　　　　　　　　　　　→日本の貿易収支は（　28　）超過へ

(2)　イギリス・フランスの動き

　　a　イギリス公使（　29　）：天皇中心の雄藩連合政権に期待

　　b　フランス公使（　30　）：幕府を支持し、財政的・軍事的援助

| 18 |
| 19 |
| 20 |
| 21 |
| 22 |
| 23 |
| 24 |
| 25 |
| 26 |
| 27 |
| 28 |
| 29 |
| 30 |

問▶幕末の輸出入額を示す右のグラフをみると、1865年まで
は輸出超過が続いているが、翌年以降は輸入超過に転じてい
る。この要因について考察してみよう。

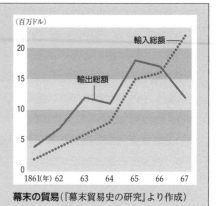

幕末の貿易(『幕末貿易史の研究』より作成)

6　討幕運動の展開

(1)　薩長の動向と薩長同盟

  a　薩摩藩：薩英戦争の経験から開明政策に転換、イギリスに接近

     （　31　）・大久保利通らが藩政を指導し、近代化を推進

  b　長州藩：長州藩尊攘派の桂小五郎(木戸孝允)ら四国艦隊下関砲撃事件

     により攘夷不可能を認識

     （　32　）らが（　33　）を率いて挙兵、保守派を駆逐し主導権を握

     り、藩論を恭順から倒幕へ転換

     ＊イギリスに接近し、大村益次郎のもと軍事力の強化を推進

(2)　（　34　）：薩摩藩と長州藩の軍事同盟

  a　土佐藩出身の（　35　）・中岡慎太郎らの仲介で、1866年に同盟の密約

  b　第2次長州征討

   ①　恭順姿勢を撤回した長州に対し、幕府は再び（　36　）を宣言(1865)

   ②　1866年、実行に移すが薩摩藩は幕府の出兵要請に応じず、長州藩を援助

   ③　幕府、不利な状況下で将軍家茂が大坂城で病死、戦闘を中止し撤退

31

32

33

34

35

36

問▶薩英戦争と四国艦隊下関砲撃事件は、幕末の政局にどのような影響を与えたのだろうか、「攘
夷」という語句を用いて、説明してみよう。

幕府の滅亡 　教 p.227〜

1 大政奉還

(1) 諸勢力の動向

　a　（　1　）が15代将軍に就任（1866.12）、フランスの支援で幕府勢力の回復を目指す

　b　孝明天皇死去（1866）で朝廷内の公武合体論が後退、薩長勢力は急進派の（　2　）と結び、討幕の密勅の入手を画策

(2) （　3　）（1867.10.14）：幕府から朝廷への政権返上

　a　薩長主導による武力倒幕に対し、土佐藩は公武合体の立場を堅持
　　→前土佐藩主（　4　）が、藩士後藤象二郎や（　5　）の建議による大政奉還を将軍慶喜に建白

　b　将軍慶喜、大政奉還の上表を朝廷に提出＝薩長の討幕の密勅入手と同日
　　→慶喜、政権返上後も徳川（将軍）家主導の連合政権の樹立を構想

2 王政復古の大号令（1867.12.9）

(1) 倒幕派：薩長は**岩倉具視**らと結び、徳川勢力の一掃を目指すクーデタを決行

　a　（　6　）の大号令を発し、天皇中心の新政府樹立を宣言

　b　将軍（幕府）・摂政・関白を廃止し、（　7　）・議定・（　8　）の**三職**を設置
　　＊参与には薩摩藩など有力諸藩の藩士を入れ、雄藩連合政権の形態

(2) 三職の（　9　）（同日夜）で、徳川慶喜に**辞官納地**（＝内大臣辞退と領地の一部返上）を命令→慶喜、京都より大坂城に引き上げ、新政府側と軍事的対決へ

戊辰戦争と新政府の発足 　教 p.228〜

1 （　1　）戦争（1868〜69）：新政府と旧幕府の戦い

(1) 背景

　a　小御所会議で徳川慶喜への辞官納地決定→新政府と旧幕府の対立不可避

　b　旧幕府軍（幕府および会津・桑名藩など）が徳川慶喜を擁し新政府に対抗

(2) 経過

1868年1月 （　2　）の戦い	新政府軍と旧幕府軍が京都近郊の鳥羽・伏見で交戦 →慶喜は江戸へ敗走、幕府軍が敗退 →新政府軍、東征を開始
＊（　3　）率いる赤報隊は年貢半減を掲げ東征軍に参加、のち偽官軍とされ処刑	
1868年4月 江戸城無血開城	西郷隆盛（新政府）と（　4　）（旧幕府）との交渉 →慶喜が新政府に恭順し、江戸城を無血開城 ＊一部旧幕臣が彰義隊を結成、上野で抵抗
＊東北諸藩を中心に（　5　）を結び、新政府に抵抗	

新政府軍と越後長岡藩を中心とする勢力の争い（北越戦争）（1868.5〜7）	
1868年9月 会津戦争	→会津若松城の落城で新政府軍が勝利 ＊会津藩の白虎隊や娘子軍らの悲劇
1869年5月 （　6　）の戦い （＝箱館戦争）	箱館の五稜郭を拠点に（　7　）が率いる旧幕府軍の最後 の抵抗→旧幕府軍が降伏し、戊辰戦争は終結 ＊榎本武揚は、のち明治新政府で外交などを担当

2　新政府の発足

(1)　王政復古と天皇の外交主権掌握を諸外国に告知（1868.1）

(2)　（　8　）（1868.3）：新政府の政治方針

 a　由利公正（越前）・福岡孝弟（土佐）らの起草→（　9　）が加筆修正後、公布

 b　公議世論の尊重、開国和親の方針など国策の基本を提示

 c　天皇が百官を率いて神々に誓約する形式→天皇親政を強調

(3)　（　10　）（1868.閏4）：新政府の政治組織を整える

 a　太政官七官制、当初はアメリカの三権分立制、官吏公選制を導入

 b　中央官制

  太政官｛（立法）：議政官（上局と下局：下局は公議所→集議院へ）
（行政）：行政官（外国官・会計官・軍務官・神祇官）
（司法）：刑法官

(4)　（　11　）（1868.3）：明治政府による初期の民衆統制

   旧幕府による民衆統治の施策を踏襲

    →五倫の道（君臣・父子・夫婦間の儒教倫理）の重視、

     強訴や徒党の禁止、（　12　）教の禁止など

(5)　人心の一新

 a　慶応→明治に改元（1868.9）

  ＊以後、天皇1代につき1年号の（　13　）を採用

 b　江戸を東京に改名、明治天皇即位し東京へ行幸→**東京遷都**（1869.3）

幕末社会の動揺と変革　教 p.230〜

1　社会不安の増大：背景に、開国による物価上昇や政局をめぐる抗争

(1)　（　1　）の続発（1866〜）：困窮した農民らが「**世直し**」を叫び挙行

(2)　打ちこわし：大坂・江戸を中心に大規模化（とくに長州征討の時期など）

(3)　（　2　）：天理教（中山みき）・黒住教（黒住宗忠）・金光教（川手文治郎）など
  の民衆宗教の流行

(4)　熱狂的な（　3　）の乱舞（1867）や、伊勢神宮への（　4　）の大流行など、民
衆運動の高揚→幕末期の支配秩序の混乱を助長

2　科学技術の導入：幕府・諸藩による西洋技術の導入、近代化の動き

(1)　幕府の動き：反射炉を築造した（　5　）らを中心に推進

 a　洋学研究機関

  ①　蛮書和解御用（1811）→開国後（　6　）設置（洋学教授、外交文書翻訳）

   →のち洋書調所（1862）・開成所（1863）

② 種痘所(1860)：西洋医学の研究機関→のち医学所(1863)へ

b　技術習得機関

①　長崎に海軍伝 習 所(海軍教育)、江戸に講武所(武術訓練)の設置

　　→日米修好通商条約の批 准 書交換に際し、**勝海 舟** や伝習を受けた乗組

　　員による(　7　)での太平洋横断に結実(1860)

②　長崎製鉄所の建設(汽船機関の製造・修理などの技術習得)

c　近代工場の建設：慶応年間、フランス顧問団をまねき(　8　)の建設を推

　　　　　　　　進

(2)　海外への派遣留学

a　幕府関係：西 周 ・津田真道(洋書調所の教官)ら、オランダへ

b　福沢諭吉ら、幕府の使節に従いアメリカ・ヨーロッパへ

c　諸藩関係：伊藤博文・井上 馨 (長州)、森有礼(薩摩)ら、イギリスへ

(3)　外国人宣 教 師や新聞記者の来日：開港 場 の横浜で欧米文化を紹介

　　《おもな宣教師》ローマ字表記を広めた(　9　)やフルベッキら

7

8

9

近代国家の成立

1　明治維新と富国強兵

廃藩置県 教 p.236〜

1　旧体制の残存

(1)　戊辰戦争で没収した旧幕領←京都・江戸など要地は（　1　）、ほかは県

(2)　上記以外は、従来の諸藩の大名が統治する体制＝「藩」が存続

2　（　2　）の実施(1869)

(1)　目的：藩主に**版**(＝領地)と**籍**(＝領民)を天皇に返還させ、新政府が全国の支
　　　　配権を掌握する体制に向けた土台づくり

(2)　経過：（　3　）(薩摩)、（　4　）(長州)、板垣退助(土佐)、大隈重信(肥前)
　　　　らの画策で、四藩主が朝廷に版籍奉還の上表を提出→多くの藩が追
　　　　随、ほかの藩にも奉還命令

(3)　結果：旧大名を（　5　）に任命し旧領地の藩政に当たらせ、家禄を支給
　　　　ただし、徴税・軍事の権限は従来どおり各藩が掌握
　　　　→旧大名の権力が温存

3　（　6　）の断行(1871) 📖🔍

(1)　目的：藩制度を全廃、中央集権による政治的統一を企図

(2)　経過：動乱に備え薩摩・長州・土佐の3藩から（　7　）を募り、軍事力強化

　　a　すべての藩を廃して府・県とする(知藩事は罷免し上京させる)

　　b　中央政府から府知事・（　8　）を派遣、国内の政治的統一が完成

(3)　府県数：**1使(開拓使)** 3府302県→ 1使3府72県→**1道**3府（　9　）県(1888)

史料チェック 📖🔍

廃藩置県(1871)

　……朕曩ニ諸藩（　10　）ノ議ヲ聴納シ、新ニ（　11　）ヲ命ジ、各其職ヲ奉
ゼシム。然ルニ数百年因襲ノ久キ、或ハ其名アリテ其実挙ラザル者アリ。
何ヲ以テ億兆ヲ保安シ万国ト対峙スルヲ得ンヤ。朕深ク之ヲ慨ス。仍テ今更
ニ（　12　）ヲ廃シ（　13　）ト為ス。……有名無実ノ弊ヲ除キ、政令多岐ノ憂
無カラシメントス。　　　　　　　　　　　　　　　　　　　　　　(『法令全書』)

4　中央官制の整備

(1)　版籍奉還(1869)後：政体書による太政官制廃止→大宝令形式の復活
　　　　　　　　　　神祇官を太政官の外に、太政官のもとに各省を設置

(2)　廃藩置県(1871)後：太政官を（　14　）、左院、右院の**三院制**に改組
　　　　　　　　　　神祇官は、神祇省に格下げ
　　　　　　　　　　正院(最高機関)のもとに各省設置、左院＝立法機関

(3) （　15　）政府の誕生：少数の公家や**薩 長 土肥**の実力者が新政府の要職を独占

   a　公家：三条実美（さねとみ）・岩倉具視（ともみ）

   b　薩摩：西郷隆盛（たかもり）・大久保利通（としみち）・黒田清隆ら（きよたか）

   c　長州：木戸孝允（たかよし）・伊藤博文（ひろぶみ）・井上馨（かおる）・山県有朋ら（やまがたありとも）

   d　土佐：板垣退助・後藤象二郎（しょうじろう）・佐佐木高行ら（たかゆき）

   e　肥前：大隈重信・大木喬任（たかとう）・副島種臣（そえじままたねおみ）・江藤新平ら（しんぺい）

(4) 廃藩置県後、（　16　）を団長とする使節団が欧米視察に出発（＝岩倉使節団）

(5) 使節団帰国までに（　17　）を中心とする留守政府が、学制・徴兵制（ちょうへい）・地租（ち そ）
改正などの内政改革を推進

5　軍制改革・警察制度

(1) 廃藩置県時（はいはんちけん）に組織した御親兵（ごしんぺい）→その後、天皇警護の（　18　）となる

(2) 廃藩で解散した藩兵の一部→兵部省下（ひょうぶ）で各地の（　19　）に配置し反乱や一（いっ）
揆（き）に対処→兵部省は陸軍省と海軍省に分離（1872）

(3) 徴兵制（ちょうへい）の断行

   a　長州の（　20　）が構想→(20)暗殺後は同じ長州の（　21　）が継承

   b　**徴兵告諭** 📖🔍 に基づき、翌年、**国民皆兵**を原則とする（かいへい）（　22　）を公布

   c　内容

     ① 士族（しぞく）・平民の別なく（　23　）歳に達した男子を選抜→３年間の兵役服務（へいえきふくむ）

     ② 多くの免除規定（戸主・跡継ぎ（あとつ）・官吏（かんり）・学生・代人料270円納入者など）

     ③ 徴兵告諭の文言の誤解などから、各地で反対一揆＝**血税一揆**がおこる（けつぜいいっき）

(4) 警察制度

   a　地方行政や勧業・治安などを担当する（　24　）省が全国の警察組織を統轄

   b　内務省のもと東京に（　25　）を設置、警察官を「邏卒（らそつ）」から「巡査（じゅんさ）」に改称

| 15 |
| 16 |
| 17 |
| 18 |
| 19 |
| 20 |
| 21 |
| 22 |
| 23 |
| 24 |
| 25 |

史料チェック 📖🔍

徴兵告諭（1872）

　……凡ソ天地ノ間一事一物（いちじいちぶつ）トシテ税アラザルハナシ。以テ国用ニ充ツ（あ）。然ラ（しか）
バ即チ（すなわ）、人タルモノ固ヨリ（もと）心力ヲ尽シ国ニ報ゼザルベカラズ。西人之ヲ称シ（せいじん）
テ（　26　）ト云フ。其生血ヲ以テ国ニ報ズルノ謂ナリ（いい）。……全国四民男児二十
歳ニ至ル者ハ尽ク（ことごと）兵籍ニ編入シ、以テ緩急ノ用ニ備フベシ。　　　（『法令全書』）

| 26 |

🔍 探究コーナー

> 問▶右図は徴兵令に際して、当時民間に広まった冊子である。この冊子の内
> 容をふまえ、徴兵令の施行後、実際に兵役についた人々の実態について、説
> 明してみよう。

徴兵免役心得

㉟ p.238〜

1 四民平等

(1) 藩主・藩士の主従関係を解消、旧藩主・公家を（ 1 ）、藩士や旧幕臣を
（ 2 ）とする（下級の武士は卒）

(2) 農工商の百姓・町民は（ 3 ）となり、苗字が許され、華・士族との結婚や
移住および職業選択の自由を容認

(3) （ 4 ）の布告（1871）：旧来のえた・非人などの称を廃止、制度上は平民同
様に→差別解消の施策が不十分で結婚・就職などで
差別温存、特定職種の営業独占権を喪失、兵役・教
育等の負担増→かえって生活困窮

(4) （ 5 ）（1872）：戸籍法（1871）に基づく最初の統一的な戸籍

2 （ 6 ）処分

(1) 華族や士族に支給の秩禄（家禄と賞典禄）→財政支出の大きな負担

(2) 経過

a （ 7 ）の法（1873）：秩禄奉還希望者に一時金を支給→秩禄支給を停止

b 秩禄の全廃（1876）：すべての受給者の秩禄を打ち切り、（ 8 ）を授与
年間支給額の約5〜14年分の額（金禄）を証書で供与

c 秩禄処分と同年の（ 9 ）により、士族の特権を剥奪

(3) 秩禄処分後の士族

a 公債を元手に商売に転身も、多くの場合は失敗＝いわゆる「（ 10 ）」

b 政府：士族を優先的に官吏・教員・巡査に採用、ほかに事業資金貸付や
屯田兵制度などの（ 11 ）を進めるが、効果は限定的

c 結果：不平士族があふれ、士族反乱の 因に

地租改正 ㉟ p.239〜

1 目的・準備

(1) 目的：政府の初期財源＝江戸期以来の年貢中心→米価・豊凶で変動し不安定
税制および土地制度の近代化→国家財政の安定を企図

(2) 旧来の土地制限の撤廃

a （ 1 ）の禁を解き、作付制限を撤廃（1871）

b （ 2 ）の禁止令を撤廃し、土地売買を許可（1872）
→地価を決定、土地所有者（＝従来の年貢負担者）に（ 3 ）を交付

2 改正の実施

(1) （ 4 ）を公布（1873）📖🔍、改正に着手→1880年までにほぼ完了

a 課税対象：不安定な収穫高（石高）から、一定した（ 5 ）に変更

b 納税方法：税率を地価の（ 6 ）％とし、現物納（米）から（ 7 ）に変更
納税者を土地所有者（地券所有者）とする

🎯Point 小作人が地主に納める小作料は従来どおりの現物納であった。

(2) 結果と課題

    a　近代的租税制度が確立→国家財政が安定(毎年一定額の収入を確保)

    b　封建的土地領有制度の解体→地主・自作農の土地所有権が確立

    c　従来の年貢収入確保の方針で地価算定→負担軽減求め、各地で**地租改正反対一揆**(1876)→1877年に税率(8)%へ引き下げ

    d　共同利用の(9)で所有権の未立証地を官有地に編入←一揆誘発の一因

史料チェック 📖🔍

地租改正条例(1873)

　今般地租改正ニ付、旧来田畑貢納ノ法ハ 悉 ク皆相廃シ、更ニ(10)調査相済次第、土地ノ代価ニ 随 ヒ百分ノ(11)ヲ以テ(12)ト相定ムベキ旨被 仰 出 候 条、改正ノ旨趣、別紙条例ノ 通 相心得ベシ。　　　　(『法令全書』)

殖産興業　教 p.240〜

1　**殖 産 興 業** :富国 強 兵を目指した、政府主導による産業育成政策

 (1)　封建的諸制度の撤廃:関所や 宿 駅・助郷の廃止、(1)らの流通独占の廃止、職業選択の自由の保障など

 (2)　政府の産業育成策

    a　(2)による技術指導の推進(1875年段階で500人以上)

    b　(3)の設置(1870):工業・交通部門を担当→初代工部 卿 は**伊藤博文**

    c　(4)の設置(1873): 勧 業 政策を担当推進→初代内務卿は**大久保利通**

    ＊産業奨励のため第1回内国勧 業 博覧会(1877)を東京上野で開催

2　近代産業の育成

 (1)　産業基盤の整備:旧幕府や藩営事業を継承・発展

    a　佐渡金山や生野銀山などの鉱山、長崎の(5)や福岡の三池などの炭鉱を官営事業として経営

    b　東京と大阪に砲兵工 廠 を設立、旧幕府の横須賀造船所を拡充

 (2)　(6)工場の設立:内務省主導で生糸・紡績業などの育成・増産

    a　群馬県に(7)を設立(1872):**フランス**の先進技術の導入

                        工女の養成

    b　ほかに新町紡績所(群馬、1877)、千住製 絨 所(東京、1879)など

3　交通・通信・運輸の整備

 (1)　交通:最初の官営鉄道が**新橋**・(8)間に開通(1872)、神戸・大阪間(1874)や大阪・京都間(1877)の開通→東海道線の開通(1889)

 📝Point　東海道線の開通は、「第1回帝国議会」開会に間に合うよう急ピッチで進められた。

 (2)　郵便:(9)の建議により郵便制度が発足(1871)→全国均一料金(1873)→万国郵便連合条約に加盟(1877)

 (3)　電信:東京・横浜間に電信線架設(1869)→5年後に長崎、北海道まで伸張　長崎・上 海間の海底電線で欧米と接続

右欄：8　9　10　11　12　1　2　3　4　5　6　7　8　9

(4) 海運：土佐藩出身の（ 10 ）が経営する（ 11 ）(郵便汽船三菱会社)を保護

土佐藩営の土佐商会(のち九十九商会)を母体に拡張・発展

Point 政府から特権を与えられた三井・三菱などの実業家らは「政商」と呼ばれ、独占的利益を獲得。

4 農牧業の育成と北海道開発

(1) 駒場農学校や三田育種場を設け、農業・牧畜に西洋式技術を導入

(2) 蝦夷地を（ 12 ）(松浦武四郎の命名)と改称、（ 13 ）を置く(1869)

　　a アメリカ式の大農場制度や畜産技術の移植を目指す

　　b アメリカ人（ 14 ）をまねき、札幌農学校(北海道大学の前身)開校(1876)

　　c 士族授産の一環で（ 15 ）制度を設け(1874)、開拓と対露警備に当てる

　　d （ 16 ）の制定(1899)：保護を名目に、アイヌを日本人化(＝同化政策)

　　　　　　　　　　　　＊以後、1997年制定のアイヌ文化振興法まで続く

5 貨幣制度

(1) 新政府発足当初：財源不足のなか不換紙幣(太政官札・民部省札)を乱発

　　　　　　　　　　紙幣統一のため政府紙幣(不換紙幣)発行も不安定

(2) （ 17 ）(1871)を定め、10進法を採用した円・銭・厘の新貨幣を発行

　　＊その後も開港場での貿易には銀貨、国内ではおもに紙幣使用と未整備続く

探究コーナー

> 問 明治政府が、富岡製糸場に代表される製糸業など繊維産業の育成に力を入れたのはなぜか、考えてみよう。

文明開化 教 p.242〜

1 背景

西洋文明の摂取による近代化と富国強兵政策→国民生活全般に（ 1 ）の風潮

2 西洋近代思想の流行：自由主義・個人主義や（ 2 ）の思想の流入

(1) イギリス流功利主義

　　a （ 3 ）：『西洋事情』『文明論之概略』『（ 4 ）』など

　　b （ 5 ）：スマイルズの『西国立志編』、ミルの『自由之理』などの訳書

(2) フランス流自由主義

　　a （ 6 ）：『民約訳解』(ルソーの『社会契約論』の一部を漢訳)

　　b 植木枝盛：『民権自由論』『天賦人権弁』

(3) ドイツ流国家主義的政治思想の導入

3 教育制度の新設・整備

(1) （ 7 ）：教育行政全般の推進のために新設(1871)

(2)　（　8　）の公布（1872）📖🔍

　　a　国民皆学を目指し、小学校教育の普及に尽力

　　b　（　9　）の学校制度を模して、全国を8大学区に編成

　　c　画一的で実情と乖離、一部で反対一揆が勃発→7年後に（　10　）に改正

(3)　専門教育

　　a　（　11　）：開成所・医学所を起源とする諸校を統合して設立（1877）

　　b　師範学校（教員養成）、女子教育・産業教育の専門的学校の設立

(4)　私学の創設：福沢諭吉の（　12　）（1868）、新島襄の（　13　）（1875）など

史料チェック 📖🔍

学制（1872）

……今般文部省ニ於テ（　14　）ヲ定メ、……自今以後、一般ノ人民（華士族卒農工商及婦女子）必ズ邑ニ不学ノ戸ナク、家ニ不学ノ人ナカラシメン事ヲ期ス。人ノ父兄タルモノ宜シク此意ヲ体認シ、其愛育ノ情ヲ厚クシ、其子弟ヲシテ必ズ学ニ従事セシメザルベカラザルモノナリ。　　　　　　　　　（『法令全書』）

4　宗教界の動向

(1)　神道国教化の流れ：祭政一致推進に神祇官を再興、国学者や神道家を登用

　　a　（　15　）発布（1868）：神仏習合を禁じ、神道国教化の方針→各地で寺院・仏像を破壊するなど（　16　）がおこる

　　b　（　17　）の詔（1870）：神道を中心とする国民教化を企図

　　c　神社制度：全国の神社を神祇行政のもと、社格を定め祭式を統一

　　d　祝祭日制定：神武天皇即位日＝（　18　）、明治天皇誕生日＝（　19　）と規定

(2)　キリスト教の解禁

　　a　禁教政策の継続：幕末に発覚した長崎の隠れキリシタンを捕縛し、新政府が各藩に配流＝（　20　）事件（1868）

　　b　欧米からの抗議：キリスト教禁止の高札を撤廃（1873）、その後は黙認へ

5　新聞・雑誌の発刊

(1)　活版印刷の進展：（　21　）が鉛製活字の量産技術の導入に成功

(2)　日刊新聞の発行：初の日刊新聞『横浜毎日新聞』（1870）など

(3)　（　22　）：明治6（1873）年に森有礼・福沢諭吉・西周・加藤弘之らが結成、社誌の『（　23　）』で西洋思想を紹介し、人々を啓蒙

6　生活文化の西洋化

(1)　暦法：旧暦を廃し（　24　）を採用（1872.12）

　　　　＊1日24時間、日曜休日制導入

(2)　生活の変化（地方の農村には波及が遅延）

　　a　洋服の着用（官吏・巡査から民間に普及）、文明開化の象徴→（　25　）頭

　　b　牛鍋やビール、巻きタバコなど

　　c　銀座などに煉瓦造の建物、ガス灯、人力車や（　26　）等の新しい乗物

8	
9	
10	
11	
12	
13	
14	
15	
16	
17	
18	
19	
20	
21	
22	
23	
24	
25	
26	

問 右図のような仏教への破壊行為を人々がおこすきっかけとなった法令名を記すとともに、こうした行為がおこった背景について、江戸時代の宗教政策との関連もふまえて説明してみよう。

廃仏毀釈の図

明治初期の対外関係　教 p.244～

1　不平等条約の改正交渉着手と頓挫

(1)　岩倉使節団の欧米派遣(1871～73)

 a　岩倉具視を大使に、(1)・木戸孝允・伊藤博文・山口尚芳の各副使以下、約50人

 b　山川捨松、(2)(女子英学塾設立)ら、女性を含む留学生約60人が随行

 c　アメリカと条約改正の予備交渉には失敗、欧米諸国の政治や産業を視察

(2)　外務卿(3)の交渉：アメリカと関税自主権の回復交渉に成功もイギリス・ドイツなどの反対で失敗

2　清との関係・琉球帰属問題

(1)　(4)締結(1871)：最初の**対等条約**、全権は伊達宗城と李鴻章(清)

  →相互に領事裁判権を承認、対等な関税率を確認

(2)　(5)：薩摩支配のもと清を宗主国とする両属の関係の琉球王国→琉球藩→沖縄県の一連の措置

 a　日本帰属に向けて、(6)を設置(1872)、国王(7)を藩王とする

 b　(8)(1874)：台湾に漂着した琉球民を現地住民が殺害(1871)→日本は清に賠償要求→清は現地住民を「化外の民」として拒否→軍人・士族の強硬派に押され派兵→イギリスの調停、清は日本出兵を正当とし賠償金支払い

 Point 台湾への派兵の背景には、国内における「士族」の不満の矛先を政府から回避するねらいもあり。

 c　日本側、琉球に清との関係断絶を強要→清は琉球への宗主権を主張し反発

 d　琉球藩を廃して沖縄県を設置(1879)→尚泰が東京に移住し琉球王国消滅

 ＊琉球(沖縄)の帰属は**日清戦争**(1894)まで外交問題として残存

3　朝鮮との関係

(1)　(9)：留守政府の西郷隆盛・板垣退助らが主張、西郷を派遣し朝鮮の鎖国政策の転換を要求、最終手段に武力での威嚇等を企図

→岩倉使節団が帰国、大久保・木戸ら内治優先派の反対で挫折

　　　　　　＊西郷、板垣らは参議を辞任し下野：**明治六年の政変**

(2)　(　10　)(江華条約、1876)締結

　　a　(　11　)事件：1875年、日本軍艦が朝鮮の首都漢城近郊で挑発→戦闘に

　　b　事件後、日本が朝鮮に開国要求→圧力に屈した朝鮮が条約締結を承認

　　＊日朝修好条規は日本の領事裁判権や関税免除を認めさせた**不平等**な内容

4　国境の画定

(1)　樺太帰属問題

　　a　幕末に締結の日露和親条約(1854)では国境を定めず

　　b　(　12　)締結(1875)📖🔍：樺太をロシアに譲り、千島全島を日本領とする

(2)　小笠原諸島：欧米系住民が定住→幕府が役人を派遣し領有を確認(1861)→

　　　　　　　　英・米に通告、内務省の管轄下に置き統治を再開(1876)

(3)　その他：他国占領の形跡がないことを確認のうえ、尖閣諸島(1895.1)、竹

　　　　　　島(1905.1)を日本領に編入

史料チェック 📖🔍

樺太・千島交換条約(1875)

第一款　……而今而後(　13　)全島ハ悉ク魯西亜帝国ニ属シ、ⓐ「ラペルーズ」海峡ヲ以テ両国ノ境界トス。

第二款　全魯西亜国皇帝陛下ハ、第一款ニ記セル樺太島(即薩哈嗹島)ノ権理ヲ受シ代トシテ、其後胤ニ至ル迄、現今所領「クリル」群島……計十八島ノ権理及ビ君主ニ属スル一切ノ権理ヲ大日本国皇帝陛下ニ譲リ、……ⓑ「ラパッカ」岬ト「シュムシュ」島ノ間ナル海峡ヲ以テ両国ノ境界トス。

(『日本外交文書』)

問　右図中に、下線部ⓐとⓑに示された両国の境界線を記入せよ(それぞれ
ⓐ・ⓑの記号も記すこと)。(　14　)※右の地図に記入

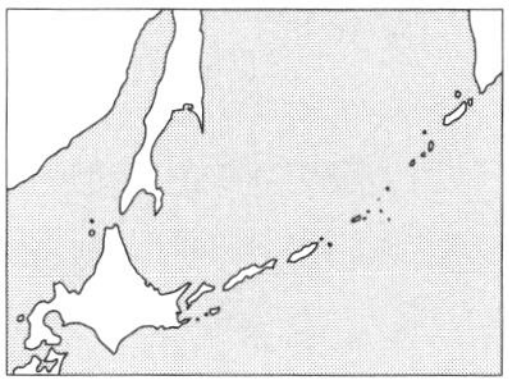

政府への反抗　📖 p.246〜

1　征韓派の下野

(1)　征韓論(不平士族支持)否決→征韓派(西郷隆盛・板垣退助・江藤新平ら)下野
　　＝(　1　)の政変(1873)→各地で政府批判の運動、士族反乱の指導者に

(2)　自由民権運動の契機

　　a　下野した板垣退助・後藤象二郎・副島種臣・江藤新平らが(　2　)を設立

　　b　(　3　)(1874)：藩閥政府への批判と国会開設要求し、左院に提出
　　　　　　　　　　　→政府は黙殺

　　c　板垣は郷里の土佐へ、江藤は佐賀に帰郷後(　4　)(1874)の首謀者として
　　　刑死

2　民衆一揆と士族反乱

(1)　新政府の諸改革に対する民衆の不満

　　a　徴兵制度や学制による負担増加などへの不満から(　5　)が頻発(1873)

右欄番号: 10, 11, 12, 13, 14, 1, 2, 3, 4, 5

6
7
8
9
10
11
12
13
14
15
16
17

b　地価基準の地租算定に抗し大規模な（　6　）が三重・愛知などで勃発

→政府は軍隊を出動させ鎮圧、一方で地租を（　7　）%に改定

＊「竹槍でどんと突き出す２分５厘」

(2)　士族の不満と特権喪失

a　（　8　）(1873)：国民皆兵により、士族は職務上の活躍の場を喪失

b　（　9　）(1876)：武士の特権の象徴であった帯刀を禁止

c　（　10　）(1876)：家禄支給の打切りで、経済的基盤を喪失

d　あいつぐ特権喪失で士族の不満が沸騰、各地で士族反乱が発生

反乱名	年	中心人物	反乱の内容
（　11　）の乱	1874	（　12　）	征韓党が江藤を擁して反乱
（　13　）の乱 （神風連の乱）	1876	太田黒伴男	**廃刀令**に反対、熊本士族挙兵→熊本鎮台を襲撃
（　14　）の乱	同年	宮崎車之助	征韓・国権拡張を主張し、福岡県の不平士族が挙兵
（　15　）の乱	同年	**前原一誠**	敬神党の乱・秋月の乱に呼応して、山口県で士族が挙兵
（　16　）	1877	（　17　）	鹿児島士族が**西郷隆盛**を擁し挙兵、最後にして最大の士族反乱

＊明治政府は総力をあげて**西南戦争**を鎮圧→以後、不平士族の反乱はおさまる

探究コーナー

問1 右図は「士族の商法」と称する錦絵である。この店にある品書き「不平おこし」「熊鹿戦べい」を取り上げ、それが示唆する当時の出来事を説明してみよう。なお、この風刺画は、西南戦争勃発の翌月の1877年３月に出版されている。

問2 「三菱型西洋風『蒸洋艦』」との品書きには「売切れの日多し」との文字が記されている。この言葉が意味する内容を考えてみよう。

「士族の商法」の錦絵

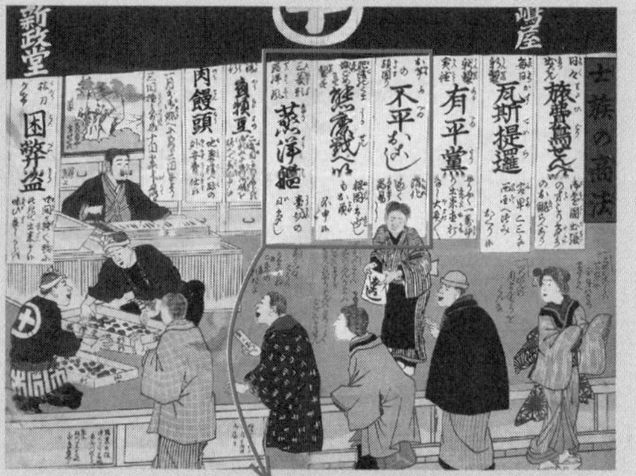

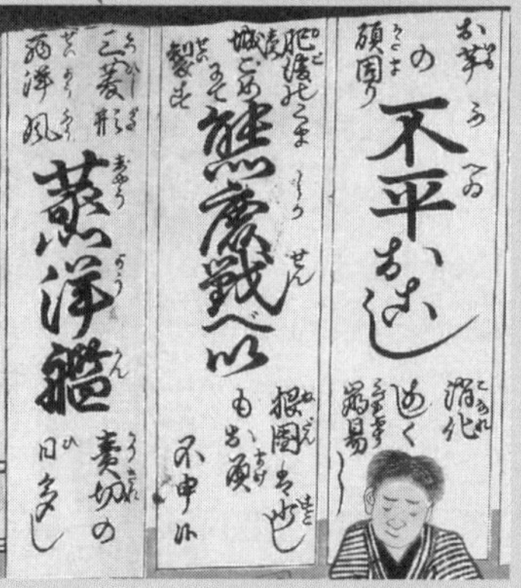

部分拡大

自由民権運動 教 p.247〜

1 自由民権運動と士族反乱

・藩閥政府への批判	⟹	・各地でおこる士族反乱への端緒
・征韓派の下野		・板垣退助らによる自由民権運動への潮流

2 初期の自由民権運動（士族中心の運動＝士族民権）（1874〜75）

(1) 板垣退助ら愛国公党結成→民撰議院設立の建白書を提出（1874）📖🔍→政府
は黙殺

(2) 板垣、土佐に帰郷→（ 1 ）ら同志と（ 2 ）を結成（1874）→全国に運動を
呼びかけ、翌年大阪で（ 3 ）を結成、全国組織を目指す

(3) 政府の融和策

  a （ 4 ）（1875）：大久保利通による板垣退助・木戸孝允（台湾出兵に反対
し下野）との会談

  b 会議後、政府側は（ 5 ）を発し📖🔍、立法の諮問機関として（ 6 ）、
最高裁判所に当たる（ 7 ）、地方民情を知るための地方官会議設置を約す

  c 板垣、木戸が参議として、いったん政府に復帰

(4) 政府の弾圧

  対話の一方、政府は自由民権運動を（8 ・ ）で弾圧（1875）

  →板垣・木戸は再び参議辞任

(5) 1876〜77年は、不平士族の反乱や農民一揆が続発で、運動が停滞

史料チェック 📖🔍

（ 9 ）設立の建白書（1874）
　臣等伏シテ方今政権ノ帰スル所ヲ察スルニ、上帝室ニ在ラズ、下人民ニ在ラ
ズ、而シテ独リ＠有司ニ帰ス……之ヲ振救スルノ道ヲ講求スルニ、唯天下ノ公
議ヲ張ルニ在ル而已。天下ノ公議ヲ張ルハ民撰議院ヲ立ルニ在ル而已。

（『日新真事誌』）

漸次立憲政体樹立の詔（1875）
　朕今誓文ノ意ヲ拡充シ、茲ニ（ 10 ）ヲ設ケ以テ立法ノ源ヲ広メ、（ 11 ）
ヲ置キ以テ審判ノ権ヲ鞏クシ、又地方官ヲ召集シ以テ民情ヲ通シ公益ヲ図リ、
漸次ニ国家立憲ノ政体ヲ立テ汝衆庶ト俱ニ其慶ニ頼ラント欲ス……

（『法令全書』）

（ 12 ）条例（1875）
第十二条　新聞紙若クハ雑誌雑報ニ於テ人ヲ教唆シテ罪ヲ犯サシメタル者ハ
　犯ス者ト同罪……

（『法令全書』）

問 下線部＠の有司は何を指すか。（ 13 ）

1	
2	
3	
4	
5	
6	
7	
8	
9	
10	
11	
12	
13	

3　自由民権運動の高揚(地主ら参加＝豪農民権)と国会開設(1877～81)

(1)　立志社建白(1877)と愛国社の再興

　　　a　西南戦争中、立志社の片岡健吉らが国会開設を求める意見書＝(　14　)を
　　　　　天皇へ提出しようとするも、政府が却下

　　　b　西南戦争終了→愛国社を再興(1878)、民権運動が士族以外に、地主や都市
　　　　　商工業者、府県会議員らに拡大

　　　c　(　15　)が『民権自由論』を発刊(1879)、民権運動の広がりに影響

(2)　政府による地方統治制度の整備

　　　a　地方三新法の制定(1878)：(　16　)法・(　17　)規則・地方税規則→地方
　　　　　　　　　　　　　　　　　　制度で一定程度の民意を反映する体制の整備

　　　b　直後、大久保利通が襲撃され死去＝紀尾井坂の変　＊木戸も前年に病死

(3)　(　18　)の結成(1880)

　　　a　愛国社を核に各地の政治結社が集結して結成

　　　b　天皇宛の国会開設請願書を企図

　　　　　→政府拒否、(　19　)を発令し統制(1880)📖🔍

📖Point　この頃、政府内で国会開設をめぐり、大隈重信(早期開設派)と、伊藤
　　　　　博文・岩倉具視ら(時期尚早派)との対立が表面化。

(4)　国会開設への動き(1881)

　　　a　(　20　)事件：開拓長官(　21　)(薩摩)が、開拓使の官有物を不当に安い
　　　　　　　　　　　　価格で同藩出身者らに払下げを企図していると報道

　　　b　(　22　)の政変：伊藤らは、世論による政府批判の扇動者として、対立す
　　　　　　　　　　　　る(　23　)を政府外へ追放

　　　c　(　24　)の発表：政府は世論の批判をかわすため1890年の国会開設を公約
　　　　　📖🔍　　　　　→国会開設に向けて、憲法草案の作成や政党の結成が活
　　　　　　　　　　　　発化

史料チェック 📖🔍

(　25　)条例(1880)

第一条　政治ニ関スル事項ヲ講談論議スル為メ公衆ヲ集ムル者ハ、開会三日前
　　　ニ講談論議ノ事項、講談論議スル人ノ姓名、住所、会同ノ場所、年月日ヲ詳
　　　記シ、……管轄警察署ニ届出テ、其認可ヲ受クベシ。

第六条　派出ノ警察官ハ、……公衆ノ安寧ニ妨害アリト認ムルトキ、……全会
　　　ヲ解散セシムベシ。　　　　　　　　　　　　　　　　　　　(『法令全書』)

国会開設の勅諭(1881.10)

　　　将ニ明治(　26　)年ヲ期シ、議員ヲ召シ国会ヲ開キ、以テ朕ガ初志ヲ成サン
トス。　　　　　　　　　　　　　　　　　　　　　　　　　　　(『法令全書』)

問1　国会開設の勅諭を出す契機となった事件は何か。(　27　)

問2　国会開設の勅諭と同時期におきた政権内の騒擾を何というか。

　　　　　　　　　　　　　　　　　　　　　　　　　　　　　　(　28　)

4 憲法草案の作成

(1) 政府側：立憲君主制に向け、君主権の強い憲法草案の準備に着手

(2) 各政治結社や民間による憲法草案＝（ 29 ）の作成が活発化

  a 福沢諭吉系の（ 30 ）による『私擬憲法案』（立憲君主制、議院内閣制）

  b 植木枝盛の『（ 31 ）』（主権在民、広範な人権保障、抵抗権、革命権）

  c 立志社の『日本憲法見込案』（植木枝盛の草案に近似）

  d 東京近郊の農村青年らの『（ 32 ）』（三権分立、人権保障）

史料チェック 📖🔍

東洋大日本国国憲按

第七十条 政府国憲ニ違背スルトキハ日本人民ハ@之ニ従ハザルコトヲ得

第七十二条 政府 恣 ニ国憲ニ背キ 擅 ニ人民ノ自由権利ヲ侵害シ建国ノ旨
趣ヲ 妨 グルトキハ日本国民ハ⑥之ヲ覆滅シテ新政府ヲ建設スル事ヲ得

（『牧野伸顕文書』）

問1 この私擬憲法の起草者は誰か。（ 33 ）

問2 下線部@・⑥の権利をそれぞれ何というか。

@＝（ 34 ）　⑥＝（ 35 ）

5 政党の結成

（ 36 ）	党首＝（ 37 ）、機関誌『自由新聞』
1881年	フランス流急進的自由主義・主権在民・地方農村に基盤
（ 38 ）	党首＝（ 39 ）、機関誌『郵便報知新聞』
1882年	イギリス流漸進的立憲主義・君臣同治・都市実業家などに基盤
（ 40 ）	党首＝福地源一郎、機関誌『東京日日新聞』
1882年	ドイツ流立憲君主主義・主権在君・政府擁護(1883解党)

自由民権運動の再編 教 p.249〜

1 財政の窮乏

(1) 西南戦争の戦費調達、国立銀行の不換紙幣の増発→インフレ進行

(2) 紙幣価値の下落→定額地租中心の政府歳入が実質的に減少、財政難へ

2 松方財政

(1) 大蔵 卿 （ 1 ）のデフレ政策(1880)により米・繭などの価格が大幅下落

(2) 松方財政の影響

  a 増税と米価などの下落(農民の収入減)で、地租定額金納の農民に大打撃

  b 自作農は土地を手放し（ 2 ）へ転落、地主は土地集積(貸金や酒造業に)

  c 土地を失った農民が貧民として都市に流入→都市のスラム化の進展

  🔖Point 日本の産業革命を支える低賃金労働者を生む土壌に。

29

30

31

32

33

34

35

36

37

38

39

40

1

2

d　自由民権運動の中心的な支持者＝ 地主・農民 の離反と分断

　　　　　　① 経営難による運動からの離脱　　② 政治的に急進化、激化事件へ

3　自由民権運動激化と政府（弾圧と懐柔）

(1)　集会条例を改正（1882）、政党の支部設置を禁止

(2)　政府、三井の援助で板垣（自由党党首）らの洋行実現→立憲改進党が糾弾→自由党も大隈重信と三菱の関係を暴き、反撃→民権両派の停滞

(3)　自由民権運動の激化と挫折

　　　a　（　3　）事件（1882）：自由民権運動における最初の激化事件

　　　　　　　　　　　　福島県令（　4　）の圧政に対し、農民が抵抗→福島自由党は間接的な支援に過ぎなかったが、三島が福島県会議長（　5　）ら福島自由党員を大量検挙

　　　b　（　6　）事件（1884）：栃木・福島の自由党員が栃木県令三島通庸の暗殺を計画、失敗→のち、茨城県加波山で政府打倒をはかり挙兵→**自由党解散**（1884）へ

　　　c　（　7　）事件（1884）：埼玉県秩父で農民が（　8　）を組織→自由党員の指導により負債の減免を求め蜂起、高利貸や郡役所を襲撃→**政府は軍隊を派遣**し、鎮圧

　　　d　（　9　）事件（1885）：旧自由党左派の（　10　）らが、朝鮮の保守的政府の打倒を計画（朝鮮の内政改革の実現をもとに、日本国内の改革誘発を企図）→事前に検挙で失敗

　　　e　高田事件（1883）、群馬事件・飯田事件（1884）、静岡事件（1886）などが続発→自由党はすでに解党、立憲改進党も大隈重信らが離党→運動は衰退

4　自由民権運動の再結集

(1)　（　11　）運動の展開（1887）

　　　a　（　12　）外相の条約改正交渉での失策糾弾を契機に、自由民権運動が再燃

　　　b　運動の3要求＝「（　13　）軽減、（14　・　　）の自由、外交失策の回復」

　　　c　国会開設時期の接近：旧自由党系・立憲改進党系両派が、団結して国会に備えようとの「（　15　）」の動きが活発

(2)　（　16　）を公布（1887）：政府による弾圧（第1次伊藤博文内閣）

　　　📖🔍　　尾崎行雄・中江兆民・星亨ら、在京の民権派数百人を東京から追放

史料チェック📖🔍

（　17　）条例（1887）

第四条　皇居又ハ行在所ヲ距ル三里以内ノ地ニ住居又ハ寄宿スル者ニシテ、内乱ヲ陰謀シ又ハ教唆シ又ハ治安ヲ妨害スルノ虞アリト認ムルトキハ、……期日又ハ時間ヲ限リ退去ヲ命ジ、三年以内同一ノ距離内ニ出入寄宿又ハ住居ヲ禁ズルコトヲ得。

『官報』号外

問　この条例が出されるきっかけとなった民権派の運動は何か。（　18　）

5 国民への政治思想の浸透

(1) 政治評論中心の大新聞の発達による世論形成

(2) 各種思想家らの論陣

    a （ 19 ）：民友社結成、雑誌（ 20 ）により平民的欧化主義を提唱

    b （ 21 ）：（ 22 ）結成、雑誌『日本人』により国粋保存主義を提唱

    c （ 23 ）：新聞『日本』でナショナリズムに基づく国民主義を提唱

憲法の制定 教 p.252～

1 憲法制定の経過

(1) 明治十四年の政変（1881）→天皇・政府が強権をもつ欽定憲法制定の方針

(2) 伊藤博文の渡欧（1882～83）：ウィーン大学の（ 1 ）やベルリン大学の
      （ 2 ）らにドイツ流憲法理論（立憲君主主義）
      を学ぶ

(3) 立憲体制に向けての準備

    a 制度取調局設置（1884）：長官＝伊藤博文、宮中に設置
      華族令・内閣制度の調査研究、憲法草案作成など

    b （ 3 ）の制定（1884）：華族を（ 4 ・ ・ ・ ）の5爵に区分→の
      ちの貴族院の準備、華族の範囲を拡大（旧公家・
      大名以外も国家に功績あれば華族に）

    c （ 5 ）の導入（1885）：太政官制の廃止、各省の長が大臣として総理大
      臣のもとに国政に参画、天皇に責任を負う。新た
      に内大臣を宮中統括者とし、宮内省を閣外にお
      いて宮中と府中（行政府）を区別

    d 地方制度改革：山県有朋を中心にドイツ人顧問（ 6 ）の助言により推進
      ① （ 7 ・ ）の公布（1888）：市長は市会の推薦で内務大臣が任命、町
        村長は町村会で公選
      ② （ 8 ・ ）の公布（1890）：知事（1886年に県令を改称）は官選、府県
        会議員は市会・郡会の間接選挙

    ＊政府の強い統制のもと、地域有力者を担い手とする地方自治が確立

(4) 憲法草案の起草と審議

    a 草案の起草（1886～88）：ドイツ人（ 9 ）の助言のもと、伊藤を中心に
      （ 10 ）・伊東巳代治・（ 11 ）らが起草

    b （ 12 ）の設置（1888）：天皇の諮問機関、初代議長は伊藤博文
      憲法草案の審議
      憲法制定後も天皇の最高諮問機関として重要案件
      を審議

2 （ 13 ）（明治憲法）の発布（1889.2.11）

(1) 天皇が制定し、国民に与える（ 14 ）の形式で発布

19

20

21

22

23

1

2

3

4

5

6

7

8

9

10

11

12

13

14

(2) 内容・特色

    a 天皇主権：天皇は神聖不可侵、統治権の総攬者、**天皇大権**(議会の関与できない大きな権限)保有→文武官の任免、陸海軍の統帥権、宣戦・講和・条約締結など

           ＊とくに統帥権は内閣からも独立し、天皇に直属＝(15)

    b 内閣：天皇に対してのみ責任を負う(議会への連帯責任は不存在)

        帝国大学令(1886)→帝国大学が官吏(官僚)養成機関に

    c 議会(帝国議会)：法律・予算の審議権をもつ、天皇の協賛機関

      ① 貴族院：衆議院と対等、皇族・華族・勅任議員(天皇が任命)で構成

          ＊勅任議員は、勅選と各府県1名の多額納税者議員で構成

      ② (16)：国民の選挙により選出(衆議院議員選挙法)

    d 国民：憲法上(17)と呼称、法律の範囲内で所有権の不可侵・信教・言論・出版・集会・結社の自由を認められる

(3) 憲法公布と同時に公布：衆議院議員選挙法、貴族院令、議院法など

    ＊(18)は非公布(皇位継承、摂政の制、天皇即位式などを規定)

史料チェック 📖🔍

大日本帝国憲法(1889公布)

第三条　天皇ハ神聖ニシテ侵スベカラズ。

第四条　天皇ハ国ノ(19)ニシテ統治権ヲ総攬シ此ノ憲法ノ条規ニ依リ之ヲ行フ。

第五条　天皇ハ帝国議会ノ協賛ヲ以テ立法権ヲ行フ。

第八条　天皇ハ……必要ニ由リ帝国議会閉会ノ場合ニ於テ法律ニ代ルベキ(20)ヲ発ス……

第十一条　天皇ハ陸海軍ヲ(21)ス。　　　　　　　　　　　　　　　　(『官報』)

諸法典の編纂　教 p.254〜

1　各種法典の整備

(1) おもな目的：法治国家としての体裁を整備→条約改正交渉の進展

(2) フランス人法学者(1)をまねき、フランス法をモデルに各種法典の草案を作成

(3) 1880年：刑法・治罪法を先行して公布→天皇・皇族に対する(2)や不敬罪、国家安寧を脅かす内乱罪を厳罰化

(4) 1890年：民法・商法・民事訴訟法・刑事訴訟法などの公布

2　民法をめぐる対立：(3)と呼称

(1) 公布された民法(1893施行予定)をめぐり、一部の法学者による強い批判

(2) ボアソナード起草の民法：個人の自由・独立を尊重

    a 反対派：日本の伝統的家族道徳(家父長制)の破壊を危惧

             (4)の論文「民法出デ、(5)亡ブ」

    b 賛成派：家族制度は封建の遺風←梅謙次郎(帝国大学教授)ら

左欄番号：15　16　17　18　19　20　21　1　2　3　4　5

(3) 結果：大幅改正し公布(1896・98)→戸主権の強い家父長的家制度の存続

探究コーナー

問1 日本がフランス人法学者ボアソナードらをまねき、民法など諸法典の整備を急いだ背景には、条約改正交渉を進めるねらいがあったとされるが、諸法典の整備がなぜ条約改正交渉の進展につながるのか、説明してみよう。

＿＿＿＿＿＿＿＿＿＿＿＿＿＿＿＿＿＿＿＿＿＿＿＿＿＿＿＿＿＿＿＿＿＿＿＿

＿＿＿＿＿＿＿＿＿＿＿＿＿＿＿＿＿＿＿＿＿＿＿＿＿＿＿＿＿＿＿＿＿＿＿＿

問2 またこの頃、現在の私学につながる法律の専門学校が数多く生まれたが、どのような学校があるか調べてみよう。

＿＿＿＿＿＿＿＿＿＿＿＿＿＿＿＿＿＿＿＿＿＿＿＿＿＿＿＿＿＿＿＿＿＿＿＿

＿＿＿＿＿＿＿＿＿＿＿＿＿＿＿＿＿＿＿＿＿＿＿＿＿＿＿＿＿＿＿＿＿＿＿＿

初期議会 教 p.254〜

1 議会開設前の状況

(1) 衆議院議員選挙法(1889)の公布

満(1)歳以上の男性で直接国税(2)円以上の納入者に選挙権を付与
＝全人口の約1％強

(2) 最初の総選挙を控え、旧民権派の再結集が進む

民権運動の流れをくむ政党を(3)、政府支持の政党を(4)と称す

(3) 黒田清隆首相による(5)の声明

憲法発布直後、「政府の政策は政党の意向に左右されず」との声明を発表

(4) 第1回総選挙(1890)

→立憲自由党・立憲改進党ら(6)が過半数の議席獲得

2 帝国議会の開催：第一議会(1890)〜第六議会(1894)を**初期議会**と称す

(1) 第一議会(1890.11〜91.3)：第1次**山県有朋**内閣

a 山県内閣、国境に加え、大陸での「**利益線**」確保のため軍拡予算を提示

b 民党側、「政費節減・(7)」をとなえ、軍拡予算案の削減を主張

c 内閣、最終的に立憲自由党の一部(土佐派)を切り崩して予算が成立

(2) 第二議会(1891.11〜12)：第1次松方正義内閣

a 民党、再び軍拡予算に反対→樺山資紀海相の蛮勇演説で紛糾→解散

b 直後の第2回総選挙(1892)で、内相(8)による激しい選挙干渉
→選挙干渉にもかかわらず**民党勝利**

(3) 第三議会(1892.5〜6)：第1次松方正義内閣

民党優勢で軍事予算の削減を可決、松方内閣退陣

(4) 第四議会(1892.11〜93.2)：第2次伊藤博文内閣

a 維新に功績のあった薩長の元勲が多数入閣→「**元勲総出**内閣」と称す

1

2

3

4

5

6

7

8

b　民党側、当初軍艦建造費の削減を主張

　　　　→伊藤内閣は自由党に接近、天皇の詔勅を利用し、海軍軍備費拡張に成功

(5)　第五議会(1893.11～12)：第2次伊藤博文内閣

　　a　政府と自由党の接近に反発し、立憲改進党は吏党の流れをくむ国民協会な

　　　　どと連合＝(　9　)連合、条約改正問題で政府を攻撃

　　b　解散後の総選挙で、民党が勝利

(6)　第六議会(1894.5～6)：第2次伊藤博文内閣

　　　政府側、朝鮮(甲午農民戦争)に軍隊派遣の決定→民党、内閣弾劾上奏案を

　　可決、議会解散→その後、(　10　)戦争が勃発(1894.8)

　　＊日清戦争開戦後の第七議会(1894.10)：全会一致で臨時軍事費を可決

史料チェック 📖🔍

第一議会における首相の施政方針演説

　　予算中ニ就キマシテ　最歳出ノ大部分ヲ占メルモノハ、　即陸海軍ノ経費デ
御座イマス……蓋国家独立自衛ノ道ニ二途アリ。第一ニ(　11　)ヲ守禦スル
コト、第二ニハ(　12　)ヲ保護スルコトデアル。其ノ(11)トハ国ノ彊域ヲ謂
ヒ、(12)トハ其ノ主権線ノ安危ニ、密着ノ関係アル区域ヲ申シタノデアル。
……
　　　　　　　　　　　　　　　　　　　　　　　　　　　　　　　　　(『官報』)

問　この演説をおこなった首相は誰か。(　13　)

1 日清・日露戦争と国際関係

条約改正 教 p.256〜

1 重要課題と明治初期の交渉

(1) （ 1 ）の撤廃と（ 2 ）の回復←江戸幕府が締結した不平等条約が起因

(2) 明治初期の岩倉使節団に続き、寺島宗則による交渉の挫折

2 条約役改正の経過

(1) （ 3 ）外務卿（のち外務大臣）による改正交渉

  a 予備会議(1882)→条約改正会議(1886)

  b 交渉推進のため極端な欧化政策＝（ 4 ）外交→国民の反感

  c 領事裁判権撤廃の条件

    ① 外国人被告の場合＝外国人判事の（ 5 ）採用、内地雑居の容認

    ② ボアソナードや谷干城ら→国家主権の侵害として政府部内にも批判拡大

  d （ 6 ）事件(1886)：裁判の経過めぐり不平等条約への世論の反感が高揚

    →内外の強い反対(**三大事件建白運動**)により交渉中断、井上外相辞任

(2) （ 7 ）外相の改正交渉(1888〜89)

  a 改正に好意的なアメリカ・ドイツ・ロシアなどと個別交渉→一部調印へ

  b 内容：（ 8 ）に外国人判事の任用容認が判明→政府内外に強い反対

    →対外硬派団体(玄洋社)の青年が大隈を襲撃→大隈負傷で交渉中断

(3) （ 9 ）外相の改正交渉(1891)

  a イギリス：東アジア進出をもくろむ（ 10 ）を警戒し、親日に転換

    →条約改正(相互に対等が原則)に応じる姿勢を示唆、交渉再開

  b （ 11 ）(1891)：来日中のロシア皇太子ニコライを巡査津田三蔵が襲撃

    青木周蔵外相が引責辞任して、交渉が中断(第1次松方内閣)

  Point 政府は、津田に大逆罪を適用し死刑とする判決を求め司法に圧力→

    大審院長（ 12 ）らは、無期徒刑とし司法権の独立を守る。

(4) （ 13 ）外相の改正交渉(1894)

  a 日清戦争直前、親日政策に転換のイギリスと（ 14 ）の調印に成功

  b 内容：領事裁判権の撤廃と関税率の引上げ、相互対等の（ 15 ）待遇

  c ほかの欧米諸国とも改正条約に調印→1899年発効(有効期限12年)

(5) （ 16 ）外相の改正交渉(1911)

  a （ 17 ）の勝利による日本の国際的地位の向上→日米通商航海条約の満期

  改正にともない、**関税自主権の回復**を達成

  b ほかの諸国もこれに準じ、条約上において列国と対等の地位を獲得

1	
2	
3	
4	
5	
6	
7	
8	
9	
10	
11	
12	
13	
14	
15	
16	
17	

日清戦争開戦時の動向

　……明治二十七(1894)年七月十三日付を以て、青木公使は⒜余に電稟して曰く、「本使は明日を以て⒝新条約に調印することを得べし」と。而して余が此電信に接したるは抑々如何なる日ぞ。鶏林八道(朝鮮半島のこと)の危機方に旦夕に迫り……余が此間の苦心惨澹・経営太忙なりしは実に名状すべからず。然れども今此喜ぶべき佳報に接するや頓に余をして積日の労苦を忘れしめたり。

(『蹇々録』)

問1　下線部⒜の余はこの史料『蹇々録』の作者でもあるが、誰か。(　18　)
問2　下線部⒝の新条約の名称を記せ。(　19　)

18
19

📷 探究コーナー

問▶大津事件に際して、児島惟謙ら大審院の判事が政府の圧力に屈せずに司法権の独立を保持したことは、条約改正交渉にどのような影響を与えたか、説明してみよう。

朝鮮問題 教 p.257〜

1　日本の朝鮮進出

(1)　朝鮮の開国：江華島事件(日本の圧力)→(　1　)(1876)の締結

　　　　　　　　　＊開国後、(　2　)一族が日本に接近→朝鮮国内で親日派が台頭

(2)　(　3　)(1882)：親日派(閔氏)◁対立▷排外派((　4　)が中心)

　　　　　　　　　　→両派の対立から内乱が勃発

　　a　朝鮮の軍隊が排外派の大院君をかつぎ、日本公使館を襲撃するも失敗

　　b　日朝間で済物浦条約を締結(1882)、日本軍の駐留を容認

　　c　事件後、日本の進出を嫌う朝鮮(閔氏)→清への依存を強め親清策へ転換

(3)　(　5　)(1884)：親日派(＝(　6　)党)の親清派(＝事大党)へのクーデタ

　　a　日本と結び近代化をはかる親日改革派(　7　)らが、清仏戦争を好機として日本公使館の支援でクーデタを敢行→清国軍の来援で失敗

　　b　金玉均らの改革派→日本に亡命…大井憲太郎らによる**大阪事件**の背景

(4)　(　8　)締結(1885)📖🔍：悪化した日清関係を修復し、衝突を回避

　　a　交渉者：日本全権＝(　9　)、清の全権＝(　10　)

　　b　内容：日清両国の朝鮮からの撤兵、朝鮮へ出兵の際には(　11　)を規定

1
2
3
4
5
6
7
8
9
10
11

（　12　）**条約**(1885)

一、将来朝鮮国若シ変乱重大ノ事件アリテ日中両国 或 ハ一国兵ヲ派スルヲ要
　スルトキハ応ニ先ヅ 互 ニ行文知照スベシ。　　（『日本外交年表 竝 主要文書』）

問　この条約締結のきっかけになった事件名を記せ。（　13　）

2　両事件の影響

(1)　清の朝鮮国内における影響力が拡大→日本の影響力は著しく減退

(2)　『時事新報』(福沢諭吉の創刊)による「（　14　）」の発表など、清・朝鮮両国に
　　対する日本国内の世論が急速に悪化

日清戦争と三国干渉　教 p.258〜

1　日本の軍備増強と朝鮮との対立

(1)　日本の軍事力の増強と再編成

　a　参謀本部の新設(1878)

　b　（　1　）(1882)：軍人の天皇への忠節、政治関与への 戒 め→軍規律強化

　c　軍隊編制を鎮台から対外戦争前提の（　2　）に改編(1888)

(2)　（　3　）(1889)：朝鮮の地方官が穀物の禁輸令→日本、廃止と賠 償 の要求
　　　　　　　　　　　　　実現

2　日清戦争(1894)

(1)　（　4　）(1894.3)：日清戦争の契機となる朝鮮国内での農民反乱が勃発

　a　朝鮮で東学信徒を中心に、農民が減税と排日を要求し反乱

　b　朝鮮政府→清に出兵要請、(天津条約により日本に通告)→日本側も出兵

　c　農民軍は朝鮮政府と和解、日清両国は朝鮮政府の内政改革をめぐって対立

(2)　日清戦争の勃発

　a　イギリスが親日に転換、（　5　）条約調印で国際情勢が日本に有利と判断
　　　→開戦へ

　b　開戦：豊島沖海戦(1894.7)→日本、清に宣戦布告(1894.8)

　c　経過

　　①　政党が政府批判を中止、戦争関係の予算をすべて承認

　　②　軍隊規律や訓練度、兵器の統一性などから日本軍の優勢で推移

　　③　遼 東半島を占領、黄海海戦で清の北洋艦隊を撃滅、威海衛占領

(3)　（　6　）調印(1895.4) 📖🔍：日本全権＝首相伊藤博文・外相（　7　）
　　　　　　　　　　　　　　　　清国全権＝李鴻 章

　a　清は朝鮮の独立を認める

　b　（　8　）半島、（　9　）、澎湖諸島の日本への割譲

　c　賠 償 金 2 億 両 (約 3 億1000万円)を日本に支払い

　d　沙市・重 慶・蘇 州・杭 州 の 4 港を開港

　✒Point　沙市・重慶が長江流域にあることや、蘇州・杭州と上海との位置関
　　　　　係を確認。

10
11
12
13
14
15
16
17
18
19
20
21
22

史料チェック

下関条約(1895)

第一条　清国ハ(　10　)国ノ完全無欠ナル独立自主ノ国タルコトヲ確認ス……

第二条　清国ハ左記ノ土地ノ主権……ヲ永遠日本国ニ割与ス

一　左ノ経界内ニ在ル ⓐ奉天省南部ノ地……

二　(　11　)全島及其ノ付属諸島嶼

三　澎湖列島……　(『日本外交文書』)

問　下線部ⓐの「奉天省南部ノ地」とは、具体的にどこを指すか。(　12　)

3　日清戦争後の情勢

(1)　(　13　)：東アジア進出を目指すロシアがドイツ・フランスを誘い、日本に(　14　)返還を要求
→日本は三国の圧力に抗せず返還を受諾
→「(　15　)」をスローガンに軍備拡張に邁進

(2)　台湾統治

a　1895：(　16　)を初代台湾総督に任命→台湾島民の抵抗を武力で鎮圧

b　1898：台湾総督(　17　)のもと民政局長(　18　)が土地調査事業に着手
→土地制度の近代化推進

c　(　19　)や(　20　)会社など設立→産業振興をはかる

Point　台湾製糖会社は三井物産らの出資で1902年操業、日本政府の手厚い保護下で発展し、台湾は日本への砂糖供給地となる。

(3)　朝鮮の親露化

a　三国干渉後、閔妃らが親露派に傾倒

b　日本公使(　21　)らが閔妃殺害事件をおこす→国王高宗の親露政権成立

c　清の冊封下から脱し、国号を朝鮮から(　22　)とし、皇帝称号を使用

探究コーナー

問　右図はビゴーが「魚釣り遊び」との表題で日清戦争前の国際関係を風刺した絵とされる。具体的な国名を示しながら、この絵を説明してみよう。なお、この絵は1887年に描かれている。

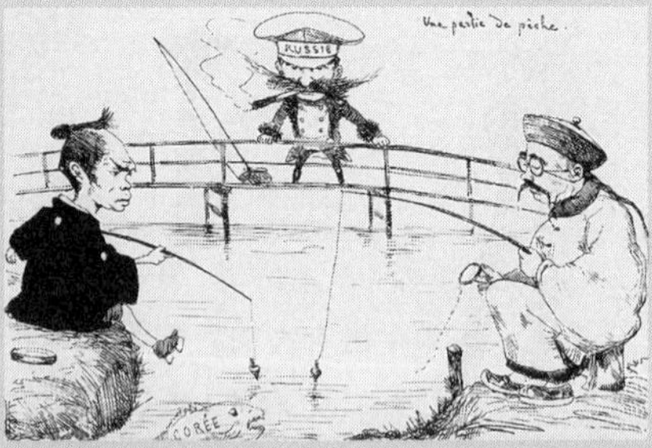

「魚釣り遊び」

立憲政友会の成立 教 p.260〜

1 日清戦争後の思想界の動向

(1) （　1　）：日清戦争の開戦以降、『国民之友』で対外膨張論を展開

(2) （　2　）：雑誌『（　3　）』で日本主義をとなえ、日本の大陸進出を肯定（こうてい）

＊大陸進出や対外膨張を支持する国家主義が思想界の主流に

2 日清戦争後の政治情勢

(1) 内閣と政党の接近

a 第2次伊藤博文（ひろぶみ）内閣（1892〜96）

日清戦争後、（　4　）党が伊藤内閣を支持→**板垣退助**（たいすけ）が内務大臣（内相）として入閣、軍備拡張予算を承認

b 第2次松方正義（まさよし）内閣（1896〜98）（松隈内閣（しょうわい）とも）

（　5　）党（改進党が発展）と提携、**大隈重信**（おおくましげのぶ）が外相に入閣、軍備を拡張

c 第3次伊藤博文内閣（1898）

選挙で停滞の自由党と距離をおき、超然主義（ちょうぜん）に回帰

① 軍拡のための地租増徴案（ち そ ぞうちょうあん）に対し、自由・進歩両党が連携し増税案を否決

② 内閣との対決姿勢を強めた自由・進歩両党が合同し、（　6　）を結成

③ 衆議院に絶対多数政党の出現で伊藤内閣は退陣、後継に大隈を推薦

d 第1次（　7　）内閣（1898）：日本初の政党内閣

① 内相に（　8　）が就任、首相の大隈は外相を兼任→（　9　）内閣と呼称

② 陸・海軍大臣を除くすべての閣僚を憲政党員（けんせいとう）で独占

③ 旧自由党と旧進歩党で内部対立→（　10　）の共和演説事件を機に、旧自由党系の（　11　）、旧進歩党系の（　12　）に分裂→4カ月で内閣が総辞職

Point 隈板内閣（わいはん）は日本初の政党内閣とされるが、陸・海軍大臣は政党出身ではない。

e 第2次（　13　）内閣（1898〜1900）

① 憲政党の支持で、地租増徴案が成立（2.5％→3.3％）

② （　14　）改正（1899）：高級官吏（かん り）の任用資格の制限。文官分限令・文官懲戒令（ちょうかいれい）と合わせ、官僚に対する政党の影響を排除

③ （　15　）制定（1900）：政党の力が軍部におよぶのを阻むのがねらい、陸・海軍大臣は現役の大将（たいしょう）・中将（ちゅうじょう）に限定

→結果的に軍部の発言力が強化

Point 軍部大臣現役武官制が制定された理由を理解する。

④ （　16　）の公布（1900）：社会主義運動・労働運動の取締りを強化

⑤ 一連の動きに憲政党が離反→内閣退陣

＊政党結成を目指す伊藤博文と憲政党が接近→（　17　）を結成（1900）

総裁は伊藤

治安警察法(1900)

第五条　左ニ掲グル者ハ政事上ノ結社ニ加入スルコトヲ得ズ

……

（　18　）及未成年者ハ公衆ヲ会同スル政談集会ニ会同シ若ハ其ノ発起人タルコトヲ得ズ……

第十七条　左ノ各号ノ目的ヲ以テ他人ニ対シテ暴行、脅迫シ若ハ公然誹毀シ、……他人ヲ誘惑、若ハ煽動スルコトヲ得ズ

　二　同盟解雇若ハ同盟罷業ヲ遂行スルガ為、使用者ヲシテ労務者ヲ解雇セシメ若ハ労務ニ従事スルノ申込ヲ拒絶セシメ、又ハ労務者ヲシテ労務ヲ停廃セシメ若ハ労務者トシテ雇傭スルノ申込ヲ拒絶セシムルコト。（『官報』）

f　第4次伊藤博文内閣(1900〜01)

　　立憲政友会を率いて組閣するも、各種審議で貴族院の抵抗に苦しみ退陣

(2) 桂園時代：伊藤博文と山県有朋の後継者が交互に内閣を担当

a　（　19　）内閣(1901〜)：長州閥で山県の後継、軍部・官僚・貴族院支持

b　（　20　）内閣(1906〜)：立憲政友会総裁、伊藤の支持による後継内閣

＊伊藤や山県は（　21　）として首相選任などで隠然たる勢力を維持

探究コーナー

問▶右の史料は、1900年8月に『万朝報』に掲載された幸徳秋水の「自由党を祭る文」である。なぜ幸徳は、傍線部ⓐのように「自由党死す」と表現したのか。当時の自由党の状況から説明してみよう。

自由党を祭る文
声あり、一星忽焉として堕ちて、ⓐ嗚呼自由党死す矣、而して其光栄ある歴史ハ全く抹殺されぬ。……

列強の中国進出と日英同盟　教 p.261〜

1　列強による中国分割：日清戦争後に列強が中国に進出、利権や租借地拡大

(1) ドイツ：（　1　）半島の膠州湾を租借

(2) ロシア：遼東半島の（　2　）・大連を租借、東清鉄道・（　3　）鉄道敷設権を獲得

(3) イギリス：（　4　）半島、山東半島の（　5　）を租借

(4) フランス：（　6　）を租借

2　アメリカによる太平洋〜アジア進出

(1) 1898年：（　7　）の正式併合に続き、（　8　）を領有

(2) （　9　）宣言：国務長官ジョン＝ヘイが、中国への利権をめぐり、列国に対して「門戸開放・機会均等」を要求

3 （ 10 ）(1900)

⑴ 「（ 11 ）」をとなえる排外主義団体の（ 12 ）が北京(ペキン)の列国公使館を包囲

⑵ 清朝政府もこの動きに同調し、列国に宣戦(せんせん)布告

⑶ 日本を含む列国が連合軍を派遣、鎮圧→清と（ 13 ）を締結(1901)、日本を含む各国は巨額の賠償金(ばいしょうきん)、公使館守備隊の駐留権などを獲得

4 日英同盟の締結

⑴ ロシアの動向：事変後、中国東北部(満洲(まんしゅう))を占領→日本の韓国権益に脅威

⑵ 対露政策の対立

  a （ 14 ）論：伊藤博文らが主張、（ 15 ）によりロシアに満洲経営権を譲り、かわりに日本が韓国に対する優越権を獲得すべしとの論

  b （ 16 ）論：桂(かつら)太郎らが主張、イギリスと同盟し韓国での権益を確保、ロシアに対して戦火も辞さずとする対露強硬論

⑶ （ 17 ）協約の締結(1902)📖🔍：（ 18 ）内閣、イギリスとの同盟を選択

  a 日英両国が、清および韓国の独立・領土保全を確認

  b 同盟国の一方が他国と交戦した場合：残りの同盟国は（ 19 ）

  c 第三国が交戦に加わった場合：残りの同盟国は協同参戦

史料チェック 📖🔍

日英同盟協約(1902)

第二条　若シ日本国又ハ大不列顛(だいブリテン)国ノ一方ガ……各自ノ利益ヲ防護スル上ニ於(おい)テ、別国ト戦端ヲ開クニ至リタル時ハ、他ノ一方ノ締約国ハ（ 20 ）ヲ守リ、併(あわ)セテ其(その)同盟国ニ対シ他国ガ交戦ニ加ハルヲ妨(さまた)グルコトニ努(つと)ムベシ。

第三条　上記ノ場合ニ於テ若シ他ノ一国又ハ数国ガ該同盟国ニ対シテ交戦ニ加ハル時ハ、他ノ締約国ハ来リテ援助ヲ与ヘ協同（ 21 ）ニ当ルベシ……

（『日本外交文書』）

5 日露戦争前夜の世論

⑴ 開戦論

  a 対露同志会や戸水寛人(とみずひろんど)ら東京帝国大学などの七博士(しちはくし)らが主戦論を提唱

  b 『万朝報』の黒岩涙香(るいこう)、『国民新聞』の徳富蘇峰(とくとみそほう)らが開戦世論を助長

⑵ 非戦・反戦論

  a （ 22 ）：キリスト教の人道主義的立場から非戦論を展開

  b 幸徳秋水・堺利彦(としひこ)：『（ 23 ）』を創刊、社会主義の立場から反戦論

  c 日露開戦後、歌人（ 24 ）は、旅順(りょじゅん)攻撃に動員中の弟を題材に雑誌『明星(みょうじょう)』で反戦詩「君死にたまふこと勿(なか)れ」を発表

日露戦争 教 p.263〜

1 日露戦争の経過

1904年2月、宣戦(せんせん)布告(ふこく)→半年余の攻防で多数の死傷兵→1905年1月、（ 1 ）要塞陥落(ほうてん)→3月、奉天会戦で辛勝(しんしょう)→5月、日本の連合艦隊がロシアの（ 2 ）艦隊を（ 3 ）で壊滅させる

右欄：
10
11
12
13
14
15
16
17
18
19
20
21
22
23
24
1
2
3

2　日露両国の状況

(1)　日本：あいつぐ増税、戦費17億円中13億円を内外の国債(こくさい)に依存→国力限界

(2)　ロシア：国内での革命運動により戦争継続が困難

3　(　4　)(日露講和条約)の締結(1905.9)

(1)　アメリカ大統領セオドア＝ローズヴェルトの斡旋(あっせん)により、ポーツマス(米)で
講和会議を開催→講和条約に調印

(2)　日本全権＝外務大臣(　5　)、ロシア全権＝(　6　)

(3)　条約内容

　a　(　7　)に対する日本の指導・監督権を承認

　b　(8　・　)の租借権、長春(ちょうしゅん)以南の鉄道と付属利権を日本へ譲渡

　c　北緯50度以南の(　9　)と付属諸島を日本に譲渡

　d　沿海州(えんかいしゅう)とカムチャツカの漁業権を日本に承認

(4)　(　10　)勃発(1905)：大幅な増税と人的損傷で戦争を支えた国民

　　　　　　　　　　　→賠償(ばいしょうきん)金なしの講和内容に不満

　　　　　　　　　　　→講和反対国民大会が暴徒化、政府は戒厳令(かいげんれい)で鎮圧

史料チェック

ポーツマス条約(日露講和条約)(1905)

第五条　露西亜(ロシア)帝国政府ハ、清国政府ノ承諾ヲ以テ(　11　)口(こう)、大連並(だいれんならびに)其ノ(そ)
　　　　付近ノ領土及領水ノ租借(そしゃく)権……ヲ日本帝国政府ニ移転譲渡ス……

第六条　露西亜帝国政府ハ、(　12　)(寛城子(かんじょうし))旅順(りょじゅん)口間ノ鉄道及……之ニ付
　　　　属スル一切ノ権利……鉄道ニ属シ……経営セラルル一切(いっさい)ノ炭坑ヲ……日本帝
　　　　国政府ニ移転譲渡スベキコトヲ約ス……

第九条　露西亜帝国政府ハ、薩哈嗹島(サハリン)南部……ニ於ケル一切ノ……財産ヲ……
　　　　永遠日本帝国政府ニ譲与ス、其ノ譲与地域ノ北方境界ハ北緯(　13　)度ト定
　　　　ム……　　　　　　　　　　　　　　　　　　　　　　　　　　　(『日本外交文書』)

4　日露戦争の影響

(1)　日本は大陸(韓国・満洲(まんしゅう))進出の基盤確立

　　→韓国の保護国化、植民地化の進展

(2)　アジア各地の民族運動を刺激(民族自決の動き活発化)

韓国併合　教 p.263～

1　諸外国による日本の権益承認

(1)　(　1　)の締結(1905.7)：対アメリカ

　　日本の韓国における指導権とアメリカのフィリピン統治を相互承認

(2)　(　2　)協約改定(1905.8)：対イギリス

　　イギリスが日本の韓国保護権を承認、日英同盟の適用範囲をインドまで拡大

(3)　ポーツマス(日露講和)条約(1905.9)：対ロシア

　　講和条約締結により、すでにロシアは韓国における日本の指導権を承認済

4

5

6

7

8

9

10

11

12

13

1

2

2 韓国併合への経緯 📖🔍

(1) 日韓議定書(1904.2)：日露開戦直後、韓国内での日本軍の通行保障、軍略
　　　　　　　　　　　　　上必要な施設使用の承認

(2) 第1次（ 3 ）(1904.8)：韓国政府に日本政府推薦の財政・外交顧問を任
　　　　　　　　　　　　用、重要外交案件について日本との事前協議制

(3) 第2次日韓協約(1905)：韓国の（ 4 ）権を奪い韓国を保護国化
　　　　　　　　　　　韓国の統括機関として漢城に（ 5 ）を設置
　　　　　　　　　　　→初代統監に（ 6 ）が就任

(4) （ 7 ）事件(1907)：韓国皇帝が第2回万国平和会議に密使を送り、抗議
　　　　　　　　　　　→列国側が韓国の抗議を無視
　　　　　　　　　　　→以後、日本の韓国に対する圧力はさらに強化

(5) 第3次日韓協約(1907)：韓国の（ 8 ）権を接収し（ 9 ）を解散させる
　　　　　　　　　　　→元兵士が参加し、各地で（ 10 ）が激化
　　　　　　　　　　　→日本側は軍隊により鎮圧

　　＊韓国の民族運動家（ 11 ）による、前統監の伊藤博文暗殺事件(1909)

(6) （ 12 ）条約(1910)：韓国の全統治権を奪い、植民地化(韓国併合)
　　a　大韓帝国を朝鮮に、（ 13 ）(現ソウル)を京城に改称
　　b　統治機関の（ 14 ）を設置、初代総督に陸相兼統監の（ 15 ）を任命
　　　＊総督は当初、現役軍人に限定、警察の要職を日本の憲兵が兼任
　　c　地税賦課を目的に朝鮮全土で（ 16 ）を実施→所有権の不明確を理由に広
　　大な土地を没収→没収地を国策会社の（ 17 ）や、日本人地主らに払い下げ

史料チェック 📖🔍

第1次日韓協約(1904)

一　韓国政府ハ日本政府ノ推薦スル日本人一名ヲ財務顧問トシテ韓国政府ニ備
聘シ、財務ニ関スル事項ハ総テ其意見ヲ詢ヒ施行スベシ

第2次日韓協約(1905)

第三条　日本国政府ハ、其代表者トシテ韓国皇帝陛下ノ闕下ニ一名ノ（ 18 ）
（レヂデントゼネラル）ヲ置ク、統監ハ専ラ外交ニ関スル事項ヲ管理スル為
メ京城ニ駐在シ親シク韓国皇帝陛下ニ内謁スルノ権利ヲ有ス

第3次日韓協約(1907)

第二条　韓国政府ノ（ 19 ）ノ制定及重要ナル行政上ノ処分ハ予メ統監ノ承
認ヲ経ルコト

韓国併合条約(1910)

第一条　韓国皇帝陛下ハ韓国全部ニ関スル一切ノ（ 20 ）権ヲ完全且永久ニ日
本国皇帝陛下ニ譲与ス　　　　　　　　　　　　　　　（『日本外交文書』）

探究コーナー

問▶右の表は韓国でおこなわれた土地調査事業以後の、日本人地主数とその所有面積の変化を示している。この表からどのような変化が読み取れるか、その要因や、韓国の人々の日本への移住にも言及して、説明してみよう。

朝鮮における日本人地主数および所有面積

年	地主数	所有面積	田畑面積	日本人地主所有耕地の全朝鮮耕地面積に対する割合
	戸	町	町	%
1909	692	52,436	42,880	1.86
1910	2,254	86,952	69,311	2.81
1911	3,839	126,146	93,341	3.45
1912	4,938	130,800	107,981	3.79
1913	5,916	184,245	151,027	5.23
1914	6,049	197,934	159,862	5.40
1915	6,969	205,538	171,053	5.39

(『近現代日本経済史要覧』より作成)

満洲への進出 教 p.264〜

1　日本の満洲進出の本格化

(1)　(　1　)設置(1906)：旅順・大連を含む遼東半島南部の租借地である(　2　)を管轄するため、旅順に設置

(2)　(　3　)設立(1906)：ロシアから獲得した旧東清鉄道(長春〜旅順間)と、周辺炭鉱の経営が目的の半官半民の国策会社
→満洲への経済進出の足がかり

2　日米関係の悪化と諸外国との関係

(1)　日米関係の悪化

a　「門戸開放」をとなえるアメリカは日本の南満洲権益独占に反対→アメリカの鉄道企業家ハリマンが満鉄共同経営を提案(1905)→日本は拒否→アメリカ政府は「満鉄中立化」を列国に提唱(1909)

b　サンフランシスコでの(　4　)入学拒否事件(1906)をはじめ、カリフォルニア州中心に(　5　)運動が激化

Point　アメリカで反日感情が高まった背景には、日本人移民の急増によるアメリカ人労働者の危機意識の高まりなどもあり。

(2)　諸外国による満洲権益の承認

a　清：日本に対し権益返還の要求が高揚

b　日本：国際社会での満洲権益の承認を画策

①　イギリスと日英同盟協約改定(1905・1911)→日本権益承認を企図

②　日露の急接近：4度にわたる(　6　)(1907〜16)締結で、満洲と内蒙古での日露間の権益を相互承認

③　日本政府→英・仏・露の三国協商側と提携、第一次世界大戦(1914)へ

3　清朝の崩壊

(1)　(　7　)(1911)：中国で清の専制と異民族支配に反対する革命が勃発

(2) 三民主義をとなえ革命を主導した(8)を臨時大総統に(9)が成立

  →(8)は清皇帝の退位と引き換えに臨時大総統を軍閥首領の(10)に譲る

  →以後、中国は各列強の支援を受けた各地の軍閥が抗争する分断状態に

  ＊日本陸軍は中国への軍事干渉主張→政府、列強の意向や財政状況から不干渉

8		
9		
10		

桂園時代 教 p.265～

1　桂園時代(1901～13)：(1)(長州閥・軍部支持)と(2)(立憲政友会総裁)が交互に組閣する時代

1	
2	

2　桂園時代の各種政策

(1) 第1次桂太郎内閣

　a　(3)協約調印(1902)→日露戦争開戦(1904)、第1次日韓協約(1905)

　b　日露戦後、ポーツマス条約→(4)事件、第2次日韓協約など

3	
4	

(2) 第1次西園寺公望内閣

　a　(5)公布(1906)、全国の鉄道網の統一的管理＝旧国鉄の誕生

　b　第3次日韓協約(1907)

　c　日露戦後の1907年恐慌→翌年、総辞職

5

(3) 第2次桂太郎内閣

　a　(6)発布(1908)：青年層の目標喪失や国民の国家主義への懐疑の風潮
　　　　　　　　　　　　→皇室の説諭により勤倹・節約と国民道徳の強化

　b　(7)(1909)：日露戦争で疲弊した地方の財政再建・農業振興など
　　　　　　　　　→町村財産、青年会・帝国在郷軍人会分会等の組織化で
　　　　　　　　　町村共同体の再強化

6
7

　c　(8)(1910)

　　①　天皇暗殺計画事件で、(9)らを大逆罪で起訴、処刑

　　②　事件を機に、社会主義者・無政府主義者を大弾圧
　　　　→社会主義運動は「(10)」へ
　　　　＊警視庁に思想警察として、(11)を設置

8
9
10
11

　d　(12)制定(1911)：社会主義弾圧の一方、労働運動に対して若干の妥協
　　　　　　　　　　　　日本初の労働者保護法→内容不徹底で、施行も延長

　e　韓国併合条約で韓国併合を断行(1910)、関税自主権の回復(1911)

12

(4) 第2次西園寺公望内閣(1911～)：明治天皇死去(1912)→(13)と改元

13

探究コーナー

　問▶1908年に出された「戊申詔書」はどのような時代背景のもと、どんな目的で発せられたものか。日露戦争後の日本の状況に着目して、説明してみよう。

大正政変 ⑩ p.266〜

1 大正初期の政治運動

(1) 第2次西園寺公望内閣(1911〜12)

 a 日露戦争後、国家財政悪化状況→与党(政友会)、積極財政を要求
  ＊商工業者は減税、海軍は八・八艦隊建造計画、陸軍は師団増設を要求

 b 明治天皇死去→大正天皇即位(1912.7)：(1)が内大臣兼侍従長に

 c (2)が『憲法講話』刊行→(3)説や政党内閣論の提唱で、新時代に
  期待する国民の政治的関心が高揚

 d 中国情勢の変化(辛亥革命)にともない陸軍が(4)増設を要求→内閣は
  財政上の理由で拒絶→陸相上原勇作が単独で辞表提出→(5)の規定で組
  閣できず、西園寺内閣は総辞職

 Point 山県有朋内閣で導入された「軍部大臣現役武官制」が内閣の組閣に強
  い影響をおよぼしている。

(2) 第3次桂太郎内閣(1912〜13)と第1次護憲運動

 a 元老会議(山県有朋ら)→桂太郎(内大臣兼侍従長)を首相に推薦(非立憲
  的)

 b 第1次(6)：立憲政友会の(7)、立憲国民党の(8)らを中心
   とする勢力は「(9)打破・(10)」を掲げ、桂の退
   陣を要求■R→運動が全国に波及

 c 立憲政友会と立憲国民党→桂内閣不信任案提出→支持の民衆が議会を包囲
  →桂内閣は在職53日で退陣(1913.2)＝(11)

 ＊桂は新党結成と元老政治からの脱却を掲げるが、(12)の結党は桂の死後

史料チェック ■R

桂首相弾劾演説(1913.2)

　彼等ハ常ニ口ヲ開ケバ直ニ忠愛ヲ唱ヘ、恰モ忠君愛国ハ自分ノ一手専売ノ
如ク唱ヘテアリマスルガ、其為ストコロヲ見レバ、常ニ玉座(天皇)ノ蔭ニ隠
レテ政敵ヲ狙撃スルガ如キ挙動ヲ執ッテ居ルノデアル。(拍手起ル)彼等ハ玉座
ヲ以テ胸壁トナシ、詔勅ヲ以テ弾丸ニ代ヘテ政敵ヲ倒サントスルモノデハ
ナイカ。……又、其内閣総理大臣ノ位地ニ立ッテ、然ル後@政党ノ組織ニ着手
スルト云フガ如キモ、彼ノ一輩ガ如何ニ我憲法ヲ軽ク視、其精神ノアルトコロ
ヲ理解セナイカノ一班ガ分ル。　　　　　　　　　(『帝国議会衆議院議事速記録』)

問1 この演説者は何党の誰か。党名＝(13)　人物名＝(14)

問2 桂首相の死後、正式に成立した下線部@の政党の名称を記せ。(15)

2 桂内閣退陣後の政治動向

(1) 第1次(16)内閣(1913〜14)：薩摩・海軍大将、立憲政友会を与党に組閣

 a (17)を改正し、政党員にも高級官僚への道を開く

b　（　18　）制を改め、予備・後備役の大 将 ・ 中 将 まで資格を拡大

　　c　軍艦・兵器購入をめぐる汚職事件＝（　19　）により総辞職

(2)　第2次（　20　）内閣(1914〜16)：立憲同志会を与党に組閣

　　　元老らは民衆の支持が高い大隈重信を首相に起用し、藩閥への反発をけん制

　　a　選挙で圧勝し、議会で（　21　）増設案を可決

　　b　ヨーロッパで勃発した（　22　）に参戦(1914.8)

第一次世界大戦 　㉚ p.268〜

1　大戦の背景

(1)　（　1　）の成立：ドイツ(独)・オーストリア(墺)・イタリア(伊)

(2)　（　2　）の成立：イギリス(英)・ロシア(露)・フランス(仏)

　　　　　　　　＊露仏同盟(1894)＋英仏 協 商 (1904)＋英露協商(1907)

　　　　　　　　＊日本＝日英同盟・日露協約により三国協商国側の立場

(3)　対立の構図

　　a　帝国主義政策：ドイツの3B政策とイギリスの3C政策の対立

　　b　民族対立：ドイツ・オーストリアを軸とするパン＝ゲルマン主義と、ロシ

　　　　　　　　　アを中心とするパン＝スラブ主義の対立→両勢力の接点にあた

　　　　　　　　　る**バルカン半島**←「（　3　）」と呼称

2　大戦の経緯

(1)　発端：オーストリア帝位継承者がバルカン半島訪問中、親露的なセルビア人

　　　　　　により暗殺される＝（　4　）事件(1914.6)

　　　　　　→オーストリアがセルビアに宣戦(同.7)→ドイツおよびロシア参戦

　　　　　　→さらにフランス・イギリス参戦し、第一次世界大戦に発展

(2)　経緯：イタリアは開戦前に同盟国側から離脱、協商国側にまわり参戦

　　　　　　ドイツの無制限潜水艦作戦を機に（　5　）が三国協商側で参戦(1917)

(3)　終結：ロシアで革命がおこりソヴィエト政権が誕生、ドイツ・オーストリア

　　　　　　と単独講和(1918.3)

　　　　　　ドイツで革命がおこり帝政が崩壊→連合国側と休戦協定(1918.11)

日本の中国進出 　㉚ p.269〜

1　第一次大戦への日本の参戦(1914.8) 📖🔍

(1)　第2次（　1　）内閣

　　　外相（　2　）主導で、（　3　）を理由に三国協商側の一員として対独宣戦

(2)　目的：ドイツ勢力をアジアから一掃、東アジアにおける日本の地位を強化

(3)　経過：中国におけるドイツ根拠地＝（　4　）と山東省の権益を接収、さらに

　　　　　　（　5　）以北のドイツ領南洋諸島の一部を占領

史料チェック 📖🔍

第一次世界大戦への参戦(1914年8月の閣議での発言)

　斯かる次第で日本は今日ⓐ同盟条約の義務に依って参戦せねばならぬ立場に

18
19
20
21
22
1
2
3
4
5
1
2
3
4
5

は居ない。条文の規定が、日本の参戦を命令するやうな事態は、今日の所では未だ発生しては居ない。たゞ一は（　6　）からの依頼に基く同盟の情誼と、一は帝国が此機会に（　7　）の根拠地を東洋から一掃して、国際上に一段と地位を高めるの利益と、この二点から参戦を断行するのが機宜の良策と信ずる。

問 1　下線部ⓐの同盟条約とは何を指すか。（　8　）

問 2　こうした発言で、政府の参戦方針を主導した当時の外相は誰か。

（　9　）

2　中国への進出

(1)　第 2 次大隈重信内閣

a　（　10　）(1915) 📖🔍：中国の（　11　）政府に対し要求

①　（　12　）省におけるドイツ権益の日本への継承

②　南満洲および東部内蒙古の権益強化、旅順等の租借期限99カ年延長

③　漢冶萍公司を日中合弁事業（共同経営）とする……など

b　結果：（日本人顧問採用以外の）大部分を承認させ、条約として成立させる

c　影響：中国における排日運動が激化→受諾日（5月9日）を（　13　）とする日本の中国政策に対する列強の反発→とくに日米関係が悪化

＊石橋湛山（太平洋戦争後に首相）は、自由主義の立場から『東洋経済新報』で日本の中国進出を批判

史料チェック 📖🔍

二十一カ条の要求

第一号……第一条　支那国政府ハ、独逸国ガ（　14　）省ニ関シ条約其他ニ依リ支那国ニ対シテ有スル一切ノ権利利益譲与等ノ処分ニ付、日本国政府ガ独逸国政府ト協定スベキ一切ノ事項ヲ承認スベキコトヲ約ス。

第二号……第一条　両締約国ハ、旅順大連租借期限竝南満洲及安奉両鉄道各期限ヲ何レモ更ニ九十九ケ年ヅツ延長スベキコトヲ約ス。

第三号……第一条　両締約国ハ、将来適当ノ時機ニ於テ漢冶萍公司ヲ両国ノ合弁トナスコト……ヲ約ス　　　　　　　　　　　（『日本外交文書』）

(2)　（　15　）内閣

a　（　16　）(1917)：（　17　）政権（袁世凱の後継）へ巨額借款供与

①　内容：特使の**西原亀三**を通じ、巨額の経済借款を供与

②　目的：多額融資を通じて、中国での各種利権の確保を目指す

b　列強との関係調整

①　ロシア：第 4 次日露協約で極東での特殊権益を相互に確認

②　英・仏：イギリスが日本軍艦の地中海派遣を要請→講和条約で極東のドイツ権益継承を求める日本の要求を英・仏が支持する密約締結

③　アメリカ：（　18　）締結(1917)←特使**石井菊次郎**と国務長官**ランシング**

アメリカが、中国における日本の特殊権益を承認

日本が、アメリカの主張（中国での門戸開放政策）を尊重

＊第一次世界大戦でヨーロッパへ進出するアメリカが、アジア太平洋方面の安定を確保するため、日本と妥協

Point 石井・ランシング協定は、日米両国が同じ連合国側となった背景から生まれた妥協の産物であることを理解する。

c （　19　）革命勃発→初の社会主義国家＝ソヴィエト政権（のちのソ連）誕生

① ソヴィエト政権、ドイツ・オーストリアと単独講和→戦線から離脱

② 英・仏ら連合国側、社会主義国家誕生への脅威から干渉戦争を企図→シベリアに残された（　20　）軍の救済名目に、各国に共同出兵を提案

d （　21　）（1918〜22）：シベリア、北満洲へ派兵→大戦終結後に各国は撤兵も、日本は最後（1922）まで駐留を継続

政党内閣の成立　教 p.271〜

1　大正デモクラシーを支えた政治思想

(1) 大正政変後、政治の民主化を求める世論が高揚

(2) （　1　）：東京帝大教授（　2　）の学説、『中央公論』に「憲政の本義を説いて其の有終の美を済すの途を論ず」を発表し提唱(1916)

→政党内閣・普通選挙実現を要求、大正デモクラシーの中心理論へ

(3) 天皇機関説：東京帝大教授（　3　）が『憲法撮要』(1923)などで主張

→主権の主体は法人としての国家に有し、天皇は国家の最高機関

Point 「民本主義」は現在の民主主義とは異なり、明治憲法下の天皇主権のもとで、政治の目的は民衆の利福にあると強調。

2　本格的政党内閣への経緯

（　4　）内閣(1916〜18)：第2次大隈重信内閣後の非政党内閣（非立憲内閣）

a 長州・陸軍出身で初代朝鮮総督をつとめた（4）が「挙国一致」を掲げ組閣

b 立憲同志会など前内閣の与党各派が（　5　）を結成して対抗

→総選挙後、憲政会にかわり第一党となった立憲政友会らと結び、政策遂行

c （　6　）の発生(1918)

① 背景：大戦景気で工場労働者急増と人口の都市集中→米消費量の増大→寄生地主制のもと農業生産停滞→米価など物価高騰→庶民の困窮

② 発端：大戦景気の物価高騰に加え、（　7　）出兵による米価急騰を見込んだ米商人の買占め→米価急騰、民衆のさらなる困窮

③ 経過：富山県の漁村主婦らの蜂起をきっかけに、全国へ波及（全国各地で約70万人を巻き込む大騒擾に発展）

d 寺内内閣は軍隊により米騒動を鎮圧するが、世論の責任追及で総辞職→元老山県有朋も民衆の力を認め、政党内閣の成立を容認

3　（　8　）内閣(1918〜21)

(1) 成立：（　9　）の総裁（8）を首班とする内閣が成立

a 華族でも藩閥でもない衆議院に議席をもつ首相＝（　10　）との呼称

b 陸海相・外相以外は立憲政友会員で組織された初の本格的政党内閣

19

20

21

1

2

3

4

5

6

7

8

9

10

(2) 内閣の政策

　　a　選挙法改正：選挙権の納税資格を（　11　）円以上に引下げ

　　　　　　　　　　　　（　12　）制を導入

　　　　　＊普通選挙制には消極的、憲政会の普選法案を時期尚早と拒否📖🔍

　　b　積極政策：積極的な財政支出で産業の奨励や鉄道網の整備・拡充を推進

　　c　大学令・改正高等学校令の公布(1918)

　　　　公・私立大学、単科大学の設立を容認、高等学校の増設で高等教育の拡充

　　　　など、教育改革を推進

(3) 内閣の瓦解(がかい)

　　a　大戦景気の終焉(しゅうえん)(1920)で財政的な行き詰まりと、党員の汚職事件の続発

　　b　政党政治の腐敗に憤激した青年が、原敬(たかし)を東京駅で暗殺(1921)

　　c　立憲政友会総裁を引き継いだ（　13　）が組閣するも短命で辞職(1921〜22)

史料チェック 📖🔍

原敬の普通選挙観

　漸次(ぜんじ)に選挙権を拡充する事は何等(なんら)異議無き処(ところ)にして、又他年国情こゝに至れば、所謂(いわゆる)普通選挙も左まで憂(うれ)ふべきにも非(あ)らざれども、階級制度打破と云ふが如(ごと)き、現在の社会組織に向て打撃を試みんとする趣旨より、ⓐ納税資格を撤廃すと云ふが如きは、実に危険極(きわ)る次第にて、此の民衆の強要に因(よ)り現代組織を破壊する様の勢(いきおい)を作らば、実に国家の基礎を危(あやう)ふするものなれば、寧(むし)ろ此際(このさい)、ⓑ議会を解散して政界の一新を計るの外(ほか)なきかと思ふ。……

(『原敬日記』1920.2.20)

問1　下線部ⓐについて、原内閣では納税資格を何円以上にしたか。（　14　）

問2　下線部ⓑの議会解散後、第一党となったこの内閣の与党を記せ。

（　15　）

4　非政党内閣の復活

(1)（　16　）内閣(1922〜23)：海軍大将、立憲政友会が事実上の与党、協調外交を推進→首相の病死により総辞職

(2) 以後、3代にわたって非政党内閣が続き、大正末期へ

探究コーナー

　問▶明治末から大正期の小売米価(こうり)の推移を示した右のグラフについて、1915〜20年ころの急激な米価高騰の背景や、その要因について考えられる点をあげ、こうした高騰が原因でおこった全国的な騒擾(そうじょう)について説明してみよう。

正米相場(石当たり円)

45円89銭

13円6銭

小売米価の推移(『日本米価変動史』などより作成)

パリ講和会議とその影響 教 p.272〜

1 第一次世界大戦の終結（1918.11）

(1) ロシア革命後、ソヴィエト政権が単独講和→第一次世界大戦から離脱

(2) アメリカ大統領ウィルソンの14カ条を基とする講和案をドイツが受諾（じゅだく）

→休戦成立

2 （ 1 ）講和会議（1919.1〜6）：（ 2 ）内閣のとき、フランスで開催

(1) 主要参加国代表：日本全権＝（ 3 ）・牧野伸顕（のぶあき）ら、米＝ウィルソンなど

(2) （ 4 ）条約の締結（1919）：（4）体制と称するヨーロッパの新秩序の成立

  a ドイツに巨額の賠償金（ばいしょうきん）、軍備制限、領土の削減を要求する厳しい内容

  b 民族自決（じけつ）の原則→ポーランド、チェコスロヴァキアなど多数の独立国家が

    誕生

  c 国際紛争の平和的解決と国際協力のため（ 5 ）を設立

(3) ヴェルサイユ条約での日本の権益（けんえき）拡大

  a 赤道以北の旧ドイツ南洋（なんよう）諸島の（ 6 ）を獲得（日本、南洋庁を設け統治）

  b 中国山東省（さんとう）の旧ドイツ権益の継承→アメリカは反対、中国は**二十一カ条の**

    要求の撤回を求め、調印拒否

3 国際連盟の成立（1920）

(1) 成立：アメリカ大統領（ 7 ）の提案、ヴェルサイユ条約の一部として採択

(2) 機構：本部事務局をスイスのジュネーブに設置

  a 常任理事国（じょうにんりじこく）：イギリス・フランス・イタリア・（ 8 ）

  b 総会の採択では（ 9 ）主義を採用

(3) 問題点

  a 連盟による制裁措置（せいさいそち）の欠如

  b 提唱国の（ 10 ）は不参加、ソ連はフィンランド侵攻で除名

Point アメリカは、対ヨーロッパへの不干渉（ふかんしょう）（孤立）主義をとなえる議員が多数

    を占める上院の反対で、国際連盟に不参加。

4 中国・朝鮮の反日運動（パリ講和会議開催中に勃発）

(1) （ 11 ）（中国）：日本が獲得を企図する旧ドイツ権益の返還を求め、学生・

    労働者ら多くの中国民衆が決起し、反日国民運動に発展

(2) （ 12 ）（朝鮮）：背景にパリ講和会議での（ 13 ）の国際世論

  a 東京在住の朝鮮人学生、朝鮮内の学生、宗教団体らが独立運動を展開

  b 京城（けいじょう）（現ソウル）のパゴダ公園で挙行された「独立宣言書朗読会」が発端

  c 朝鮮全土で独立を求め大衆運動が展開

  d 朝鮮総督府（そうとくふ）が警察・憲兵（けんぺい）・軍隊を動員し厳しく弾圧する一方、国際世論に

    配慮→朝鮮総督・台湾総督への**文官就任を承認**、植民地統治方針を若干改善

1
2
3
4
5
6
7
8
9
10
11
12
13

ワシントン会議と協調外交 教 p.273〜

1 大戦後の国際的勢力関係

(1) アメリカの地位向上：戦勝国のイギリス・フランスらはアメリカに対する戦債の返還に腐心、ドイツはアメリカの支援で多額の賠償金支払いを円滑にし、産業復興

(2) 東アジアの不安材料：日本の露骨な中国進出、中国の民族運動やソヴィエト政権の動向→アメリカ主導でアジア情勢への対応（とくに日本）を目的に国際会議の開催

2 （ 1 ）会議（1921.11〜22.2）

(1) 目的：大戦中の日本の中国進出→東アジアにおける日本の膨張を抑制
　　　　　米・英・日の建艦競争を終結させ、財政負担の軽減を目指す

(2) 開催：アメリカ大統領ハーディングの提唱、ワシントンで開催
　　　　　日本全権＝加藤友三郎・（ 2 ）・徳川家達

(3) 会議で締結された条約

　a （ 3 ）条約（1921.12）：参加国（米・英・日・仏）

　　① 太平洋諸島の現状維持、太平洋地域の協議による解決

　　② この条約締結により、（ 4 ）協約の終了に同意

　b （ 5 ）条約（1922.2）：参加国（米・英・日・仏・伊・ベルギー・ポルトガル・オランダ・中国）

　　① 中国に関する条約（主権の尊重、門戸開放、機会均等の約束）

　　② 日本の山東省の旧ドイツ権益を中国に返還→日米間の（ 6 ）の破棄

　c （ 7 ）条約（1922.2）：参加国（米・英・仏・日・伊）

　　① 10年間（ 8 ）（戦艦・巡洋戦艦）建造禁止、主力艦・空母保有量の制限

　　② 保有比率＝米・英各（ 9 ）：日本（ 10 ）：仏・伊各1.67とする

　　＊海軍大臣（全権）の（ 11 ）が、海軍内の対英米7割の主張を押し切り調印

(4) 会議後のアジア・太平洋地域の新国際秩序を（ 12 ）体制と称す

Point ワシントン会議の主要目的は、アジア・太平洋地域における日本の膨張の抑制。

史料チェック

ワシントン会議で締結された条約

A　第一条　ⓐ締約国ハ本条約ノ規定ニ従ヒ各自ノ海軍軍備ヲ制限スベキコトヲ約定ス

　　第四条　各締約国ノ主力艦合計代換噸数ハ……日本国三十一万五千噸ヲ超ユルコトヲ得ズ

　　第七条　各締約国ノ航空母艦合計噸数ハ……日本国八万一千噸ヲ超ユルコトヲ得ズ

B　第一条　支那国以外ノ各締約国ハ左ノ通約定ス

　　（一）　支那ノ主権、独立並其ノ領土的及行政的保全ヲ尊重スルコト

（『日本外交文書』）

問1　A・Bの条約名をそれぞれ記せ。A＝（　13　）　B＝（　14　）

問2　下線部ⓐの締約国のうち、日本・アメリカを除く国名をすべて記せ。

（　15　）

13

14

15

3　協調外交と軍縮

（1）　高橋是清内閣（立憲政友会）：ワシントン体制を受け入れ、協調外交へ

（2）　加藤高明内閣（憲政会）：外相幣原喜重郎による協調外交＝（　16　）

16

　　　a　対ソ：（　17　）締結（1925）＝シベリア撤兵後の関係改善、ソ連と国交樹立

17

　　　b　対中：不干渉主義を掲げるも経済問題で対立、日中関係は不安定続く

　　　　　　→上海の日本人経営の紡績工場（（　18　））で待遇改善を求めるスト

18

　　　　　　　を契機に、反日運動が中国全土に拡大＝（　19　）事件

19

（3）　軍縮の進展：軍事費が国家財政の約5割（1921）→3割以下（1926）に削減

探究コーナー

問▶右のグラフは日本の財政支出における軍事費の比率の推移を表している。第一次世界大戦終結から1930年代半ば頃までの軍事費比率がどのように変化したかを指摘し、そうした変化がおこった理由について説明してみよう。

財政支出における軍事費の比率の推移
（『長期経済統計7』より作成）

社会運動の勃興　教 p.275〜

1　社会運動勃興の背景

（1）　ロシア革命（1917）、米騒動（1918）など民衆運動の高揚

（2）　大戦中の産業発展による労働者の増加、物価高による民衆の困窮

2　社会運動

（1）　吉野作造が（　1　）結成（1918）：民本主義による啓蒙活動を展開

1

（2）　吉野の影響を受けた東京帝国大学の学生らが（　2　）を結成

2

　　　→労働運動や農民運動との関係深める

3　社会主義運動：大逆事件後の「冬の時代」→米騒動後に活動を再開

（1）　日本社会主義同盟の結成（1920）：山川均・堺利彦らが発起人→翌年禁止

（2）　森戸事件（1920）：東京帝大助教授（　3　）がロシアの無政府主義者クロポトキンの研究により休職処分

3

（3）　（　4　）の結成（1922）：堺利彦・山川均らが非合法のうちに結成、コミンテルン（国際共産党組織）の日本支部となる

4

4　女性解放運動

(1)　（　5　）結成(1911)：（　6　）らの女流文学者の団体、女性解放を主張

📖🔍

(2)　（　7　）設立：平塚らいてう、（　8　）らが中心→女性参政権の要求など、

女性の地位向上のための運動を展開

a　1922年：（　9　）の第5条(＝女性の政治運動参加を禁止)の改正に成功

b　1924年：婦人参政権獲得期成同盟会に発展→女性の選挙権獲得を目指す

(3)　（　10　）結成(1921)：山川菊栄・伊藤野枝らによる女性の社会主義団体

史料チェック 📖🔍

『青鞜』発刊に際して

元始、女性は実に太陽であった。真正の人であった。今、女性は月である。

他に依って生き、他の光によって輝く、病人のやうな蒼白い顔の月である。

……私共は隠されて仕舞った我が太陽を今や取戻さねばならぬ。……（『青鞜』）

問　女性解放を目指し、この宣言文を記した人物は誰か。（　11　）

5　部落解放運動

（　12　）結成(1922)：西光万吉らによる被差別部落の解放運動

→政府の融和政策に頼らず、差別の自主的撤廃を目指す

普選運動と護憲三派内閣の成立　教 p.276～

1　普選運動の高揚：1919～(米騒動後)、男性普通選挙権を求める運動が高揚

(1)　加藤友三郎内閣：普通選挙制の導入検討を開始

(2)　第2次山本権兵衛内閣：普通選挙制導入の方針

a　組閣途中に（　1　）発生、大規模地震と火災で被害甚大→対応に追われる

①　震災発生後→各地の自警団・軍隊・警察が朝鮮人・中国人を多数殺害

🖋Point　背景に日常の両民族に対する差別行為への復讐を恐れる心情や、

日本の植民地支配に対する抵抗運動への恐怖心あり。

②　戒厳令下の混乱に乗じ、軍隊・警察による社会主義者らの殺害事件

亀戸事件：亀戸警察署内で、軍隊・警察による社会主義者ら大量殺害

甘粕事件：憲兵(甘粕正彦)が無政府主義者の（　2　）、伊藤野枝らを殺害

b　（　3　）事件：無政府主義者（　4　）による摂政の裕仁親王(のちの昭

和天皇)狙撃事件→山本内閣、引責総辞職のきっかけ→普

通選挙の実現が頓挫

2　（　5　）運動と護憲三派内閣の成立

(1)　（　6　）内閣(1924.1～)：枢密院議長、全閣僚(陸・海軍大臣を除く)を貴

族院から選出する超然内閣

a　（　7　）・立憲政友会・（　8　）の護憲三派が連携、清浦内閣打倒を掲げ、

憲政擁護運動を展開

b　清浦は立憲政友会から分派した政友本党と結び議会を解散、総選挙へ

c　総選挙で護憲三派が圧勝→清浦内閣は総辞職

(2) 護憲三派内閣の誕生

  a （ 9 ）内閣：衆議院第一党の（ 10 ）の総裁である（9）を首班指名

                  立憲政友会の（ 11 ）、革新倶楽部の（ 12 ）が協力する

                  連立内閣

Point 明治憲法下で唯一、選挙結果により第一党となった政党から首相が選出された事例。

  b 外交政策：（ 13 ）を外相とし、引き続き協調外交を継続

  c （ 14 ）の成立(1925)：衆議院議員選挙法を改正、**満25歳以上**の**全男性**に

                  選挙権を付与→有権者が一挙に約４倍に増加

  d （ 15 ）の制定(1925)📖🔍

    ① 内容：国体の変革、私有財産制度否認を目的とする結社の組織者・参加

        者の処罰

    ② 背景：同年の**日ソ基本条約**締結による共産主義思想の波及を防御、およ

        び**普通選挙法**による労働者階級の政治的影響力の増大に対処

史料チェック 📖🔍

治安維持法(1925)

第一条　（ 16 ）ヲ変革シ又ハ（ 17 ）制度ヲ否認スルコトヲ目的トシテ結社

    ヲ組織シ又ハ情ヲ知リテ之ニ加入シタル者ハ十年以下ノ 懲役又ハ禁錮ニ処

    ス。

                              （『官報』）

(3) 護憲三派の提携崩壊←政党間の勢力伸長争い

  a 立憲政友会が総裁に陸軍・長州閥の（ 18 ）を迎え、革新倶楽部を吸収

  b 護憲三派の連携崩壊→加藤内閣、憲政会を単独与党の内閣へ（勢力弱体）

(4) （ 19 ）内閣：加藤首相の病死→憲政会総裁を継いだ(19)が内閣を組閣

  a 大正天皇死去→昭和天皇が即位(昭和に改元)

  b 金融恐慌の処理に失敗→若槻内閣は総辞職

(5) （ 20 ）内閣：若槻内閣の退陣後、立憲政友会の総裁が後継内閣を組閣

  →一方で、野党となった憲政会は政友本党と合同し、（ 21 ）を結成

＊加藤高明内閣(1924)から五・一五事件の犬養毅内閣(1932)までの間、二大政党

である立憲政友会と憲政会(立憲民政党)総裁による組閣が継続→（ 22 ）と称す

Point 「憲政の常道」＝衆議院の最大多数党（それが失脚した場合は次位の多数党）の総裁（党首）が、内閣を組織する状況をいう。

探究コーナー

  問▶治安維持法制定の背景には「国内における重要な制度の変更」と「制定当時に締結された条約に対する政府の懸念」があったとされる。それらを具体的に説明してみよう。

第14章 近代の産業と生活

1 近代産業の発展

通貨と銀行 ㉣ p.279〜

1 貨幣・金融制度の整備

(1) 貨幣制度

　a　新政府の発足当初の財源不足→不換紙幣(太政官札・民部省札)を乱発

　b　(1)条例(1871)：10進法を採用、円・銭・厘の新貨幣を発行

(2) (2)条例制定(1872)：**民営の国立銀行**による兌換銀行券の発行を許可

　a　(3)の制度を導入→第一国立銀行など設立(1873)も、設立は4行のみ

　b　金貨との引換え横行し、兌換銀行券の流通が進まず

　c　金との兌換義務をはずし、国立銀行設立を推進(公債の価値低下防止もあり)

　　　→国立銀行が153行まで増加(1879)→設立を打ち切る

　d　国立銀行券(不換紙幣)と西南戦争の政府紙幣増発で激しいインフレ誘発

　e　インフレで定額地租中心の財政困窮、貿易赤字拡大で金銀貨の国外流失

Point 国立銀行は「国有(国営)」ではなく、「国法」に基づいて設立された民営の銀行。

2 松方財政(1881〜)

(1) 大蔵卿(4)による緊縮財政→**松方デフレ政策**

　a　不採算官営事業の整理方針(1880：工場払下げ概則)、酒造税などの増税

　b　不換紙幣の消却、正貨(金・銀)の蓄積、軍事費を除く超緊縮財政で歳出減

　c　(5)設立(1882)：

　　① 国立銀行から兌換紙幣発行権を取り上げ(国立銀行→**普通銀行**に転換)

　　② 日本銀行を唯一の兌換紙幣発行権をもつ中央銀行に位置づけ

　　③ 1885年、日本銀行から**銀兌換**紙幣発行

　　　背景に銀貨の世界的価値低下、デフレ進行による銀貨と紙幣の価格差の均衡→日本、実質的な(6)制の国家に

(2) 影響

　a　増税と米価などの下落(農民の収入減)は、定額金納の農民に大打撃
　　　→自作農は土地を手放して(7)へ転落、**地主**は土地を集積

　b　土地を手放した農民が貧民として都市に流入→産業革命期の労働力へ

　c　輸出増：不況による生糸・米の価格低下→輸出増→貿易収支(8)に
　　　輸入減：銀貨の紙幣に対する価格上昇で輸入割高、不況による消費減少

産業革命

1 最初の(1)

(1) 銀本位制確立による物価の安定、金利低下→株式取引の活発化

(2) 鉄道・(2)を中心に会社設立のブームが到来(1886~89)

(3) 金融機関の資金不足、凶作と生糸輸出の激減でブーム挫折→1890年 恐慌

2 資本主義の成立

(1) 日清戦争の賠償金をもとに(3)を制定(1897)、(4)制を採用

(2) **特殊銀行**の設立：特定分野に資金供給を企図→貿易金融が目的の(5)や、
日本勧業銀行、日本興業銀行、台湾銀行など

(3) 貿易：三井物産会社などの商社が、貿易品の取引で活躍

(4) 日清戦争後の企業勃興：鉄道・紡績業など

→(6)産業中心に資本主義成立

  a 1900年には、過剰生産による恐慌をまねく

  b 産業革命の進展で貿易規模が拡大→(7)などの原材料、機械・鉄など
重工業製品の輸入増加→大規模な(8)におちいる

紡績と製糸 ㊞ p.281~

1 紡績業・綿織物業

(1) 幕末~明治初期

  a イギリス製綿製品の輸入→国内の綿花栽培や綿糸・綿織物生産が一時衰退

  b ジョン=ケイ(英)発明の(1)がウィーン万博を機に日本に普及
→(1)を利用した手織機で綿織物業が回復→綿糸を供給する紡績業勃興

(2) 紡績業：綿花を原料に(2)の生産

  a 当初は手紡や、**臥雲辰致**が発明(1873)の(3)による綿糸生産が普及

  b (4)開業(1883)：(5)らが設立、輸入紡績機械、蒸気力の利用に
よる1万錘の大規模経営に成功

→大阪などを中心に紡績会社の設立あいつぐ

  c (6)生産が急増、主流に→従来の手紡やガラ紡を圧倒

＊1890年：[綿糸(7)量＞輸入量]→1897年：[綿糸(8)量＞輸入量]

(3) 綿織物業：綿糸→(9)生産など

  a 手織機による農村の問屋制家内工業→(10)考案(1897)の**国産力織機**
導入で、各地に小工場が誕生→1909年：[綿布の輸出額＞輸入額]

  b 綿糸・綿織物の輸出増加の一方、原料綿花は(11 ・ ・)などか
らの輸入に依存→**輸入超過**が拡大

2 製糸業・絹織物業

(1) 製糸業：繭から(12)を生産
幕末以来最大の輸出品→国産繭を原料とし外貨獲得の役割を担う

(2) 簡単な手動式の(13)製糸から(14)製糸の小工場へ生産形態が変化

  a 長野・山梨などに器械製糸の工場設立 《例》片倉製糸・郡是製糸など

b 器械製糸の工場増加に連動し、原料繭を生産する（　15　）農家も増加

c 日清戦争後：[（　16　）生産量＞座繰製糸生産量]

d 日露戦争後の1909年：（　17　）を抜き、日本が世界最大の生糸輸出国へ

(3) 絹織物業：生糸から絹織物生産

力織機が導入され、北陸中心に輸出向けの高級織物（羽二重）の生産が活況

探究コーナー

問 ▶右のグラフは1885年と1913年の日本の輸出入品の割合を示している。このグラフから輸出入品の品目の変化について、繊維産業に注目しつつ考察し、説明してみよう。

1885年
輸出品 3715万円
生糸 35.1%
緑茶 18.0
水産物 6.9
石炭 5.3
銅 5.0
その他 29.7

輸入品 2936万円
綿糸 17.7%
砂糖 15.9
綿織物 9.8
毛織物 9.1
機械類 6.6
石油 5.7
鉄類 3.6
その他 31.6

1913年
輸出品 6億3246万円
生糸 29.8%
綿糸 11.3
絹織物 6.2
綿織物 5.3
銅 4.5
その他 42.9

輸入品 7億2943万円
綿花 32.0%
鉄類 7.8
機械類 7.0
米 6.7
砂糖 5.0
その他 41.5

（『日本貿易精覧』より作成）

鉄道と海運 ㉔ p.283〜

1 民営による鉄道敷設

(1) 明治初期以降、華族主体で設立の（　1　）など、民営主体で会社設立ブーム

a 1889年：東海道線（新橋・神戸間）全通、営業キロ数で（　2　）が（　3　）を上回る

b 1891年：日本鉄道会社による上野・青森間全通、山陽鉄道、九州鉄道など各地で民営の幹線鉄道敷設進む

c 日清戦争後の1901年：青森・（　4　）間が全通

(2) （　5　）（1906）：日露戦争後、西園寺公望内閣が制定、軍事的政策から全国鉄道網の統一的管理を目指し、主要民間鉄道17社を買収し国有化→旧国鉄の誕生

Point 日本の鉄道敷設は、明治初期〜日露戦争までは「民営」が中心。

2 海運業の発展

(1) 政府と結んだ三菱の独占に反発→半官半民の（　6　）設立で激しい競争

(2) （　7　）設立（1885）：両社が合併し設立、政府の保護を受け発展

a 日清戦争後、外貨節約や戦時の軍用船確保方針から、鉄鋼船の造船を奨励する（　8　）と外国航路への就航を奨励する（　9　）を制定

b 紡績業の発展を受け、綿花輸送で（　10　）航路の開設など、新航路を開拓

問▶日本の鉄道の営業キロ数を示した右のグラフで、1907年に民営鉄道
と官営(国有)鉄道の営業キロ数が大きく変化している要因について、説
明してみよう。

- -

- -

- -

- -

鉄道の営業キロ数
(『日本経済統計総観』より作成)

重工業の形成　教 p.283〜

1　官営事業払下げ

(1)　工場払下げ概則(1880)の払下げ基準が厳しく進まず、概則廃止(1884)

　　→軍需・鉄道を除き三井・三菱・古河ら**政商**への払下げ進展

(2)　政商ら優良鉱山を購入、鉱工業の基盤を獲得し、やがて(　1　)に成長

(3)　筑豊炭田(北九州):排水用蒸気ポンプの導入→国内最大の産炭地に

2　重工業部門への支援

(1)　繊維など軽工業に比べ民間の重工業部門の未発達、鉄鋼生産の立ち後れ

(2)　(　2　)設立(1897):日清戦争で得た賠償金も建設資金の一部に

　　a　背後に(　3　)炭田をひかえ、原材料供給に好立地→1901年に操業開始

　　b　日露戦争後に拡張:中国の(　4　)へ借款の見返りに、のち(　5　)鉄
　　　　　　　　　　　　　山の鉄鉱石、満洲の撫順炭田からも原料を入手

　　📖*Point*　漢冶萍公司との関係は、第一次世界大戦時の二十一カ条の要求とも
　　　　　　　関連する点に注意。

(3)　民間による重工業の発展←政府の支援

　　a　(　6　)の設立(1907):最初の民間製鉄会社、北海道の室蘭に設立

　　b　(　7　)が、先進国に並ぶ精度を誇る**旋盤**の国産化に成功(1905)

　　c　水力発電の本格開始により電力事業が勃興→大都市で電灯が普及開始

3　財閥の形成

(1)　財閥:**四大財閥**(三井・三菱・住友・安田)や、古河・浅野・川崎など

(2)　金融・貿易・運輸・鉱山業などの多角的経営

　　→(　8　)による株式保有を通じ多分野を支配する(　9　)形態を整備
　　《持株会社の例》(　10　)・三菱合資会社・住友合資会社・安田保善社など

(3)　植民地などへの依存

　　a　満洲(関東州経由):(　11　)の輸出、大豆粕(=肥料原料)の輸入

　　b　朝鮮:綿織物の移出、(　12　)の移入

　　c　台湾:米・(　13　)の移入

1
2
3
4
5
6
7
8
9
10
11
12
13

→日本経済が、植民地などに移出入(輸出入)を依存する体質へと変化

(4) 国際収支：貿易収支の大幅赤字、日露戦争等の(14)利払いで危機的状況

探究コーナー

> **問** ▶右のグラフは1913年の主要貿易品の輸出入(移出入)先を示している。これを参考に、産業革命を経た日本経済に対して、植民地などが果たした役割について説明してみよう。

1913年主要輸出品輸出・移出先

生糸	アメリカ　フランス　イタリア *
綿糸	中国　*　朝鮮
絹織物	イギリス　英領インド　フランス　アメリカ　*　朝鮮
綿織物	中国　関東州　*　朝鮮
銅	中国　イギリス　フランス　*

0　20　40　60　80　100　120　140(%)

1913年主要輸入品輸入・移入先

綿花	英領インド　アメリカ　*
鉄類	イギリス　ドイツ　*
機械類	イギリス　アメリカ　ドイツ　*
米	仏領インドシナ連邦　英領インド　*　台湾　朝鮮
大豆・豆粕	関東州　中国　*　朝鮮
砂糖	オランダ領東インド(インドネシア)　*　台湾

0　20　40　60　80　100　120　140　160(%)

＊ 印はその他。100%を超える分は、植民地との間の移出・移入

（『大日本外国貿易年表』『台湾外国間及内地間貿易年表』より作成）

農業と農民 　教 p.285〜

1　農業の停滞

(1) 米作中心の零細経営：金肥(大豆粕など)の普及や品種改良→収穫率は向上

＊一方で、都市人口の増加により慢性的な米の供給不足

(2) 生糸輸出の増加→桑の栽培や(1)に携わる農家が増大

2　地主と小作人

(1) 松方デフレ政策以降→小作人の増加および小作地率の急増

　　a　小作料は現物納、地租は金納→米価上昇分が地主の利益となる構造

　　b　大地主が耕作から離れて小作料の収入に依存する(2)が進展

(2) 資本家へ転身の地主

　　a　地主：小作料収入をもとに起業、公債や株式に投資→資本家へ転身

　　b　生活困窮の小作人：子女が出稼ぎ(低賃金労働)、都市に流入し貧民層へ

(3) (3)運動：(1909〜第2次桂太郎内閣で推進)

　　a　日露戦争後、あいつぐ増税のもと、農業生産の停滞・農村の困窮が問題化

　　b　協同事業等で復興の町村を(4)として表彰、事例を全国に普及奨励

労働運動の進展 　教 p.286〜

1　賃金労働者の増加

(1) 工場労働者の約6割(1900)が(1)産業、その大部分が女性

　　a　女性労働者(女工、工女)：多くが小作農家の子女

① 賃金前借、寄宿舎制度で工場に拘束、劣悪な環境で低賃金・長時間労働

② 紡績業では 2 交替制の昼夜業、（　2　）業では15～18時間におよぶ労働時間

＊『男軍人、女は（　3　）、糸をひくのも国のため』（工女節）

b 男性労働者：過酷な条件下で、多くが鉱山業や運輸業に従事

(2) 労働者の惨状を著述

a （　4　）『日本之下層社会』(1899) 📖🔍：産業革命期の社会のひずみを指摘

b 農商務省編『（　5　）』(1903)：全国工場労働者の実態調査報告書

c 細井和喜蔵『女工哀史』(1925)：紡績女工の過酷な労働実態を記述

史料チェック 📖🔍

工女の実態

　余嘗て桐生・足利の機業地に遊び、聞いて極楽、観て地獄、職工自身が然かく口にせると同じく、余も亦たその境遇の甚しきを見て之を案外なりとせり。……労働時間の如き、忙しき時は朝床を出でて直に業に服し、夜業十二時に及ぶこと稀ならず。食物はワリ麦六分に米四分、寝室は豚小屋に類して醜陋見るべからず。……若し各種労働に就き、其の職工の境遇にして憐むべき者を挙ぐれば製糸職工第一たるべし。

問 この史料の著者および書名を記せ。著者＝（　6　）　書名＝（　7　）

2 労働運動の高揚と社会問題

(1) 日清戦争前後の産業革命期：工場労働者のストライキが各所で発生

　《例》雨宮製糸スト(1886、甲府)、天満紡績スト(1889・1894、大阪)など

(2) 労働者団体の結成

a （　8　）(1897)：職工義友会を改組し、（　9　）、**片山潜**らが結成、労働団体の結成促進を指導

b その後、鉄工組合(1897)、日本鉄道矯正会(1898)などが誕生

(3) （　10　）事件(栃木県、1891頃～)

a 古河市兵衛が経営する**足尾銅山**の鉱毒が（　11　）流域の農漁業に深刻な影響→被害地域の農民が大挙して訴願し、警察隊と衝突(1900)

b 衆議院議員（　12　）は議会で追求→議員を辞職し、天皇に直訴するも失敗(1901)、政府の対策の遊水地建設にも反対し水没予定地に転住するなど、死去直前まで抵抗運動を続行

3 政府の対応

(1) （　13　）制定(1900)：労働者の団結権、ストライキ権制限で労働運動を抑圧、（　14　）や未成年者の政談集会への参加を禁止

(2) （　15　）制定(1911) ■🔍：若干の労働条件の改善で労資対立の緩和を目指す

a 資本家反対で制定に大幅な遅れ→第一次世界大戦の好景気(1916)まで未施行

b 各種制限・例外規定

① 少年・女性の就業時間制限も、適用範囲を従業員15人以上の工場に限定

② 製糸業では14時間の長時間労働を、紡績業では期限付きで**深夜業を容認**

2

3

4

5

6

7

8

9

10

11

12

13

14

15

工場法(1911公布・1916施行)

第一条　本法ハ左ノ各号ノ一ニ該当スル工場ニ之ヲ適用ス

一　常時（　16　）人以上ノ職工ヲ使用スルモノ

第二条　工場主ハ歳十二未満ノ者ヲシテ工場ニ於テ就業セシムルコトヲ得ズ……

第三条　工業主ハ（　17　）歳未満ノ者及女子ヲシテ、一日ニ付十二時間ヲ超エテ就業セシムルコトヲ得ズ……　　　　　　　（『官報』）

4　大正期の労働運動・農民運動

(1)　大戦景気のもと、労働者の大幅増加→物価高で賃上げ要求の動きが活発化

(2)　**鈴木文治**結成の（　18　）(1912)→**日本労働総同盟友愛会**(1919)に発展

　　a　同会の主催により、世界的労働者の祭典とされる第1回（　19　）を開催

　　b　同会は（　20　）に改組(1921)、労資協調主義から階級闘争主義に運動路線を転換

(3)　農民運動：全国的に小作料引下げを求める（　21　）が頻発→こうした動きに触発され、杉山元治郎・賀川豊彦らが全国組織の（　22　）(1922)を結成

探究コーナー

問▶おもに大正期の労働争議と参加人員の推移を示した右のグラフについて、大戦景気などの社会的背景に着目しつつ、説明してみよう。

労働争議と参加人員(『近代日本経済史要覧』より作成)

2　近代文化の発達

明治の文化と宗教　教 p.288〜

1　明治文化の特色

(1)　「文明開化」などのスローガン→政府による急速な近代化の推進

(2)　独特な二元性：新旧の文化、西洋的文化と東洋的文化が混在

2　宗教界の動向

(1)　キリスト教の禁止や神道を中心とする国民教化から方針転換、大日本帝国憲法で「信教の自由」を容認

(2)　（　1　）神道：皇室と関連する(1)神道は宗教の範疇外→政府が保護

(3) （　2　）神道：政府公認の各派（天理教・黒住教・金光教など）が庶民に浸透

(4) 仏教：明治初期の（　3　）で大打撃、のち（　4　）らの改革で復興へ

(5) キリスト教

 a　（　5　）（**札幌農学校**初代教頭）：影響を受けた学生が札幌バンドを結成

  影響→（　6　）：日本的キリスト教の独立に尽力、著作『代表的日本人』

       『二つのJ』

    （　7　）：のちに国際連盟事務次長、日本の精神文化を『武士道』で

       紹介

 b　（　8　）（熊本洋学校教師）：影響を受けた学生が熊本バンドを結成

  影響→海老名弾正：日本的キリスト教を唱導、のち同志社総長

 c　人道主義の立場から教育・福祉活動や（　9　）になどに積極的に貢献

教育の普及　教 p.289〜

1　教育制度の変遷

(1) 学制（1872）：義務教育の就学率が向上も、内外から画一的との批判

(2) （　1　）（1879）：アメリカ式教育制度（自由主義的）導入→学区制廃止、小学
      校設置基準を**町村単位**に改組、管理統括を地方へ移管、就
      学義務の緩和
       →翌年改正（1880）：政府による小学校教育の監督責任の強化

(3) （　2　）（1886）：文部大臣（　3　）により学校体系の新たな整備
       →小学校（尋常・高等）・中学校・師範学校・帝国大学な
       ど

(4) 小学校令改正

 a　1890：尋常小学校は3〜4年の義務教育が明確化、高等小学校は2〜4年
   の修業年限

 b　1900：義務教育の（　4　）廃止→1902年に就学率が（　5　）％を超える

 c　1907：義務教育期間を（　6　）年に延長

(5) 帝国大学の増設：東京帝国大学に加え、（　7　）（1897）以後、東北・九州・
       北海道・大阪・名古屋の各帝大と植民地の（8　・　）
       を増設→「9帝大」に

(6) 私学：慶応義塾・同志社に続いて、大隈重信創設の（　9　）などが独自の
   学風

2　教育の国家主義化

(1) （　10　）（1890）：元田永孚ら草案作成、「忠君愛国」を学校教育の基本方針に

 ＊（　11　）不敬事件：第一高等中学校の教育勅語奉戴式で拝礼せず
       →学校罷免

(2) （　12　）制度（1903）：小学校で使用する教科書を文部省の著作に限定

問▶右図は1890年に発布された「教育勅語」奉戴式の様子である。こうした事例や、日露戦争頃の教科書の策定方針の変化などをもとに、当時の政府が目指した教育方針について、説明してみよう。

教育勅語の奉戴式(文部省『ヨイコドモ 下』1941年より)

科学の発達 ㊪ p.290〜

1 科学界の変化
(1) 法学：明治当初のフランス法律学から、(1)法律学・行政学が主流に
(2) 当初、フェノロサやモースらアメリカ人が幅広い学問分野の基礎を教授
　　→その後、専門性の高い欧米人教師
　　a 工学：(2)(工部大学校初代教頭)など、おもにイギリス人ら
　　b 医学：ベルツらのドイツ医学が主流→留学先もドイツへ(伝染病研究など)
(3) 伝統思想との衝突：帝大教授の(3)が、『神道は祭天の古俗』と論じ、翌年、東京帝大を免職処分に

2 日本人による研究業績
(1) (4)：ドイツ留学中(1890)に、破傷風の血清療法を確立
(2) (5)：アメリカでタカジアスターゼを発明、アドレナリン抽出に成功
(3) 国内でも、(6)の原子構造の研究や、大森房吉の地震計開発など

近代文学 ㊪ p.290〜

1 明治初期の動向
(1) 仮名垣魯文の『安愚楽鍋』など、江戸期以来の(1)が人気
(2) 民権運動の高揚期：矢野龍渓の『経国美談』や、東海散士の『佳人之奇遇』など、運動家による(2)が登場

2 (3)主義：近代文学の出発点
　　　　　　　→戯作や勧善懲悪を脱し、現実を写実的に表現
(1) (4)が『小説神髄』を発表、人間の内面・世相の写実的な描写を提唱
(2) (5)が(6)による表現を用い『浮雲』を発表、写実的表現を結実
(3) 紅露時代
　　a (7)(『金色夜叉』)：山田美妙らと硯友社を結成、『我楽多文庫』を発刊し、写実主義のもとで文芸小説を大衆化
　　b (8)(『五重塔』)：坪内逍遙の内面尊重を継承、東洋哲学をもとにした理想主義的作風

3　（　9　）文学：欧米の影響を受け、感情・個性の高揚感や躍動を強調

(1)　北村透谷らが文芸誌『（　10　）』を創刊、ロマン主義の起点・母体となる

(2)　（　11　）（『舞姫』）、泉鏡花（『高野聖』）、樋口一葉（『たけくらべ』）や、
　　　（　12　）（『若菜集』）らが作品を発表

(3)　与謝野鉄幹主宰の雑誌（　13　）が創刊、ロマン主義の中心的雑誌に成長、
　　　（　14　）の『みだれ髪』『君死にたまうこと勿れ』、石川啄木の詩歌など

4　俳句・短歌の革新運動：（　15　）らによる展開

(1)　子規門下の高浜虚子が俳句雑誌『ホトトギス』(1897)を主宰

(2)　子規門下の伊藤左千夫、長塚節が短歌雑誌『アララギ』創刊(1908)

5　日露戦争前後の文壇

(1)　（　16　）主義：人間社会の暗部をありのまま描写

　　　　　　　　　　→日露戦争前後、文壇の主流に

a　小説：（　17　）『破戒』、（　18　）『蒲団』、国木田独歩『武蔵野』、徳田秋声『黴』

b　詩歌：（　19　）『一握の砂』(1910)、社会主義思想を盛り込んだ生活詩

　　　　　＊啄木の論評『時代閉塞の現状』→日露戦争後の国家権力を批判

(2)　反自然主義：知識人の内面を国家・社会との関係から描写した夏目漱石の作品群や、森鷗外の歴史小説

明治の芸術　教 p.291〜

1　演劇界の動向

(1)　歌舞伎

a　明治初期：（　1　）が散切物（明治初期の風俗・世相を題材）を上演

b　明治中期：「（　2　）」と称する、明治期の歌舞伎黄金時代の到来
　　　　　　市川団十郎（9代目）、尾上菊五郎（5代目）、市川左団次（初代）の活躍

(2)　（　3　）：川上音二郎の民権思想を含んだ壮士芝居や「オッペケペー節」による政治風刺、通俗小説の劇化など

(3)　（　4　）：近代の西洋劇を翻訳、上演→歌舞伎・新派劇に対する呼称

a　（　5　）：坪内逍遙・島村抱月・松井須磨子らで結成、『人形の家』などを上演

b　（　6　）：小山内薫・2代目市川左団次が結成、翻訳劇など上演

2　西洋音楽の導入：軍楽隊による演奏により導入開始

(1)　（　7　）らが、小学校教育の唱歌に西洋歌謡を模した楽曲を導入

(2)　（　8　）設立(1887)：専門的な音楽教育の開始、初代校長伊沢修二→卒業生に、『荒城の月』の（　9　）らを輩出

3　日本美術と西洋画の相克

(1)　明治初期：政府が（　10　）を開設(1876)

a　フォンタネージ（イタリア）らをまねき、外国人教師による西洋美術の指導

9
10
11
12
13
14
15
16
17
18
19

1
2
3
4
5
6
7
8
9
10

b　（　11　）（「鮭」）、浅井忠らを輩出するも、伝統美術への回帰と財政難で
閉鎖(1883)

(2)　（　12　）・岡倉天心らによる日本の伝統美術の再評価

a　（　13　）設立(1887)：西洋美術を排し、伝統的な日本美術の技法を伝授

b　（　14　）（「悲母観音」）、橋本雅邦（「竜虎図」）らの日本画家を輩出

Point 政府による西洋美術から日本美術重視への転換→日本の伝統美術が欧
米で高評価を得ていたことが背景にあり。

(3)　西洋画の隆盛：一時期の衰退からの復興

a　（　15　）結成(1889)：**浅井忠**らによる日本初の西洋美術団体（脂派）

b　（　16　）結成(1896)：フランスで学んだ（　17　）（「読書」「湖畔」）らが結成
（**外光派**）
→明治美術会を圧倒、西洋画界の主流へ、「**海の幸**」
の（　18　）ら輩出

c　西洋画の復興を受け、東京美術学校に西洋画科を新設(1896)

(4)　（　19　）：西洋画の団体に対抗して（　20　）らが結成、横山大観らが参加

(5)　（　21　）開設：文相牧野伸顕（大久保利通の二男）ら文部省主導、日本美術と
西洋美術の共栄をはかる展覧会→大正期に帝国美術院展覧会
＝（　22　）に改組

(6)　彫刻・工芸・建築

a　彫刻：（　23　）（「**老猿**」）の伝統的木彫と、（　24　）（「**女**」）らの西洋流の
彫塑が対立・競合→文展開設で、対立から共存へ

b　工芸：西洋の新技術導入→新技法による陶器・七宝などは海外へ輸出

c　建築：コンドル（英）に学んだ**辰野金吾**（日本銀行本店）、片山東熊（迎賓館
赤坂離宮）らが西洋建築を造営→明治末、鉄筋コンクリート時代へ

生活様式の近代化　教 p.293～

1　西洋風の生活様式

(1)　都市部：官公庁・会社・学校・軍隊など→ガラス窓、机・椅子の使用、洋服
の着用、定時刻による行動様式が広がる

(2)　大都市の風景

a　ガス灯(1870年代)→大都市に（　1　）登場(1880年代末)、ガスはおもに家
庭の熱源に

b　鉄道馬車(1880年代)→京都で全国初の（　2　）が開通(1895)

c　大手呉服店がデパート型の小売りを開始→ショーウィンドウや陳列台

d　都市人口の増加、人口10万以上の都市＝総人口の約11％(1908年統計)

(3)　日本風と西洋風の混在：女性の髪型は日本髪にかわり（　3　）が普及

2　地方農漁村の生活

(1)　石油を用いるランプが普及、電灯の一般化は大正期以降

(2)　農漁業との関係もあり、太陽暦と並び旧暦を併用

3 市民生活の変容と大衆文化

大戦景気　教 p.294〜

1　（　1　）：第一次世界大戦による好景気→日露戦争後の不況・財政難を解決

(1)　連合国（英・仏・露など）への軍需品・食料品などの輸出急増

(2)　欧米からの輸出が後退したアジア市場へ（　2　）の輸出拡大

　→現地生産を目指し、中国の上海などへ紡績工場が進出＝（　3　）

(3)　大戦ブームによる好景気に沸くアメリカに（　4　）輸出が急拡大

(4)　造船・海運業：世界的な船舶不足により空前の活況

　　a　日本は世界第3位の海運国に（保有船舶の総トン数）

　　b　造船・海運ブームに乗じ巨額の利益を得た（　5　）の誕生

(5)　鉄鋼需要の急増→八幡製鉄所の拡張、満鉄の（　6　）製鉄所の設立(1918)

(6)　化学工業の勃興→（　7　）からの輸入途絶で薬品・染料・肥料など国産化へ

(7)　電力業：（　8　）・東京間の長距離送電に成功(1915)

　　　　　　　→工業原動力が**蒸気力から電力**へ転換、電灯の農村部への普及

2　**大戦景気の影響**

(1)　輸出の増大により、貿易収支は大幅な（　9　）に転じる

(2)　財政危機からの脱却：長年の債務国から（　10　）に転換

(3)　各種工業の躍進で、工業生産額が（　11　）生産額を上回る

(4)　工場労働者数→大戦前の1.5倍＝150万人余に急増（とくに男性労働者の増加）

　　＊ただし労働人口全体では、依然として工業人口は農業人口の半数以下

3　**好景気の光と影**

(1)　急激な富裕者＝（　12　）誕生の一方、**物価高騰**で多くの民衆が生活困窮

(2)　農村から都市部への顕著な人口流出、農産物と工業製品の価格差
　　の拡大

1	
2	
3	
4	
5	
6	
7	
8	
9	
10	
11	
12	

探究コーナー

問　右のグラフは、大正期から昭和初期の日本の貿易額の推移
と、物価・賃金の変化を示したものである。この2つグラフを
もとに、第一次世界大戦およびそれ以後の、日本経済や労働者
の生活について考察し、言及してみよう。

（『日本経済統計総観』より作成）

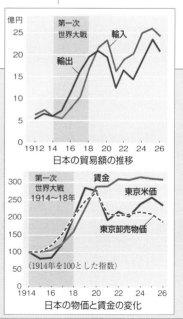

日本の貿易額の推移

日本の物価と賃金の変化

都市化の進展と市民生活　教 p.295〜

1　都市化の進展：第一次世界大戦後に**都市への人口集中**が顕著化

(1)　会社員・銀行員・公務員らの俸 給 生活者＝（　1　）、タイピスト・電話交換手などの職業をもつ女性＝（　2　）が出現

(2)　都市の景観・交通：鉄筋コンクリート造のオフィスビルの出現、市電・バス、円タク、地下鉄の開業などによる都市交通の発達

(3)　住宅

　　a　都市郊外や鉄道沿線に、中 間 層 向けに和洋折 衷 の（　3　）の建設が進む

　　b　同 潤 会アパート：内務省が関東大震災の義援金をもとに設立した同潤会（1924）が、東京・横浜に4〜5階建てアパートを建設

　　c　都市で水道・ガスの供給が本格化、農村部を含め各家庭に（　4　）が普及

(4)　私鉄経営の（　5　）が出現　＊従来は呉服店起源の三越 百 貨店などが主流

　　a　箕面有馬電気軌道(1918阪神急行電鉄と改称)が大阪梅田にデパートを開業

　　b　小林一三の主導で鉄道沿線の住宅地開発、温泉や（　6　）**少女歌劇団**なども経営

2　市民生活の洋風化

(1)　洋服の普及→断髪・スカートの（　7　）、山高帽にステッキの（　8　）

(2)　食の洋風化：トンカツや（　9　）などの洋食が普及

3　二重構造の顕在化

(1)　大企業と中小企業、都市と農村の格差が社会問題化

(2)　「大衆消費社会」的状況の一方で、一般農家・中小企業労働者らの生活水準は低い状態

探究コーナー

問 ▶第一次世界大戦後の都市生活の変化について、鉄道沿線の開発に着目して、説明してみよう。

大衆文化の誕生　教 p.297〜

1　大衆文化誕生の背景

(1)　教育の普及

　　a　識字率の大幅向上：（　1　）の 就 学率が97％を超える(1907)

　　b　高等教育の拡充：(旧制)中学校の生徒数急増、原 敬 内閣時に高等学校令で高等学校の増設、（　2　）で帝国大学以外の単科大学・公立・私立大学の設置を認可

(2)　大衆文化：マスメディアの急速な発達→一般勤労者(大衆)が文化の担い手に

2 新聞・出版文化の隆盛

(1) 新聞：『大阪朝日新聞』と『東京朝日新聞』、『大阪毎日新聞』と『東京日日新聞』
　　系列の発行部数が100万部を超える

(2) 雑誌：『(3)』『改造』などの総合雑誌、『主婦之友』などの女性雑誌、
　　『(4)』(鈴木三重吉)などの児童文芸雑誌など続々刊行、大衆娯楽
　　雑誌『(5)』(1925創刊)も、発行部数100万部を超える

(3) 書籍：改造社『現代日本文学全集』(1冊1円)の(6)や岩波文庫の登場

3 マスメディアの発展

(1) (7)放送：東京・大阪・名古屋で放送開始(1925)

　　a 日本放送協会(NHK)設立(1926)

　　b ラジオ劇・スポーツの実況放送などが人気を呼び、放送網が全国に拡大

　　　① 全国中等学校優勝野球大会、東京六大学野球などの放送が好評

　　　② 満洲事変以降、出兵者の安否情報で契約者が急増、100万人を超える

(2) 映画：当時は映画を(8)と呼称

　　a 当初は無声映画で(9)が解説→1930年代から有声映画＝(10)

　　b 日活・松竹などの映画会社が国産映画を制作、上映

学問と芸術 　教 p.298〜

1 学問の発達

(1) 社会科学：大正デモクラシーの風潮のもと、様々な思想が登場

　　a 急進的自由主義：『東洋経済新報』の記者(1)が、朝鮮・満洲などの植
　　　　　　　　　　民地の放棄と平和的な経済発展を主張→「小日本主義」

　　b (2)主義の紹介：マルクスによる労働者階級の解放を目指す理論

　　　① 河上肇の『(3)』：奢侈の根絶による貧乏廃絶を説く

　　　② 雑誌『労農』(労農派)と『日本資本主義発達史講座』(講座派)の論争

(2) 人文科学

　　a 哲学：『善の研究』の(4)、『古寺巡礼』『風土』の(5)など

　　b 歴史学：『神代史の研究』『古事記及び日本書紀の研究』の(6)

　　c 民俗学：(7)＝日本民俗学の先駆者、無名の民衆(「常民」)の生活史
　　　　　　　を調査、雑誌『郷土研究』や『遠野物語』を発表

(3) 自然科学

　　a 研究機関：(8)の設立(1917)→のち理研コンツェルンに成長

　　b 医学：黄熱病の研究で(9)が優れた業績をあげる

　　c 鉄鋼研究：(10)がKS磁石鋼を発明、工業発展に多大な功績

2 文学の新たな潮流：自然主義の退潮

(1) 高踏派：『阿部一族』『高瀬舟』の森鷗外、『こころ』『明暗』の夏目漱石

(2) 耽美派：『腕くらべ』の永井荷風、『痴人の愛』の谷崎潤一郎ら

(3) (11)派：人道主義・理想主義を掲げ、雑誌『白樺』(1910〜)を中心に、
　　　　　　　『或る女』『カインの末裔』の(12)、『暗夜行路』の(13)、
　　　　　　　『友情』『その妹』の(14)らが活躍

(4) （ 15 ）派：大正期、白樺派とともに、雑誌『新思潮』(1914〜)を中心に、
『羅生門』『鼻』の（ 16 ）、『父帰る』『恩讐の彼方に』の
（ 17 ）らが活躍

(5) （ 18 ）：娯楽的な庶民向けの読物、新聞や大衆雑誌『キング』などで人気
『大菩薩峠』の（ 19 ）、『宮本武蔵』の**吉川英治**や『鞍馬天狗』の
大佛次郎などの時代小説、江戸川乱歩の探偵小説が人気

(6) （ 20 ）文学運動：社会主義運動・労働運動の高揚が背景

    a 反戦平和や被抑圧者の解放を訴えた文芸誌『（ 21 ）』(1921)や、『**文芸戦線**』(1924)、全日本無産者芸術連盟(ナップ)の機関誌『戦旗』(1928)などが続々創刊

    b プロレタリア作家：**徳永 直**が共同印刷争議の体験から『（ 22 ）』を著したほか、『蟹工船』の（ 23 ）や、『海に生くる人々』の葉山嘉樹など

3　演劇・音楽

(1) 芸術座(1913)：文芸協会の後進、島村抱月・松井須磨子らが活躍

(2) （ 24 ）(1924)：関東大震災の翌年に小山内薫・土方与志らが創設、
（ 25 ）運動の中心拠点に

(3) 音楽：洋楽の普及進む、「この道」「からたちの花」の（ 26 ）らが活躍

4　美術界などの動向

(1) 日本画：「生々流転」の作者（ 27 ）らが、岡倉天心の遺志を継ぎ（ 28 ）を再興、安田靫彦・小林古径らが作品を発表

(2) 西洋画：文展等に対抗し、在野勢力による洋画団体が誕生

    a （ 29 ）：「金蓉」の安井曽太郎、「紫禁城」の梅原龍三郎らが活躍

    b **春陽会**：「麗子微笑」の岸田劉生らが創設

(3) 彫刻：高村光太郎の「手」、平櫛田中の「転生」などが代表作

(4) 建築：（ 30 ）の設計による東京駅が開業(1914)

探究コーナー

問▶右のグラフは新聞発行部数の変化、写真は1925年創刊の雑誌である。これらも参考にして大正期を中心とした文化面での変化を、「高等教育」「識字率」「大衆文化」という語句を使用して、説明してみよう。

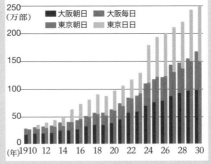

新聞発行部数の変化（『朝日新聞社史』『毎日新聞販売史』より作成）

雑誌『キング』

第15章 恐慌と第二次世界大戦

1 恐慌の時代

戦後恐慌から金融恐慌へ ㊙ p.300～

1 （　1　）恐慌(1920)

　(1) 第一次世界大戦終結でヨーロッパ諸国が復興→アジア市場に輸出再開→日本の大戦景気が終了、貿易は（　2　）超過へ転落(1919)

　(2) 大戦景気時の過剰投資の反動で株価暴落→恐慌が発生、綿糸・生糸相場が大戦時の半値以下に暴落

2 震災恐慌

　(1) （　3　）の発生(1923.9.1)→東京市・横浜市の大部分が廃墟と化し、京浜工業地帯が壊滅

　(2) 震災で銀行保有の手形が決済不能(不良債権化)＝（　4　）手形

　　　→日本銀行の特別融資で一時しのぐも、決済進展せず

　　　＊震災前からの放漫経営分も多く含まれ混乱続く

3 （　5　）恐慌(1927)：（　6　）内閣(憲政会)の時に発生

　(1) 震災手形処理の過程で（　7　）大蔵大臣が失言(一部銀行の経営不振に言及)

　　　→預金払戻しを求めて人々が銀行に殺到する（　8　）がおこり、**銀行の休業**が続出、金融界が混乱

　(2) 若槻内閣：経営破綻した（　9　）商店に対する多額の融資で不良債権を抱えた（　10　）救済のため、(国会閉会中に)緊急勅令を奏上→**枢密院**が拒否、若槻内閣は総辞職へ

　📎Point　枢密院による緊急勅令拒否の背景には、幣原喜重郎外相による協調外交
　　　　　　(若槻内閣の外交方針)に対する枢密院の不満あり。

4 （　11　）**内閣**(立憲政友会)**成立**：大蔵大臣に**高橋是清**を起用、金融恐慌に対応

　(1) 3週間にわたる（　12　）(**支払猶予令**)を実施→銀行の払戻しを一時停止

　(2) 日本銀行から巨額の救済融資(紙幣大量印刷)を実施、金融恐慌を沈静化

5 **1920年代の日本経済**：あいつぐ恐慌、慢性的不況

　(1) 外国為替相場：動揺・下落を繰り返す不安定な状況

　　a 背景に、第一次大戦中(1917～)から続く（　13　）禁止の影響あり

　　b 工業の国際競争力の不足により（　14　）超過が増大

　(2) 財閥(独占資本)の成長

　　a 財閥による金融・流通等での産業支配・系列下が進展→中小銀行が淘汰され、金融面で**5大銀行**(三井・三菱・住友・安田・第一)の占有拡大

　　b 財閥と政党の癒着が進展←世論の批判増大

　　　《例》（　15　）と憲政会(立憲民政党)、（　16　）と立憲政友会

　(3) 恐慌下、大企業や農村から過剰労働力の流出→中小企業が増加

1	
2	
3	
4	
5	
6	
7	
8	
9	
10	
11	
12	
13	
14	
15	
16	

問▶右の表を参考に、昭和初期の金融界でおこった出来事と、その後の金融界の変化について概説してみよう。

銀行の動向
(『近現代日本経済史要覧』より作成)

年末	5大銀行預金高	5大銀行預金高の全国に占める割合	普通銀行の数
	百万円	%	行
1926	2,233	24.3	1417
1927	2,818	31.2	1280
1928	3,130	33.5	1028
1929	3,210	34.5	878
1930	3,187	36.5	779
1931	3,169	38.3	680
1932	3,430	41.2	538

社会主義運動の高まりと積極外交への転換　教 p.301〜

1　社会主義運動の高揚と弾圧

(1)　普通選挙法成立→社会主義勢力各派は、議会活動による社会改造を目指し、合法的な（　1　）政党結成へ

＊無産政党という言葉は「社会主義政党」と称することがはばかられたため

a　農民労働党(1925)：「共産党との関係あり」として即日禁止

b　（　2　）(1926)：合法的無産政党として結成も、共産党との関係から分裂
→労働農民党に対し、議会主義の社会民衆党(社民党)、中間派の日本労農党へ分裂

c　**第1回普通選挙**(1928)で（　3　）勢力から8人が当選
→無産政党の躍進に影響を受け、非合法の日本共産党が公然と活動を開始

(2)　（　4　）内閣(立憲政友会)による弾圧

a　（　5　）事件(1928)：共産党員の一斉検挙、日本労働組合評議会の解散

b　（　6　）の改正(1928)：国体の変革を目的とする結社の組織者・指導者への最高刑を（　7　）・無期刑へ

c　弾圧強化に向けて、道府県の警察にも（　8　）を設置(1928)

d　（　9　）事件(1929)：三・一五事件に続く、共産党員の大規模検挙

史料チェック 📖

改正治安維持法(1928)

第一条　（　10　）ヲ変革スルコトヲ目的トシテ結社ヲ組織シタル者、又ハ結社ノ役員其ノ他指導者タル任務ニ従事シタル者ハ、（　11　）又ハ無期 若ハ五年以上ノ懲役若ハ禁錮ニ処シ……　　　　　　　　　　(『官報』)

2　**田中義一**(外相兼務)**内閣の外交政策**：対欧米＝協調外交、対中国＝強硬外交

(1)　対中国政策の転換：不干渉政策から強硬(積極)外交へ

a　中国の動向：各方面の（　12　）による分断状態
① 孫文による（　13　）の結成(1919)→南方で支配拡大
② 毛沢東らによる（　14　）の結成(1921)

統一に向け
第1次（　15　）
(1924)

③　孫文死去後、後継の（　16　）による北方軍閥打倒の軍事行動＝（　17　）
（1926〜）→南京（ナンキン）に（　18　）を樹立し、さらに制圧地域を拡大へ

b　（　19　）開催（1927）：田中内閣、中国関係の軍人・外交官集め対中方針の
　　　　　　　　　　策定→満洲における日本権益を実力で守る方針を決
　　　　　　　　　　定＝「対支政策綱領（こうりょう）」

c　（　20　）出兵（第1次〜3次、1927〜28）
①　北伐（ほくばつ）への干渉、日本人居留民の保護を名目に山東半島（さんとう）に出兵
②　第2次出兵の際には、日本軍と国民革命軍の武力衝突＝（　21　）が勃発

d　（　22　）爆殺事件（1928）：（　23　）による謀略
　　国民革命軍に敗れた満洲（まんしゅう）軍閥の張作霖（ちょうさくりん）を列車ごと爆殺→混乱に乗じて満
洲の直接支配を企図するも失敗
①　真相を国民に隠し（　24　）と呼称、処分は首謀者（河本大作（こうもとだいさく））の停職のみ
②　事後処理をめぐり昭和天皇の不興を買い、田中内閣は総辞職へ（1929）

e　事件後、張作霖の子（　25　）は反日に転換、国民政府に合流、満洲全土に
国民党の青天白日旗を掲揚（＝易幟（えきし）事件、1928）→国民党の「北伐」完了→国民
政府、列国に対して不平等条約の無効を宣言（1931）

(2)　対欧米諸国との協調外交の継続
a　ジュネーヴ会議（1927）：米・英・日で補助艦の保有制限を協議→不成立
b　（　26　）条約（1928）：米・英・仏・日など15カ国による戦争放棄の宣言

✍Point　パリ不戦条約の「戦争ヲ抛棄スルコトヲ其ノ各自ノ人民ノ名二於テ（おい）厳粛に
　　　　宣言ス」の下線部は、天皇主権の日本に適用しないことが批准の条件。

金解禁と世界恐慌　教 p.303〜

1　（　1　）を実施：（　2　）内閣（立憲民政党）、大蔵大臣に（　3　）を起用
(1)　背景：不況の脱却、為替相場（かわせそうば）安定と貿易振興に金解禁（きんかいきん）が必要←財界の要望
　　　　政府は緊縮財政による物価引下げ、産業の合理化による国際競争力の
　　　　強化を企図
(2)　実施：あえて旧平価による金解禁を断行（1930.1）し、円高を容認→円の国
　　　　際的信用の維持、生産性の低い不良企業の整理・淘汰（とうた）で日本経済の体
　　　　質改善を企図
(3)　結果：同時期におこった（　4　）の影響により、日本経済は深刻な恐慌（きょうこう）に

2　世界恐慌（1929.10〜）
(1)　ニューヨークのウォール街の株価暴落がきっかけ→資本主義各国へ波及
(2)　（　5　）恐慌：金解禁のデフレ不況と合わせ、日本でも深刻な不況（1930〜）
a　輸出の不振：正貨（金）（せいか）の大量流失、アメリカ向け（　6　）輸出が激減
b　企業の倒産、産業合理化による賃金引下げや人員整理→失業者が増大
c　（　7　）恐慌：1930年、豊作による米価下落で農家は「（　8　）」に→翌年、
　　　　凶作で東北地方中心に米・繭（まゆ）など農産物価格の下落→農民
　　　　の困窮激化→（　9　）児童や子女（しじょ）の身売り続出
(3)　政府の対応：（　10　）法（1931）で不況カルテルを容認→統制経済の先駆け

16
17
18
19

20

21

22
23

24

25

26

1
2
3

4

5
6

7
8
9
10

問 金解禁の際には、旧平価（金輸出禁止前の100円＝49.845ドル）での実施と、実勢相場（100円＝46.45ドル）での実施の議論があり、実際には旧平価で金解禁がおこなわれた。旧平価での金解禁は円相場にどのような影響を与え、輸出入の増減や貿易収支にどのような結果をもたらしたのか、説明してみよう。

協調外交の挫折 教 p.304～

1 浜口雄幸内閣の外交：外相に（ 1 ）を再起用、（ 2 ）**外交**の復活

(1) 対中関係の改善：（ 3 ）協定(1930)→条件付きで中国に関税自主権を容認

(2) **ロンドン会議**(1930)

    a イギリス首相マクドナルドが提唱、米・英・日・仏・伊が参加

    b （ 4 ）条約の締結：主力艦の保有制限及び建造禁止の5年延長、巡洋艦・駆逐艦・潜水艦など（ 5 ）の保有トン数制限

      →総トン数で対英米約（ 6 ）割

      ※大型巡洋艦の対米7割は認められず

2 （ 7 ）問題

(1) （ 8 ）・軍部・右翼ら→政府による兵力量決定は「(7)」として抗議

(2) 浜口内閣：枢密院の同意を得て条約の批准に成功

(3) 浜口首相、東京駅で右翼青年に狙撃され重傷(1930)→翌年、**内閣退陣**

---

2 軍部の台頭

満洲事変 教 p.305～

1 満洲事変(1931) ＊満洲の範囲＝通常、奉天・吉林・黒竜江の3省

(1) 背景：中国の北伐完了(1928)や国権回復運動に対する関東軍の危機感

    a 日本国内では軍部・右翼が協調外交を非難、「（ 1 ）の危機」を主張

    b 関東軍が満洲占領計画を画策：（ 2 ）の「世界最終戦論」の影響など

(2) 展開

    a （ 3 ）事件(1931.9.18)：**奉天**郊外の南満洲鉄道線路が爆破される

    →関東軍は中国軍による爆破として軍事行動を開始＝（ 4 ）勃発

    b 第2次（ 5 ）内閣(立憲民政党)→**不拡大方針**を声明

    c 関東軍は不拡大方針を無視、全満洲の軍事的制圧目指し戦線拡大（**世論・マスコミは軍事行動を支持**）→内閣総辞職→（ 6 ）内閣(立憲政友会)成立

d　中国での排日運動が激化、満洲への関心をそらす意図などから華中方面に
　派兵された日本軍が中国軍と衝突、第１次（　7　）がおこる(1932)

2　満洲国の建国

(1)　中国が国際連盟に提訴→国連は（　8　）を現地と日中両国に派遣(1932.2)

(2)　満洲国建国(1932.3)：関東軍は満洲主要地を占領、清朝最後の皇帝であっ
　　　　　　　　　　た（　9　）を執政として（　10　）建国を宣言＝首都
　　　　　　　　　　（　11　）→アメリカ、「満洲国」の**不承認を宣言**

＊満洲事変から日中戦争・太平洋戦争の終結までを十五年戦争とも呼ぶ

政党内閣の崩壊と国際連盟からの脱退　㉚ p.306〜

1　（　1　）運動の高揚

(1)　背景：統帥権干犯問題・昭和恐慌・満洲事変などが契機
　　　　→軍部・右翼らが、「日本の行き詰まりの原因は財閥・政党などの支
　　　　配者層の無能と堕落」として支配層の打倒を目指す

(2)　国家改造をとなえたクーデタ、テロ

　a　（　2　）(1931)：陸軍青年将校の秘密結社桜会と、右翼指導者の大川周
　　　　　　　　　明が軍事政権樹立の計画→未遂、失敗

　b　**十月事件**(1931)：再び桜会と大川周明が連携、政党内閣を倒し、軍部独
　　　　　　　　　裁政権(荒木貞夫内閣)の樹立を目指す→未遂、失敗

　c　（　3　）(1932)：井上日召率いる右翼団員によるテロ→前大蔵大臣
　　　　　　　　　（　4　）、三井合名会社理事長の（　5　）を暗殺

　d　（　6　）(1932)：（　7　）の青年将校らが首相官邸などを襲撃
　　　　　　　　　→首相（　8　）を射殺(内閣は退陣)→後継首相に穏健派
　　　　　　　　　の海軍大将（　9　）＝（**政党内閣の崩壊**）

2　国際連盟脱退と国際的孤立

(1)　（　10　）の調印(1932.9)：（　11　）内閣、**満洲国を承認**し既成事実化へ

　　　　　　　　　　　　　満洲国での日本の権益を確認、日本軍の無条件
　　　　　　　　　駐屯や交通機関の管理などを容認、満洲国政府
　　　　　　　　　の要職に関東軍司令官推薦の日本人を採用など

(2)　国際連盟からの脱退

　a　**リットン調査団報告**：満洲国は自発的な民族独立運動による樹立ではない

　b　国際連盟総会(1933.2)：日本全権主席代表＝（　12　）

　　①　総会で、リットン調査団報告に基づき満洲国を日本の傀儡国家と認定→
　　日本に対し「満洲国承認の撤回」を求める勧告案を採択(賛成42対反対１)

　　②　日本全権団、総会から退場→翌月、**国連へ脱退を通告**（1935発効）

(3)　日本の国際的孤立(国連脱退後の動向)

　a　（　13　）（＝塘沽停戦協定)(1933)の締結→満洲事変を終息

　b　**溥儀**を執政から皇帝とし、満洲国を（　14　）に移行(1934)

　c　ロンドン会議からの脱退→（　15　）条約の失効(1936)、さらに1934年に破
　　棄通告済の（　16　）条約も失効＝日本の国際的孤立が一段と顕著に

右欄の番号：7 / 8 / 9 / 10 / 11 / 1 / 2 / 3 / 4 / 5 / 6 / 7 / 8 / 9 / 10 / 11 / 12 / 13 / 14 / 15 / 16

日満議定書(1932)

日本国ハ満洲国ガ其ノ住民ノ意思ニ基キテ自由ニ成立シ、独立ノ一国家ヲ成スニ至リタル事実ヲ確認シタルニ因リ、満洲国ハ中華民国ノ有スル国際約定ハ満洲国ニ適用シ得ベキ限リ之ヲ尊重スベキコトヲ宣言セルニ因リ、ⓐ日本国政府 及 ⓑ満洲国政府ハ日満両国間ノ善隣ノ関係ヲ永遠ニ鞏固ニシ、互ニ其ノ領土権ヲ尊重シ、東洋ノ平和ヲ確保センガ為、左ノ如ク協定セリ……

（『日本外交文書』）

問1 下線部ⓐに関連して、この時の日本の首相は誰か。（ 17 ）

問2 下線部ⓑに関連して、満洲国の執政に就任した人物は誰か。（ 18 ）

国際連盟脱退

本年(1933)二月……臨時総会ノ採択セルⓒ報告書ハ、……事実ノ認定及之ニ基ク論断ニ於テ甚シキ誤謬ニ陥リ、就中ⓓ九月十八日事件当時及ⓔ其ノ後ニ於ケル日本軍ノ行動ヲ以テ自衛権ノ発動ニ非ズト臆断シ、……（ 19 ）成立ノ真相ヲ無視シ……東洋ニ於ケル事態安定ノ基礎ヲ破壊セントスルモノナリ。……仍テ帝国政府ハ此ノ上連盟ト協力スルノ余地ナキヲ信ジ、……国際連盟ヨリ、脱退スルコトヲ通告スルモノナリ。

（『日本外交文書』）

問3 下線部ⓒの報告書の名称を記せ。（ 20 ）

問4 下線部ⓓの事件、および下線部ⓔの軍事行動を何と呼ぶか記せ。

ⓓ＝（ 21 ）　ⓔ＝（ 22 ）

恐慌からの脱出　教 p.307〜

1　金輸出再禁止の断行と活況

(1)　（ 1 ）内閣の大蔵大臣（ 2 ）、就任後直ちに金輸出再禁止を断行

　　a　再禁止についで、円と金との兌換を停止（**金本位制を放棄**）

　　　→日本は事実上（ 3 ）制度に移行

　　b　円相場の大幅下落（**円安**）

　　　→輸出の飛躍的増加→イギリスを抜き世界一の（ 4 ）の輸出国に

(2)　恐慌からの脱出

　　a　（ 5 ）発行→軍事費・農村救済費などの財政膨張で活況、諸外国に先駆けて、世界恐慌前の生産水準を回復(1933)

　　b　軍需拡大、産業保護で重化学工業の顕著な発展

　　　→重化学工業合計の生産額が繊維工業を超える(1933)

　　　→重化学工業の生産額が工業生産額全体の過半(1938)

＊日本の産業構造＝軽工業中心から→**重化学工業中心**へと変化

2　産業構造の変化と新興財閥

(1)　産業界の再編成：国策会社（ 6 ）の誕生(1934)で鋼材の自給を達成

(2)　**新興財閥**の台頭：軍部と結びつき、朝鮮や満洲で重化学工業を中心に成長

   a （ 7 ）コンツェルン：（ 8 ）が**日本産業会社**を母体に、日産自動車・

      日立製作所などを経営、満洲に進出し満洲重工業開発会社を設立→満洲の重

      化学工業を独占

   b （ 9 ）コンツェルン：野口 遵（したがう）が**日本窒素肥料（ちっそひりょう）会社**を母体に結成、朝

      鮮で大規模な水力発電所や化学コンビナートを建設

   c そのほか、日曹・森・理研など、各コンツェルンが誕生

3　農村の救済策（1932～）

 （1）　時局匡救（じきょくきょうきゅう）事業（公共土木事業）：農民を日雇い労働に雇用、現金収入確保

 （2）　（ 10 ）運動：産業組合の拡充などによる農村部の「自力更生（じりきこうせい）」を目指す

4　世界恐慌と各国の動向

 （1）　イギリス：本国と植民地による（ 11 ）経済圏の構築→保護貿易政策を推進

 （2）　アメリカ：フランクリン＝ローズヴェルト大統領による（ 12 ）政策で経済

           危機からの脱出をはかる

 （3）　列国は日本製品の輸出拡大を（ 13 ）（＝国ぐるみの投げ売り）として非難

 （4）　輸入面で、（14 ・   ）・くず鉄・機械などで（ 15 ）への依存度が急速

      に高まる

	7
	8
	9
	10
	11
	12
	13
	14
	15

探究コーナー

問▶右のグラフと表から、金輸出再禁止以降の為替（かわせ）相場の変化や、それが日本経済にどのような影響を与えたかを読み取って、説明してみよう。

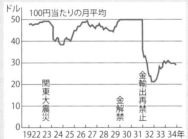

年次	綿織物	生糸	絹織物	人造絹織物
1928	35,222	73,270	13,406	－
1930	27,212	41,665	6,578	3,494
1932	28,871	38,237	5,029	6,054
1934	49,234	28,679	7,749	11,348
1936	48,359	39,281	6,803	14,917
1938	40,424	36,412	4,935	11,576
1940	39,914	44,606	3,770	11,611
1941	28,418	21,571	4,216	6,046

対米為替相場の推移
（『昭和恐慌』より作成）

主要繊維製品輸出額の推移　　単位：万円
（『日本長期統計総覧』より作成）

転向の時代　教 p.308～

1　転向：国家権力の圧迫によって社会主義・共産主義思想を放棄すること

 （1）　満洲事変を契機にナショナリズム高揚＋国家の弾圧

    →社会主義から転向者が続出、各種の無産（むさん）政党が国家社会主義へと転向

   a （ 1 ）らが社会民衆党を脱退し軍部に接近→日本国家社会党結成（1932）

   b 残った社会民衆党に他派が合同し、（ 2 ）結成（1932）

      →やがて国家社会主義化

   c 社会主義を堅持していた（ 3 ）らの日本無産党などが活動を停止（1937）

1
2
3

(2) 日本共産党最高指導者の（　4　）・鍋山貞親が獄中で転向声明（天皇制打倒・侵略戦争反対の方針を撤回）→獄中の大半の党員が転向

2　自由主義的学問への弾圧

（　5　）事件（1933）：自由主義的な刑法学説をとなえた京都帝国大学教授（　6　）の休職処分に抗議し、京都帝大の法学部教授会が全員辞表を提出して抵抗→敗北

二・二六事件 教 p.309〜

1　事件の予兆

(1)　五・一五事件以降、政党の影響力が低下→軍部（とくに陸軍）の発言力が増大

(2)　陸軍省発行「国防の本義と其強化の提唱」（1934）

　　→陸軍が政治・経済の運営に関与する意欲を示唆

(3)　（　1　）事件（1935）

　a　（　2　）の**天皇機関説**を貴族院議員（菊池武男）が議会で非難、これを機に軍部・右翼らが激しい排撃運動を展開　＊上杉慎吉は「天皇主権説」を主張

Point　天皇機関説＝「統治権の主体を法人としての『国家』に在りとし、天皇は国家の最高機関として、憲法に従い統治権を行使する」との説。

　b　（　3　）内閣が（　4　）声明を発表し📖、天皇機関説を否認→美濃部は貴族院議員を辞職、著書は発禁に＝民本主義と並ぶ政党政治の**理論的支柱を喪失**

史料チェック 📖

国体明徴声明（1935）

　若し夫れⓐ統治権が天皇に存ぜずして天皇は之を行使する為の機関なりと為すが如きは、是れ全く万邦無比なる我が国体の本義を愆るものなり。近時憲法学説を繞り国体の本義に関連して兎角の論議を見るに至れるは寔に遺憾に堪えず。

問1　下線部ⓐは、誰の何という学説か。人物＝（　5　）　学説＝（　6　）
問2　この声明が発表された時の首相は誰か。（　7　）

2　陸軍部内の対立

(1)　（　8　）派：荒木貞夫・真崎甚三郎らを首領とする青年将校中心の一派、直接行動による既成支配層の打倒、天皇親政を指向
　　　　　　　＊北一輝（『日本改造法案大綱』）の思想的影響

(2)　（　9　）派：永田鉄山・東条英機らを中心とする中堅幕僚将校の一派、軍部の強力な統制のもとで総力戦体制を目指す

3　（　10　）（1936.2.26）：（　11　）内閣の時に勃発

(1)　発生：（　12　）派の一部将校が約1400人の兵を率い首相官邸や警視庁を襲撃

(2)　経過：（　13　）内大臣、（　14　）大蔵大臣、渡辺錠太郎陸軍教育総監らを殺害し国会など4日間占拠→首都に（　15　）が布告される

(3) 結果：天皇が厳罰を指示、反乱軍として鎮圧

　　　　→（　16　）派が陸軍内で主導権を確立、軍部の政治的発言力は強化 ……16

4　事件後の政治状況

(1) （　17　）内閣(1936〜37)：スローガン「**広義国防国家**」の建設 ……17

　　a　軍備拡張など、軍の強い要求を受け入れ、辛うじて成立

　　b　（　18　）制の復活→軍部による政治介入の強化につながる ……18

　　c　陸海軍の帝国国防方針の改定に基づき「（　19　）」を決定 ……19

　　　　→大陸での日本の地歩を確保(陸軍の**北進論**)の一方で、南方へ漸進的に進出

　　　　(海軍の**南進論**)の方針

　　d　ドイツとの提携強化によりソ連に対抗→（　20　）協定の締結(1936) ……20

　　e　ワシントン・ロンドン両海軍軍備制限条約失効

　　　　→大規模な軍備拡張計画＝（　21　）・武蔵など巨大戦艦の建造計画を推進 ……21

　　f　国内改革に不満の軍と、軍拡に反対する政党の反発→広田内閣は総辞職

(2) 宇垣一成(陸軍穏健派)組閣準備←宇垣に不満の陸軍が陸相を推挙せず不成立

(3) （　22　）内閣(1937、陸軍大将)：軍部・財界との調整(軍財抱合)も、短命 ……22

(4) （　23　）内閣(1937〜、貴族院議員・華族)：元老・軍部など各界から期待 ……23

3　第二次世界大戦

三国防共協定 ㊙ p.311〜

1　ドイツ・イタリアの接近(1930年代のヨーロッパ情勢)

(1) ドイツ：ナチ党が台頭し、全体主義体制(ナチズム)を樹立(1933)

　　　　→**ヴェルサイユ体制打破**をとなえ、**国際連盟を脱退**→再武装へ(1935)

(2) イタリア：ファシスト党による一党独裁＝（　1　） ……1

　　　　→エチオピアに侵攻開始(1935)→スペイン内乱(1936)を機にドイツ

　　　　と連帯→**国際連盟を脱退**(1937)

＊ドイツ・イタリア両国の連帯＝ベルリン＝ローマ（　2　）の形成 ……2

2　ソ連の台頭

(1) ソ連は第1次（　3　）計画(1928〜32)で重工業化と農業集団化を推進 ……3

　→国力の充実

(2) アメリカによるソ連承認(1933)→ソ連が（　4　）へ加盟(1934) ……4

(3) 日・独・伊は防共協定を結び、ソ連を中心とする国際共産主義に対抗

3　日本の孤立と独・伊への接近

(1) 日本は満洲事変後、満洲国建国、**国際連盟脱退**(1933)により国際的に孤立

(2) 台頭するソ連の脅威→反ソ(反共)でドイツと連携

　　　　＝（　5　）の締結(1936、広田弘毅内閣) ……5

　　　　→イタリアも参加し、（　6　）の締結(1937) ……6

　　　　→日・独・伊が防共(反ソ連)で結束し（　7　）陣営成立 ……7

📖Point 「日独防共協定」締結の背景には、大陸進出で国際的に孤立した日本が、ソ連の脅威に対抗するため、ドイツと連携を深めようとしたことがある。

史料チェック 📖🔍

日独防共協定の秘密付属協定(1936.11)

第一条　締約国ノ一方ガ「ソヴィエト」社会主義共和国連邦ヨリ挑発ニヨラザル攻撃ヲ受ケ、又ハ挑発ニ因ラザル攻撃ノ脅威ヲ受クル場合ニハ、他ノ締約国ハ「ソヴィエト」社会主義共和国連邦ノ地位ニ付負担ヲ軽カラシムルガ如キ効果ヲ生ズル一切ノ措置ヲ構ゼザルコトヲ約ス……　（『日本外交年表 竝 主要文書』）

問　この協定締結時の首相は誰か。（　8　）

日中戦争　教 p.311〜

1　華北への進出

(1)　（　1　）工作の進展(1935〜)

   a　関東軍：満洲 国に隣接の華北(山東など5省)を国民政府から分離、直接支配を企図→華北に傀儡政権(冀東防 共 自治委員会)樹立

   b　日本政府(広田弘毅内閣)も追従、華北分離を国策として決定(1936)

(2)　中国国内の動向

   a　**国 共 内戦**の長期化：第1次国共合作(1924)の崩壊で内戦状態

   b　共産党は根拠地(瑞金)を放棄し延安へ移動＝（　2　）を敢行(1934〜36)

   c　（　3　）(1936)：停滞する共産軍掃討の督励に訪れた 蔣 介石を（　4　）が西安郊外で監禁→国共内戦の停止と一致抗日を要求

   d　第2次（　5　）(1937.9)：抗日民族統一戦線の結成(日中戦争開戦後)

2　日中戦争

(1)　経過

   a　（　6　）事件(1937.7)：（　7　）郊外の盧溝 橋 で日中両軍が衝突

   b　第1次（　8　）内閣は当初、不拡大方針→のち軍の圧力により兵力増派→中国(国民政府)側は徹底抗戦→日中の全面戦争(日中戦争)へ発展(1937〜45)

   ＊当時の呼称＝北支事変→のち（　9　）：宣戦布告せず交戦(事変の扱い)

   📖Point 満洲事変勃発の 柳 条 湖は奉天郊外、支那事変(日中戦争)勃発の盧溝橋は華北の北京郊外。

   c　戦火拡大：日本軍、国民政府の拠点掃討へ 上 海に派兵→第2次（　10　）事変(1937.8)→国民政府の首都（　11　）を占領(1937.12)

   ＊（　12　）＝日本軍、多数の中国人一般住民や捕虜を殺害

   d　国民政府、南京を脱出→拠点を漢口→（　13　）へ遷し、戦闘長期化

   e　米・英などが国民政府を援助＝（　14　）で物資搬入→日本に徹底抗戦

(2) 近衛文麿内閣の対応：ドイツを仲介とした和平交渉も、国民政府が応じず

 a (第1次～3次)**近衛声明**の発表

  ① 第1次近衛声明(1938.1)：「（ 15 ）**を対手とせず**」の声明→日本政府、

    国民政府(蔣介石)との和平工作交渉を打ち

    切り、傀儡政権樹立へ向けた動きを加速

  ② 第2次近衛声明(1938.11)：戦争の目的を日・満・華3国連帯による

    「（ 16 ）建設にありとの声明

  ③ 第3次近衛声明(1938.12)：「近衛三原則」(善隣友好・共同防共・経済連

    携)＝中国和平に向けた基本方針

 b 傀儡政権：国民政府の（ 17 ）を重慶から脱出させ南京に親日の新国民

  政府樹立(1940.3)→新国民政府を通じ和平工作を企図→失敗

15

16

17

史料チェック 📖🔍

第1次近衛声明(1938.1)

 帝国政府ハ南京攻略後尚ホ支那国民政府ノ反省ニ最後ノ機会ヲ与フルタメ今日ニ及ベリ。然ルニ国民政府ハ帝国ノ真意ヲ解セズ漫リニ抗戦ヲ策シ、内民人塗炭ノ苦ミヲ察セズ、外東亜全局ノ和平ヲ顧ミル所ナシ。仍テ帝国政府ハ爾後（ 18 ）ヲ対手トセズ、帝国ト真ニ提携スルニ足ル@**新興支那政権**ノ成立発展ヲ期待シ、是ト両国国交ヲ調整シテ更生新支那ノ建設ニ協力セントス。

           (『日本外交年表竝主要文書』)

問 下線部@に関連して、1940年に樹立された親日政権の中心人物は誰か。

            （ 19 ）

18

19

🔎 探究コーナー

 問▶日中戦争の初期に日本政府が「国民政府を対手とせず」と声明するに至った背景について、アメリカやイギリスと国民政府の関係に留意しつつ、説明してみよう。

戦時統制と生活 教 p.313～

1 軍事費の急増

(1) 広田弘毅内閣：大軍備拡張予算→軍需物資の輸入急増(国際収支の危機)

(2) 第1次近衛文麿内閣：日中戦争の開始→巨額の軍事予算、経済統制の開始

 a 臨時資金調整法・輸出入品等臨時措置法の制定(1937)

  →軍需産業に資金・輸入資材を集中的に供給

 b 日中戦争拡大、軍事費急増→増税と公債増発→悪性インフレ進行で国民生

  活を圧迫

2 戦時体制の確立

(1) 戦時統制法の制定

a （ 1 ）(1938)：政府が（ 2 ）の承認なく、戦争遂行に必要な物資・労働力を動員可能とする**法律**

b （ 3 ）(1938)：(1)と同時に制定、民間の電力会社を単一の国策会社に統合し国家管理下におく法律→政府による私企業への介入の端緒

c （ 4 ）(1939)：国家総動員法に基づき、一般国民を強制的に徴発、軍需産業へ動員可能となる**勅令**

d （ 5 ）設置(1938〜)：効率的な物資動員計画の作成、軍需品の優先的確保＝財閥は「国策」(戦争)への協力で莫大な利益

史料チェック

国家総動員法(1938.4)

第四条　政府ハ戦時ニ際シ（ 6 ）上必要アルトキハ、勅令ノ定ムル所ニ依リ、帝国臣民ヲ（ 7 ）シテ総動員業務ニ従事セシムルコトヲ得……

(『官報』)

(2) 国民生活の統制

a （ 8 ）(1939)：国家総動員法に基づき公定価格制を導入、経済統制強化

b （ 9 ）(1940)：ぜいたく品の製造・販売を禁止する省令

c （ 10 ）制(1940〜)：不足しがちな物資を、生活の必要度に応じて配分する制度

① （ 11 ）制：砂糖・マッチ・衣料など、配給制のもと点数を定めた切符と交換

② 米穀配給通帳を用いた米の配給制(1941)など

d （ 12 ）制：政府による、農家を対象とした米の強制的買い上げ制度

(3) 国家総動員体制の樹立

a （ 13 ）(1937〜)：国家主義・軍国主義を鼓舞し、節約・貯蓄を通じ国民に戦争協力をうながす全国民的な運動を推進

b 産業報国連盟の指導→既存の労働組合を整理、工場・職場ごとに（ 14 ）を結成(1938)→すべての労働組合を解散させ、全国的連合体として**大日本産業報国会**を結成(1940)

＊総力戦の遂行に向けて、労資一体で国策に協力する体制を整備

c （ 15 ）設置(1940)：ラジオなどマスメディアの統制→戦争遂行に利用

3 学問・思想の統制と弾圧

(1) 「**国体の本義**」発行(1937)：文部省発行の国民思想教化のためのテキスト

(2) 矢内原事件(1937)：東大教授（ 16 ）が日本の植民地政策を批判
→罷免・発禁処分

(3) （ 17 ）事件(1938)：東大教授の**大内兵衛**らを人民戦線結成をはかったとして検挙

左欄番号: 1, 2, 3, 4, 5, 6, 7, 8, 9, 10, 11, 12, 13, 14, 15, 16, 17

戦時下の文化　教 p.315〜

1　1930年代の思想

(1)　雑誌『（　1　）』(1935〜)：亀井勝一郎・保田与重郎らが、反近代や民族主義を掲げて文芸評論を発表

(2)　日中戦争期：全体主義的な思想が主流、マルクス主義の衰退

2　戦時下の文学界

(1)　（　2　）派：横光利一『機械』(1930)、（　3　）『雪国』(1935)など

(2)　大家の作品：（　4　）『夜明け前』(1929〜35)、谷崎潤一郎『細雪』(1943〜48)など

(3)　（　5　）：社会主義・プロレタリア文学からの転向を体験的に描く、中野重治『村の家』、島木健作『生活の探求』など

(4)　戦争文学：みずからの従軍体験を描いた（　6　）の『麦と兵隊』(1938)、日本軍兵士の実態を描いた（　7　）の『生きてゐる兵隊』(1938→発禁処分)など

(5)　（　8　）結成(1942)：情報局の外郭機関、文学者による戦意高揚や国策宣伝を目的に結成

第二次世界大戦の勃発　教 p.316〜

1　ドイツによる戦争の勃発

(1)　ヴェルサイユ体制の打破を目指すナチス＝ドイツの動向

　　a　ドイツによるオーストリア併合(1938)、チェコスロバキアへの侵攻

　　b　日本に対し防共協定の強化を提案、ソ連に加え英・仏を仮想敵国とする軍事同盟を打診→第1次近衛文麿内閣は未決定のまま退陣→枢密院議長の（　1　）が組閣

　　c　ドイツ、防共協定の仮想敵国であったソ連と（　2　）を締結(1939)

　　　①　背景：(英・仏と対峙する際)ソ連との敵対関係の状況を避ける目的

　　　②　独ソ間の条約締結の前後に、日本軍はソ連軍との局地戦で大敗

(2)　ドイツがポーランドに侵攻→英・仏がドイツに宣戦し（　3　）開始(1939.9)→ドイツ、デンマーク占領(1940.4)、ベルギー・オランダ占領(1940.5)→ドイツ、パリを占領し（　4　）が降伏(1940.9)、イギリスの抵抗続く

2　日本外交の動向

(1)　日ソ関係の緊迫

　　a　（　5　）事件(1938)：日ソ両軍、ソ連と満洲国の国境不明確地帯で衝突

　　b　（　6　）事件(1939)：満洲・モンゴル国境地帯でソ連・モンゴル連合軍と交戦→日本軍が大敗、**対ソ開戦論が後退**(この戦闘中に**独ソ不可侵条約**の報)

(2)　欧州情勢への対応

　　a　独ソ不可侵条約締結に、（　7　）内閣は「欧州の情勢は複雑怪奇」として総辞職→（　8　）内閣(陸軍大将)→（　9　）内閣(海軍大将)

b　阿部・米内両内閣：ドイツとの同盟に消極的、ヨーロッパの戦争に不介入の方針

3　アメリカとの関係悪化と南方進出への機運

(1)　アメリカ：日本の「東亜新秩序」方針を自国の東アジア政策への挑戦とし、日本に（　10　）の廃棄を通告(1939)→1940年条約失効

(2)　南方進出への機運

a　日中戦争以来、軍需資材は植民地を含む日本の経済圏（＝（　11　））のみでは足りず、欧米とその経済圏に依存（大半をアメリカに依存）

b　軍部（とくに陸軍）はドイツ優勢の戦況を受け、米・英との戦争覚悟で南方へ進出し「（　12　）」を建設して**石油**・**ゴム**などの資源を確保することを主張

c　親米英派議員らは反対も、軍部からの圧力で政界の主流派から除外へ

d　立憲民政党議員（　13　）、政府の戦争政策を激しく批判（反軍演説）
→軍部の圧力で議員を除名処分

探究コーナー

問　平沼騏一郎内閣は「欧州の情勢は複雑怪奇」として総辞職したが、この「複雑怪奇」は欧州のどのような状況を指しているか、この頃の日本の軍事動向もふまえて、説明してみよう。

新体制と三国同盟　教 p.317〜

1　第２次近衛文麿内閣の成立

(1)　（　1　）：枢密院議長を退いた近衛文麿が中心となって推進した運動

a　日本に、ナチ党やファシスト党を模した指導体制を樹立し、国民一体となった戦時体制を目指した「革新」運動→諸政党や各団体が、解散し参加を表明

b　軍部も近衛に期待→米内光政内閣を退陣に追い込み、第２次（　2　）内閣成立(1940.7)

(2)　（　3　）の結成(1940.10)：近衛の進める新体制運動を担う中心組織

a　目指した政党組織ではなく、広範な役割を担う官製の上意下達機関となる

b　（　4　）が総裁、知事が支部長など、下部組織に部落会・町内会・**隣組**

c　大日本産業報国会・大日本婦人会など諸機関を傘下に、戦時に**国民を動員**

(3)　小学校を（　5　）に改編→「忠君愛国」の理念に基づき、「皇国民」育成方針のもと国家主義的教育を推進

(4)　朝鮮・台湾における「（　6　）」政策の推進→日本語教育の徹底、朝鮮では姓名を日本風に改めさせる（　7　）の強制など

2　近衛内閣の外交政策

(1)　基本方針

　　a　欧州大戦への不介入方針を転換→ドイツ・イタリア・ソ連との提携強化

　　b　ドイツに降伏したフランス・オランダ植民地への進出(南進)方針

(2)　南方進出の開始と三国同盟(1940.9)

　　a　（　8　）進駐：天然ゴムなどの資源確保と、（　9　）の遮断で日中戦争の
　　　　　　　　　　局面打開を目指す

　　b　（　10　）：北部仏印進駐とほぼ同時期に締結、（　11　）を仮想敵国とし、
　　　　📖🔍　第3国からの攻撃に対し相互援助を規定、ただし（　12　）を規
　　　　　　　　定対象から除外(松岡洋右外相)

📖Point　南方の進出先：フランス領インドシナ＝仏印(ベトナム・ラオス・カン
　　　　　ボジア)、オランダ領東インド＝蘭印(インドネシア)など。

(3)　三国同盟の影響：アメリカの強い反発→航空機用ガソリンや屑鉄の**対日禁輸**、
　　　　　　　　　　　対日経済制裁が本格化

| 8 |
| 9 |
| 10 |
| 11 |
| 12 |

史料チェック 📖🔍

日独伊三国同盟(1940.9)

第三条　日本国、独逸国及伊太利国ハ、……三締約国中何レカノ一国ガ現ニ
ⓐ欧州戦争又ハ日支紛争ニ参入シ居ラザル一国ニ依テ攻撃セラレタルトキハ
三国ハ有ラユル政治的、経済的及軍事的方法ニ依リ相互ニ援助スベキコトヲ
約ス　　　　　　　　　　　　　　　　　　(『日本外交年表 竝 主要文書』)

問1　下線部ⓐに関連して、ここで仮想敵国とされた国名を答えよ。（　13　）

問2　この同盟締結とほぼ同時に、日本が開始した軍事行動を記せ。（　14　）

| 13 |
| 14 |

🔍 探究コーナー

　　問▶右のグラフから1940年頃の日本の軍需物資の
　輸入の特徴を読み取り、日本の「南進政策」との関
　連について説明してみよう。

機械類　　　　　石油　　　　　鉄類

その他／ドイツ5600万円／総額2億2500万円／アメリカ1億4900万円

その他／蘭領東インド5100万円／総額3億5200万円／アメリカ2億7000万円

2900万円／その他／インド／中国6000万円／総額3億8500万円／アメリカ2億6900万円

1940年の日本のおもな軍需物資の国別輸入額
(『昭和史』より作成)

太平洋戦争の始まり　📖 p.318〜

1　ソ連との連携模索と独ソ開戦

(1)　（　1　）締結(1941.4)：対米強硬派の（　2　）外相がモスクワで締結

　　a　目的：南進政策の遂行のため北方の安定を確保、アメリカとの関係を日ソ
　　　　　　提携で打開

| 1 |
| 2 |

b　内容：日ソの中立友好と領土保全、相互の不可侵などを規定

(2)　独ソ戦争と日本の対応

　　　a　ドイツが（　3　）を破棄しソ連に侵攻(1941.6)→米・英はソ連を支援

　　　b　天皇臨席の（　4　）会議開催(1941.7)

　　　①　軍部の強い要請→対米英戦覚悟の南方進出(南進)

　　　②　情勢有利の場合には、対ソ戦(北進)も

　　　　　→（　5　）の名目で対ソ戦勃発に備え、満洲に70万の兵力を集結

　　　　　→のち南進の実行により中止、撤兵

2　日米交渉と進駐

(1)　第2次近衛文麿内閣：アメリカとの衝突回避のため、日米交渉を開始

　　　a　駐米大使（　6　）と国務長官（　7　）との間で、日米政府間交渉

　　　b　対米強硬派の（　8　）外相を除くため、第2次近衛内閣がいったん総辞職

　　　　　→引き続き第3次近衛内閣により日米交渉を継続

(2)　第3次近衛内閣成立直後、（　9　）へ進駐開始(1941.7)

　　　a　アメリカは態度を硬化→在米日本資産を凍結、対日（　10　）輸出を禁止

　　　b　アメリカは日本の南進と「東亜新秩序」建設阻止を表明、イギリス・オランダも同調、中国も加わり4カ国による**対日経済封鎖**＝「（　11　）」で対抗

　　　c　軍部：対日包囲陣打破のため、米・英との開戦を主張

　　📖**Point**　ABCD包囲陣：A＝アメリカ(America)、B＝イギリス(Britain)、C＝中国(China)、D＝オランダ(Dutch)の4カ国による対日経済封鎖。

3　日米交渉の停滞と開戦準備

(1)　（　12　）の決定：1941年9月6日の御前会議で審議・決定、日米交渉の期限を10月上旬とする→交渉不調の場合、対米・英・蘭と開戦

(2)　第3次近衛内閣総辞職→（　13　）内閣(1941.10～44.7)の成立

　　　a　近衛内閣は日米交渉継続をめぐり東条英機陸相と対立し、総辞職

　　　b　内大臣（　14　）ら、9月の御前会議(日米開戦の決定)の白紙を条件に、東条英機陸相を後継首相に推挙→**東条内閣が成立**

4　東条英機内閣と日米交渉の決裂

(1)　アメリカ側の提案：（　15　）(1941.11.26)📖🔍
　　　中国・仏印からの全面的無条件撤退、満洲国・汪兆銘政権の否認、日独伊三国同盟の実質的廃棄＝（　16　）以前への復帰を要求

(2)　御前会議(1941.12.1)：ハル＝ノートを最後通告とみなし、対米交渉を断念、米・英・蘭に対する戦争を決定

史料チェック 📖🔍

ハル＝ノート(1941.11)
……合衆国政府及日本国政府ハ左ノ如キ措置ヲ採ルコトヲ提案ス
三　日本国政府ハ支那及印度支那ヨリ一切ノ陸、海、空軍兵力及警察力ヲ撤収

スベシ

四　合衆国政府及日本国政府ハ@臨時ニ首都ヲ重慶ニ置ケル中華民国国民政
府以外ノ支那ニ於ケル如何ナル政府若クハ政権ヲモ軍事的、経済的ニ支援セ
ザルベシ

（『日本外交年表　竝　主要文書』）

問1　下線部@に関連して、「臨時ニ首都ヲ重慶ニ置ケル中華民国国民政府」の
中心者は誰か。（　17　）

問2　下線部@に関連して、当時、南京に樹立された「臨時ニ首都ヲ重慶ニ置
ケル中華民国国民政府以外」の親日政権の中心者は誰か。（　18　）

5　（　19　）の開始：日本では、日中戦争（支那事変）を含め「（　20　）」と呼称

⑴　1941年12月8日：陸軍＝イギリス植民地の（　21　）、海軍＝アメリカのハワ
イ（　22　）を奇襲攻撃←アメリカへの交渉打切り通告遅れる
＝第二次世界大戦の一環をなす太平洋戦争の開始

⑵　アメリカ世論→「Remember Pearl Harbor」のもと、対日戦に結束

⑶　戦争中、アメリカは西海岸諸州の日系人（約12万人）を（　23　）へ収容
→1988年、収容者に対し謝罪と補償

戦局の展開　教 p.319〜

1　開戦初期の戦局

⑴　戦域の拡大：太平洋戦争の開始により第二次世界大戦がアジアにも拡大

a　三国同盟によりドイツ・イタリアが（　1　）に宣戦
→（1）はヨーロッパとアジア・太平洋の二局面戦争に突入

b　対立軸：連合国（米・英・ソ連など）と（　2　）（日・独・伊など）との戦争
＊なお、日ソ間は（　3　）により不可侵の関係継続

⑵　南方地域の占領

a　開戦当初、米（太平洋艦隊）・英（東洋艦隊）への打撃で、戦局は日本優勢

b　半年で、英領マレー半島・シンガポール・香港・ビルマ（ミャンマー）、蘭
領東インド（インドネシア）、アメリカ領（　4　）など広大な地域を制圧、日
本の軍政下におく

c　戦争目的の喧伝：当初、米・英の脅威に対する日本の自存自衛
→のち欧米による植民地支配からのアジアの解放、
「（　5　）」の建設へ転化

2　翼賛体制の確立

⑴　（　6　）の実施（東条英機内閣）→政府支援の推薦候補が絶対多数を獲得

⑵　（　7　）の結成：挙国一致の政治結社→翼賛選挙当選者が中心となって結成、
議会は政府提案を追従承認する形式的機関に

3　戦局の転換

⑴　（　8　）海戦（1942.6）：中部太平洋での海戦で日本は主力空母4隻と艦載
機を失う大敗北→戦局転換

17

18

19

20

21

22

23

1

2

3

4

5

6

7

8

（2）　以後、アメリカの対日反転攻勢が本格化、日本はガダルカナル島戦（1943.
2）、アッツ島戦（1943.5）でも敗北

（3）　日本は絶対国防圏（千島・小笠原・マリアナ・カロリン・西ニューギニア・
ビルマなどを含む地域）まで防衛ラインを後退

4　占領地域への強要と抗日の動き

（1）　（　9　）の開催（1943.11）

　　a　参加国：（　10　）・中国（南京）の（　11　）政権・タイ・ビルマ・自由イン
　　　　ド仮政府・フィリピンなどの代表者を東京に招集

　　b　目的：占領地域からの戦争協力の確保と「（　12　）圏」の結束を誇示

（2）　日本の占領支配（東南アジア）

　　a　戦争遂行のための資材や労働力調達を最優先→泰緬鉄道（タイ・ビルマ間）
　　　　の建設、土木作業・鉱山労働への動員、日本語学習・天皇崇拝・（　13　）参
　　　　拝などを強要

　　b　シンガポールやマレーシアでは、日本軍が多数の中国系住民（華僑）を虐
　　　　殺→仏印やフィリピンなど各地で組織的な**抗日運動**が展開

（3）　中国戦線

　　a　抗日ゲリラに対する大掃討作戦の実施＝（　14　）（中国側の呼称）

　　b　日本軍の毒ガス使用、また、毒ガスや細菌兵器研究の満洲特殊部隊（731
　　　　部隊）が捕虜に生体実験

5　東条英機内閣の崩壊

（　15　）島の陥落（1944.7）＝絶対国防圏の一画が崩壊→東条内閣が総辞職→
（　16　）首相（陸将）に米内光政（海将）が協力する陸・海軍の連立内閣が成立

国民生活の崩壊　教 p.321～

1　戦時下の国民生活

（1）　軍需優先：民間工場を各種の軍需工場に転用

（2）　徴兵強化：（　1　）（1943）＝徴兵適齢期の**文科系**学生（大学・高等学校ほ
　　　　か）を徴集

（3）　（　2　）：学生・生徒を軍需工場などに動員、女性にも（　3　）を編成させ
　　　　労働力不足を補填

2　戦時下の植民地（占領地）政策

（1）　労働力不足の補填：数十万の朝鮮人を本土へ動員、占領地域の中国人の一部
　　　　を労働力として日本本土などへ強制連行→おもに鉱山や
　　　　土木工事に従事させる

（2）　兵員不足を補充のため、朝鮮（1943）・台湾（1944）で（　4　）を施行

3　国民生活の崩壊

（1）　食料・衣料の欠乏：米の配給の遅配が常態化、代用食（イモ類など）の増加

（2）　衣料の**総合切符制**の導入も、配給物が不足→闇取引が横行

（3）　（　5　）島陥落後、**本土空襲**が激化（1944後半～）

　　a　目的：当初は軍需工場→のちに国民戦意喪失をねらい焼夷弾で無差別爆撃

   b 対策：防火訓練、建物の強制取りこわし、防空壕掘削、軍需工場の地方移
       転、住民の縁故疎開、国民学校児童の（ 6 ）など

   c 実態：1945年3月の（ 7 ）をはじめ、全国の中小都市（200以上）に空襲

＊参考：1938.12～41.9に、日本軍による中華民国首都 重慶への無差別的爆撃

探究コーナー

問▶右のグラフは戦時体制下の各種の生産指
数、写真は家庭に配布された衣料切符である。
これらを参考に、戦時下における国民生活に
ついて、説明してみよう。

衣料切符

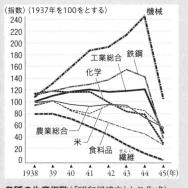

（指数）（1937年を100とする）

各種の生産指数（『昭和経済史』より作成）

敗　戦　教 p.322～

1　アメリカ軍の攻勢

(1)　アメリカ軍がフィリピン奪回のため（ 1 ）島に上陸・占領（1944末）
    ＊日本海軍、神風特別攻撃隊による敵艦への体当たり攻撃を開始

(2)　アメリカ軍が硫黄島を占領（1944.3）

(3)　（ 2 ）戦（1945.3～6）：島民を巻き込む地上戦が展開、集団自決などで
                  膨大な死傷者
           ＊鉄血勤皇隊・ひめゆり隊などを編成し抵抗

(4)　アメリカ軍の沖縄上陸直後→小磯国昭内閣退陣→（ 3 ）内閣の成立

2　枢軸国の敗戦と対日処理方針の決定

(1)　イタリア（1943.9）とドイツ（1945.5）の降伏→枢軸では日本のみが戦闘

(2)　日本：軍部は本土決戦を主張、鈴木内閣は（ 4 ）に和平交渉の仲介を期待

(3)　（ 5 ）会談（1943.11）：イタリア降伏後に開催→カイロ宣言📖🔍
   a 参加者：（ 6 ）（米）・（ 7 ）（英）・蔣介石（中）
   b 内容：日本の無条件降伏まで戦闘徹底、台湾・澎湖諸島・（ 8 ）の中国
           への返還、朝鮮の独立を決定

(4)　（ 9 ）会談（1945.2）：**ドイツ降伏間近にクリミア半島で開催**→ヤルタ秘
              密協定📖🔍
   a 参加者：ローズヴェルト（米）・チャーチル（英）・（ 10 ）（ソ）
   b 内容：**ドイツ降伏後、2～3カ月で**（ 11 ）**の対日参戦を協定**、ソ連への
           樺太返還および（ 12 ）列島の譲渡などを決定

(5) （　13　）会談(1945.7～8)：**ドイツ降伏後ベルリン郊外にて→ポツダム宣言** 📖🔍

  a 参加者：トルーマン(米)・チャーチルのちアトリー(英)・スターリン(ソ)

   ＊ソ連は**対日参戦前**のため、宣言は米・英・（　14　）の３カ国の名で発表

  b 内容：日本の（　15　）勧告と戦後処理方針(武装解除・領土縮小・本土占領など)→日本政府はポツダム宣言を黙殺

3　日本の降伏

(1)　原子爆弾の投下：（　16　）(1945.8.6)に続き、（　17　）(8.9)に投下

 ＊犠牲者は1945年末の推計で、広島では約14万人、長崎では７万人以上

(2)　ソ連が（　18　）条約を無視、対日宣戦布告(1945.8.8)→満洲・朝鮮へ侵入

  a 関東軍が壊滅、満蒙開拓移民ら多くの日本人が悲惨な最期

  b 数十万の軍人・居留民らがシベリアに抑留、中国残留孤児の発生

📖**Point** ソ連の対日参戦は「ヤルタ秘密協定」でアメリカ・イギリスと締約済。ソ連は1945年４月に日ソ中立条約の不延長を通告していたが、参戦時はまだ条約の有効期限内であった。

(3)　（　19　）宣言の受諾(1945.8.14)→天皇のラジオ放送(8.15)

(4)　降伏文書の調印(1945.9.2)：米軍艦ミズーリ号で重光葵外相らが調印

史料チェック 📖🔍

カイロ宣言(1943.11)

 右同盟国ノ目的ハ日本国ヨリ……第一次世界戦争ノ開始以後ニ於テ日本国ガ奪取シ又ハ占領シタル太平洋ニ於ケル一切ノ島嶼ヲ剥奪スルコト並ニ満洲、（　20　）及澎湖島ノ如キ日本国ガ清国人ヨリ盗取シタル一切ノ地域ヲ中華民国ニ返還スルコトニ在リ

 前記三大国ハ朝鮮ノ人民ノ奴隷状態ニ留意シ軈テ朝鮮ヲ自由且独立ノモノタラシムルノ決意ヲ有ス

ヤルタ協定(1945.2)

 三大国即チ「ソヴィエト」連邦、「アメリカ」合衆国及英国ノ指揮者ハ「（　21　）」国ガ降伏シ且「ヨーロッパ」ニ於ケル戦争ガ終結シタル後二月又ハ三月ヲ経テ「ソヴィエト」連邦ガ左ノ条件ニ依リ連合国ニ与シテ（　22　）ニ対スル戦争ニ参加スベキコトヲ協定セリ

三、（　23　）列島ハ「ソヴィエト」連邦ニ引渡サルベシ

ポツダム宣言(1945.7)

一、吾等ⓐ合衆国大統領、中華民国政府主席及「グレート・ブリテン」国総理大臣ハ、……日本国ニ対シ今次ノ戦争ヲ終結スルノ機会ヲ与フルコトニ意見一致セリ

八、「（　24　）」宣言ノ条項ハ履行セラルベク、又日本国ノ主権ハ本州、北海道、九州及四国並ニ吾等ノ決定スル諸小島ニ局限セラルベシ

(『日本外交年表竝主要文書』)

問　下線部ⓐの合衆国大統領とは誰か。（　25　）

第**16**章 占領下の日本

1 占領と改革

戦後世界秩序の形成 ㊙ p.325〜

1　国際連合の設立(1945.10)：連合国51か国参加(戦勝国の協調体制)

(1)　大戦中にアメリカ、イギリス、ソ連が国際連合の設立で合意

(2)　(　1　)理事会

　　a　国際平和維持のための軍事行動を含む強制措置の発動権をもつ

　　b　常任理事国：(　2　　・　　・　　)・**ソ連**・**中国**→**拒否権**をもつ

　　c　非常任理事国：10カ国、任期2年で改選

　　d　大国一致の原則：決議成立にはすべての常任理事国の賛成が必要

2　敗戦国処理：戦勝国の長期占領による平和的な体制への改革を目指す

3　米ソ対立：大戦末期以降しだいに米ソの利害対立→のちに東西冷戦へ発展

(1)　西ヨーロッパ諸国の勢力後退←第一次・第二次世界大戦

(2)　アメリカ(資本主義国)・ソ連(社会主義国)両超大国の対立

4　植民地での民族解放運動

(1)　**インドネシア**：日本の占領地域、戦後独立宣言→旧宗主国**オランダ**と交戦

(2)　**ベトナム**：日本の占領地域、戦後独立宣言→旧宗主国**フランス**と交戦

(3)　**朝鮮**：日本の領土→**北緯**(　3　)**度線**以北＝**ソ連**、以南＝**アメリカ**が占領

Point 戦後、米ソの対立を軸に国際秩序が再構築される中、かつての植民地で
　　　は民族解放運動が高揚していく。

初期の占領政策 ㊙ p.326〜

1　日本の領域

(1)　日本の主権範囲：北海道・本州・四国・九州及び連合国の認める諸小島

(2)　**ソ連軍**：**朝鮮半島北部**、(　1　)、**千島列島**などを占領、軍政を敷く

(3)　**アメリカ軍**：**琉球諸島**を含む**南西諸島**、(　2　)**諸島**を占領、軍政を敷く

2　日本の占領：アメリカが事実上、単独占領する

(1)　**連合国(軍)最高司令官総司令部(GHQ/SCAP)**

　　a　最高司令官：(　3　)**元帥**(アメリカ軍)

　　b　GHQの指令・勧告に基づき日本政府が政治をおこなう＝**間接統治**

　　c　アメリカ政府主導で占領政策を立案・実施→GHQの直接行動も可能

　　d　「(　4　)**勅令**」：憲法をしのぐ→GHQの要求を実施するために発令

　　e　(　5　)(**新聞発行綱領**)：GHQ批判の禁止、出版物の事前検閲

(2)　(　6　)(ワシントン)：占領政策の最高決定機関、連合国の11カ国で構成

(3)　(　7　)(東京)：最高司令官の諮問機関、**アメリカ・イギリス・ソ連・中国**

(4)　占領目的：日本の非軍事化と民主化→再び日本が脅威とならないため

1

2

3

1

2

3

4

5

6

7

3　（　8　）**内閣**（1945.8）←**鈴木貫太郎内閣**退陣（ポツダム宣言受諾直後）

　⑴　連合国軍進駐、旧日本軍の武装解除、降伏文書調印を実行

　⑵　「一億総懺悔」「（　9　）」（天皇制維持）を主張→ GHQ と対立

　⑶　（　10　）（1945.10）：GHQ が、**治安維持法**・（　11　）の廃止、**共産党員**を
　　　　　　　　　　　　　　含む政治犯の即時釈放を指令

　⑷　天皇に関する自由な議論を奨励→内閣総辞職につながる

4　（　12　）**内閣**（1945.10）

　⑴　（　13　）（1945.10）：マッカーサーが①婦人参政権の付与、②労働組合の結
　　　　　　　　　　　　　　成奨励、③教育制度の自由主義的改革、④秘密警察な
　　　　　　　　　　　　　　どの廃止、⑤経済機構の民主化を指示

　⑵　（　14　）：政府による神道への支援・監督を禁止→**国家と神道の分離**

5　東京裁判（1946.5 ～ 1948.11）

　⑴　陸・海軍の将兵約789万人の武装解除・復員が進む

　⑵　GHQ が軍・政府の戦争指導者を逮捕、28人を「平和に対する罪」＝A 級戦犯
　　　容疑で起訴

　⑶　（　15　）**裁判所**（東京）→全員有罪、**東条英機**以下、7 人に死刑判決

　⑷　戦時国際法違反などの B・C 級戦犯：関係国各地で裁判、有罪判決

6　**天皇の**（　16　）**宣言**（1946年元日）

　⑴　GHQ は天皇の戦争責任を問わず、占領支配に利用

　⑵　天皇みずからが天皇の「現御神」としての神格を否定

7　（　17　）（1946.1）：GHQ が、戦争犯罪人、陸海軍軍人、超国家主義者、大
　　　　　　　　　　　　政翼賛会有力者らを各界から追放（約21万人）

8　**軍需産業の禁止**

　　軍需産業の禁止・船舶保有の制限、国内の産業設備を解体・搬出→戦争被害国
　（中国・東南アジア）への現物賠償

🔖**Point**　戦後、日本はアメリカによる単独占領となったことから、アメリカの意
　　　　　　図を強く反映した国家再建がおこなわれた。

民主化政策　㊙ p.328～

1　経済の民主化

　⑴　（　1　）：財閥による経済・市場支配の解消がねらい

　　a　四大財閥の**三井・三菱**・（　2　・　　）の解体指示（1945.11）

　　b　（　3　）設置（1946）：持株会社・財閥家族の株式を一般に売却

　　c　（　4　）**法**（1947）：**持株会社・カルテル・トラストの禁止**

　　d　（　5　）**法**（1947）：独占企業の分割（325社指定）
　　　　　　　　　　　　　　→実施は11社のみ（日本製鉄、三菱重工など）

　⑵　農地改革：（　6　）**地主制**の除去、安定した自作農創出がねらい

　　a　第 1 次農地改革案（1945.12）：日本政府が立案→不徹底

　　b　第 2 次農地改革（1946.10）：GHQ の勧告に基づく

　　　①　改正農地調整法・（　7　）特別措置法の公布

② 不在地主の全貸付地、在村地主の貸付地の一定面積(都府県平均1町歩、北海道4町歩)を超える分を国が買い上げ

③ 買い上げた土地を小作人(こさくにん)に安く売却→零細(れいさい)経営の自作農が増加

④ 大地主らは、従来の経済力と社会的威信を喪失

c **日本農民組合**の再結成(1946)→農地改革を支持

＊改革後は衰退し、農業経営を支援する(　8　)が各地に設立される(1947.12～)

8 ....

探究コーナー

問 右のグラフは農地改革の前と後における農家と農地の変化を示したものである。このグラフから読み取れる変化をまとめてみよう。

(『農林省統計表』『農地改革顛末概要』より作成)

	(年)	0 20 40 60 80 100%
自作地と小作地	1941 8月1日	自作地 54.1%　小作地 45.9
	▼1949 3月1日	86.9　13.1
自小作別の農家割合	1941 8月1日	自作 28.1　自小作 40.7　小作 27.7 / その他 3.5
	▼1949 3月1日	55.0　35.1 / 7.8 その他 2.1
経営耕地別農家比率	1941 8月1日	33.5　30.1　26.9　9.6
	1950 2月1日	40.9　32.0　21.7　5.4

1反=9.917アール　5反未満　5反以上1町未満　1町以上2町未満　2町以上
10反=1町

(3) 労働の民主化：低賃金構造に基づく国内市場の狭さの解消がねらい

　a (　9　)法(1945)：労働三権(団結権、団体交渉権、争議権(そうぎ))の保障

9 ....

　b (　10　)法(1946)：労働関係の公正な調整、労働争議の予防・解決

10 ....

　c (　11　)法(1947)：8時間労働制など、労働条件の最低基準を定める

11 ....

　d (　12　)設置(1947)：労働行政を担当する中央行政機関

12 ....

　e 労働組合の全国組織：右派＝**日本労働組合総同盟(総同盟)**

(1946年結成)　　　左派＝**全日本産業別労働組合会議(産別会議)**

2　教育制度の自由主義的改革

(1) 教科書の不適当な記述の削除、軍国主義的な教員の追放(1945)

(2) 修身(しゅうしん)・日本歴史・地理の授業を一時禁止

(3) 最後の国定歴史教科書『くにのあゆみ』『あたらしい憲法の話』刊行

(4) (　13　)法(1947)：教育の機会均等、男女共学、義務教育9年←6年

13 ....

(5) (　14　)法(1947)：6・3・3・4(小・中・高・大)の新学制

14 ....

(6) 大学の大幅増設、女子学生の増加

(7) 都道府県・市町村に(　15　)設置(1948)：**公選制**(こうせん)→教育行政の地方分権化

15 ....

Point GHQは、経済の民主化や教育の民主化を通じて、日本が再び軍国主義国家にならないように改革を進めた。

政党政治の復活 教 p.329～

1　政党の結成(1945)

(1) 政党の復活・結成

　a **日本共産党**(1945)：(　1　)ら中心、合法政党として活動を再開

1 ....

　b (　2　)(1945)：戦前の無産政党の勢力を統合

2 ....

c （　3　）(1945)：旧立憲政友会系、翼賛選挙時の非推薦議員中心

d （　4　）(1945)：旧立憲民政党系、翼賛体制下の大日本政治会に所属して
いた議員中心

(2) GHQ の**公 職 追放**指令(1946.1)：翼賛選挙の推薦議員を失格とする

Point 戦前からの系譜を引く政党が戦後復活を果たすが、GHQ による公職追
放が政党活動に大きな影響を与えた。

2　戦後最初の総選挙(衆議院議員総選挙)(1946.4)

(1) 新選挙法(1945.12)での選挙→満20歳以上の男女に選挙権

(2) 女性参政権を初めて認めた選挙→39人の女性議員の誕生

(3) （　5　）が第一党となる→公職追放の**鳩山一郎**にかわり（　6　）が党首に

(4) 第1次**吉田 茂 内閣**成立(1946.5)　＊日本進歩党の協力

Point 戦後最初の総選挙は、日本国憲法制定前におこなわれ、女性が初めて選
挙権を行使した結果、39人の女性国会議員が誕生した。

日本国憲法の制定　　教 p.330〜

1　憲法改正：1945年10月に GHQ が指令

(1) （　1　）設置(1945.10　委員長（　2　）)→改正案(松本案)(1946.2)：天皇
の統治権を認める→ GHQ の反対

(2) （　3　）草案(英文)：GHQ が作成→1946年2月に日本政府に示す→日本政
府が一部修正(一院制→二院制)・和訳し、政府原案とする
＊ GHQ は「憲法草案要綱」(高野岩三郎ら憲法研究会)(1945)も参照して草案
作成

(3) **帝国議会**(衆議院・貴族院)で、大日本帝国憲法改正案として政府原案を審議
→国民主権の明確化、生存権の追加、第9条第2項の字句の追加など、修正

(4) 日本国憲法として1946年**11月3日**に公布→1947年**5月3日**に施行

2　日本国憲法の基本原則

(1) **基本原則**：①主権在民、②平和主義、③基本的人権の尊重

(2) （　4　）制：天皇は日本国および日本国民統合の**象 徴**

(3) **三権分立制**：国会(立法)＝国権の最高機関、内閣(行政)、裁判所(司法)

(4) **第（　5　）条**：戦争の放棄(第1項)、戦力不保持・交戦権否認(第2項)

史料チェック

日本国憲法

第1条　天皇は、（　6　）の象徴であり、（　7　）の象徴であつて、この地位
は、（　8　）の存する日本国民の総意に基く。

第9条　日本国民は、……（　9　）の発動たる戦争と、武力による威嚇又は武
力の行使は、国際紛争を解決する手段としては、永久にこれを放棄する。
②　前項の目的を達するため、陸海空軍その他の（　10　）は、これを保持し
ない。国の（　11　）は、これを認めない。

第11条　国民は、すべての（　12　）の享有を妨げられない。……

問 この憲法の公布日と施行日の年月日を、それぞれ答えなさい。

公布＝（　13　）　施行＝（　14　）

13

14

3　新憲法の精神に基づく法律の整備

(1)　新民法(1947改正)：戸主制度・家督相続制度廃止、男女同権の家族制度

(2)　刑事訴訟法(全面改正)：人権尊重を主眼に改正

(3)　刑法(一部改正)：大逆罪・不敬罪・姦通罪など廃止

4　地方自治の法制化

(1)　（　15　）法(1947)：地方自治を明記→都道府県知事・市町村長＝公選

(2)　地方行政・警察を統括した（　16　）省の廃止(GHQ の指示)

(3)　**警察法**(1947年公布、48年施行)：国家地方警察・**自治体警察**を設置

15

16

✐Point　戦前は内務省主導による地方統制がおこなわれていたが、地方自治法により、地方自治の原則が法制化された。

生活の混乱と大衆運動の高揚　㊙ p.331〜

1　国民生活の混乱

(1)　軍人の復員、海外居留民の引揚げ→国内人口急増→食料不足・失業者増加

(2)　鉱工業生産：戦前の 3 分の 1 以下まで低下

(3)　空襲で、多くの人々が焼け出される→防空壕・バラック小屋での生活

(4)　1945年の凶作→米の配給停止、**代用食**(サツマイモ・トウモロコシなど)の遅配・欠配→都市民衆は、農村への（　1　）、（　2　）での闇買い、家庭での自給生産

1

2

2　経済の混乱

(1)　猛烈な**インフレーション**の発生(終戦直後)

極度の物不足と、戦後処理にともなう通貨発行の増加が原因

(2)　幣原喜重郎内閣：（　3　）を発令(1946.2)＝通貨流通量減がねらい→預金封鎖、旧円の流通禁止、新円の引出し制限→効果一時的

(3)　第 1 次吉田茂内閣：（　4　）を設置

　　a　（　5　）方式の閣議決定(1946.12)：資材・資金を、石炭・鉄鋼など重要産業部門に集中する政策

　　b　（　6　）(復金)創設(1947.1)：電力・海運など基幹産業に大量の資金供給→**復金インフレ発生**

3

4

5

6

3　大衆運動の高揚

(1)　（　7　）(終戦直後)：労働者による自主的な生産・業務管理を目指す

(2)　**2・1ゼネスト**(1947.2.1)：全官公庁共同闘争委員会の官公庁労働者が大規模ストライキ実施を決定

→ GHQ の命令で中止

7

(3) 新憲法下最初の衆参両院選挙で、(8)が衆議院第一党に(1947.4)

 a (9)内閣(1947.5)：**日本社会党・民主党・国民協同党連立内閣**

     労働省の設置

     →炭鉱国家管理問題で民主党が反対、日本社会党

      左派の不満で総辞職

 b (10)内閣(1948.3)：**民主党・日本社会党・国民協同党連立内閣**

     →(11)**事件**で総辞職(1948.10)

2 冷戦の開始と講和

冷戦体制の形成と東アジア 教 p.333〜

1 **アメリカ**：資本主義・自由主義陣営(西側)諸国の盟主、国力で他国を圧倒

(1) 資本主義的経済体制を構築：ドル中心の固定相場制と自由貿易体制

 a **IMF**(国際通貨基金)・**IBRD**(国際復興開発銀行、世界銀行)の創設

 b **GATT**(関税及び貿易に関する一般協定)の締結

(2) ソ連との対決姿勢((1)**大統領**)→**東西冷戦**の始まり

 a (2)(1947)：ソ連の封じ込めを主張、ギリシア・トルコを支援

 b (3)(1947)：西ヨーロッパ諸国の復興・軍備増強の支援

 c (4)(**NATO**)(1949)：アメリカ・西ヨーロッパ諸国の防衛組織

2 **ソ連**：社会主義・共産主義陣営(東側)諸国の盟主、東ヨーロッパを「衛星国」化

(1) 原爆開発(1949)

(2) (5)(1955)：ソ連・東ヨーロッパ諸国7カ国の共同防衛組織

3 **冷戦**(**冷たい戦争**)

(1) アメリカとソ連の対立を軸に東西両陣営の軍事的対峙が継続

(2) 国際連合による国際安全保障体制の信頼性を動揺させる

4 **中国・朝鮮**

(1) (6)(1949)：共産党が国民党に勝利して建国、主席(7)

     中ソ友好同盟相互援助条約(1950)→東側陣営へ

(2) **中華民国**：(8)を拠点に政権を維持、総統(9)、資本主義体制

(3) (10)(北朝鮮、1948)：ソ連占領地域に建国、首相は金日成

(4) **大韓民国**(韓国、1948)：アメリカ占領地域に建国、大統領は(11)

Point 資本主義陣営と共産主義陣営の対立である東西冷戦は、地域紛争に影響を与え、のちに朝鮮戦争やベトナム戦争などの軍事衝突をまねいた。

占領政策の転換 教 p.334〜

1 **占領政策の転換**(1948年以降)：中国での共産党優勢に対応

        日本を政治的に安定した工業国、西側陣営の主要友好国とするのがねらい

(1) **ロイヤル陸軍長官**の演説(1948.1)：対日占領政策の転換を発表

(2) アメリカ政府が経済復興の推進を決定(1948.10)←ケナンの提言

    ①日本政府に行政責任を大幅に委譲、②(1)の緩和、

    ③民間企業の育成、④(2)**予算**の達成など

  →諸外国に対する賠償の軽減、企業分割の緩和を実施

  →(3)(1948):国家公務員法が改正され、官公庁労働者が**争議権**失う

  →公職追放の解除が進む(1949〜)=公職追放者が公職に復帰

Point アメリカの占領政策は、日本の工業生産能力を低く抑える政策から、日本の経済力回復を達成し、西側陣営に組み込む政策に転換した。

2 経済復興政策の実施

(1) 第2次(4)内閣(1948.10):民主自由党←日本自由党＋民主党の離党者

  a (5)(1948.12):GHQ が指示

            ①総予算の均衡、②徴税の強化

            ③金融機関の融資を復興事業に限定

            ④賃金の安定、⑤物価の統制など

  b (6)＝ライン(1949):アメリカの銀行家(6)が示した政策

(2) 第3次吉田茂内閣(1949.2)

  a **ドッジ＝ライン**を実施:①まったく赤字を許さない**超均衡予算**の編成

                  ②1ドル＝**360円**の(7)の設定

                  ③復興金融金庫の廃止など

  b (8)**勧告**(1949):アメリカ財政学者(8)が税制改革案を提案

                  直接税中心主義、累進課税制の採用

(3) ドッジ＝ラインによるインフレーションの収束と不況の深刻化

  a 中小企業の倒産増大、行政・企業の人員整理による失業者の増加

  b 共産党・産別会議・国鉄労働組合など、労働者との紛争激化

  c (9)・**三鷹事件・松川事件**(1949):国鉄をめぐる一連の事件

    →真相不明も、政府が共産党・国鉄労働組合の関与と発表

Point 経済安定九原則に基づく金融引締め政策は、インフレーション収束に成功したが、深刻な不況を引きおこし、労働者の反発を生んだ。

1

2

3

4

5

6

7

8

9

探究コーナー

問 右のグラフから日銀券(紙幣)発行高と物価との関係について読み取り、ドッジ＝ラインの前後でどのような変化がみられるか、まとめてみよう。

日銀券発行高と小売物価指数
(『昭和国勢総覧』より作成)

教 p.335〜

1 朝鮮戦争(1950.6)

(1) 北朝鮮(朝鮮民主主義人民共和国)の侵攻→ソウル占拠、半島南部まで侵攻

(2) アメリカ軍の参戦→中国国境付近まで進軍

(3) 中国人民義勇軍の参戦→北緯(1)度線付近で戦線が膠着(こうちゃく)→(2)で休戦協定締結(1953.7)

2 日本の動き

(1) (3)(1950):アメリカ軍派兵で生じた日本の軍事的空白を埋める組織
公職追放解除の進展にともない、旧軍人も採用

(2) (4)(1950):共産党幹部の公職追放、共産主義者をマスコミ・企業・官公庁から追放

(3) 左派の産別会議の勢力衰退→反産別派の組合が(5)(1950)を結成し、労働運動の主導権を握る→しだいに日本社会党と連携、保守勢力と対峙

講和と安保条約 教 p.336〜

1 講和と独立の回復

(1) (1)論:ソ連などを除外した国々と日本が講和する方式
アメリカが主導、早期講和により日本を西側陣営に組み込む

(2) (2)論:ソ連・中国を含むすべての交戦国と日本が講和する方式
南原繁(なんばらしげる)、大内兵衛(ひょうえ)ら知識人、日本社会党、日本共産党が主張
＊講和をめぐって日本社会党は、右派と左派に分裂

(3) **サンフランシスコ講和会議**(1951.9):第3次(3)内閣

a 日本と連合国間の講和会議、インド・ミャンマー不参加、中華民国・中華人民共和国を招かず、ソ連は参加するが、条約に調印せず＝**単独講和**

b (4)調印(1951.9) 📖Ｑ:日本の主権回復を承認
＊1952年4月発効

① 交戦国への賠償(ばいしょう)責任を著しく軽減

② 朝鮮の独立、(5)・澎湖諸島・南樺太(からふと)・(6)の放棄

③ 南西諸島・小笠原諸島(おがさわら)は国連の信託統治領(しんたく)→アメリカが施政権下(しせいけん)におく
＊奄美群島(あまみ)は1953年に日本に返還

c 個別に平和条約を締結:中華民国(日華平和条約、1952)
インド(1952)、ミャンマー(1954)

2 アメリカ軍の駐留(ちゅうりゅう)

(1) (7)(1951.9):**サンフランシスコ平和条約**と同時に調印

a 独立後もアメリカ軍の日本駐留を認める←極東(きょくとう)の平和と安全のため

b アメリカ軍が日本の防衛に寄与 ＊日本防衛義務は明記せず

(2) (8)(1952):アメリカ軍への基地提供、駐留費用の分担を約束

📖*Point* 吉田茂(しげる)は、アメリカ軍駐留により再軍備の負担を避け、経済復興を優先させた。結果、日本は安全保障をアメリカに依存することになった。

サンフランシスコ平和条約(1951)

第3条　日本国は、北緯二十九度以南の南西諸島（（　9　）諸島……を含む）、
孀婦岩の南の南方諸島（（　10　）諸島……を含む）並びに沖の鳥島及び南鳥島
を合衆国を唯一の施政権者とする信託統治制度の下におくこととする
（　11　）に対する合衆国のいかなる提案にも同意する。

第6条(a)　連合国のすべての占領軍は、この条約の効力発生の後なるべくすみ
やかに……日本国から撤退しなければならない。但し、この規定は……協定
に基く……ⓐ外国軍隊の日本国の領域における駐とん又は駐留を妨げるもの
ではない。　　　　　　　　　　　　　　　　　　　　　　（『日本外交文書』）

問　下線部ⓐに関連して、この条約と同時に結ばれた「外国軍隊の日本国の領
域における駐とん又は駐留」を認めた条約は何か。（　12　）

9 _____
10 _____

11 _____

12 _____

🔭 探究コーナー

問▶右の表は、サンフランシスコ平和条約と日米安全保障条約に
ついての衆議院における批准投票結果である。この表も参考に
サンフランシスコ講和会議前後の社会党の動向について、説明し
てみよう。

衆議院での批准投票結果

党派名	平和条約		安保条約	
	賛成	反対	賛成	反対
自由党	221	0	234	0
国民民主党	49	3	44	4
右派社会党	24	0	0	23
左派社会党	0	16	0	16
日本共産党	0	22	0	22
その他	13	6	11	6
合計	307	47	289	71

占領期の文化　📖 p.337〜

1　出版・学問

(1)　多くの新聞・雑誌の誕生→民主化を促進

《例》総合雑誌『世界』『思想の科学』創刊、『中央公論』『改造』復刊

(2)　学問の動向

a　マルクス主義の復活

b　政治学の（　1　）、経済史学の（　2　）、法社会学の川島武宜など

c　考古学：登呂遺跡・岩宿遺跡の発掘調査

d　物理学者（　3　）のノーベル賞受賞(1949)

e　（　4　）設立(1949)：あらゆる分野の科学者を代表する学術機関

(3)　（　5　）法(1950)：伝統的文化財の保護←（　6　）の焼損(1949)が契機

1 _____
2 _____
3 _____
4 _____
5 _____
6 _____

2　文学

(1)　無頼派：社会の常識や既成の権威・道徳に挑戦

（　7　）『斜陽』『人間失格』、坂口安吾『堕落論』『白痴』

(2)　戦後派文学：大岡 昇平『俘虜記』、野間宏『真空地帯』

(3)　その他：**石坂洋次郎**『青い山脈』、**三島由紀夫**『仮面の告白』

3　大衆文化

(1)　歌謡曲：（　8　）「リンゴの唄」、**美空ひばり**「悲しき口笛」、

(2)　映画：**溝口健二**『雨月物語』『西鶴一代女』、（　9　）『羅生門』『七人の侍』

(3)　**ラジオ放送**：日本放送協会(NHK)は GHQ 指導のもとで再出発

（　10　）も開始(1951)

✐*Point*　アメリカの占領は、個人の解放や民主化の理念の普及とアメリカ的な生活様式や大衆文化を日本国民に定着させることにつながった。

7

8

9

10

第17章 高度成長の時代

1 55年体制

冷戦構造の世界　　㊙ p.339〜

1　**冷戦構造**：米ソの対立と軍備拡大競争が継続

(1)　原爆、水爆、大陸間弾道ミサイル(ICBM)→核戦争の危険性

(2)　ソ連の人工衛星スプートニク打上げ(1957)、アメリカの**アポロ11号**が人類初の月面着陸(1969)

2　「(　1　)」(1950年代半ば)：冷戦の緩和

(1)　ソ連(　2　)の**平和共存路線**→(　3　)大統領と米ソ首脳会談(1959)

(2)　核軍縮：(　4　)**禁止条約**(1963)、(　5　)**防止条約**(1968)

3　**世界の多極化**

(1)　西側陣営

a　西ヨーロッパ諸国：経済的復興を果たし、経済統合による自立が進む

①　**ヨーロッパ経済共同体**(EEC)(1957)

②　**ヨーロッパ共同体**(EC)(1967)

b　フランス：(　6　)大統領による独自外交

c　西ドイツ、日本の経済力の拡大

(2)　東側陣営

a　中ソ対立の表面化

b　中国：核実験成功(1964)、(　7　)**文化大革命**(1966〜)

(3)　**第三勢力**：東西両陣営に属さない国々、アジア・アフリカ中心

a　(　8　)**会議**(**バンドン会議**)(1955)

「(　9　)」を決議←平和共存、反植民地主義など、中国の**周 恩来**とインドのネルーが合意した「**平和五原則**」(1954)を発展

b　アジア・アフリカ諸国が国連加盟国の過半数を占める(1960年代)

4　(　10　)**戦争**

(1)　ベトナムからのフランス軍の撤退：ジュネーヴ休戦協定(1954)

(2)　内戦：北ベトナム(共産主義勢力)◁対立▷南ベトナム(資本主義勢力)

a　アメリカ軍の北爆開始(1965)

b　北ベトナム・南ベトナム解放民族戦線が抗戦←ソ連、中国の支援

Point 世界の多極化の進展により、国際社会は東西冷戦を軸にしつつも、多くの国の利害が絡み、より複雑な社会となっていく。

	1
	2
	3
	4
	5
	6
	7
	8
	9
	10

独立回復後の国内再編　教 p.340〜

1　（　1　）**内閣**（第3〜5次）：占領期の GHQ の指令に基づく政策を転換

(1)　（　2　）(1952.7)←「（　3　）**事件**」(1952.5)を契機に制定

　　a　暴力主義的破壊活動を規制→労働運動・社会運動を抑制

　　b　調査機関として（　4　）を設置

(2)　**警察予備隊**を（　5　）に改組、**海上警備隊**を新設(1952)←独立回復後

(3)　（　6　）(1954)：**日米相互防衛援助協定**など4協定の総称

　　　　　　　　　　アメリカの援助（兵器・農産物など）を受けるかわりに、日本が自衛力の増強を約束

(4)　（　7　）発足(1954)：保安隊・警備隊を統合、陸・海・空の3隊で構成

　　　　　　　　　　　新設の（　8　）が統括

(5)　**新警察法**(1954)：自治体警察を廃止、警察庁が都道府県警察を指揮する国家警察に一本化→警察組織の中央集権化

(6)　「（　9　）」(1954)：教育の政治的中立、教員の政治活動の禁止を定める

(7)　**新教育委員会法**(1956)：自治体首長が教育委員を**任命**←**公選制**廃止

2　**吉田内閣への反発**

(1)　革新勢力（左右社会党・共産党・総評）が吉田内閣の政策を「（　10　）」と批判

　　a　アメリカ軍基地反対闘争：内灘事件、砂川事件

　　b　第1回（　11　）(1955年、広島)：ビキニ環礁でのアメリカ水爆実験で被爆した（　12　）事件(1954)が契機

(2)　保守勢力の反吉田派：**鳩山一郎**、**石橋湛山**、**岸信介**（公職追放から復帰）

Point　吉田茂の強引な政局運営は、革新勢力との対決姿勢の激化とともに、保守勢力内の反吉田派の台頭をうながした。

55年体制の成立　教 p.341〜

1　吉田茂内閣から（　1　）**内閣**へ

(1)　吉田内閣：造船疑獄事件など、内閣批判が強まる

(2)　自由党反吉田派が（　2　）を結成、総裁（　3　）→内閣を組織(1954年末)

(3)　第1次（3）内閣(1954.12)：憲法改正・再軍備の推進を表明

(4)　左右社会党の党勢拡大→左派社会党は再軍備反対を主張、議席を増やす

2　**55年体制**

(1)　（　4　）**党の統一**(1955.10)：講和会議直後に分裂した左右両派が統一実現

(2)　（　5　）(1955.11)：**日本民主党**と**自由党**が合流し、（　6　）党を結成

(3)　**55年体制**：保守勢力が3分の2弱、革新勢力が3分の1の議席を占める体制

Point　55年体制では、自由民主党と日本社会党の二大政党を軸に、保守勢力が政権をとり、革新勢力が改憲阻止に必要な議席を維持した。

3　**第3次鳩山一郎内閣**(1955：自由民主党)

(1)　防衛力増強のため（　7　）を、改憲のため（　8　）を設置

(2)　（　9　）**宣言**(1956)：ソ連と国交を回復→日本の（　10　）加盟が実現

(3) 東南アジア諸国との戦時賠償交渉と国交の樹立を進める

安保条約の改定　教 p.342〜

（　1　）内閣(1957：自由民主党)←（　2　）内閣←鳩山一郎内閣

(1) 革新勢力との対決姿勢を示す

 a　**教員の勤務評定**を導入(1958)、日本教職員組合(日教組)と対立

 b　安保反対運動に備え、**警察官職務執行法(警職法)改正案**を国会に提出

 →不成立

(2) 「（　3　）」をとなえ、対等な日米関係を目指す

 a　（　4　）(新安保条約)調印(1960.1)📖🔍

  ① アメリカの日本防衛義務を明文化

  ② 在日アメリカ軍の日本・極東での軍事行動に関する事前協議制導入

 b　衆議院で条約批准の採決を強行、警官隊導入(1960.5)

(3) （　5　）闘争(1960)

 a　**安保改定阻止国民会議**を指導部とする社会党・共産党・総評などの革新勢力、**全学連**(全日本学生自治会総連合)、一般市民が参加

 b　アメリカ大統領の訪日中止、条約批准案自然成立後、岸内閣が総辞職

史料チェック 📖🔍

日米相互協力及び安全保障条約(1960.1)

第4条　締約国は、この条約の実施に関して随時協議し、また、（　6　）の安全又は（　7　）における国際の平和及び安全に対する脅威が生じたときはいつでも、いずれか一方の締約国の要請により協議する。

第5条　各締約国は、（6）の施政の下にある領域における、いずれか一方に対する武力攻撃が、自国の平和及び安全を危うくするものであることを認め、自国の憲法上の規定及び手続に従って共通の危険に対処するように行動することを宣言する。

問　第5条は、アメリカのどのような義務を明文化したものか。（　8　）

探究コーナー

問▶新安保条約の締結に対する反対運動が、革新勢力を中心としながらも国民を巻き込む大規模な運動に発展したのは、人々がどのようなことを危惧したためか。「世界戦略」「戦争」という言葉を使用してまとめてみよう。

1

2

3

4

5

6

7

8

保守政権の安定　㉒ p.343〜

1　（　1　）**内閣**(1960)：自由民主党

(1)　「（　2　）」をとなえ、革新勢力との真正面からの対決を避ける方針を示す

(2)　（　3　）**計画**(1960)：10年後に国民所得を2倍にすることを目指す
→1967年に達成

(3)　（　4　）の取決め(1962)：国交のない中国との**準政府間貿易**を約束

2　（　5　）**内閣**(1964)：自由民主党、7年半以上の長期政権

(1)　（　6　）(1965)：韓国を「朝鮮の唯一の合法的政府」とし、国交樹立

(2)　1967年に「(核兵器を)もたず、つくらず、もち込ませず」の（　7　）を表明

(3)　（　8　）**諸島返還**(1968)

(4)　（　9　）**返還協定**(1971)→（9）返還(1972)

3　1960年代の政局

(1)　自由民主党：国会で安定多数維持→総裁をめぐる（　10　）間闘争が激化

(2)　野党多党化：（　11　）**党**(1960)、**公明党**(1964)創設、共産党の議席増

(3)　**新左翼**：学生らが既成の革新政党を批判、ベトナム戦争や大学のあり方を議論

❀Point　55年体制で確立された保守勢力による安定政権のもと、日本は経済的発展を遂げるとともに、国際社会の一員としての地位を高めていった。

2　経済復興から高度経済成長へ

朝鮮特需と経済復興　㉒ p.344〜

1　（　1　）**景気**(1950)：深刻な不況からの脱却

(1)　アメリカ軍による**特需**(とくじゅ)の発生←（　2　）(1950)の勃発

(2)　対米輸出の増加←世界経済の回復傾向

(3)　1951年、工業生産・実質国民総生産・実質個人消費が戦前の水準を回復

2　積極的産業政策の推進

(1)　資金：**日本輸出銀行**(1950)、**日本開発銀行**(1951)の設立

(2)　**企業合理化促進法**(1952)：税制上の優遇措置→企業の設備投資を促進

(3)　電力

　　a　民有民営の電力会社9社による**地域別9電力体制**を確立(1951)

　　b　**電源開発株式会社**(1952)→大規模水力発電所の建設

(4)　造船：政府主導の**計画造船**の推進(1947)→日本の造船量が世界一(1956)

(5)　鉄鋼：第1次合理化(1951〜53)、**川崎製鉄**が銑鋼一貫(せんこういっかん)工場を建設し鉄鋼業の発展に貢献

3　世界貿易体制への復帰

(1)　（　3　）(**国際通貨基金**)加盟(1952)

(2)　（　4　）(**関税及び貿易に関する一般協定**)加盟(1955)

4　食糧問題

(1)　戦後の深刻な食料難→**ガリオア資金**による緊急食料輸入(1945〜51)

(2)　米の増産、自給の確立(1955)：国民が「食べる心配」から解放される

🏵**Point**　朝鮮戦争によるアメリカ軍の特需は、日本の景気回復の特効薬となり、
　　　　　高度経済成長へとつながるきっかけをつくった。

高度経済成長　📖 p.346〜

1　高度経済成長期

(1)　復興から経済成長へ

　　a　（　1　）(1955〜57)→（　2　）(1958〜61)→オリンピック景気(1963〜64)
　　　→（　3　）(1966〜70)

　　b　「もはや（　4　）ではない」(1956：経済企画庁「経済白書」)

　　c　**年平均10%**を超える経済成長を達成(1961〜70)

　　d　資本主義国の中で**世界第2位**の国民総生産(GNP)を達成(1968)

(2)　膨大な（　5　）が経済成長を牽引→「**投資が投資を呼ぶ**」

　　a　鉄鋼・造船・自動車・電気機械・化学工業の設備更新

　　b　石油化学・合成繊維など新産業の創出

　　c　部品メーカーなど中堅企業の成長

(3)　中小企業の構造改革：**中小企業近代化促進法・中小企業基本法**(1963)

(4)　**日本生産性本部の設立**(1955)→**生産性向上運動**

　　a　生産性3原則：労使協調・失業防止・成果の公正配分

　　b　無欠点(ZD)運動、品質管理(QCサークル)運動などを推進

(5)　日本的経営の確立：①終身雇用、②年功賃金、③労使協調

(6)　**産業構造の（　6　）**

　　a　第1次産業の比重が下がり、第2次・3次産業の比重が高まる

　　b　工業生産額の3分の2を、重化学工業が占める

(7)　（　7　）：（　8　）から安価な**石油**へとエネルギー源の転換が進む

　　a　炭鉱の閉山、炭鉱労働者との労働争議→（　9　）**争議**(1960)

　　b　安価な石油の安定的供給＝高度経済成長を支える要因の1つ

(8)　食料の輸入依存が高まる→**食料自給率の低下**

(9)　国内市場の拡大：国民の購買力の増加＝所得の増加

　　a　労働者所得の増加

　　　①　技術革新による労働生産性の向上

　　　②　好景気による労働力不足

　　　③　「（　10　）」方式の労使交渉(1955年〜)：総評主導の一斉賃上げ交渉

　　b　農家所得の増加

　　　①　化学肥料・農薬・農業機械による農業生産力の上昇

　　　②　**食糧管理制度**、農業協同組合の要望→**米価の政策的引上げ**

　　　③　農外所得(農業以外の所得)の増加

　　　④　農業構造改善事業の推進←（　11　）法(1961)

1

2

3

4

5

6

7

8

9

10

11

2 貿易黒字の拡大(1960年代後半～)

(1) 背景：固定相場制に基づく国際通貨体制

　　　　　輸入資源を安価かつ安定的に確保

(2) 輸出産業：鉄鋼・船舶・自動車など重化学工業中心

　　　　　自動車の対米輸出開始(1960年代後半)

(3) （　12　）と（　13　）の自由化

　　a　**為替**の自由化→貿易の自由を実現

　　　① **貿易為替自由化大綱**を決定(1960)

　　　② **GATT**（　14　）**条**国に移行(1963)：国際収支上の理由で輸入制限は不可

　　　③ **IMF**（　15　）**条**国に移行(1964)：為替の自由化を義務とする

　　b　**資本の自由化**：（　16　）（**経済協力開発機構**）に加盟(1964)

3 産業界の再編

(1) **企業合併**：**三菱重工**の再合併(1964)、**八幡製鉄＋富士製鉄→**（　17　）(1970)

(2) **6大企業集団**：**都市銀行**の融資によって系列化された企業集団

　　　　　三井・三菱・住友・富士・三和・第一勧銀

Point 高度経済成長は、日本の産業構造を大きく変化させ、人々の生活にも大きな影響を与えた。

大衆消費社会の誕生 p.348～

1 地域の変容

(1) 産業・人口の集中：重化学工業地帯の形成＝（　1　）**地帯**

　　a　京葉・京浜・中京・阪神・瀬戸内・北九州に製鉄所やコンビナート

　　b　産業や人口が著しく集中

(2) 地域間格差の是正策

　　a　**新産業都市建設促進法**(1962)：15地区を地方開発拠点に指定

　　b　**全国総合開発計画**：産業・人口の大都市集中と地域間格差是正を目指す

(3) 農村の変化

　　a　人口流出→農業人口：就業人口の4割強(1955)→2割を切る(1970)

　　b　第2種兼業農家の増加→（　2　）**農業**：じいちゃん・ばあちゃん・かあちゃんが中心の農業

(4) 都市の変容

　　a　（　3　）**化**：宅地開発により無秩序に郊外の都市化が進む現象

　　b　（　4　）の増加：夫婦と子どもだけの世帯(家庭)

　　c　**ニュータウン**の形成：鉄筋コンクリート造の集合住宅群

2 消費生活の変化

(1) 消費の拡大：「消費は美徳」←所得の増加、CMが購買意欲を刺激

　　a　**耐久消費財**(自動車、家電など)の消費拡大

　　b　**三種の神器**：（5　　・　　・　　）(1950年代後半)

　　c　**新三種の神器(3C)**：**自動車・カラーテレビ・クーラー**(1960年代後半)

　　d　分割払いを可能にする（　6　）**販売制度**

(2)　（　7　）：大量生産に対応した大量販売システムの確立

    a　メーカー（製造企業）が独自の販売網を系列化

    b　（　8　）：中内功の**ダイエー**→三越を抜いて売上高第1位（1972）

(3)　食生活：洋風化が進む

    a　肉類・乳製品の消費増加

    b　米の供給過 剰 と食糧管理特別会計の赤字化→（　9　）政策実施（1970～）

    c　**インスタント食品・冷凍食品**の普及、外食産業の発達

3　交通網の発達

(1)　（　10　）：自家用乗用車の普及、自動車が交通手段の主力となる

    a　高速道路の整備：**名神高速道路**（1965）、**東名高速道路**（1969）

    b　自動車生産台数：約7万台（1955）→約529万台（1970）

(2)　鉄道：**電化**の進展、（　11　）開通（1964）＝高速輸送、国鉄の赤字化（1964）

(3)　航空：**ジェット機**導入（1960）

4　文化の大衆化

(1)　レジャー産業の発達：家族旅行、行楽

(2)　マスメディアの発達：新聞・雑誌・書籍類の出版数の激増→とくに週刊誌

    a　**中間小説**：雑誌に掲載された純文学と大衆文学の中間に位置する小説

        社会派推理小説家（　12　）、歴史小説家（　13　）

    b　純文学：**三島由紀夫**、**大江健三郎**、高橋和巳

    c　漫画週刊誌：（　14　）が漫画・アニメーション隆盛の基礎を築く

(3)　（　15　）開始（1953）→**映画産業**の衰退をまねく

(4)　国民の中流意識：意識の画一化が進み、みずからを社会の中間層と考える

(5)　中・高等教育の大衆化：高校・大学への進学率の上昇

    a　高校・大学の民主化を求める「（　16　）」の発生（1958～59）

    b　受験競争の激化と三無主義（無気力・無関心・無責任）の広がり

(6)　科学技術

    a　ノーベル物理学賞受賞：（　17　）（1965）、（　18　）（1973）

    b　原子力政策・宇宙開発推進→**原子力発電所**の建設推進（1960年代半ば）

(7)　国家的イベント：日本の発展を世界に示す

    a　東京（　19　）（1964）

    b　**日本**（　20　）（大阪万博）（1970）

Point　高度経済成長期に、様々な面で日本社会の大衆化が進んだことより、国民の生活が均質化し、多くの国民が中流意識をもつようになった。

高度経済成長のひずみ　教 p.351～

1　過疎と過密

(1)　農山漁村の過疎化→地域社会の生産活動や社会生活に打撃

(2)　大都市の**過密化**→交通渋滞・事故の多発（**交通戦争**）、大気汚染・騒音など

7

8

9

10

11

12

13

14

15

16

17

18

19

20

2　産業公害の多発：経済発展の産業政策・企業活動の弊害

(1)　公害対策

　　a　（　1　）法(1967)：公害規制、事業者・国・地方自治体の責務を明確化

　　b　（　2　）発足(1971)：公害行政と環境保全施策を一本化して担う

(2)　四大公害訴訟：1973年までに被害者の勝訴で結審

　　a　**新潟水俣病**(新潟県阿賀野川流域)：有機水銀による水質汚濁

　　b　**四日市ぜんそく**(三重県四日市市)：大気汚染

　　c　**イタイイタイ病**(富山県神通川流域)：カドミウムによる水質汚濁

　　d　**水俣病**(熊本県水俣市)：有機水銀による水質汚濁

3　部落差別解消に向けて

(1)　**部落解放全国委員会**(1946)→**部落解放同盟**(1955)

(2)　（　3　）**答申**(1965)：生活環境の改善・社会福祉の充実を答申

(3)　**同和対策事業特別措置法**(1969)→地域改善対策特別措置法(1982)→財政上の特別措置に関する法律(地対財特法)(1987)

4　革新首長(革新自治体)の誕生(1960年代後半から1970年代)

(1)　日本社会党・日本共産党など、革新勢力が支持する候補が首長に当選

　　《例》（　4　）東京都知事(1967)、京都府、大阪府、神奈川県、横浜市など

(2)　公害規制・老人医療の無料化など、福祉政策を推進

Point　高度経済成長によるひずみが、生活環境の改善などの福祉の充実に国民の目を向けさせ、革新首長の誕生へとつながっていった。

激動する世界と日本

1 経済大国への道

ドル危機と石油危機　㊙ p.353〜

1 ドル危機

(1) アメリカの国際収支の悪化：金準備の減少→ドル危機

 a （ 1 ）戦争による軍事支出の増大　　　　　　　　　　　　　　　　1

 b 西側諸国への多額の経済援助、通貨ドルの国際的膨張

 c 日本・（ 2 ）などによる対米輸出の急増（貿易収支悪化）　　　2

(2) （ 3 ）（1971）：アメリカ大統領によるドル防衛策、**ドル＝ショック**とも呼　3
　　　　　　　　　　　称

 a 金とドルの交換停止、10％の輸入課徴金など

 b 日本・西ドイツなどへ為替レートの切上げ要求

(3) ＩＭＦ（ブレトンウッズ）体制の崩壊

 a １ドル＝360円の固定相場制から（ 4 ）に移行（1971.8）→急速な円高　4

 b 一時、１ドル＝308円の固定相場制が復活（1971.12）：（ 5 ）体制　5

 c 1973年、ドル不安が再燃→日本・西欧諸国が再び、**変動相場制**に移行

2 米中接近とベトナム戦争の終結

(1) 米中の接近：ベトナム戦争終結に向け、アメリカが中国との敵対関係改善へ
　　　　　　　（ 6 ）米大統領が電撃訪中（1972）→米中国交正常化（1979）　6

(2) （ 7 ）の締結（1973）：アメリカ軍、ベトナムから撤退→南ベトナムの崩壊　7

 a ベトナム社会主義共和国の成立（1976）→南北ベトナムの統一

 b カンボジアなどインドシナ半島で内戦続き、大量の難民→（ 8 ）問題　8

🔖**Point** ドル＝ショックだけでなく、米大統領の電撃訪中もニクソン＝ショック
　　　　と呼ばれる。

3 中東戦争と石油危機

(1) パレスチナ問題の背景：ユダヤ人のイスラエル建国（1948）に対し、アラブ諸
　　　　　　　　　　　国が反発→第１〜３次中東戦争　　　　　　　　　　　9

(2) （ 9 ）戦争（1973）：アラブ石油輸出国機構＝（ 10 ）が「石油戦略」を行使　10

 a イスラエル寄りの欧米や（ 11 ）への石油輸出を制限、石油価格を約４倍　11
に引上げ

 b 第１次（ 12 ）勃発→経済成長率の低下、物価・失業率の上昇　　　　12

(3) （ 13 ）開催（1975）：石油危機を機に、先進６カ国による首脳会議を開催　13

高度経済成長の終焉　㊙ p.354〜

                   1

1 （ 1 ）内閣（1972.7〜74.12）：スローガンに「（ 2 ）論」を提唱　　　　2

(1) （ 3 ）（1972）📖🔍：**ニクソン訪中**を受け、日中国交回復の機運が高揚　3

a　周 恩来首相との間で調印、日中国交正常化を実現

b　中華人民共和国を唯一の合法政府とし、（　4　）の中華民国政府との外交
関係を断絶

Point　台湾とは国家間の正式な外交関係をもたないが、貿易などの経済や民間
レベルでは密接な関係を継続。

史料チェック 📖🔍

日中共同声明（1972.9）

　日本側は、過去において日本国が戦争を通じて中国国民に重大な損害を与え
たことについての責任を痛感し、深く反省する。……

二、日本国政府は、中華人民共和国政府が中国の唯一の（　5　）であることを
承認する。

三、中華人民共和国政府は、（　6　）が中華人民共和国の領土の不可分の一部
であることを重ねて表明する。……

五、中華人民共和国政府は……日本国に対する戦争（　7　）の請求を放棄する
ことを宣言する。……　　　　　　　　　　　　　　（『日本外交主要文書・年表』）

(2)　**列島改造政策**：工業の地方分散、新幹線・高速道路による高速交通ネットワ
ークの整備など推進→土地・株式への投機により**地価が高騰**

(3)　**高度成長の終焉**

　　a　地価高騰に加え、第1次石油危機による**原油価格高騰**→激しいインフレー
ションを誘発＝（　8　）物価：買占めによる品不足などで市民生活混乱

　　b　深刻なインフレと不況（スタグフレーション）→1974年、戦後初の（　9　）
成長→**高度経済成長の終焉**（以降、2～5％の低成長へ）

(4)　政治資金調達をめぐる**金脈問題**→Ⅲ中角栄内閣総辞職（1974）

2　三木武夫内閣（1974.12～76.12）：田中金脈問題受け、「クリーン政治」掲げる
田中前首相が（　10　）事件による**収賄**容疑で逮捕→総選挙で敗北し退陣

3　福田赳夫内閣（1976.12～78.12）
日中共同声明（1972）から6年後、（　11　）条約に正式調印（1978）

4　大平正芳内閣（1978.12～80.6）

(1)　東京で先進国首脳会議＝東京サミットを主催（1979）

(2)　第2次石油危機勃発→財政再建への取組、衆参同日選挙の最中に急死（1980）

5　鈴木善幸内閣（1980.6～82.11）
自民党安定多数を回復、増税なき財政再建を目指す

6　革新系自治体の財政悪化と社共両党の対立

国民の保守的傾向への回帰　　　　　｜京都・東京・大阪知事選で、
革新自治体の財政悪化　　　　　　　｜革新系知事候補があいつぎ敗北（1978～79）
社会・共産両党の協力関係の崩壊　　｜

問▶1973年末頃におこった狂乱物価（きょうらん）と呼ばれる日本経済の状況について、次の用語を用い、国内外の要因をふまえて説明してみよう。

【「日本列島改造」　第４次中東戦争（ちゅうとう）　スタグフレーション　マイナス成長】

経済大国の実現 　教 p.356〜

1　安定成長の時代

(1)　第１次石油危機以降→日本は省エネ型社会の追求で５％前後の経済成長率を維持

(2)　イラン＝イスラーム革命で（　1　）(1978〜79)勃発→アラブ産油国、石油価格を３倍に引上げ→日本は克服、約３％前後の安定成長期へ(1980年代)

 a　企業の「減量経営」：省エネへの転換、人員削減、工場・オフィスの自動化

 b　産業構造の転換：「重厚長大型」から「（　2　）型(知識集約型)」産業へ

  ①　鉄鋼・造船・石油化学などの資源多消費型産業の停滞

  ②　省エネ型の自動車・電気機械、半導体・IC・コンピュータなどハイテク産業の輸出拡大

(3)　貿易黒字の拡大と円高基調の定着→欧米諸国との間で（　3　）が勃発、とくに（　4　）をめぐる「日米貿易摩擦（まさつ）」の深刻化

2　「経済大国」日本の誕生

(1)　世界全体の（　5　）に占める日本の割合：２％強(1955)→約10％(1980)

(2)　貿易黒字の累積（るいせき）→世界最大の債権国（さいけん）に

(3)　開発途上国への（　6　）(ODA)の供与が世界最大規模に(1980年代)

3　主要交通インフラ網の整備

(1)　高速道路網：中国自動車道・東北自動車道・関越自動車道などの整備

(2)　新幹線のあいつぐ開業：山陽新幹線(1975)・東北・上越新幹線(1982)

(3)　国際空港の整備：新東京国際空港(1978：現、成田国際空港)・関西国際空港(1994)

(4)　その他：青函（せいかん）トンネル(1988)・瀬戸大橋(1988)などの開通

バブル経済と市民生活 　教 p.357〜

1　日本の対米貿易黒字激増の深刻化(1980年代)

(1)　アメリカ、日本に自動車などの輸出の自主規制を要求

1

2

3

4

5

6

(2) アメリカ、農産物輸入自由化を日本に要求→（ 1   ・   ）の輸入自由化
（1991年実施）→加えて、主要穀物の（ 2 ）市場の部分開放が決定(1993)

＊アメリカは日本の「不公正」な制度や慣行を問題視

2 世界経済の活力：日本およびアジア新興国が世界経済を活性化

(1) 韓国・シンガポール・台湾・香港などアジア（ 3 ）＝(新興工業経済地域)
の成長

(2) 中国の経済特区や、インドネシア・タイなどの（ 4 ）諸国も経済成長

3 プラザ合意(1985)**とバブル経済**

(1) 5カ国大蔵大臣(財務大臣)・中央銀行総裁会議(G5)でドル高是正を合意＝
（ 5 ）→円高加速し、輸出産業を中心に不況が深刻化(**円高不況**、1985～)

(2) 輸出主導から内需主導へ転換し景気回復(1987～)

　a　超低金利政策による地価・株価の大幅な高騰→（ 6 ）経済の進行

　b　経済のソフト化・サービス化

　　① コンピュータと通信機器を利用した生産・流通・販売のネットワーク化

　　② 重化学工業でマイクロ＝エレクトロニクス(ME)技術の導入

　　③ コンビニ、量販店、レジャー・外食など第3次産業の比重拡大

　c　社会問題の発生：長時間労働の慢性化による「過労死」など

　d　円高進行で生産拠点を海外へ移転→産業の（ 7 ）の進展

4 諸課題への対応(1980年代中心)

(1) 中曽根康弘内閣(1982.11～87.11)：スローガン「戦後政治の（ 8 ）」

　a　日米韓の緊密化、防衛費の大幅増額(GNP比1％枠突破)

　b　（ 9 ）改革：公共事業の抑制、国有(公社)の（ 10 ）をJR、（ 11 ）
　　　　　　　をNTT、専売公社をJTとして民営化、大型間接税導入
　　　　　　　の検討

　c　労働組合の再編：日本労働組合総連合会(＝（ 12 ）)の結成(1989)

Point 中曽根首相の改革は、イギリスのサッチャー政権などが進めた公共事業
の抑制、国有企業の民営化など「小さな政府」を目指す諸改革と類似。

(2) 竹下登内閣(1987.11～89.6)：財政再建に向けて（ 13 ）(税率3％)を導
　　　　　　　　入→1989年実施

2 冷戦の終結と日本社会の変容

冷戦から地域紛争へ　教 p.359～

1 緊張緩和(1970半～)**から新冷戦へ**(1980年代)

(1) 緊張緩和(デタント)→ソ連の（ 1 ）侵攻(1979)を機に「新冷戦」に突入

(2) アメリカの（ 2 ）大統領：大軍拡による対ソ強硬路線に転換

　a　経済政策→大幅減税および規制緩和の推進、公共支出の抑制など

　b　**新自由(新保守)主義**により古典的な自由放任経済、「小さな政府」を目指す

2　二大国(米ソ)の経済力低下

(1)　アメリカ：国家財政・国際収支の悪化→「（　3　）の赤字」により債務国へ

(2)　ソ連：深刻な経済危機→ゴルバチョフ書記長による国内体制の立直し＝
（　4　）の推進と、情報公開＝グラスノスチにより政治・経済の自由
化が進展、対米関係の改善へ

3　冷戦の終結

(1)　米ソの接近：米ソ間で中距離核戦力(INF)全廃条約に調印(1987)

(2)　ソ連軍のアフガニスタンからの撤兵開始(1988)

(3)　（　5　）会談(1989)：マルタ島での米ソ首脳会談で「（　6　）」を宣言

4　東欧諸国の民主化運動

(1)　ソ連自由化の影響→東欧諸国があいつぎ社会主義体制を放棄＝（　7　）

(2)　冷戦の象徴＝「（　8　）の壁」の崩壊(1989)→東西ドイツが統一(1990)

(3)　（　9　）の解体(1991)→旧ソ連邦諸国の多くは独立国家共同体(CIS)を結成

5　冷戦終結後の新たな紛争

(1)　イラクのクウェート侵攻→アメリカ主力の多国籍軍介入＝（　10　）の勃発
(1991)→アメリカ、日本に対し「国際貢献」を要求→日本は資金援助

(2)　旧ユーゴスラビアの分裂→ボスニア＝ヘルツェゴビナ紛争(1992～95)

(3)　日本の「国際貢献」→地域紛争に向けて（　11　）(PKO)の動きが活発化

　　a　湾岸戦争：アメリカの要求で、「多国籍軍」に対する資金援助

　　b　カンボジア内戦：（　12　）法(1992)により初の自衛隊派遣＝停戦監視要員

　　c　アフガニスタン紛争：テロ対策特別措置法(2001)→インド洋に自衛隊派遣

　　d　イラク戦争：イラク復興支援特別措置法(2003)→自衛隊派遣＝人道支援

55年体制の崩壊　教 p.360～

1　長期保守政権の崩壊

(1)　昭和天皇の死去(1989.1)→昭和から平成へ

(2)　自民党による保守長期政権の弊害→金権政治の横行

　　a　竹下登内閣：（　1　）事件(未公開株の収賄事件)による政治不信で退陣

　　b　宇野宗佑内閣(1989.6～89.8)：参議院議員選挙で大敗し退陣(短命内閣)

　　c　海部俊樹内閣(1989.8～91.11)：湾岸戦争への対応苦慮、党内対立で退陣

　　d　宮沢喜一内閣(1991.11～93.8)

　　　①　PKO協力法(1992)により、自衛隊をカンボジアに派遣

　　　②　佐川急便事件(1992)、ゼネコン汚職事件(1993)による国民の政治不信

　　　③　自由民主党の分裂→自民党離党者が新生党、新党さきがけを結党

　　　④　衆議院議員総選挙(1993)で自民党過半数割れの大敗北

　　　→非自民連立政権へ

2　非自民による連立政権

(1)　細川護熙内閣(1993.8～94.4)：共産党を除く非自民8党派による連立政権

　　a　（　2　）の崩壊：1955年以来、38年ぶりの保守政権の交代

　　b　衆議院に（　3　）制を導入(1994)、佐川急便問題などで退陣

(2) 羽田孜内閣(1994.4〜94.6)：連立から社会党・新党さきがけ離脱→退陣

4

(3) 村山富市内閣(1994.6〜96.1)：（　4　）党の村山富市を首相とする自民
党・社会党・新党さきがけの連立政権

　　a　社会党：基本路線の大幅変更→消費税・日米安保・自衛隊を容認

　　b　新生党・公明党・民社党・日本新党など野党が合同→新進党を結成(1994)

3　連立による自民党政権

(1) 橋本龍太郎内閣(1996.1〜98.7)：村山内閣退陣後の自・社・さ連立政権
を継承、自民党の橋本龍太郎が首相

　　a　新選挙制度による総選挙で自民党躍進、社会民主党(日本社会党より改
称)・さきがけは閣外協力へ

5

　　b　消費税率を3％から（　5　）％に引上げ→アジア通貨危機と重なり景気後
退→企業倒産やリストラで大量の失業者が発生→参議院議員選挙の敗北によ
り引責退陣

(2) 小渕恵三内閣(1998.7〜2000.4)：自由党・公明党の政権参加で安定多数

6

　　a　（　6　）関連法(周辺事態安全確保法など)や国旗・国歌法を制定

　　b　首相病死により総辞職

平成不況下の日本経済　㉞ p.361〜

1

1　平成不況：（　1　）崩壊後→日本経済の長期低迷期へ

2

(1) 株価下落、景気後退(1991〜)→実質経済成長率1％以下(1993)＝（　2　）へ

(2) 平成不況の特徴

　　a　株価・地価暴落→値上がり期待で購入の土地・株式が不良債権化

3

　　b　不良債権を抱えた金融機関の経営悪化、実体経済に波及＝（　3　）

(3) 業績悪化による企業の経営効率化

　　a　リストラで大量の失業者発生、消費の低迷→不況の長期化

　　b　**金融機関等の破綻**：住宅金融専門会社(住専)の経営破綻(1995)、北海道拓
殖銀行・山一証券の破綻(1997)、日本債券信用銀行・
日本長期信用銀行の破綻(1998)

2　不況の長期化と日本経済の低迷

(1) 企業の生産・投資活動の停滞、個人消費の低迷と低価格志向の定着

4

(2) 円高の加速で自動車・（　4　）・電子など輸出主導型産業の国際競争力低下、
日本の技術革新の低迷

(3) グローバル競争の激化：情報通信機器の発展→企業活動のボーダーレス化
国際的な提携・合併などの大規模な業界再編の進行

現代の諸課題　㉞ p.362〜

1　社会不安の増大

1

(1) 1995年、（　1　）大震災やオウム真理教による地下鉄サリン事件が発生

(2) 1995年、米軍兵士の小学生暴行事件→沖縄県民の米軍基地縮小運動が高揚

(3) 不良債権による金融機関の経営破綻(1990年代後半)→経済・社会不安の増大

2　2000年代の政治状況

⑴　（　2　）内閣（2001.4～06.9）　2

a　「聖域なき構造改革」→新自由主義で「小さな政府」

b　大胆な民営化：（　3　）**民営化**・道路公団の分割民営化の推進　3

c　テロ対策特別措置法（2001）・イラク復興支援特別措置法（2003）→自衛隊海外派遣

d　北朝鮮訪問（2002）→金正日(きんしょうにち)総書記と会談：国交正常化交渉と拉致(らち)問題

e　福祉政策の後退→経済格差・地域格差の拡大が進展

⑵　自民党の短命政権（公明党との連立）

a　安倍晋三(あべしんぞう)内閣（2006.9～07.9）：防衛省発足、教育改革関連3法

b　福田康夫(やすお)内閣（2007.9～08.9）：北海道洞爺湖(とうやこ)サミット

c　麻生(あそう)太郎内閣（2008.9～09.9）：リーマン＝ショック後の総選挙で（　4　）党が圧勝　4

⑶　民主党政権の誕生

a　鳩山由紀夫(はとやまゆきお)内閣（2009.9～10.6）：民主・社民・国民新党の連立

b　菅直人(かんなおと)内閣（2010.6～11.9）：参議院議員選挙で大敗、（　5　）**大震災**の発生（2011.3）　5

c　野田佳彦(よしひこ)内閣（2011.9～12.12）：衆議院議員総選挙で民主党大敗→総辞職

⑷　自民党政権の復活（公明党との連立）

第2次安倍晋三内閣（2012.12～20.9）：「戦後レジーム（戦後体制）からの脱却」

a　安全保障関連法案の強行採決→憲法9条の解釈変更、集団的自衛権の行使が可能に

b　消費税のあいつぐ引き上げ：8％（2014）、10％（2019）

c　令和への改元（2019）

3　日本の直面する諸課題

⑴　急激な少子・高齢化：労働人口減少→経済の縮小、税収や保険料減少→社会保障制度への影響が深刻化、介護保険制度の導入（1997）→安定的な年金制度への模索

⑵　環境問題の深刻化：地球温暖化・生態系の破壊など

a　（　6　）の採択（1997）：先進国の温室効果ガス削減目標の策定　6

b　**パリ協定**（2015）：開発途上国含む、全ての国による温室効果ガス削減の努力規定

c　国連サミット（2015）：（　7　）（＝**SDGs**）の採択　7

d　循環(じゅんかん)型社会形成推進基本法（2000）：容器包装(ほうそう)や家電などのリサイクルを法制化

⑶　原子力の安全性への課題：高速増殖炉(ぞうしょくろ)「もんじゅ」の事故（1995）、茨城県東海村の臨界(りんかい)事故（1999）、東日本大震災による東京電力福島第一（　8　）**発電所**の事故（2011）など　8

⑷　国際環境の変化：アメリカ、EU、アジアNIES(ニーズ)、ASEAN(アセアン)、中国、インド、北朝鮮などとの関係

問▶右の表は日本の１次エネルギー国内供
給構成を示したものである。この表から読
み取れる変化を、次の語句を用いて説明し
てみよう。

【エネルギー革命　石油危機　東日本大
震災】

日本の１次エネルギー国内供給構成

	(年)	1960	1970	1980	1990	2000	2010	2020
構成比率 %	原子力	0.0	0.5	6.2	9.6	12.6	11.2	1.8
	再生可能エネルギー等（水力除く）	0.0	0.0	0.2	3.0	3.0	4.4	9.7
	水力	6.2	2.5	2.2	4.2	3.3	3.3	3.7
	石炭	58.8	24.0	17.3	16.9	18.5	22.7	24.6
	天然ガス	0.8	1.2	6.2	10.5	13.5	18.2	23.8
	石油	34.2	71.8	67.8	56.0	49.2	40.3	36.4

（「エネルギーに関する年次報告」より作成）

写真所蔵・提供（敬称略）

日本史探究
詳説日本史ノート

2023年3月　初版発行

編　者　　遠藤真治・丹下厚法
発行者　　野澤武史
印刷所　　明和印刷株式会社
製本所　　有限会社　穴口製本所
発行所　　株式会社 山川出版社
　　　　　〒101-0047　東京都千代田区内神田1-13-13
　　　　　電話　03-3293-8131（営業）　03-3293-8135（編集）
　　　　　https://www.yamakawa.co.jp/
装　幀　　水戸部功

ISBN978-4-634-02231-7

NYZH0102

詳説 日本史ノート

解 答

山川出版社

探究コーナー 解答例▶ 中国(魏)から倭王の称号を得たことで、中国の権威を利用して、競合する周辺国よりも有利な立場に立つ利点があったと考えられる。

第1章　日本文化のあけぼの

1 文化の始まり　　　　　　　　　　　p.6〜

▶ 日本列島と日本人　1. 打製石器　2. 磨製石器　3. 更新世　4. 完新世　5. 沖縄

▶ 旧石器人の生活　1. 岩宿遺跡　2. 関東ローム層
3. 細石器

▶ 縄文文化の成立　1. 完新世　2. 土器(縄文土器)
3. 磨製石器　4. 弓矢

▶ 縄文人の生活と信仰　1. 弓矢　2. 骨角器　3. モース
4. 大森　5. 竪穴　6. 三内丸山　7. 黒曜石　8. ヒスイ(硬玉)　9. アニミズム　10. 土偶　11. 抜歯　12. 屈葬
13. 環状列石(ストーン＝サークル)

探究コーナー 解答例▶ 丸木舟が各地で発見されたり、伊豆大島や八丈島などで縄文時代の遺跡がみつかったことなどから考えられる。

2 農耕社会の成立　　　　　　　　　　p.9〜

▶ 弥生文化の成立　1. 菜畑　2. 板付　3. 続縄文
4. 擦文　5. 貝塚後期　6. 高杯

▶ 弥生人の生活　1. 石包丁　2. 鉄鎌　3. 竪杵　4. 高床倉庫　5. 登呂　6. 砂沢　7. 伸展葬　8. 甕棺墓　9. 支石墓　10. 方形周溝墓　11. 四隅突出型　12. 楯築
13. 銅鐸　14. 銅矛・銅戈　15. 平形銅剣　16. 荒神谷
17. 加茂岩倉

探究コーナー 問1解答例▶ 近畿圏や九州圏の二大勢力圏にみられるように、小国の王(首長)が周辺諸国に一定程度の支配力を有しつつ、広範囲の勢力圏を形成する地域的結合が推察される。

問2解答例▶ 日本では青銅器の伝播から短期間で鉄器が伝わったため、青銅器は大陸に比べ実用性を有する武器等への顕著な発達はみられず、祭器としてしだいに大型化した。

▶ 小国の分立　1. 環濠集落　2. 吉野ヶ里　3. 唐古・鍵
4. 高地性集落　5. 漢書　6. 楽浪　7. 後漢書　8. 57
9. 建武中元　10. 洛陽　11. 福岡　12. 漢委奴国王
13. 志賀島　14. 107　15. 永初元　16. 生口　17. 奴
18. 光武　19. 帥升

探究コーナー 解答例▶ 各地で発見される環濠集落や高地性集落の存在や、集落跡から石鏃などの武具類が発見されている点などから推察される。

▶ 邪馬台国連合　1. 魏志　2. 帯方　3. 卑弥呼　4. 邪馬台国　5. 鬼道　6. 洛陽　7. 親魏倭王　8. 壱与　9. 纏向
10. 陳寿　11. 帯方　12. 市　13. 一大率　14. 大人

第2章　古墳とヤマト政権

1 古墳文化の展開　　　　　　　　　　p.14〜

▶ 古墳の出現とヤマト政権　1. 前方後円墳　2. 箸墓

▶ 前期・中期の古墳　1. 前方後円墳　2. 大仙陵(仁徳天皇陵)　3. 誉田御廟山(応神天皇陵)　4. 造山
5. 円筒　6. 竪穴式　7. 三角縁神獣鏡　8. 呪術(宗教)　9. 司祭者　10. 武人

▶ 東アジア諸国との交渉　1. 高句麗　2. 百済　3. 新羅
4. 加耶(加羅)　5. 鉄　6. 広開土王(好太王)　7. 新羅
8. 馬韓　9. B　10. 391年　11. 高句麗　12. 広開土王碑(好太王碑)　13. 宋書　14. 武　15. 雄略

探究コーナー 解答例▶ 朝鮮半島では高句麗の強大化や新羅などの南下で、加耶諸国における倭の支配力が低下している状況であった。中国の権威を利用して、半島における倭の外交・軍事上の立場を有利にしたいとの意図があったと推察される。

▶ 大陸文化の受容　1. 韓鍛冶部　2. 弓月君　3. 阿知使主　4. 王仁　5. 五経博士　6. 稲荷山　7. 聖明王
8. 欽明　9. 上宮聖徳法王帝説　10. 日本書紀　11. 戊午　12. 百斉(百済)　13. 蘇我稲目　14. 欽明天皇

▶ 後期の古墳　1. 横穴式　2. 形象埴輪　3. 群集墳
4. 石人・石馬　5. 装飾古墳

探究コーナー 解答例▶ 従来は墳墓である古墳が支配者個々の権威を象徴するものとの強い意識がみられたが、大陸文化の影響を受けた古墳後期には、小型古墳の増加とともに墳墓としての機能性が重視された追葬可能な横穴式石室が一般化し、支配者の権威の象徴としての意義が希薄化したことが推察される。

▶ 古墳時代の人々の生活　1. 居館　2. カマド　3. 土師器　4. 須恵器　5. 祈年の祭り　6. 新嘗の祭り　7. 大神
8. 沖津宮　9. 太占　10. 盟神探湯

▶ ヤマト政権と政治制度　1. 埼玉県　2. 江田船山
3. 武　4. 雄略　5. 武　6. 安東大将軍　7. 毛人　8. 衆夷

探究コーナー 解答例▶ 大型の前方後円墳が畿内に出現し、また各地にも波及するなど、ヤマト政権による周辺への軍事的制圧を示唆、副葬品も鉄製武器・武具な

ど武人的性格の強いものに変化。

9. 田荘 10. 部曲 11. 臣 12. 連 13. 屯倉 14. 名代・子代 15. 大臣・大連 16. 伴造 17. 品部 18. 国造 19. 新羅 20. 磐井

▶古墳の終末 1. 八角墳

2 飛鳥の朝廷　　　　　　　　　p.20〜

▶東アジアの動向とヤマト政権の発展 1. 加耶 2. 隋 3. 大伴金村 4. 蘇我馬子 5. 物部守屋 6. 崇峻 7. 推古 8. 厩戸王（聖徳太子） 9. 冠位十二階 10. 憲法十七条 11. 三宝 12. 君 13. 臣 14. 隋書 15. 小野妹子 16. 煬帝 17. 高向玄理 18. 旻 19. 犬上御田鍬 20. 600 21. 607 22. 煬帝

探究コーナー 解答例▶隋は朝鮮半島の高句麗と交戦状態にあったため、倭国との関係を悪化させず良好に保つことが、高句麗に圧力をかける意味からも得策と判断した。

▶飛鳥の朝廷と文化 1. 飛鳥 2. 法隆 3. 若草伽藍 4. 四天王 5. 北魏 6. 釈迦三尊像 7. 鞍作鳥 8. 南朝（梁） 9. 中宮 10. 玉虫厨子 11. 曇徴 12. 観勒

探究コーナー 解答例▶塔は仏舎利（釈迦の遺骨）を納める施設であったが、しだいに装飾に趣向を凝らすシンボリックな建造物に変化。やがて本尊を安置する金堂が寺院の中核となり、伽藍配置も金堂中心へと変化した。

第3章　律令国家の形成

1 律令国家への道　　　　　　　p.23〜

▶大化改新 1. 蘇我入鹿 2. 山背大兄王 3. 乙巳 4. 中大兄皇子 5. 中臣鎌足 6. 蝦夷・入鹿 7. 孝徳 8. 蘇我倉山田石川麻呂 9. 内臣 10. 高向玄理 11. 旻 12. 難波（難波長柄豊碕宮） 13. 日本書紀 14. 評 15. 屯倉 16. 部曲 17. 田荘 18. 食封 19. 計帳 20. 里

探究コーナー 解答例▶「改新の詔」以後に造営された藤原京出土の木簡には、地方行政単位の表記に「郡」ではなく「評」の文字が記されていることから、「改新の詔」は、のちの大宝令施行以後に潤色された可能性が高い。

▶天智天皇・天武天皇 1. 斉明 2. 白村江 3. 663 4. 水城 5. 近江大津宮 6. 天智 7. 庚午年籍 8. 壬申 9. 672 10. 大友 11. 大海人 12. 飛鳥浄御原宮

13. 天武 14. 八色の姓 15. 富本銭

探究コーナー 解答例▶「壬申の乱」で敗れた大友皇子側についた多くの有力豪族が没落、勝利した天武天皇が強大な権力を掌握し、天皇の神格化とともに天皇中心の中央集権化が進んだ。

▶律令の成立と「日本」 1. 持統 2. 飛鳥浄御原令 3. 庚寅年籍 4. 藤原京 5. 694 6. 刑部 7. 藤原不比等 8. 養老律令 9. 藤原不比等

▶官僚制 1. 公卿 2. 神祇 3. 太政 4. 太政大臣 5. 中務省 6. 民部省 7. 大蔵省 8. 弾正台 9. 大和・河内・摂津・山背（のち山城）・和泉 10. 東山・南海・西海 11. 国造 12. 評 13. 市司 14. 大宰府 15. 守 16. 官位相当 17. 蔭位の制 18. 八虐

▶民衆の負担 1. 口分田 2. 6 3. 官戸・陵戸・公奴婢 4. 家人・私奴婢 5. 班田収授 6. 2 7. 720 8. 480 9. 240 10. 160 11. 条里 12. 計帳 13. 正丁 14. 3 15. 出挙（公出挙） 16. 運脚 17. 歳役 18. 雑徭 19. 国司 20. 衛士 21. 防人 22. 計帳 23. 戸籍 24. 庚午 25. 運脚 26. 庸 27. 衛士 28. 防人

探究コーナー 解答例▶税の重さに堪えかねた正丁らは、偽籍・逃亡などで税負担を回避する者が増加、税や兵役対象者が減少する結果となり、律令体制が動揺した。

2 平城京の時代　　　　　　　　p.29〜

▶遣唐使 1. 北路 2. 新羅 3. 吉備真備 4. 玄昉 5. 阿倍仲麻呂 6. 鑑真 7. 最澄 8. 渤海

探究コーナー 解答例▶白村江の戦い以後、唐は新羅との関係が悪化したため、新羅との対抗上、日本との関係を遮断せず保つ必要があった。

▶奈良の都平城京 1. 元明 2. 条坊制 3. 左京 4. 右京 5. 市司 6. 和同開珎 7. 蓄銭叙位 8. 本朝（皇朝）十二銭 9. 乾元大宝

▶地方の統治と蝦夷・隼人 1. 駅家 2. 国府（国衙） 3. 国造 4. 木簡 5. 金 6. 淳足柵・磐舟柵 7. 阿倍比羅夫 8. 多賀城 9. 隼人 10. 大隅

▶藤原氏の進出と政界の動揺 1. 藤原不比等 2. 養老律令 3. 元正 4. 長屋王 5. 聖武 6. 光明子 7. 橘諸兄 8. 吉備真備 9. 玄昉 10. 藤原広嗣 11. 国分寺建立 12. 大仏（盧舎那仏）造立 13. 鎮護国家 14. 墾田永年私財法 15. 孝謙 16. 藤原仲麻呂 17. 橘奈良麻呂 18. 淳仁 19. 恵美押勝 20. 称徳 21. 道鏡 22. 宇佐八幡神託 23. 光仁 24. 百川 25. 国分寺 26. 国分尼寺 27. 聖武天皇 28. 紫香楽宮

探究コーナー 解答例 ▶ 聖武天皇は仏教を国の平安をもたらす鎮護国家の宗教ととらえ、国分寺建立や大仏造立などを通じた仏教の功徳で、厄災を鎮めようと考えた。

▶ **民衆と土地政策** 1. 妻問婚 2. 賃租 3. 貧窮問答歌 4. 浮浪 5. 三世一身法 6. 墾田永年私財法 7. 初期荘園 8. 三世 9. 一身 10. 三世一身

探究コーナー 解答例 ▶ 大寺院や貴族などが開墾を進めて私有地が拡大する契機となり、各地に初期荘園が生まれるなどの影響を与えた。

③ 律令国家の文化　　p.34〜

▶ **白鳳文化** 1. 薬師寺 2. 薬師寺東塔 3. 薬師三尊 4. 興福寺仏頭 5. 法隆寺金堂 6. 高松塚古墳

▶ **天平文化と大陸** 1. 聖武

▶ **国史編纂と『万葉集』** 1. 古事記 2. 稗田阿礼 3. 太安万侶(安麻呂) 4. 日本書紀 5. 舎人親王 6. 六国史 7. 風土記 8. 出雲 9. 懐風藻 10. 石上宅嗣 11. 芸亭 12. 万葉集 13. 大学 14. 明経道 15. 明法道 16. 紀伝道(文章道) 17. 国学

▶ **国家仏教の展開** 1. 鎮護国家 2. 南都六宗 3. 光明皇后 4. 悲田院 5. 鑑真 6. 唐招提寺 7. 行基 8. 神仏習合

▶ **天平の美術** 1. 法華堂 2. 正倉院 3. 乾漆像 4. 不空羂索観音 5. 阿修羅 6. 鑑真 7. 塑像 8. 執金剛神

探究コーナー 問1 ▶ ①天平文化 ②飛鳥文化 ③天平文化 ④白鳳文化
(①東大寺法華堂執金剛神像、②中宮寺半跏思惟像、③興福寺阿修羅像、④興福寺仏頭)

問2 解答例 ▶ ①は木芯に粘土を塗り固める塑像、③は原型の上に麻布を漆で塗り固める乾漆像の技法である。

問3 解答例 ▶ シルクロードを経て中国の唐に伝来した西方の文化財が、最終的に正倉院に宝物として伝わっていることから、そのように称される。
9. 鳥毛立女屏風 10. 吉祥天 11. 正倉院 12. 恵美押勝(藤原仲麻呂)

④ 律令国家の変容　　p.38〜

▶ **平安遷都と蝦夷との戦い** 1. 光仁 2. 桓武 3. 長岡京 4. 藤原種継 5. 阿倍比羅夫 6. 多賀城 7. 伊治呰麻呂 8. 阿弖流為 9. 坂上田村麻呂 10. 胆沢城 11. 志波城 12. 文室綿麻呂 13. 柵戸 14. 俘囚 15. 緒嗣 16. 蝦夷の征討 17. 平安京の造営 18. 桓武天皇

▶ **平安時代初期の政治改革** 1. 勘解由使 2. 解由状 3. 郡司 4. 健児 5. 嵯峨 6. 平城太上天皇(薬子) 7. 藤原薬子 8. 蔵人所 9. 蔵人頭 10. 北 11. 藤原冬嗣 12. 検非違使 13. 令外官 14. 格 15. 式 16. 弘仁格式 17. 貞観格式 18. 延喜格式 19. 延喜式 20. 令義解 21. 令集解

探究コーナー 問1 解答例 ▶ ア. 渟足柵 イ. 磐舟柵 ウ. 秋田城 エ. 多賀城 オ. 胆沢城 カ. 志波城

問2 解答例 ▶ 新たな支配地には関東などから農民を「柵戸」として移住させ、開発を進めた。また服属した蝦夷を「俘囚」として、関東以西に移住させた。

▶ **地方と貴族社会の変容** 1. 偽籍 2. 公営田 3. 官田 4. 勅旨田 5. 院宮王臣

探究コーナー 解答例 ▶ 朝廷は大宰府管内に公営田、畿内に官田を設け、有力農民を利用した直営方式で財源確保に努めたが、院宮王臣家ら少数の有力貴族らによる土地・人民の集積が進み、かえって国家財源の減少につながった。

▶ **唐風文化と平安仏教** 1. 弘仁・貞観 2. 文章経国 3. 凌雲集 4. 性霊集 5. 菅家文草 6. 文鏡秘府論 7. 明経道 8. 紀伝道(文章道) 9. 大学別曹 10. 勧学院 11. 弘文院 12. 学館院 13. 奨学院 14. 綜芸種智院

探究コーナー 解答例 ▶ 文章経国の思想が広まるとともに教養としての漢詩文が重視され、『凌雲集』などの勅撰漢詩集が編纂されたり、学問では紀伝道(文章道)を重視する傾向が強まった。
15. 最澄 16. 延暦 17. 台密 18. 山門 19. 円仁 20. 寺門 21. 円珍 22. 加持祈禱 23. 空海 24. 金剛峯寺 25. 嵯峨 26. 教王護国寺(東寺) 27. 修験道

探究コーナー 解答例 ▶ 仏教伝来後、仏と日本古来の神々を融合する「神仏習合」の風潮が進み、この像のように八幡神を仏教の像に似せて表現することなどがおこなわれた。

▶ **密教芸術** 1. 室生寺 2. 一木造 3. 如意輪観音 4. 僧形八幡神 5. 曼荼羅 6. 不動明王 7. 三筆 8. 橘逸勢 9. 風信帖

探究コーナー 解答例 ▶ これらの仏像には、一木造と称して一つの木材から彫り出す技法や、衣のひだを波打つように表現する翻波式の特徴がみられる。

4

1 摂関政治　p.44〜

▶藤原氏北家の発展／摂政・関白の始まり　1.嵯峨
2.良房　3.承和　4.橘逸勢　5.清和　6.866
7.応天門　8.伴善男　9.基経　10.関白　11.阿衡の
紛議　12.宇多　13.時平　14.滝口の武者　15.菅原
道真　16.醍醐　17.延喜の治　18.忠平　19.天慶
20.天暦の治　21.969　22.安和　23.源高明

探究コーナー　問1解答例▶宇多天皇に重用された菅原道真が、醍醐天皇の治世に入り、政敵であった左大臣の藤原時平の策謀によって大宰府に左遷された事件。（「昌泰の変」とも称す）

問2解答例▶非業の死をとげた菅原道真の怨霊が、政敵らに厄災をもたらすと認識され、彼の怨霊を鎮めるために北野天満宮（北野神社）を建立するが、これは御霊信仰の代表的な一例である。（写真は『北野天神縁起絵巻』の一場面）

▶延喜・天暦の治　1.醍醐　2.延喜の荘園整理令
3.日本三代実録　4.村上　5.乾元大宝　6.安和
▶摂関政治　1.外戚　2.氏長者　3.道長　4.後一
条　5.後朱雀　6.後冷泉　7.藤原実資　8.小右記
9.頼通
▶国際関係の変化　1.高麗　2.宋(北宋)　3.金　4.硫
黄　5.契丹(遼)　6.菅原道真　7.安史の乱　8.黄巣
の乱

2 国風文化　p.47〜

▶国文学の発達　1.古今和歌集　2.醍醐　3.紀貫之
4.伊勢物語　5.源氏物語　6.彰子　7.枕草子
8.定子　9.土佐日記
▶浄土の信仰　1.本地垂迹説　2.権現　3.御霊会
4.北野天満宮　5.陰陽道　6.浄土教　7.末法思想
8.1052　9.空也　10.源信　11.往生要集　12.③
13.源信　14.日本往生極楽記　15.経塚
16.金峯山経塚
▶国風美術　1.寝殿造　2.平等院鳳凰堂　3.定朝
4.寄木造　5.阿弥陀如来　6.大和絵　7.来迎図
8.蒔絵　9.和様　10.三跡

探究コーナー　解答例▶平安中期以降、末法の到来をおそれた貴族らが、極楽往生を説く浄土教に救いを求め、阿弥陀堂を建立し、そこに安置する阿弥陀如来への需要が高まった。定朝による寄木造の完成は仏像の大量生産を可能とし、その需要にこたえた。

▶貴族の生活　1.束帯　2.女房装束(十二単)
3.左京　4.元服　5.裳着　6.除目　7.御堂関白記
8.小右記

3 地方政治の展開と武士　p.50〜

▶受領と負名　1.受領　2.田堵　3.負名　4.藤原元
命　5.尾張国郡司百姓等解　6.遙任　7.目代
8.留守所　9.在庁官人　10.成功　11.重任
12.斉明天皇　13.白村江の戦い

探究コーナー　解答例▶7世紀半ば頃には盛んであった邇磨郷に戸口がいなくなってしまったことを例に、地方の衰退を指摘している。

▶荘園の発達　1.開発領主　2.寄進地系　3.荘官
4.領家　5.本家　6.本所　7.官省符荘　8.国免
荘　9.検田使　10.鹿子木　11.開発領主　12.領家
13.荘官　14.本家
▶地方の反乱と武士の成長　1.押領使・追捕使
2.家子　3.平将門　4.桓武平氏　5.平貞盛　6.藤
原秀郷　7.藤原純友　8.源経基　9.天慶　10.清
和源氏　11.軍事貴族(兵の家)　12.侍　13.館
侍　14.国侍　15.棟梁　16.安和　17.平忠常
18.源頼信

探究コーナー　解答例▶すでに九州など、各地で在地の有力者が武装化し、それぞれの棟梁のもとで強力な武士団がつくられつつあった。

1 院政の始まり　p.54〜

▶日本列島の大きな変化　1.国衙領
▶延久の荘園整理令と荘園公領制　1.後三条　2.大
江匡房　3.延久　4.荘園整理　5.記録荘園券契所
(記録所)　6.宣旨枡　7.後三条　8.記録所　9.受領
10.藤原頼通　11.摂関家　12.郡司・郷司・保司
13.名主　14.公事
▶院政の開始　1.前九年合戦　2.安倍　3.頼義　4.義
家　5.後三年合戦　6.清原　7.藤原(清原)清衡　8.白
河　9.鳥羽　10.北面の武士　11.院庁　12.院司
13.院庁下文　14.院宣　15.法皇　16.六勝寺
17.法勝寺　18.熊野詣

2 院政と平氏政権　p.55〜

▶院政期の社会　1.八条院　2.長講堂　3.知行国
4.強訴　5.興福寺　6.春日　7.延暦寺　8.日吉

9. 平泉　10. 清衡　11. 中尊寺

探究コーナー 解答例 ▶ 上皇らの仏教に対する深い帰依を背景に、宗教的権威を利用した僧兵らの強訴をまねく要因ともなり、強訴への備えに動員された武士の台頭を容認するきっかけともなった。

▶ **保元・平治の乱**　1. 義親　2. 平正盛　3. 平忠盛
4. 鳥羽　5. 日宋　6. 保元　7. 1156　8. 後白河　9. 崇徳
10. 忠通　11. 頼長　12. 清盛　13. 義朝　14. 藤原通憲
（信西）　15. 平治　16. 信頼　17. 源義朝　18. 藤原通憲
（信西）　19. 平清盛　20. 源頼朝

探究コーナー 解答例 ▶ 慈円は、鳥羽上皇死去後におこった保元・平治の乱をきっかけに、貴族社会が終焉し武士の時代が到来したとの認識を示している。

▶ **平氏政権**　1. 蓮華王院　2. 徳子（建礼門院）　3. 安徳
4. 地頭　5. 金　6. 大輪田泊　7. 金・水銀　8. 宋銭

▶ **院政期の文化**　1. 聖　2. 今様　3. 梁塵秘抄
4. 中尊寺金色堂　5. 毛越寺　6. 白水阿弥陀堂　7. 富
貴寺大堂　8. 今昔物語集　9. 将門記　10. 陸奥話記
11. 大鏡　12. 伴大納言絵巻　13. 信貴山縁起絵巻
14. 鳥獣人物戯画　15. 平家納経　16. 厳島神社
17. 扇面古写経

探究コーナー 解答例 ▶ 寺院に所属しない民間の布教者である聖や上人たちによって、全国に浄土教が広く伝わったことが背景となり、地方にも壮麗な阿弥陀堂建築が築造された。

第6章　武家政権の成立

1 鎌倉幕府の成立　p.60〜

▶ **源平の争乱**　1. 鹿ヶ谷の陰謀　2. 安徳　3. 以仁王
4. 源頼政　5. 福原　6. 侍所　7. 源義仲　8. 公文所
9. 問注所　10. 壇の浦　11. 治承・寿永の乱

▶ **鎌倉幕府**　1. 守護・地頭　2. 京都大番役　3. 大犯三カ条　4. 守護・地頭　5. 吾妻鏡　6. 源義経　7. 源頼朝　8. 和田義盛　9. 政所　10. 大江広元　11. 問注所
12. 三善康信　13. 京都守護　14. 鎮西奉行

探究コーナー 解答例 ▶ 御家人は頼朝（将軍）との主従関係を重視しており、そのため政所という役所の花押よりも、頼朝の花押のある地頭補任状の方が、所領の証拠文書として強い効力があると考えていた。

▶ **幕府と朝廷**　1. 本領安堵　2. 新恩給与　3. 封建制度　4. 関東御領　5. 関東知行国　6. 大田文

2 武士の社会　p.63〜

▶ **北条氏の台頭**　1. 源頼家　2. 梶原景時　3. 時政
4. 源実朝　5. 執権　6. 北条義時　7. 和田義盛

▶ **承久の乱**　1. 後鳥羽　2. 西面の武士　3. 源実朝
4. 公暁　5. 藤原頼経　6. 藤原将軍（摂家将軍）
7. 1221　8. 北条義時　9. 北条政子　10. 北条泰時
11. 北条時房　12. 隠岐　13. 六波羅探題　14. 新補率法
15. 新補地頭　16. 後鳥羽上皇　17. 北条政子　18. 院
政　19. 治承・寿永の乱　20. 承久の乱　21. 新補率法

▶ **執権政治**　1. 北条泰時　2. 連署　3. 北条時房
4. 評定衆　5. 御成敗式目（貞永式目）　6. 1232
7. 先例　8. 道理　9. 式目追加　10. 建武以来追加
11. 北条泰時　12. 藤原不比等　13. 関東　14. 大犯三カ条　15. 北条時頼　16. 藤原頼経　17. 宝治合戦
18. 三浦泰村　19. 引付　20. 院評定衆　21. 宗尊親王　22. 皇族（親王）将軍　23. 建長

探究コーナー 解答例 ▶ 公家社会では、御成敗式目の典拠や、律令との関係を憂慮するであろうと予測。そこで、式目は武家社会の慣習・道理をもとに作成され、あくまで武家が対象で律令を否定するものではないとの見解を示している。

▶ **武士の生活**　1. 館　2. 佃・門田　3. 分割相続
4. 惣領（家督）　5. 庶子　6. 笠懸　7. 弓馬の道

▶ **武士の土地支配**　1. 地頭請所　2. 下地中分

探究コーナー 解答例 ▶ 地頭勢力が荘園にも浸透する過程で、荘園領主が一定の支配権を維持するため方策として、地頭と所領を折半する下地中分などを余儀なくされた。

3 モンゴル襲来と幕府の衰退　p.68〜

▶ **モンゴル襲来**　1. 高麗　2. フビライ（クビライ）
3. 大都　4. 北条時宗　5. 三別抄　6. 高麗　7. 中国
8. フビライ（クビライ）　9. 北条時宗　10. 文永　11. 異
国警固番役　12. 防塁（石築地）　13. 弘安

▶ **モンゴル襲来後の政治**　1. 異国警固番役　2. 鎮西探題　3. 得宗　4. 御内人　5. 内管領　6. 霜月騒動　7. 北条貞時　8. 平頼綱　9. 安達泰盛　10. 得宗専制

探究コーナー 解答例 ▶ 頼朝の死後に比べて、モンゴル襲来のあとにおきた霜月騒動後には、得宗および北条一門の守護に占める割合が増加し、北条氏の権力が伸張している状況が読み取れる。

▶ **琉球とアイヌの動き**　1. 按司　2. グスク　3. 中山
4. 安藤（安東）　5. 十三湊　6. モンゴル

▶社会の変動 1.二毛作 2.草木灰 3.牛馬 4.荏胡麻 5.楮 6.阿氐河 7.地頭 8.地頭 9.文永の役 10.座 11.供御人 12.神人 13.三度の市(三斎市) 14.見世棚 15.問(問丸) 16.宋銭 17.為替 18.借上

探究コーナー 解答例▶貴族や大寺社など富裕層を中心に、写経・文書作成など夜間の活動が広まったこと、武士層にも文書作成の必要性が生じた点などから、荏胡麻や楮の栽培が盛んになった。

▶幕府の衰退 1.分割 2.単独 3.永仁の徳政令 4.1297 5.北条貞時 6.一期分 7.悪党

4 鎌倉文化 p.72〜

▶鎌倉仏教 1.法然 2.選択本願念仏集 3.専修念仏 4.知恩院 5.親鸞 6.教行信証 7.悪人正機 8.歎異抄 9.時宗 10.一遍 11.踊念仏 12.一遍上人絵伝 13.日蓮 14.立正安国論 15.法華経 16.題目 17.佐渡 18.臨済宗 19.栄西 20.興禅護国論 21.公案問答 22.蘭渓道隆 23.建長寺 24.無学祖元 25.円覚寺 26.建仁寺 27.曹洞宗 28.道元 29.正法眼蔵 30.只管打坐 31.永平寺 32.貞慶 33.明恵 34.叡尊 35.忍性 36.北山十八間戸 37.度会家行 38.善人 39.悪人 40.親鸞 41.唯円

探究コーナー 解答例▶鎌倉新仏教は、念仏・題目・坐禅など1つの修行を選び取り実践することを強調していることから、民衆がより受容しやすい共通点をもっていたと考えられる。(従来の仏教は寺社の寄進・納経など、富裕層でなければ難しい善根を重視)

▶中世文学のおこり 1.新古今和歌集 2.後鳥羽上皇 3.西行 4.金槐和歌集 5.平家物語 6.琵琶法師 7.方丈記 8.徒然草 9.愚管抄 10.慈円 11.吾妻鏡 12.有職故実 13.金沢文庫 14.朱子学 15.大義名分

▶美術の新傾向 1.大仏様 2.南大門 3.重源 4.陳和卿 5.禅宗様 6.円覚寺舎利殿 7.運慶 8.快慶 9.金剛力士 10.空也 11.北野天神縁起絵巻 12.春日権現験記絵 13.一遍上人絵伝 14.蒙古襲来絵詞(絵巻) 15.竹崎季長 16.似絵 17.藤原隆信・信実 18.頂相 19.青蓮院流 20.長光 21.正宗 22.瀬戸 23.備前

探究コーナー 解答例▶鎌倉時代に出現した似絵や肖像彫刻には、ともに個人の肖像や個性を可能な限り写実的に表現しようとする特徴があり、個に対する関心の高まりがみられる。

第7章 武家社会の成長

1 室町幕府の成立 p.77〜

▶鎌倉幕府の滅亡 1.持明院統 2.大覚寺統 3.両統迭立 4.後醍醐 5.北条高時 6.長崎高資 7.悪党 8.正中の変 9.元弘の変 10.隠岐 11.光厳 12.護良親王 13.楠木正成 14.足利高氏(尊氏) 15.新田義貞

▶建武の新政 1.建武 2.光厳 3.綸旨 4.記録所 5.雑訴決断所 6.国司 7.守護(6・7順不同) 8.中先代 9.北条時行 10.足利尊氏 11.綸旨 12.下克(剋)上 13.決断所 14.二条河原落書

▶南北朝の動乱 1.光明 2.建武式目 3.鎌倉 4.義時 5.源頼朝 6.醍醐天皇・村上天皇 7.吉野 8.北畠親房 9.観応の擾乱 10.足利直義 11.高師直 12.惣領制 13.単独

▶守護大名と国人一揆 1.刈田狼藉 2.使節遵行 3.半済 4.守護 5.本所 6.1352年 7.⑤ 8.守護請 9.守護大名 10.国人 11.国人一揆

探究コーナー 解答例▶苅田狼藉の取締りや使節遵行など新たな権限を獲得するとともに、守護請や半済により土地への支配力を強めた。その結果、地方武士を支配下におくとともに、国衙の機能を吸収し、一国全体の支配権を握った。

▶室町幕府 1.足利義満 2.足利義詮 3.今川了俊(貞世) 4.後亀山 5.後小松 6.室町殿(花の御所) 7.太政大臣 8.土岐康行の乱 9.明徳の乱 10.山名氏清 11.応永の乱 12.大内義弘 13.管領 14.細川・斯波・畠山 15.赤松・一色・山名・京極 16.奉公衆 17.鎌倉府(関東府) 18.鎌倉公方(関東公方) 19.足利基氏 20.関東管領 21.上杉 22.守護代 23.御料所 24.土倉役・酒屋役 25.関銭・津料 26.分一銭 27.段銭・棟別銭

▶東アジアとの交易 1.建長寺船 2.天龍寺船 3.夢窓疎石 4.倭寇 5.足利義満 6.祖阿 7.肥富 8.朝貢貿易 9.勘合 10.銅銭 11.足利義持 12.足利義教 13.細川 14.大内 15.寧波の乱 16.宗氏 17.木綿 18.応永の外寇 19.三浦の乱

探究コーナー 解答例▶宋・元代にとだえていた遣唐使以来の日中間の正式な国交が回復し、それにともない朝貢形式の貿易が復活した。

▶琉球と蝦夷ヶ島 1.尚巴志 2.那覇 3.十三湊 4.道南十二館 5.コシャマイン 6.蠣崎

② 幕府の衰退と庶民の台頭 p.84〜

▶**惣村の形成** 1.惣村 2.惣百姓 3.寄合 4.宮座
5.おとな(長・乙名)・沙汰人 6.地下検断 7.地下請
8.一揆 9.強訴 10.逃散 11.地侍

探究コーナー**解答例**▶惣村の運営、共同作業、祭礼、入
会地・灌漑用水の管理、秩序維持のための地下検断な
どに関すること。

▶**幕府の動揺と土一揆** 1.足利義持 2.足利義教
3.永享の乱 4.足利持氏 5.嘉吉の変 6.赤松満祐
7.土一揆(徳政一揆) 8.正長の徳政一揆 9.嘉吉の
徳政一揆 10.徳政令 11.徳政 12.酒屋 13.土倉
14.寺院

▶**応仁の乱と国一揆** 1.応仁の乱 2.足利義政 3.足
利義視 4.足利義尚 5.日野富子 6.山名持豊(宗全)
7.細川勝元 8.足軽 9.守護代 10.荘園制 11.下
剋上

探究コーナー**解答例**▶将軍家や、管領家であった畠山
氏・斯波氏の家督争いや、細川氏と山名氏よる幕府内
の権力闘争が、有力守護大名を巻き込んで、おこなわ
れた争乱であった。
12.山城の国一揆 13.下極上(下剋上) 14.平等院
15.② 16.加賀の一向一揆 17.蓮如 18.富樫政親
19.織田信長 20.朝倉氏 21.富樫泰高

▶**農業の発達** 1.三毛作 2.下肥 3.早稲・中稲・
晩稲 4.商品作物 5.銭納(代銭納)

▶**商工業の発達** 1.京都 2.美濃紙 3.杉原紙 4.備
前 5.尾張 6.京都 7.揚浜 8.古式入浜 9.六斎市
10.見世棚(店棚) 11.蔵人所 12.大山崎 13.石清
水八幡宮 14.北野社 15.祇園社 16.仲間 17.永楽
通宝 18.私鋳銭 19.撰銭 20.撰銭令 21.酒屋
22.土倉 23.土倉役・酒屋役 24.割符 25.廻船
26.馬借・車借 27.関銭・津料 28.問屋

探究コーナー**解答例**▶貨幣の需要が高まり、中国から輸
入される貨幣とともに、民間で鋳造された粗悪な私鋳
銭なども出まわった。そのため、悪銭をきらい精銭を
選ぶ撰銭がおこなわれた。しかし、撰銭により円滑な
流通が阻害されるため、これを禁止する撰銭令が出さ
れた。

③ 室町文化 p.90〜

▶**動乱期の文化** 1.神皇正統記 2.梅松論 3.太平
記 4.バサラ 5.闘茶 6.茶寄合

▶**室町文化の成立** 1.金閣 2.禅宗 3.夢窓疎石
4.天龍寺 5.五山・十刹 6.南禅寺 7.建仁寺

8.建長寺・円覚寺 9.如拙 10.絶海中津・義堂周
信 11.五山版 12.興福寺 13.観阿弥・世阿弥
14.謡曲 15.風姿花伝

探究コーナー**解答例**▶幕府の政治・外交顧問として活躍
したり、水墨画や新しい建築・庭園様式、禅宗・宋
学・漢詩文など、中国文化の普及に貢献したりした。

▶**室町文化の展開** 1.銀閣 2.書院造 3.東求堂同
仁斎 4.枯山水 5.雪舟 6.土佐光信 7.狩野正信
8.狩野元信 9.能面 10.後藤祐乗 11.侘茶 12.村
田珠光 13.武野紹鷗 14.千利休 15.池坊専慶
16.一条兼良 17.東常縁 18.吉田兼俱

▶**庶民文芸の流行** 1.狂言 2.閑吟集 3.御伽草子
4.風流 5.二条良基 6.応安新式 7.菟玖波集
8.宗祇 9.新撰菟玖波集 10.宗鑑 11.犬筑波集

▶**文化の地方普及** 1.山口 2.桂庵玄樹 3.万里集
九 4.足利学校 5.上杉憲実 6.庭訓往来 7.節用
集

探究コーナー**解答例**▶応仁の乱により京都が荒廃し、京
都の公家が戦国大名を頼り、地方へくだったこと、ま
た、地方の武士たちも中央への憧れから、積極的に彼
らを迎えたから。

▶**新仏教の発展** 1.林下 2.一休宗純 3.日親
4.法華一揆 5.天文法華の乱 6.延暦寺 7.蓮如
8.講 9.御文

探究コーナー**解答例**▶天台宗や真言宗は朝廷や公家の勢
力の後退により衰退し、幕府の保護を受けた五山派
や、武士・農民・商工業者などの支持を受けた宗派が
勢力を拡大した。

④ 戦国大名の登場 p.94〜

▶**戦国大名** 1.三好長慶 2.松永久秀 3.古河 4.堀
越 5.山内 6.扇谷(5・6順不同) 7.北条早雲
8.小田原 9.長尾景虎 10.武田信玄(晴信) 11.陶晴
賢 12.毛利元就 13.島津 14.大友 15.長宗我部
16.伊達 17.貫高 18.寄親・寄子

探究コーナー**解答例**▶Bは守護大名がそのまま戦国大名
となったが、Aは守護代、Cは国人から、下剋上によ
って戦国大名に成長した。

▶**戦国大名の分国支配** 1.分国法(家法) 2.早雲寺殿
廿一箇条 3.塵芥集 4.甲州法度之次第 5.指
出検地 6.検地帳 7.貫高 8.朝倉 9.一乗谷
10.朝倉孝景条々 11.駿・遠(駿河・遠江) 12.今川
仮名目録 13.地頭 14.喧嘩両成敗法 15.石見・但
馬 16.関所 17.三河

▶**都市の発展と町衆** 1.春日山 2.一乗谷 3.長野

4. 宇治・山田　5. 寺内町　6. 金沢　7. 坊津　8. 楽市
9. 堺　10. 会合衆　11. 博多　12. 年行司　13. 町
14. 町衆　15. 月行事　16. 祇園祭　17. ベニス
18. 安全　19. 堀　20. 会合衆

第8章　近世の幕開け

1　織豊政権　　　　　　　　　　　　　　p.98〜

▶ 近世への転換　1. 銀　2. 朝鮮

▶ 銀の交易と鉄砲伝来　1. 石見銀山　2. 生糸　3. 後期
倭寇　4. スペイン　5. ポルトガル　6. 種子島　7. ポル
トガル　8. 種子島時堯　9. 堺

▶ キリスト教と南蛮貿易　1. フランシスコ゠ザビエル
2. 鹿児島　3. キリシタン大名　4. 南蛮人　5. マカオ
6. 生糸

探究コーナー 解答例 ▶ 密貿易や倭寇の増加、ポルトガル
人・琉球王国によるアジア貿易の発展をうながした。

▶ 織田政権　1. 桶狭間　2. 今川義元　3. 足利義昭
4. 姉川　5. 延暦寺　6. 足利義昭　7. 長篠　8. 楽市
9. 本能寺　10. 明智光秀　11. 安土　12. 楽市　13. 徳政

▶ 豊臣秀吉の全国統一　1. 山崎　2. 賤ヶ岳　3. 小牧・
長久手　4. 関白　5. 後陽成　6. 北条

▶ 豊臣政権の土地・身分政策　1. 太閤検地　2. 300
3. 検地帳　4. 一地一作人　5. 京枡　6. 村請　7. 蔵入
地　8. 刀狩令　9. 百姓　10. 大仏　11. 生野　12. 天
正大判　13. 人掃令　14. 兵農分離

探究コーナー 解答例 ▶ 全国の土地や人民の状況を正確に
把握し、兵農分離を進めることで、統一政権のもとで
の人民と土地の支配を強化しようとした。

▶ 対外政策と侵略戦争　1. 長崎　2. バテレン追放令
3. サン゠フェリペ　4. きりしたん　5. 伴天連　6. スペ
イン・ポルトガル　7. 海賊取締令　8. 宗　9. 名護屋
城　10. 文禄の役　11. 李舜臣　12. 慶長の役
13. 徳川家康・前田利家・毛利輝元　14. 石田三成

探究コーナー 解答例 ▶ 明は膨大な戦費で財政が窮乏し、
日本では有力大名の間で対立が激化、豊臣政権が動揺
した。

2　桃山文化　　　　　　　　　　　　　　p.103〜

▶ 桃山文化　1. 城郭　2. 天守(天主)
▶ 美術と風俗　1. 障壁画　2. 狩野永徳　3. 唐獅子図
4. 長谷川等伯　5. 欄間彫刻　6. 小袖
▶ 芸能の新展開　1. 侘茶　2. 妙喜庵　3. 北野大茶湯
4. 風流　5. 出雲お国(阿国)　6. 高三隆達　7. 三味線

▶ 国際的な文化の交流　1. 南蛮屏風　2. ヴァリニャ
ーノ　3. セミナリオ　4. コレジオ　5. キリシタン版
6. 天正遣欧　7. 伊東マンショ

探究コーナー 解答例 ▶ キリスト教の布教は、九州北部、
西南部から瀬戸内海沿岸、近畿地方、北陸地方へと広
がりをもち、拠点として教会や教育機関が設けられ
た。

第9章　幕藩体制の成立と展開

1　幕藩体制の成立　　　　　　　　　　　p.106〜

▶ 江戸幕府の成立　1. 徳川家康　2. 関ヶ原　3. 石田三
成　4. 毛利輝元　5. 福島正則　6. 征夷大将軍　7. 徳
川秀忠　8. 大御所　9. 大坂の陣　10. 豊臣秀頼　11. 方
広寺

▶ 幕藩体制　1. 一国一城令　2. 崇伝　3. 親藩　4. 紀
伊　5. 譜代　6. 外様　7. 元和　8. 文武弓馬　9. 福島
正則　10. 領知宛行状　11. 徳川家光　12. 参勤交代
13. 寛永　14. 五百石

▶ 幕府と藩の機構　1. 幕領　2. 旗本　3. 御家人
4. 老中　5. 大老　6. 若年寄　7. 大目付　8. 目付
9. 寺社奉行　10. 町奉行　11. 勘定奉行　12. 評定
所　13. 京都所司代　14. 遠国奉行　15. 郡代　16. 地方
知行　17. 俸禄

探究コーナー 解答例 ▶ 大名の領域支配が進み、領内の武
士たちは土地支配権を奪われるとともに、大名の家臣
団に編成され、城下町に集住するようになった。

▶ 天皇と朝廷　1. 公家衆法度　2. 禁中並公家諸法
度　3. 武家伝奏　4. 紫衣事件　5. 後水尾　6. 沢庵
7. 天子　8. 紫衣

▶ 禁教と寺社　1. 直轄領　2. 高山右近　3. 元和　4. 島
原　5. 益田(天草四郎)時貞　6. 絵踏　7. 宗門改め
8. 寺請制度　9. 不受不施　10. 寺院　11. 諸宗寺院
12. 黄檗宗　13. 隠元隆琦　14. 諸社禰宜神主

探究コーナー 解答例 ▶ 踏絵と呼ばれるもので、これを足
で踏めるかどうかを確認することで、キリシタンかど
うかを判別した。

▶ 江戸時代初期の外交　1. リーフデ号　2. ヤン゠ヨー
ステン　3. ウィリアム゠アダムズ　4. 田中勝介
5. 平戸　6. 慶長遣欧使節　7. 支倉常長　8. 糸割符
9. 京都・堺・長崎　10. 朱印船　11. 朱印状　12. 末次
平蔵　13. 末吉孫左衛門　14. 茶屋四郎次郎　15. 日本
町　16. 山田長政

探究コーナー 解答例 ▶ 生糸を購入できる商人を指定し

9

て、一定の価格で生糸を一括購入させることで、生糸の購入価格を統制し、ポルトガル商人らの利益独占を排除した。

▶**鎖国政策**　1. 長崎　2. イギリス　3. スペイン　4. 奉書　5. 長崎　6. ポルトガル　7. 出島　8. 長崎奉行　9. 吉利支丹〈キリシタン〉　10. 異国　11. 奉書船　12. ポルトガル　13. C（1633）・B（1635）・A（1639）

▶**長崎貿易**　1. オランダ風説書　2. 唐人屋敷

▶**朝鮮と琉球・蝦夷地**　1. 宗　2. 己酉約条　3. 倭館　4. 朝鮮通信使　5. 島津家久　6. 黒砂糖　7. 謝恩使　8. 慶賀使　9. 松前　10. 商場知行　11. 商場　12. シャクシャイン　13. 場所請負

探究コーナー 解答例▶幕府は、長崎貿易を直接統制し、朝鮮は対馬の宗氏、琉球は薩摩藩、蝦夷地は松前藩を通じて、支配した。

▶**寛永期の文化**　1. 朱子学　2. 藤原惺窩　3. 林羅山　4. 仮名草子　5. 松永貞徳　6. 権現造　7. 日光東照宮　8. 数寄屋造　9. 桂離宮　10. 狩野探幽　11. 俵屋宗達　12. 本阿弥光悦　13. 酒井田柿右衛門

2 幕藩社会の構造　p.115〜

▶**身分と社会**　1. 苗字・帯刀　2. 百姓　3. 日用

▶**村と百姓**　1. 村切　2. 在郷町　3. 村方三役　4. 名主　5. 組頭・百姓代　6. 入会地　7. 結　8. 村法　9. 村八分　10. 村請制　11. 五人組　12. 本百姓　13. 水呑　14. 名子　15. 網元　16. 網子　17. 本途物成　18. 小物成　19. 高掛物　20. 国役　21. 伝馬役　22. 田畑永代売買　23. 分地制限　24. もめん　25. たばこ　26. 田畑永代売買

探究コーナー 解答例▶幕府は、確実に百姓から年貢を徴収するため、農民が貨幣経済に巻き込まれて没落したりせずに農業生産を維持できるように、厳しく統制をおこなった。

▶**町と町人**　1. 町　2. 町人　3. 名主　4. 地借　5. 借家・店借　6. 町人足役　7. 仲間　8. 町奉行　9. 町年寄

▶**農業**　1. 箱根　2. 見沼代　3. 町人請負　4. 刈敷　5. 桑

▶**林業・漁業**　1. 木曽檜　2. 秋田杉　3. 炭　4. 網漁　5. 網元　6. 干し鮑・いりこ・ふかひれ

▶**手工業・鉱山業**　1. 仲間　2. 農間渡世　3. 朝鮮　4. 地機　5. 楮　6. 金・銀　7. 銅　8. 貨幣　9. たたら

▶**商業**　1. 問屋　2. 仲買　3. 小売商人　4. 振売　5. 仲間・組合

3 幕政の安定　p.120〜

▶**平和と秩序の確立**　1. 徳川家綱　2. 島原の乱　3. 保科正之　4. 慶安の変（由井〈比〉正雪の乱）　5. 由井（比）正雪　6. 末期養子の禁止　7. 明暦の大火　8. 殉死　9. 池田光政　10. 閑谷学校　11. 熊沢蕃山　12. 保科正之　13. 山崎闇斎　14. 徳川光圀　15. 朱舜水　16. 大日本史　17. 前田綱紀　18. 木下順庵

▶**元禄時代**　1. 徳川綱吉　2. 堀田正俊　3. 柳沢吉保　4. 天和　5. 木下順庵　6. 湯島聖堂　7. 林鳳岡（信篤）　8. 生類憐みの令　9. 文武忠孝　10. 末期　11. 殉死　12. 荻原重秀

探究コーナー 解答例▶ほかの小判に比べて金の含有量が少ないことから、幕府は同じ金の量でより多くの小判を鋳造できた。しかし、小判の価値は下がり、物価が上昇した。

▶**正徳の政治**　1. 徳川家宣　2. 徳川家継　3. 新井白石　4. 間部詮房　5. 閑院宮家　6. 朝鮮通信使　7. 正徳　8. 海舶互市新例

4 経済の発展　p.122〜

▶**農業生産の進展**　1. 備中鍬　2. 千歯扱　3. 唐箕　4. 踏車　5. 金肥　6. 干鰯　7. 宮崎安貞　8. 広益国産考　9. 大蔵永常

探究コーナー 解答例▶田畑の面積は、新田開発などにより、慶長年間から享保年間にかけて急増したが、石高は農業技術の進歩により、江戸時代を通じて増加している。　10. 紅花　11. 藍玉

▶**諸産業の発達**　1. 干鰯　2. 捕鯨　3. 入浜塩田　4. 西陣　5. 高機　6. 有田　7. 伏見　8. 灘　9. 野田・銚子

▶**交通の整備と発達**　1. 日本橋　2. 道中奉行　3. 箱根　4. 中山道　5. 木曽福島　6. 日光道中　7. 脇街道　8. 中馬　9. 問屋場　10. 継飛脚　11. 本陣・脇本陣

探究コーナー 解答例▶幕府がある江戸への武器の持ち込みと、江戸在住を命じている大名の妻子が江戸を出ることを厳しく取り締まることで、反乱を防止するねらいがあった。　12. 角倉了以　13. 河村瑞賢　14. 菱垣廻船　15. 南海路　16. 樽廻船　17. 北前船

▶**貨幣と金融**　1. 金座　2. 銀座　3. 秤量　4. 丁銀・豆板銀　5. 銭座　6. 寛永通宝　7. 金遣い　8. 銀遣い　9. 両替商　10. 本両替　11. 藩札

探究コーナー 解答例▶江戸ではおもに金貨で、大坂ではおもに銀貨で取引されていたため、両替の必要があっ

たことや、三貨の交換比率が変動していたことなどから、交換の手間がかかったから。

▶三都の発展　1.将軍　2.台所　3.蔵屋敷　4.蔵元　5.掛屋　6.納屋物　7.天皇　8.京都所司代

▶商業の展開　1.十組問屋　2.二十四組問屋　3.問屋　4.堂島　5.雑喉場　6.天満　7.日本橋　8.神田

⑤ 元禄文化 p.128～

▶元禄期の文学　1.上方　2.井原西鶴　3.西山宗因　4.浮世草子　5.松尾芭蕉　6.蕉風(正風)　7.近松門左衛門　8.辰松八郎兵衛　9.竹本義太夫　10.野郎歌舞伎　11.市川団十郎　12.坂田藤十郎　13.芳沢あやめ

▶儒学の興隆　1.大義名分　2.林鵞峰　3.木下順庵　4.谷時中　5.山崎闇斎　6.垂加神道　7.中江藤樹　8.熊沢蕃山　9.花畠教場　10.山鹿素行　11.伊藤仁斎　12.古義堂　13.荻生徂徠　14.太宰春台

▶諸学問の発達　1.新井白石　2.貝原益軒　3.関孝和　4.渋川晴海(安井算哲)　5.契沖　6.北村季吟

探究コーナー 解答例▶ものごとを、合理的に思考したり、実証的に分析したりする科学的な見方が生まれつつあった。

▶元禄美術　1.土佐光起　2.住吉如慶　3.尾形光琳　4.菱川師宣　5.野々村仁清　6.尾形乾山　7.尾形光琳　8.宮崎友禅

第10章　幕藩体制の動揺

① 幕政の改革 p.131～

▶享保の改革　1.享保　2.徳川吉宗　3.大岡忠相　4.田中丘隅　5.荻生徂徠　6.室鳩巣　7.足高　8.相対済し令　9.上げ米　10.定免法　11.町人請負　12.堂島　13.漢訳洋書　14.百　15.大名　16.米　17.大岡忠相　18.町火消　19.目安箱　20.小石川養生所　21.公事方御定書

▶社会の変容　1.地主手作　2.豪農　3.村方騒動

探究コーナー 解答例▶18世紀前半には中農が没落して、小農が増加し、天保期には6割に達している。大地主と大農は、享保期にやや減少しているが、だいたい同じ割合で推移している。
4.家持町人

▶一揆と打ちこわし　1.代表越訴型　2.義民　3.惣百姓　4.全藩一揆　5.享保　6.打ちこわし　7.天明

▶田沼時代　1.徳川家治　2.田沼意次　3.株仲間　4.運上・冥加　5.朝鮮人参　6.南鐐二朱銀　7.印旛沼・手賀沼　8.最上徳内　9.工藤平助　10.田沼意知　11.宝暦事件　12.竹内式部

② 宝暦・天明期の文化 p.134～

▶洋学の始まり　1.西川如見　2.新井白石　3.青木昆陽　4.古医方　5.山脇東洋　6.前野良沢　7.杉田玄白　8.大槻玄沢　9.稲村三伯　10.平賀源内

探究コーナー 解答例▶世界や日本の地理や地図の研究が本格的におこなわれるようになるなど、洋学全般において実証的で科学的な研究や学問が発達するようになった。

▶国学の発達と尊王論　1.本居宣長　2.塙保己一　3.尊王斥覇　4.頼山陽　5.竹内式部　6.山県大弐

▶生活から生まれた思想　1.石田梅岩　2.安藤昌益

▶儒学教育と学校　1.昌平坂　2.考証学派　3.閑谷学校　4.懐徳堂　5.花畠教場　6.古義堂　7.蘐園塾　8.芝蘭堂　9.寺子屋

▶文学と芸能　1.洒落本　2.山東京伝　3.黄表紙　4.読本　5.上田秋成　6.与謝蕪村　7.柄井川柳　8.大田南畝　9.石川雅望　10.竹田出雲　11.近松半二

▶絵画　1.鈴木春信　2.錦絵　3.喜多川歌麿　4.東洲斎写楽　5.円山応挙　6.池大雅　7.司馬江漢　8.亜欧堂田善

③ 幕府の衰退と近代への道 p.137～

▶寛政の改革　1.徳川家斉　2.松平定信　3.天明　4.囲米　5.社倉・義倉　6.旧里帰農令　7.人足寄場　8.七分積金

探究コーナー 解答例▶無宿人をほかから隔離された場所に収容し、様々な職業技術を教えるための施設となっている。

9.棄捐令　10.札差　11.寛政異学の禁　12.尾藤二洲　13.林子平　14.山東京伝　15.恋川春町　16.長崎　17.海国兵談　18.尊号一件　19.田沼　20.文武　21.松平定信(白河藩主なので)　22.細川重賢　23.上杉治憲　24.佐竹義和

▶鎖国の動揺　1.ラクスマン　2.大黒屋光太夫　3.近藤重蔵・最上徳内　4.レザノフ　5.松前奉行　6.間宮林蔵　7.ゴローウニン　8.高田屋嘉兵衛　9.フェートン号　10.異国船打払令

▶文化・文政時代　1.大御所　2.徳川家慶　3.関東取締出役　4.寄場組合

▶大塩の乱　1.天保　2.大塩平八郎　3.生田万

大坂という重要な幕府直轄都市で、幕府の元役人の武士が、公然と幕府に対して武力で反抗した事件だったから。

4. モリソン号　5. 渡辺崋山　6. 高野長英　7. 蛮社の獄

▶天保の改革　1. 天保　2. 水野忠邦　3. 為永春水
4. 人返しの法　5. 株仲間　6. 三方領知替え　7. 上知令

▶経済の変化　1. 国訴　2. 二宮尊徳(金次郎)　3. 大原幽学　4. 問屋制家内　5. 工場制手工業

▶朝廷と雄藩の浮上　1. 調所広郷　2. 黒砂糖　3. 島津斉彬　4. 反射炉　5. 村田清風　6. 越荷方　7. 鍋島直正　8. 均田制　9. 有田焼(陶磁器)　10. 大砲製造所
11. 徳川斉昭　12. 江川太郎左衛門　13. 反射炉

探究コーナー解答例▶ 反射炉という施設で、高熱で鉄を溶かして大砲を鋳造するために建設された。

4 化政文化　　　　　　　　　　　p.143〜

▶学問・思想の動き　1. 海保青陵　2. 本多利明
3. 佐藤信淵　4. 徳川斉昭　5. 藤田東湖　6. 会沢安(正志斎)　7. 平田篤胤　8. 中山みき　9. 伊能忠敬　10. 蛮書和解御用　11. 志筑忠雄　12. シーボルト　13. 高橋景保　14. 佐久間象山

▶教育　1. 広瀬淡窓　2. 緒方洪庵　3. 吉田松陰
4. 鳴滝塾

▶文学　1. 滑稽本　2. 式亭三馬　3. 十返舎一九　4. 人情本　5. 為永春水　6. 曲亭馬琴　7. 小林一茶
8. 香川景樹　9. 良寛　10. 菅江真澄　11. 鈴木牧之

▶美術　1. 葛飾北斎　2. 歌川広重　3. 歌川国芳　4. 呉春(松村月溪)　5. 谷文晁　6. 田能村竹田　7. 渡辺崋山

▶民衆文化の成熟　1. 開帳　2. 巡礼　3. 庚申講

探究コーナー解答例▶ 四国八十八カ所巡りと呼ばれる、弘法大師(空海)ゆかりの88の霊場をめぐるもの。

第11章　近世から近代へ

1 開国と幕末の動乱　　　　　　　p.146〜

▶内憂外患への対応　1. 産業　2. 尊王

▶ペリー来航と対外方針の模索　1. アヘン戦争　2. 南京　3. 天保の薪水給与令　4. ビッドル　5. 捕鯨
6. ペリー　7. 阿部正弘　8. プチャーチン　9. 日米和親条約　10. 下田・箱館　11. 領事　12. 最恵国待遇
13. イギリス・オランダ　14. 下田　15. 箱館　16. 最恵

国待遇(片務的最恵国待遇)　17. 長崎　18. 択捉島
19. 樺太(サハリン)　20. 安政　21. 徳川斉昭　22. 台場
23. 堀田正睦

探究コーナー解答例▶ 日露の国境線はcの択捉島とbの得撫島の間とされた。また、aの樺太については従来通り境界を定めないこととされた。

▶開国とその影響　1. ハリス　2. 堀田正睦　3. 井伊直弼　4. 日米修好通商条約　5. 神奈川　6. 江戸　7. 居留地　8. 領事裁判権　9. 関税自主権　10. 安政の五カ国条約　11. 横浜　12. 神戸　13. 関税自主権の欠如
14. 領事裁判権(治外法権)の容認　15. 1859　16. 横浜
17. イギリス　18. 生糸　19. 綿織物　20. 輸出　21. 五品江戸廻送令　22. 生糸　23. 呉服　24. 糸(生糸)
25. 神奈川　26. 江戸　27. 5　28. 15　29. 万延小判

探究コーナー解答例▶ 貿易開始で外国からの機械生産による安価な織物が大量に輸入され、農村での綿織物業は打撃を受けた一方で、輸出品としての生糸の需要が増大し、製糸業が拡大した。

30. 生麦事件　31. 薩英戦争

▶公武合体と尊攘運動　1. 徳川家定　2. 徳川(一橋)慶喜　3. 井伊直弼　4. 徳川慶福　5. 徳川家茂　6. 安政の大獄　7. 吉田松陰　8. 桜田門外　9. 安藤信正
10. 和宮　11. 坂下門外　12. 島津久光　13. 文久
14. 松平慶永　15. 将軍後見職　16. 京都守護職
17. 生麦事件　18. 長州　19. 三条実美　20. 天誅組
21. 生野　22. 八月十八日の政変　23. 禁門の変　24. 池田屋　25. 長州征討　26. 四国艦隊下関砲撃　27. 改税約書　28. 輸入　29. パークス　30. ロッシュ

探究コーナー解答例▶ 欧米各国と結んだ「改税約書」で関税が一律5%に引き下げられたことにより、海外からの輸入が促進された結果、貿易収支が輸入超過に転じた。

31. 西郷隆盛　32. 高杉晋作　33. 奇兵隊　34. 薩長同盟(薩長連合)　35. 坂本龍馬　36. 長州征討

探究コーナー解答例▶ 薩摩藩、長州藩の両藩とも欧米列強の軍事的力量を実際に体感し、攘夷の不可能を認識したことで、やがて両藩を中心に討幕へと政局が転換する分岐点となった。

2 幕府の滅亡と新政府の発足　　　p.153〜

▶幕府の滅亡　1. 徳川慶喜　2. 岩倉具視　3. 大政奉還
4. 山内豊信(容堂)　5. 坂本龍馬　6. 王政復古　7. 総裁
8. 参与　9. 小御所会議

▶戊辰戦争と新政府の発足　1. 戊辰　2. 鳥羽・伏見
3. 相楽総三　4. 勝海舟(義邦)　5. 奥羽越列藩同盟

6. 五稜郭　7. 榎本武揚　8. 五箇条の誓文　9. 木戸孝允　10. 政体書　11. 五榜の掲示(高札)　12. キリスト　13. 一世一元の制

▶幕末社会の動揺と変革　1. 世直し一揆　2. 教派神道　3. ええじゃないか　4. 御蔭参り　5. 江川太郎左衛門(坦庵)　6. 蕃書調所　7. 咸臨丸　8. 横須賀製鉄所　9. ヘボン

第12章　近代国家の成立

1 明治維新と富国強兵　*p.156〜*

▶廃藩置県　1. 府　2. 版籍奉還　3. 大久保利通　4. 木戸孝允　5. 知藩事　6. 廃藩置県　7. 御親兵　8. 県令　9. 43　10. 版籍奉還　11. 知藩事　12. 藩　13. 県　14. 正院　15. 藩閥　16. 岩倉具視　17. 西郷隆盛　18. 近衛兵　19. 鎮台　20. 大村益次郎　21. 山県有朋　22. 徴兵令　23. 20　24. 内務　25. 警視庁　26. 血税

探究コーナー解答例▶冊子は徴兵令に設けられた免役規定の解説書である。徴兵令では戸主・跡継ぎ・官吏・学生のほか、代人料270円を納める者は兵役免除が認められていたため、実際に兵役についたのはほとんどが農家の二男以下であった。

▶四民平等　1. 華族　2. 士族　3. 平民　4. 解放令　5. 壬申戸籍　6. 秩禄　7. 秩禄奉還　8. 金禄公債証書　9. 廃刀令　10. 士族の商法　11. 士族授産

▶地租改正　1. 田畑勝手作　2. 田畑永代売買　3. 地券　4. 地租改正条例　5. 地価　6. 3　7. 金納　8. 2.5　9. 入会地　10. 地券　11. 三　12. 地租

▶殖産興業　1. 株仲間　2. お雇い外国人(外国人教師)　3. 工部省　4. 内務省　5. 高島　6. 官営模範　7. 富岡製糸場　8. 横浜　9. 前島密　10. 岩崎弥太郎　11. 三菱　12. 北海道　13. 開拓使　14. クラーク　15. 屯田兵　16. 北海道旧土人保護法　17. 新貨条例

探究コーナー解答例▶当時の日本の主要輸出品目のトップを生糸が占めるなど、貿易による外貨獲得のためには、製糸業をはじめとする繊維産業の育成が欠かせなかったから。

▶文明開化　1. 文明開化　2. 天賦人権　3. 福沢諭吉　4. 学問のすゝめ　5. 中村正直　6. 中江兆民　7. 文部省　8. 学制　9. フランス　10. 教育令　11. 東京大学　12. 慶応義塾　13. 同志社　14. 学制　15. 神仏分離令　16. 廃仏毀釈　17. 大教宣布　18. 紀元節　19. 天長節　20. 浦上教徒弾圧　21. 本木昌造　22. 明六社　23. 明六雑誌　24. 太陽暦　25. ざんぎり　26. 鉄道馬車

探究コーナー解答例▶江戸時代の寺請制度では、寺院が民衆支配の末端を担う存在であったが、神仏分離令が出されると、寺院による束縛から解放された民衆が、寺院や仏像などを破壊する行為をおこした。

▶明治初期の対外関係　1. 大久保利通　2. 津田梅子　3. 寺島宗則　4. 日清修好条規　5. 琉球処分　6. 琉球藩　7. 尚泰　8. 台湾出兵　9. 征韓論　10. 日朝修好条規　11. 江華島　12. 樺太・千島交換条約　13. 樺太　14.

▶政府への反抗　1. 明治六年　2. 愛国公党　3. 民撰議院設立の建白書　4. 佐賀の乱　5. 血税一揆　6. 地租改正反対一揆　7. 2.5　8. 徴兵令　9. 廃刀令　10. 秩禄処分　11. 佐賀　12. 江藤新平　13. 敬神党　14. 秋月　15. 萩　16. 西南　17. 西郷隆盛

探究コーナー問1解答例▶「不平おこし」は、明治政府に不満をもち、西郷を中心に西南戦争をおこした薩摩の不平士族を示している。「熊鹿戦べい」は、熊本の鎮台兵ら政府軍が薩摩(鹿児島)に応戦する様を示している。

問2解答例▶西南戦争で、おもに三菱が政府軍側の兵や物資の輸送を担ったが、あいつぐ要請に追いつかず、船舶が不足気味な状況を示唆している。

2 立憲国家の成立　*p.165〜*

▶自由民権運動　1. 片岡健吉　2. 立志社　3. 愛国社　4. 大阪会議　5. 漸次立憲政体樹立の詔　6. 元老院　7. 大審院　8. 讒謗律・新聞紙条例　9. 民撰議院　10. 元老院　11. 大審院　12. 新聞紙　13. 大久保利通ら政府中枢　14. 立志社建白　15. 植木枝盛　16. 郡区町村編制　17. 府県会　18. 国会期成同盟　19. 集会条例　20. 開拓使官有物払下げ　21. 黒田清隆　22. 明治十四年　23. 大隈重信　24. 国会開設の勅諭　25. 集会　26. 二十三　27. 開拓使官有物払下げ事件　28. 明治十四年の政変　29. 私擬憲法　30. 交詢社　31. 東洋大日本国国憲按　32. 五日市憲法草案　33. 植木枝盛　34. 抵抗権　35. 革命権　36. 自由党　37. 板垣退助　38. 立憲改進党　39. 大隈重信　40. 立憲帝政党

▶自由民権運動の再編　1. 松方正義　2. 小作農　3. 福島　4. 三島通庸　5. 河野広中　6. 加波山　7. 秩父　8. 困民党　9. 大阪　10. 大井憲太郎　11. 三大事件建白

12. 井上 馨 13. 地租 14. 言論・集会 15. 大同団結 16. 保安条例 17. 保安 18. 三大事件建白運動 19. 徳富蘇峰 20. 国民之友 21. 三宅雪嶺 22. 政教社 23. 陸羯南

▶憲法の制定 1. シュタイン 2. グナイスト 3. 華族令 4. 公爵・侯爵・伯爵・子爵・男爵(公・侯・伯・子・男) 5. 内閣制度 6. モッセ 7. 市制・町村制 8. 府県制・郡制 9. ロエスレル 10. 井上 毅 11. 金子堅太郎 12. 枢密院 13. 大日本帝国憲法 14. 欽定憲法 15. 統帥権の独立 16. 衆議院 17. 臣民 18. 皇室典範 19. 元首 20. 勅令 21. 統帥

▶諸法典の編纂 1. ボアソナード 2. 大逆罪 3. 民法典論争 4. 穂積八束 5. 忠孝

探究コーナー 問1解答例▶領事裁判権の撤廃が実現した場合には、外国人が日本の法律で裁かれることになるため、各種法典の整備が条約改正の前提条件と考えられたから。

問2解答例▶法政大学(1880年、東京法学社)、明治大学(1881年、明治法律学校)、中央大学(1885年、英吉利法律学校)、関西大学(1886年、関西法律学校)、日本大学(1889年、日本法律学校)など。

▶初期議会 1. 25 2. 15 3. 民党 4. 吏党 5. 超然主義 6. 民党 7. 民力休養 8. 品川弥二郎 9. 対外硬派 10. 日清 11. 主権線 12. 利益線 13. 山県有朋

第**13**章 **近代国家の展開**

1 日清・日露戦争と国際関係 *p.173〜*

▶条約改正 1. 領事裁判権(治外法権) 2. 関税自主権 3. 井上 馨 4. 鹿鳴館 5. 過半数 6. ノルマントン号 7. 大隈重信 8. 大審院 9. 青木周蔵 10. ロシア 11. 大津事件 12. 児島惟謙 13. 陸奥宗光 14. 日英通商航海条約 15. 最恵国 16. 小村寿太郎 17. 日露戦争 18. 陸奥宗光 19. 日英通商航海条約

探究コーナー 解答例▶政府の圧力に屈せず司法権の独立を守ったことで、日本が法治国家であることを諸外国に認められる結果となり、条約改正交渉を進めるに当たってよい影響を与えた。

▶朝鮮問題 1. 日朝修好条規 2. 閔氏 3. 壬午軍乱(壬午事変) 4. 大院君 5. 甲申事変 6. 独立 7. 金玉均 8. 天津条約 9. 伊藤博文 10. 李鴻章 11. 事前通告 12. 天津 13. 甲申事変 14. 脱亜論

▶日清戦争と三国干渉 1. 軍人勅諭 2. 師団 3. 防穀令 4. 甲午農民戦争(東学の乱) 5. 日英通商航海

6. 下関条約 7. 陸奥宗光 8. 遼東 9. 台湾 10. 朝鮮 11. 台湾 12. 遼東半島 13. 三国干渉 14. 遼東半島 15. 臥薪嘗胆 16. 樺山資紀 17. 児玉源太郎 18. 後藤新平 19. 台湾銀行 20. 台湾製糖 21. 三浦梧楼 22. 大韓帝国(韓国)

探究コーナー 解答例▶日清両国が「COREE(朝鮮)」と記された魚を釣り上げようと対峙する様子が、両国の対立を暗示している。その様子を漁夫の利を求めて背後で見ている人物は、東アジア進出を目指していたロシアを示唆している。

▶立憲政友会の成立 1. 徳富蘇峰 2. 高山樗牛 3. 太陽 4. 自由 5. 進歩 6. 憲政党 7. 大隈重信 8. 板垣退助 9. 隈板 10. 尾崎行雄 11. 憲政党 12. 憲政本党 13. 山県有朋 14. 文官任用令 15. 軍部大臣現役武官制 16. 治安警察法 17. 立憲政友会 18. 女子 19. 桂太郎 20. 西園寺公望 21. 元老

探究コーナー 解答例▶民権運動などで藩閥政府に批判的であった自由党が、敵対関係にあった元老伊藤博文を党首として立憲政友会を結成したことを、幸徳は「自由党死す」との表現で非難した。

▶列強の中国進出と日英同盟 1. 山東 2. 旅順 3. 南満洲 4. 九竜 5. 威海衛 6. 広州湾 7. ハワイ 8. フィリピン 9. 門戸開放 10. 北清事変(義和団戦争) 11. 扶清滅洋 12. 義和団 13. 北京議定書 14. 日露協商 15. 満韓交換 16. 日英同盟 17. 日英同盟 18. 桂太郎 19. 厳正中立 20. 厳正中立 21. 戦闘 22. 内村鑑三 23. 平民新聞 24. 与謝野晶子

▶日露戦争 1. 旅順 2. バルチック 3. 日本海海戦 4. ポーツマス条約 5. 小村寿太郎 6. ウィッテ 7. 韓国 8. 旅順・大連 9. 樺太(サハリン) 10. 日比谷焼打ち事件 11. 旅順 12. 長春 13. 五十

▶韓国併合 1. 桂・タフト協定 2. 日英同盟 3. 日韓協約 4. 外交 5. 統監府 6. 伊藤博文 7. ハーグ密使 8. 内政 9. 韓国軍 10. 義兵運動 11. 安重根 12. 韓国併合 13. 漢城 14. 朝鮮総督府 15. 寺内正毅 16. 土地調査事業 17. 東洋拓殖会社 18. 統監 19. 法令 20. 統治

探究コーナー 解答例▶土地調査事業によって、所有権の不明な土地を接収して日本人移住者に払い下げたことから、日本人地主および日本人所有地が大幅に増加した。一方で農地を奪われた韓国農民は困窮し、その一部が職を求めて日本に移住するようになった。

▶満洲への進出 1. 関東都督府 2. 関東州 3. 南満洲鉄道株式会社(満鉄) 4. 日本人学童 5. 日本人移民排斥 6. 日露協約 7. 辛亥革命 8. 孫文 9. 中華

民国 10.袁世凱

▶**桂園時代** 1.桂太郎 2.西園寺公望 3.日英同盟
4.日比谷焼打ち 5.鉄道国有法 6.戊申詔書 7.地方改良運動 8.大逆事件 9.幸徳秋水 10.冬の時代 11.特別高等課(特高) 12.工場法 13.大正

探究コーナー 解答例▶日露戦争に勝利して日本も列強の一員に加わると、明治維新以来の国家目標が一応達成されたという気持ちが国民のあいだに強まった。やがて国家主義に対する疑問が生まれ、国家的利害よりも地域の利益や実利を求めたりする人々や、人生の意義に煩悶する青年層が現れたため、国民道徳の強化を目的に天皇の詔勅のかたちで発せられた。

2 第一次世界大戦と日本 *p.184〜*

▶**大正政変** 1.桂太郎 2.美濃部達吉 3.天皇機関説 4.2個師団 5.軍部大臣現役武官制 6.護憲運動 7.尾崎行雄 8.犬養毅 9.閥族 10.憲政擁護 11.大正政変 12.立憲同志会 13.立憲政友会 14.尾崎行雄 15.立憲同志会 16.山本権兵衛 17.文官任用令 18.軍部大臣現役武官 19.シーメンス事件 20.大隈重信 21.2個師団 22.第一次世界大戦

▶**第一次世界大戦** 1.三国同盟 2.三国協商 3.ヨーロッパの火薬庫 4.サライェヴォ事件 5.アメリカ

▶**日本の中国進出** 1.大隈重信 2.加藤高明 3.日英同盟 4.青島 5.赤道 6.英国 7.独逸(ドイツ) 8.日英同盟協約 9.加藤高明 10.二十一カ条の要求 11.袁世凱 12.山東 13.国恥記念日 14.山東 15.寺内正毅 16.西原借款 17.段祺瑞 18.石井・ランシング協定 19.ロシア 20.チェコスロヴァキア 21.シベリア出兵

▶**政党内閣の成立** 1.民本主義 2.吉野作造 3.美濃部達吉 4.寺内正毅 5.憲政会 6.米騒動 7.シベリア 8.原敬 9.立憲政友会 10.平民宰相 11.3 12.小選挙区 13.高橋是清 14.3円 15.立憲政友会 16.加藤友三郎

探究コーナー 解答例▶寄生地主制による農業生産の停滞する状況下で、第一次世界大戦による物価高に加え、シベリア出兵を見越した米の買い占めで米価が急騰する中、富山県での騒擾をきっかけに全国的な米騒動が勃発した。

3 ワシントン体制 *p.189〜*

▶**パリ講和会議とその影響** 1.パリ 2.原敬 3.西園寺公望 4.ヴェルサイユ 5.国際連盟 6.委任統治権 7.ウィルソン 8.日本 9.全会一致 10.アメリ

カ 11.五・四運動 12.三・一独立運動(万歳事件) 13.民族自決

▶**ワシントン会議と協調外交** 1.ワシントン 2.幣原喜重郎 3.四カ国 4.日英同盟 5.九カ国 6.石井・ランシング協定 7.ワシントン海軍軍備制限 8.主力艦 9.5 10.3 11.加藤友三郎 12.ワシントン 13.ワシントン海軍軍備制限条約 14.九カ国条約 15.イギリス・フランス・イタリア 16.幣原外交 17.日ソ基本条約 18.在華紡 19.五・三〇

探究コーナー 解答例▶第一次世界大戦以後のワシントン体制における国際的な協調外交の高まりにより、海軍軍備制限条約が結ばれたことなどから、国家財政に占める軍事費の支出割合が大幅に低下した。

▶**社会運動の勃興** 1.黎明会 2.新人会 3.森戸辰男 4.日本共産党 5.青鞜社 6.平塚らいてう 7.新婦人協会 8.市川房枝 9.治安警察法 10.赤瀾会 11.平塚らいてう 12.全国水平社

▶**普選運動と護憲三派内閣の成立** 1.関東大震災 2.大杉栄 3.虎の門 4.難波大助 5.第2次護憲 6.清浦奎吾 7.憲政会 8.革新倶楽部 9.加藤高明 10.憲政会 11.高橋是清 12.犬養毅 13.幣原喜重郎 14.普通選挙法 15.治安維持法 16.国体 17.私有財産 18.田中義一 19.若槻礼次郎 20.田中義一 21.立憲民政党 22.憲政の常道

探究コーナー 解答例▶普通選挙法の成立による労働者階級の政治運動の活発化や、日ソ基本条約による共産主義の国内への波及に対する取締りを強化する目的から、治安維持法が制定された。

第14章 近代の産業と生活

1 近代産業の発展 *p.194〜*

▶**通貨と銀行** 1.新貨 2.国立銀行 3.アメリカ 4.松方正義 5.日本銀行 6.銀本位 7.小作農 8.黒字

▶**産業革命** 1.企業勃興 2.紡績 3.貨幣法 4.金本位 5.横浜正金銀行 6.繊維 7.綿花 8.輸入超過

▶**紡績と製糸** 1.飛び杼 2.綿糸 3.ガラ紡 4.大阪紡績会社 5.渋沢栄一 6.機械制 7.生産 8.輸出 9.綿布 10.豊田佐吉 11.中国・インド・アメリカ 12.生糸 13.座繰 14.器械 15.養蚕 16.器械製糸 17.中国

探究コーナー 解答例▶輸出品の1位は両年とも生糸が占めているが、2位以下には紡績業や絹織物業の発展を

受け綿糸や絹織物、綿織物などの輸出が増加している。一方で輸入は国内の紡績業の発展から綿糸が消え、その原料である綿花の輸入が急激に増加した。

▶鉄道と海運
1.日本鉄道会社 2.民営 3.官営 4.下関 5.鉄道国有法 6.共同運輸会社 7.日本郵船会社 8.造船奨励法 9.航海奨励法 10.ボンベイ

探究コーナー解答例▶日清・日露両戦争を経て、鉄道の果たす軍事的役割の重要性を認識した政府が、1906年に鉄道国有法を制定して主要鉄道を買収したことで、国有鉄道の営業キロ数が民営鉄道を大きく上回った。

▶重工業の形成
1.財閥 2.官営製鉄所(八幡製鉄所) 3.筑豊 4.漢冶萍公司 5.大冶 6.日本製鋼所 7.池貝鉄工所 8.持株会社 9.コンツェルン(企業連携) 10.三井合名会社 11.綿織物 12.米 13.砂糖 14.外債

探究コーナー解答例▶国内の繊維産業の発展を受け、その製品の輸(移)出先に朝鮮など植民地が組み込まれていった。一方、米・砂糖・大豆など食料の輸(移)入先として台湾・朝鮮・関東州などが大きな割合を占めるようになり、日本経済における植民地の役割が拡大していった。

▶農業と農民
1.養蚕 2.寄生地主制 3.地方改良 4.模範村

▶労働運動の進展
1.繊維 2.製糸 3.工女 4.横山源之助 5.職工事情 6.横山源之助 7.日本之下層社会 8.労働組合期成会 9.高野房太郎 10.足尾鉱毒 11.渡良瀬川 12.田中正造 13.治安警察法 14.女性 15.工場法 16.十五 17.十五 18.友愛会 19.メーデー 20.日本労働総同盟 21.小作争議 22.日本農民組合

探究コーナー解答例▶大戦景気による急速な産業発展のもと工場労働者が急増した一方、物価高により生活が困窮、米騒動の影響もあり争議件数や争議参加数が増大した。

2 近代文化の発達　　　　p.200〜

▶明治の文化と宗教
1.神社 2.教派 3.廃仏毀釈 4.島地黙雷 5.クラーク 6.内村鑑三 7.新渡戸稲造 8.ジェーンズ 9.廃娼運動

▶教育の普及
1.教育令 2.学校令 3.森有礼 4.授業料 5.90 6.6 7.京都帝国大学 8.京城・台北 9.東京専門学校 10.教育勅語(教育に関する勅語) 11.内村鑑三 12.国定教科書

探究コーナー解答例▶忠君愛国を学校教育の基本とする「教育勅語」の教育現場への浸透方針や、小学校での国

定教科書の使用義務化など、しだいに教育における国家主義的な傾向が強まった。

▶科学の発達
1.ドイツ 2.ダイアー 3.久米邦武 4.北里柴三郎 5.高峰譲吉 6.長岡半太郎

▶近代文学
1.戯作文学 2.政治小説 3.写実 4.坪内逍遙 5.二葉亭四迷 6.言文一致体 7.尾崎紅葉 8.幸田露伴 9.ロマン主義 10.文学界 11.森鷗外 12.島崎藤村 13.明星 14.与謝野晶子 15.正岡子規 16.自然 17.島崎藤村 18.田山花袋 19.石川啄木

▶明治の芸術
1.河竹黙阿弥 2.団菊左時代 3.新派劇 4.新劇 5.文芸協会 6.自由劇場 7.伊沢修二 8.東京音楽学校 9.滝廉太郎 10.工部美術学校 11.高橋由一 12.フェノロサ 13.東京美術学校 14.狩野芳崖 15.明治美術会 16.白馬会 17.黒田清輝 18.青木繁 19.日本美術院 20.岡倉天心 21.文部省美術展覧会(文展) 22.帝展 23.高村光雲 24.荻原守衛

▶生活様式の近代化
1.電灯 2.路面電車 3.束髪

3 市民生活の変容と大衆文化　　　p.205〜

▶大戦景気
1.大戦景気 2.綿織物 3.在華紡 4.生糸 5.船成金 6.鞍山 7.ドイツ 8.猪苗代 9.輸出超過 10.債権国 11.農業 12.成金

探究コーナー解答例▶大戦景気により貿易収支は大幅黒字となる一方で、好況による急激な物価上昇に労働者の賃金上昇が追いつかず、人々の生活は困窮した。第一次世界大戦が終結しヨーロッパ諸国が復興すると、輸出が激減して日本は戦後恐慌にみまわれた。

▶都市化の進展と市民生活
1.サラリーマン 2.職業婦人 3.文化住宅 4.電灯 5.ターミナルデパート 6.宝塚 7.モダンガール(モガ) 8.モダンボーイ(モボ) 9.カレーライス

探究コーナー解答例▶東京・大阪など大都市では、鉄道会社が乗客の増加をはかるため、沿線の住宅地開発を進めるとともに、娯楽施設を設けたり、ターミナル駅にターミナルデパートを設けたりして、人々の生活が近代化していった。

▶大衆文化の誕生
1.小学校 2.大学令 3.中央公論 4.赤い鳥 5.キング 6.円本 7.ラジオ 8.活動写真 9.弁士 10.トーキー

▶学問と芸術
1.石橋湛山 2.マルクス 3.貧乏物語 4.西田幾多郎 5.和辻哲郎 6.津田左右吉 7.柳田国男 8.理化学研究所 9.野口英世 10.本多光太郎 11.白樺 12.有島武郎 13.志賀直哉 14.武者小路

実篤　15. 新思潮　16. 芥川龍之介　17. 菊池寛　18. 大衆文学　19. 中里介山　20. プロレタリア　21. 種蒔く人　22. 太陽のない街　23. 小林多喜二　24. 築地小劇場　25. 新劇　26. 山田耕筰　27. 横山大観　28. 日本美術院　29. 二科会　30. 辰野金吾

探究コーナー 解答例▶大正期には、大学や高等学校など高等教育機関の拡充が進み、知識人を対象に新聞が発行部数を伸ばし、総合雑誌が発刊された。また、小学校就学率の高まりによる国民の識字率の向上を受け、『キング』など大衆向けの雑誌が発刊されるなど、大衆文化が生まれた。

第15章　恐慌と第二次世界大戦

1 恐慌の時代　p.209～

▶戦後恐慌から金融恐慌へ　1. 戦後　2. 輸入　3. 関東大震災　4. 震災　5. 金融　6. 若槻礼次郎　7. 片岡直温　8. 取付け騒ぎ　9. 鈴木　10. 台湾銀行　11. 田中義一　12. モラトリアム　13. 金輸出　14. 輸入　15. 三菱　16. 三井

探究コーナー 解答例▶銀行の取付け騒ぎを契機におこった金融恐慌の影響で、中小銀行の整理・合併が進む中、預金が5大銀行に集中し、大銀行の支配的傾向が強まった。

▶**社会主義運動の高まりと積極外交への転換**　1. 無産　2. 労働農民党（労農党）　3. 無産政党　4. 田中義一　5. 三・一五　6. 治安維持法　7. 死刑　8. 特別高等課（特高）　9. 四・一六　10. 国体　11. 死刑　12. 軍閥　13. 中国国民党　14. 中国共産党　15. 国共合作　16. 蔣介石　17. 北伐　18. 国民政府　19. 東方会議　20. 山東　21. 済南事件　22. 張作霖　23. 関東軍　24. 満洲某重大事件　25. 張学良　26. パリ不戦

▶金解禁と世界恐慌　1. 金輸出解禁（金解禁）　2. 浜口雄幸　3. 井上準之助　4. 世界恐慌　5. 昭和　6. 生糸　7. 農業　8. 豊作貧乏　9. 欠食　10. 重要産業統制

探究コーナー 解答例▶旧平価による解禁の結果、実質的な円切上げとなったことから、円高で輸出が減少し、輸入が増加となり、貿易収支が赤字となって金の海外流出が増加した。

▶**協調外交の挫折**　1. 幣原喜重郎　2. 協調　3. 日中関税　4. ロンドン海軍軍備制限　5. 補助艦　6. 7　7. 統帥権干犯　8. 立憲政友会

2 軍部の台頭　p.212～

▶満洲事変　1. 満蒙　2. 石原莞爾　3. 柳条湖　4. 満洲事変　5. 若槻礼次郎　6. 犬養毅　7. 上海事変　8. リットン調査団　9. 溥儀　10. 満洲国　11. 新京（長春）

▶政党内閣の崩壊と国際連盟からの脱退　1. 国家改造　2. 三月事件　3. 血盟団事件　4. 井上準之助　5. 団琢磨　6. 五・一五事件　7. 海軍　8. 犬養毅　9. 斎藤実　10. 日満議定書　11. 斎藤実　12. 松岡洋右　13. 日中軍事停戦協定　14. 帝政　15. ロンドン海軍軍備制限　16. ワシントン海軍軍備制限　17. 斎藤実　18. 溥儀　19. 満洲国　20. リットン報告書　21. 柳条湖事件　22. 満洲事変

▶恐慌からの脱出　1. 犬養毅　2. 高橋是清　3. 管理通貨　4. 綿織物　5. 赤字国債　6. 日本製鉄会社　7. 日産　8. 鮎川義介　9. 日窒　10. 農山漁村経済更生　11. ブロック　12. ニューディール　13. ソーシャル＝ダンピング　14. 石油・綿花　15. アメリカ

探究コーナー 解答例▶金輸出再禁止によって1932年以降円安が一気に進み、世界恐慌で減少した生糸や絹織物にかわって、綿織物の輸出が急増した。また、人造絹織物の輸出も増加した。

▶転向の時代　1. 赤松克麿　2. 社会大衆党　3. 鈴木茂三郎　4. 佐野学　5. 滝川　6. 滝川幸辰

▶**二・二六事件**　1. 天皇機関説　2. 美濃部達吉　3. 岡田啓介　4. 国体明徴　5. 美濃部達吉　6. 天皇機関説　7. 岡田啓介　8. 皇道　9. 統制　10. 二・二六事件　11. 岡田啓介　12. 皇道　13. 斎藤実　14. 高橋是清　15. 戒厳令　16. 統制　17. 広田弘毅　18. 軍部大臣現役武官　19. 国策の基準　20. 日独防共　21. 大和　22. 林銑十郎　23. ［第1次］近衛文麿

3 第二次世界大戦　p.217～

▶三国防共協定　1. ファシズム　2. 枢軸　3. 五カ年　4. 国際連盟　5. 日独防共協定　6. 日独伊三国防共協定　7. 枢軸　8. 広田弘毅

▶日中戦争　1. 華北分離　2. 長征　3. 西安事件　4. 張学良　5. 国共合作　6. 盧溝橋　7. 北京　8. 近衛文麿　9. 支那事変　10. 上海　11. 南京　12. 南京事件　13. 重慶　14. 援蒋ルート　15. 国民政府　16. 東亜新秩序　17. 汪兆銘　18. 国民政府　19. 汪兆銘

探究コーナー 解答例▶第2次国共合作を成立させていた国民政府は、アメリカやイギリスから援蒋ルートを通じて支援を受けるなどして日本に徹底抗戦し、戦況が

膠着状態に陥ったため、日本政府は打開策を傀儡政権樹立に求め、声明を発表した。

▶**戦時統制と生活**　1.国家総動員法　2.議会　3.電力管理法　4.国民徴用令　5.企画院　6.国家総動員　7.徴用　8.価格等統制令　9.七・七禁令　10.配給　11.切符　12.供出　13.国民精神総動員運動　14.産業報国会　15.内閣情報局　16.矢内原忠雄　17.人民戦線

▶**戦時下の文化**　1.日本浪曼派　2.新感覚　3.川端康成　4.島崎藤村　5.転向文学　6.火野葦平　7.石川達三　8.日本文学報国会

▶**第二次世界大戦の勃発**　1.平沼騏一郎　2.独ソ不可侵条約　3.第二次世界大戦　4.フランス　5.張鼓峰　6.ノモンハン　7.平沼騏一郎　8.阿部信行　9.米内光政　10.日米通商航海条約　11.円ブロック　12.大東亜共栄圏　13.斎藤隆夫

探究コーナー 解答例▶日本がノモンハン事件でソ連と局地戦を展開している最中に、日独伊三国防共協定で仮想敵国としていたソ連と、ドイツが不可侵条約を結んだ状況を指している。

▶**新体制と三国同盟**　1.新体制運動　2.近衛文麿　3.大政翼賛会　4.総理大臣　5.国民学校　6.皇民化　7.創氏改名　8.北部仏印　9.援蔣ルート　10.日独伊三国同盟　11.アメリカ　12.ソ連　13.アメリカ　14.北部仏印進駐

探究コーナー 解答例▶日本は軍事物資の大半をアメリカに依存していたが、三国同盟締結の影響で日米通商航海条約破棄が通告されて、物資不足が懸念されたため、急速に南進論が台頭した。

▶**太平洋戦争の始まり**　1.日ソ中立条約　2.松岡洋右　3.独ソ不可侵条約　4.御前　5.関東軍特種演習(関特演)　6.野村吉三郎　7.ハル　8.松岡洋右　9.南部仏印　10.石油　11.ABCD包囲陣　12.帝国国策遂行要領　13.東条英機　14.木戸幸一　15.ハル＝ノート　16.満洲事変　17.蔣介石　18.汪兆銘　19.太平洋戦争　20.大東亜戦争　21.マレー半島　22.真珠湾　23.強制収容所

▶**戦局の展開**　1.アメリカ　2.枢軸国　3.日ソ中立条約　4.フィリピン　5.大東亜共栄圏　6.翼賛選挙　7.翼賛政治会　8.ミッドウェー　9.大東亜会議　10.満洲国　11.汪兆銘　12.大東亜共栄　13.神社　14.三光作戦　15.サイパン　16.小磯国昭

▶**国民生活の崩壊**　1.学徒出陣　2.勤労動員　3.女子挺身隊　4.徴兵制　5.サイパン　6.学童疎開　7.東京大空襲

探究コーナー 解答例▶機械や鉄鋼などの軍需品の生産が優先される一方、食料品や繊維などの日用品は戦争の長期化で極端に減少、切符制による配給も物資不足で滞り、国民生活は困窮した。

▶**敗戦**　1.レイテ　2.沖縄　3.鈴木貫太郎　4.ソ連　5.カイロ　6.フランクリン＝ローズヴェルト　7.チャーチル　8.満洲　9.ヤルタ　10.スターリン　11.ソ連　12.千島　13.ポツダム　14.中華民国　15.無条件降伏　16.広島　17.長崎　18.日ソ中立　19.ポツダム　20.台湾　21.ドイツ　22.日本　23.千島　24.カイロ　25.トルーマン

第16章　占領下の日本

1 占領と改革　　　　　　　　　　p.229〜

▶**戦後世界秩序の形成**　1.安全保障　2.アメリカ・イギリス・フランス　3.38

▶**初期の占領政策**　1.南樺太　2.小笠原　3.マッカーサー　4.ポツダム　5.プレス＝コード　6.極東委員会　7.対日理事会　8.東久邇宮稔彦王　9.国体護持　10.人権指令　11.特別高等警察(特高)　12.幣原喜重郎　13.五大改革　14.神道指令　15.極東国際軍事　16.人間　17.公職追放

▶**民主化政策**　1.財閥解体　2.住友・安田　3.持株会社整理委員会　4.独占禁止　5.過度経済力集中排除　6.寄生　7.自作農創設　8.農業協同組合(農協)

探究コーナー 解答例▶全農地の半分近くを占めていた小作地が1割程度にまで減少し、1町歩未満の零細な自作農が大幅に増えた。

9.労働組合　10.労働関係調整　11.労働基準　12.労働省　13.教育基本　14.学校教育　15.教育委員会

▶**政党政治の復活**　1.徳田球一　2.日本社会党　3.日本自由党　4.日本進歩党　5.日本自由党　6.吉田茂

▶**日本国憲法の制定**　1.憲法問題調査委員会　2.松本烝治　3.マッカーサー　4.象徴天皇　5.9　6.日本国　7.日本国民統合　8.主権　9.国権　10.戦力　11.交戦権　12.基本的人権　13.1946年11月3日　14.1947年5月3日　15.地方自治　16.内務

▶**生活の混乱と大衆運動の高揚**　1.買出し　2.闇市　3.金融緊急措置令　4.経済安定本部　5.傾斜生産　6.復興金融金庫　7.生産管理闘争　8.日本社会党　9.片山哲　10.芦田均　11.昭和電工

第4次中東戦争を契機とする石油危機が重なって「狂乱物価」が発生した。日本経済はスタグフレーションに陥り、1974年に戦後初のマイナス成長となった。

▶**経済大国の実現** 1. 第2次石油危機（第2次オイル=ショック） 2. 軽薄短小 3. 貿易摩擦 4. 自動車 5. GNP（国民総生産） 6. 政府開発援助

▶**バブル経済と市民生活** 1. 牛肉・オレンジ 2. 米 3. NIES（ニーズ） 4. ASEAN（アセアン） 5. プラザ合意 6. バブル 7. 空洞化 8. 総決算 9. 行財政 10. 国鉄 11. 電電公社 12. 連合 13. 消費税

2 冷戦の終結と日本社会の変容 p.250〜

▶**冷戦から地域紛争へ** 1. アフガニスタン 2. レーガン 3. 双子（ふたご） 4. ペレストロイカ 5. マルタ 6. 冷戦の終結 7. 東欧革命 8. ベルリン 9. ソ連（ソヴィエト社会主義共和国連邦） 10. 湾岸戦争 11. 国連平和維持活動 12. 国連平和維持活動（PKO）協力

▶**55年体制の崩壊** 1. リクルート 2. 55年体制 3. 小選挙区比例代表並立 4. 社会 5. 5 6. 新ガイドライン

▶**平成不況下の日本経済** 1. バブル経済 2. 平成不況 3. 複合不況 4. 家電

▶**現代の諸課題** 1. 阪神・淡路（あわじ） 2. 小泉 純 一郎（じゅんいちろう） 3. 郵政 4. 民主 5. 東日本 6. 京都議定書（ぎていしょ） 7. 持続可能な開発目標 8. 原子力

探究コーナー 解答例▶1960年は石炭の割合が多いが、エネルギー革命によって1970年には石油の割合が倍増している。その後、石油危機を経験するなどして、原子力や天然ガスなどの割合が増えているが、東日本大震災で東京電力福島第一原子力発電所の事故がおこったあとは、原子力が減り、再生可能エネルギー等が増えている。

日本史探究（にほんしたんきゅう）
詳説日本史ノート（しょうせつにほんし） 解答（かいとう）

2023年3月 初版発行

編 者 遠藤真治（えんどうしんじ）・丹下厚法（たんげあつのり）
発行者 野澤武史
印刷所 明和印刷株式会社
製本所 有限会社 穴口製本所
発行所 株式会社 **山川出版社**
〒101-0047 東京都千代田区内神田1-13-13
電話 03-3293-8131（営業） 03-3293-8135（編集）
https://www.yamakawa.co.jp/

＊

ISBN978-4-634-02231-7　　　　　　　　　　　　NYZH0102